근대한국학총서 2

서학의 충격과 접변

서학의 충격과 접변
(근현대한국총서 2)

초판 1쇄 인쇄 2019년 12월 25일
초판 1쇄 발행 2019년 12월 31일

지은이 / 이봉규, 한정길, 이원석, 엄연석, 양일모
인　쇄 / 북토리

펴낸곳 / 도서출판 동과서
경기 고양시 일산서구 송파로 151번길 24
등록번호 / 제22-405호

D.K.S. Publishing Co.
24, Songpa-ro 151 beon-gil, Ilsanseo-gu,
Goyang-si, Gyeonggi-do, Korea

전화 / (02)333-7533
팩스 / (02)6280-2353

값 25,000원

ISBN 978-89-6525-126-2 (94100)
978-89-6525-124-8 (세트)

서학의 충격과 접변

이봉규, 한정길, 이원석, 엄연석, 양일모 저

동과서

이 저서는 2014년 대한민국 교육부와 한국학중앙연구원(한국학진흥사업단)의 한국학총서사업의 지원을 받아 수행된 연구임(AKS-2014-KSS-1230004)

* 연구팀 소개 (가나다순)

강중기(姜重奇) :

서울대학교에서 철학박사학위를 취득하고, 현재 인하대학교 철학과와 성균관대학교 유학대학 강사로 일하고 있다. 저서로 『동양고전 속의 삶과 죽음』(공저, 2018), 『중국문명의 다원성과 보편성』(공저, 2014) 등이 있고, 「근대 이행기 중국의 유교 연구」(2018), 「근대 중국에서 미신의 비판과 옹호」(2012), 「현대 중국의 유교 논쟁」(2011) 등의 논문이 있다. wooriang@naver.com

김재현(金載賢) :

서울대학교에서 철학박사학위를 취득하고, 경남대학교 철학과 교수(1986-2018)로 재직했으며 현재 경남대학교 명예교수이다. 저서로 『한국 근현대 사회철학의 모색』(2015), 『한국 사회철학의 수용과 전개』(2002), 『하버마스의 사상』(공저, 1996)이 있고, 「중국에서 '철학哲學' 개념의 번역과 수용」(2016), 「철학의 제도화, 해방 전후의 연속성과 단절」(2011), 「하버마스의 해방론 연구」(박사논문,1995) 등의 논문이 있다. kjaehyun@kyungnam.ac.kr

양일모(梁一模) :

도쿄대학교에서 박사학위를 취득하고, 현재 서울대학교 자유전공학부 교수로 재직하고 있다. 저서로 『옌푸(嚴復): 중국의 근대성과 서양사상』 등이 있고, 번역으로 『천연론』(공동), 『관념사란 무엇인가』(공역) 등이 있고, 「유교적 윤리 개념의 근대적 의미 전환 －20세기 전후 한국의 언론잡지 기사를 중심으로」, 「중국철학사의 탄생 －20세기 초 중국철학사 텍스트 성립을 중심으로」, "Translating Darwin's Metaphors in East Asia" 등의 논문이 있다. yimoy@snu.ac.kr

엄연석(嚴連錫) :

서울대학교에서 철학박사학위를 취득하고, 현재 한림대학교 태동고전연구소 교수로 재직하고 있다. 저서로 『조선전기역철학사』(2013)가 있고, 「예기 텍스트의 개념지도 분석을 통한 사회적 덕목으로서 신뢰연구」(2012), 「퇴계의 역학사상에서 상수와 의리의 가역적 전환문제」(2011), 「정이 『역전』의 역학 이론에 관한 연구」(박사논문, 1999) 등의 논문이 있다. yseom05@nate.com

이봉규(李俸珪) :

서울대학교에서 철학박사학위를 취득하고, 현재 인하대학교 철학과 교수로 재직하고 있다. 저서로 『다산 정약용 연구』(공저, 2012)가 있고, 「규범의 근거로서 혈연적 연대와 신분의 구분에 대한 고대유가의 인식」(1993), 「『연평답문』 논의를 통해 본 퇴계학의 지평」(2008), 「명청교체기 사상변동으로부터 본 다산학의 성격」(2014) 등의 논문이 있다. aaji@daum.net

이원석(李遠碩) :

서울대학교에서 철학박사학위를 취득하고, 현재 전남대학교 철학과 교수로 재직하고 있다. 역서로 『주희의 역사세계』(2015), 『이 중국에 거하라』(2012), 『주자와 양명의 철학』(2012) 등이 있고, 「『대학』 〈정심(正心)장〉에 대한 이황과 박세채의 해석」(2019), 「이고(李翺)의 성선정악설(性善情惡說) 연구」(2018), 「만국공법의 두 가지 지평과 구한말 유학」(2018) 등의 논문이 있다. ophil91@jnu.ac.kr

한정길(韓正吉) :

연세대학교에서 철학박사학위를 취득하고, 현재 한림대학교 태동고전연구소 연구교수로 재직하고 있다. 저서로 『동양고전 속의 삶과 죽음』(공저, 2018) 등이 있고, 역서로 『전습록』(공역, 2001) 등이 있으며, 「태주학파 왕간의 '안신'설에 기초한 경세사상」(2019), 「정제두 「대학설」의 특성과 그 경학사상사적 의미」(2019), 「왕수인의 경세사상」(2017) 등의 논문이 있다. philohan@hanmail.net

| 간행사 |

2014년 4월 어느 따스한 봄날이었다. 춘천의 엄연석 박사가 거대한 연구 계획을 들고 서울로 찾아왔다. 18~20세기 한국에서 동서양의 철학사상이 접촉하고 변이해 간 양상을 상호 교착하는 지평과 함께 기본가치를 담은 보편개념을 중심으로 분석해 보자는 것이었다. 즉 중층적이고 융합적인 시각에서 한국의 사상문화를 조감할 수 있는 시야를 만들어보자는 제안이었다. 한국의 근현대철학에서 서양철학과의 만남 혹은 상호 영향 관계가 매우 중요한 사안이라는 점을 일단 인정하더라도, 이를 지평의 교착과 기본개념의 의미 변용이라는 관점에서 체계적으로 연구한다는 것은 결코 용이한 일은 아니었다.

동서철학의 만남은 단순히 서로 다른 두 지역의 철학이 만나는 정도의 문제가 아니다. 서양철학이 수용되기 이전에 동아시아에서는 일찍부터 다양한 사상유파들이 발생하고 성장했으며, 서양 또한 다른 문화적 토양 위에서 다양한 철학이 전개되었다. 따라서 서양철학이 동아시아에 수용되면서 시작된 동서의 철학적 대화를 분석하는 작업은 동서고금의 지적 전통에 대한 해박한 지식뿐만 아니라 이를 꿰뚫어볼 수 있는 혜안이 요청되는 일이다.

이봉규 박사와 강중기 박사가 이 이야기를 듣고 단번에 우리의 역량을 넘어서는 과분한 작업이라고 머리를 설레설레 흔들었다. 그렇지만 우리는 한국철학 연구가 주로 조선시대의 철학사상 연구에 머물고 철학사적 연구에 매몰되는 한계를 극복하면서 이른바 근현대 철학사상까지 연구 영역을 확대해야 한다는 주장에는 뜻을 같이했다. 이때부터 한국의 근현대철학사를 동서의 철학적 지평의 교착이라는 관점에서 분석하기 위한 기초 연구를 시작하기로 하고 함께 공부하는 모임을 갖기로 했다. 조선의 양명학을 연구하는 한정길 박사와 중국의 주자학을 전공하는 이원석 박사가 이 모임에 합류하여 천군만마의 역량을 보태주었다.

우리는 머리를 맞대고 엄연석 박사의 초안을 숙성해서 6월 한국학중앙연구원의 한국학총서(근현대한국총서) 사업에 지원했다. 한국학중앙연구원 심사단은 이 연구팀이 동양철학 전공자들로만 구성되어 있다는 점을 지적하면서 동서철학의 접변을 심도 있게 연구하기 위해서는 서양철학 연구자와의 공동연구가 바람직하다는 의견을 제시해 주었다. 이러한 배려로 사회철학을 연구하는 김재현 교수가 이 사업에 동참할 수 있었고, 우리 연구팀은 동서철학 전공자가 대화할 수 있는 귀중한 기회를 얻었다.

이 책은 지난 5년 동안 동서철학 연구자들이 공동으로 진행한 「근현대 한국의 동서철학사상 접변양상 연구」를 토대로 기획되었다. 그동안 이 연구에 참여한 7명의 연구자와 4명의 보조연구원은 매달 한 번씩 모여서 연구를 구상하고 발표할 때마다 열띤 논쟁을 벌였다. 동서철학의 만남이라는 구도는 평범한 도식이라고도 할 수 있지만, 이러한 만남을 통해 형성된 한국의 텍스트에 대한 이해와 분석은 지난한 과업이었다. 동서의 철학적 지평의 교착이라는 관점은 가다머를 비롯한 해석학에서 제시된 이해와 지평융합의 방법론을 원용하고자 했다. 그렇지만 서양의 철학적 전통에서 제시된 텍스트에 대한 이해와 해석 방법을 한국의 근현대 시기의 텍스트 분석에 그대로 적용하는 데는 여러 가지 난점이 따랐다. 동서 철학사상의 만남은 고금이라는 시간적 지평뿐만 아니라 동서양이라는 공간적 지평의 융합을 모색해야 했기 때문이다.

동서양의 철학사상 사이에 전개되었던 대화와 그것을 기록한 텍스트에 대한 분석은 수용과 전파를 넘어서는 새로운 방법론을 요청했다. 우리의 연구는 우선 한국의 근현대 철학사상의 역사 속에서 동서양의 개념적 접변의 흔적을 탐색하기 위한 새로운 텍스트를 발굴하는 데 초점을 두었다. 이 과정에서 우리는 연구자 스스로 폭넓은 시야를 확보하고 지평을 확대해야 한다는 것을 깨달았다. 연구자 자신의 새로운 시야 확보와 텍스트에 대한 발굴, 텍스트에 대한 해석의 문제를 둘러싸고 의미 있는 논쟁을 전개하면서, 연구계획은 초기부터 적지 않은 진통을 겪으면서 새로운 연구 시야와 방법론을 모색하고자 노력했다.

1년차 연구보고서를 제출하면서 2차년도 연구계획을 대대적으로 수정하였다. 다행히 한국학중앙연구원은 공동연구팀의 의욕과 연구계획의 수정에 대해 문제점을 지적하면서도 계속해서 격려를 보내주었다. 2년차 연구보고서를 제출하면서도 3차년도 연구계획을 수정하지 않을 수 없었다. 한정된 연구지원 기간이 끝날 때까지 논쟁적 보고회가 지속되었지만, 오히려 이러한 논쟁을 통해 연구팀은 한국의 근현대 철학사상을 나름대로 지평의 교착이라는 관점에서 정리할 수 있게 되었다. 연구지원 기간이 끝나고도 2년 동안이나 보고와 논쟁이라는 인고의 시간을 감내하면서 이러한 성과를 상재(上載)할 수 있게 되어 감개무량하다. 대열에서 벗어나지 않고 진지하게 연구에 참여한 공동연구원 모두에게 연구책임자로서 심심한 감사의 뜻을 전한다.

동양철학 연구자들이 서양철학 전공자와 함께 대화하면서 지적 고민을 심화시킬 수 있는 계기를 마련해 준 한국학중앙연구원의 지원과 격려에 깊은 감사를 드리고 싶다. 이러한 장기적 지원은 학문 공동체를 형성할 수 있는 귀중한 기회가 되었다. 공동연구원들은 이 벅찬 작업에 도전하면서 시대와 현실을 함께 고민하는 동인(同仁)이 될 수 있었다. 그리고 동서양철학이 복합적으로 등장하는 다소 어렵게 보이는 전문 연구 서적의 출판을 기꺼이 간행하겠다고 허락해준 동과서 출판사의 황병기 박사님께 고마운 마음을 금할 수 없다. 출판사 대표라기보다도 동양철학을 전공한 동학이라 할 황병기 박사로부터 이 책의 구성과 내용에 관한 전문적인 자문을 받을 수 있었던 것은 더할 나위 없는 행운이었다.

지난 5년 동안 우리 연구팀은 「근현대 한국의 동서철학사상 접변양상 연구」를 진행하였고 그간의 연구성과를 모아 일곱 권의 단행본을 발간하게 되었다. 그 내용은 다음과 같다.

제1권은 동서철학의 만남이라는 주제 아래 동서 철학사상의 접변양상을 조감할 수 있는 새로운 시야를 확보하기 위해 개념의 접변과 지평의 확대라는 측면에서 텍스트를 분석하는 방법론과 그 사례를 제시하였다.

제2권은 조선시대에 연행사절 혹은 다른 방식을 통해 서양의 종교와 학문을 수용한 사상가들을 중심으로 서학의 충격과 접변이라는 관점에서 조선시대 후기 사상가들이 서학을 형상화하는 방식, 서학의 세계상에 대해 보인 반응을 조명하였다.

제3권은 19세기 말 이후 '서기(西器)'의 충격과 도전이 격화되던 시대적 전환기에 지식인들이 '동도(東道)'를 기초로 한 '서기'의 수용이라는 소극적 대응으로부터 '서도(西道)'까지 보다 적극적으로 수용하게 되는 동서문명의 지평융합과 역전의 과정을 탐색하였다.

제4권은 서양 정치사상의 유입이 유교의 철학적·사상적·이론적 지평에 어떤 변화를 불러왔는지를 살펴보고, 서양 근대 정치사상에 대한 반성과 유교 전통사상의 현대적 의의를 성찰하는 기회를 제공하였다.

제5권은 19~20세기 초 동아시아에 사회진화론, 무정부주의 등 서양의 다양한 사회사상 혹은 기독교 등의 사상적 조류가 급속도로 확산되는 시점에 조선의 학자들이 전통사상의 토대에서 자유와 민주, 평등과 같은 서양적 가치를 이해하고 대응하는 문법을 검토하였다.

제6권에서는 20세기 이후 서양 철학사상이 제도로서 동아시아에 권위를 구축하는 시점에서, 전통사상이 서양철학과의 불균등한 대화 속에서 자신의 인류사적 가치를 확인하고 회양(晦養)하면서 창출하는 과정에 나타난 동서철학의 접변 양상을 살펴보았다.

제7권에서는 이 연구가 시도한 방법론에 대한 종합적인 점검과 철학적 성찰을 통해 동서철학 접변연구를 평가하고 전망하면서 한국 근현대철학의 방향을 모색하는 계기를 마련하였다.

각 권에 실린 「부록」은 공동연구팀이 지난 5년 동안 연구하는 과정에서 발굴한 자료를 토대로 현대 한국의 동서 철학사상 접변 양상을 살펴볼 수 있는 동아시아 지역의 텍스트를 선정하여 함께 강독하면서 번역하고 정리한 자료를 묶었다.

이 연구는 동서양의 철학적 대화라는 관점에서 근현대 시기 한국의 철학사상을 정리하면서 현재 우리의 지평과 시야를 확대하고자 한 시론적인 구상이다. 시기구분, 방법론, 텍스트 분석 등에서 적지 않은 문제가 포함되어 있을 것이다. 학계의 기탄없는 비판과 질정을 기대한다.

2019.12.

연구팀을 대표하여

양일모 씀

차 례

서론:

문화권적 사유문법의 충돌과 접변

이봉규

17~19세기 조선에서의 동서접변은 한역서학서의 독서와 연행을 통해 전개되었다. 서학서를 통해 선교사들이 토미즘 체제에 입각한 서구의 지식 체계를 소개하고 정당화하면서 유교의 체제를 재해석하고 재평가한 것들과, 연행에서 직접 관찰한 서학의 기물들, 그리고 선교사와의 대화는 동아시아 지식인들에게는 이전에 경험하지 못한 새로운 충격이었다. 이 시기 동아시아 지식인들 특히 조선의 지식인들이 반응한 방식을 보면, 이후 근대 체제의 구축으로 전환해간 20세기와 비교해서 큰 차이가 존재한다. 서구 근대체제의 구축은 곧 서구의 세계상에 입각하여 전통을 재배치하고 재설정하는 것이었지만, 17~19세기 조선 지식인들의 반응은 동아시아의 전통적 사유문법에 기반하여 자신들과는 다른 새로운 문법을 이해하는 것이었다. 거기에는 긴 역사 시기 동안 성숙되어 왔던 두 문명의 문법이 충돌하여 서로 변용을 일으키는, 문화권적 기본 문법의 충돌과 접변이 있었다. 그러면서 전통적 사유 문법, 개념 체제 상에서 의미 지평의 변동이 발생하였다. 말하자면 새로운 지평 융합이 발생하였다. 이 지평 융합은 동아시아 지식인들의 사유에서 상대적으로 헌격하게 발생하였다 그리고 이후의 역사가 보여주듯이 의미지평의 거대한 이동은 결국 서구의 근대체

제로 전환하는 방향으로 진행되었다.

본서는 이 17~19세기 조선에서 전개되었던 동서 문명간의 접변 양상을 문화권적 기본 문법이 충돌하여 발생하는 지점에 초점을 두어 관찰하면서, 조선 학자들의 반응과 변용을 재조명하였다. 세계상에 대한 서학의 새로운 문법의 특징, 서학의 세계상에 대한 보수적 또는 적극적 반응, 연행 경험을 통해 조선지식인들이 접하고 파악한 서학을 형상화하는 방식 등은 본서에서 필자들이 특히 집중하여 해명하고자 한 부분이다. 서학의 기본 문법에 관해서는 『천주실의』와 『영언여작』, 『만물진원』 등이 집중 분석대상이 되었고, 조선 지식인들의 반응은 신후담, 안정복, 홍대용, 정약용, 이항로, 동학 등을 중심으로 살펴보았다. 그리고 연행 기록에 대한 분석을 통해 조선 지식인의 서학에 대한 형상화를 재조명하였다.

본서 말미에는 부록으로 조선 후기 서학의 세계상에 대하여 반응한 한 사례를 원문과 함께 번역하여 소개하였다. 17세기 후반에서 18세기 전반에 걸쳐 살았던 홍정하(洪正河)의 「만물진원증의(萬物眞源證疑)」이다. 『천주실의』에 대한 이익의 발문 이래로 19세기 말까지 척사론의 논지가 계속 이어졌는데, 본 자료는 율리우스 알레니의 「만물진원(萬物眞源)」에 대한 18세기 척사론의 한 논리를 보여준다. 이 자료는 1903년 허칙(許侙)과 곽한일(郭漢一)의 주도 아래 최익현 계열의 위정척사론자들에 의해서 간행된 『대동정로(大東正路)』 속에 수록된 것이다. 독자는 이 자료를 통해 18~19세기 서교에 대하여 대응하였던 보수적 관점의 일단을 엿볼 수 있을 것이다.

본서에서 진행한 연구들을 세부적으로 살펴보면 다음과 같다. 먼저 「정약용의 철학에 나타난 유학과 서학의 지평 융합」은 정약용의 사유체계에서 발생하는 두 문화권적 문법의 교착과 융합에 주목하고 그 접변 양상을 탐사하였다. 필자는 정약용 이전에는 동·서양의 두 사유체계가 '접촉-배척-수용-교착'하는 수준에서 접변이 일어나고 있었지만, 정약용에 이르면 '교착'의 차원을 넘어서서 새롭게 '융합'하는 형태로 진척되어 전개된다고 분석하였다. 필자는 그 점을 서학의 '천주' 관념을 가져와 유학의 '상제' 관념에 대하여 리학이 설정하였던 의미 지평을 해체하고 다시 선진(先秦) 시기 문헌들이 지녔던 의미지평을 일정하게 복원시키는 논의들에서 발견한다. 필자는 특히 정약용이 영명, 초월, 창조 등의 의미를 천주교의 신관념으로부터 가져와 선진시기 상제관에 결합시키면서 상제에 대한 새로운 의미지평을 창출하는 지평융합을 전개하였다고 밝혔다. 아울러 서학의 '영혼' 관념을 유학의 '심' 개념 속에 융합시키면서, 자유의지 관념이 들어간 기호로서 심성을 설명하는 새로운 의미지평을 건축하였음을 밝혔다.

「연행사의 천주교관에 나타난 도교적 이해 양상」은 조선 연행사들의 천주당 방문 기록에서 천주교를 도교의 이미지들을 이용하여 기술하는 것에 주목하고 그 맥락을 재조명하였다. 필자는 중국에서 이역(異域)의 문물이나 사정을 설명할 때 기본적으로 도교와 도교의 이미지나 개념을 활용하여 설명하는 전통이 있었다는 점, 천주교를 백련교와 유사한 종교로 이해하는 논의들이 많았다는 점, 나아가 교리상에서 천주교와 도교가 상통하는 점이 있다는 것을 밝히고 있다. 곧 중국과 조선의 지식인들이 천주교를 대면하여 발생하는 접변과정에서 도교와 도가의 이미지와 개념들이 메타적 수단으로 작용하고 있음을 구체적으로 밝히주고 있다.

「토미즘과 리학(理學)의 지평 접변」은 프란치스코 삼비아시가 『영언여작』에서 토미즘에 대하여 설명하면서 사용한 개념들과, 신후담과 안정복이 보여주는 비판적이고 보수적인 반론 속에서 사용한 개념들을 비교하면서 세계상에 대한 기본 문법의 차이를 재조명하였다. 특히 정신활동에 대한 이해방식, 대상에 대한 이해방식, 세계상에 대한 이해방식 등 세 측면에서 사유의 문화권적 차이가 충돌하는 부분에 집중하여 분석하였다. 그 결과 정신활동의 주체와 관련하여 실체적 이해와 양태적 이해가 서로 충돌하면서 기능을 분리하여 설명하는 방식과 통합하여 설명하는 방식의 문법적 차이가 충돌하고 있음을 밝힌다. 또한 대상에 대한 이해방식에서는 형상[像]을 매개로 대상을 설명하는 문법과 상징[象]을 매개로 설명하는 문법 사이의 차이가 서로 충돌하고, 세계상과 관련해서는 초월을 지향하는 사유방식과 비작위를 지향하는 사유방식 사이의 문법적 차이가 서로 부딪치고 있음을 드러낸다.

「홍대용의 경학사상과 자연과학의 만남」은 홍대용의 학문 체계에서 서학의 자연과학이 경학과 충돌하면서 발생하는 도덕 지평의 긴장과 동요에 주목하였다. 특히 자연과학적 요소들이 선진 유학과 리학(理學)을 포괄하는 경학적 개념 체계에 일으킨 의미상의 변용에 중점을 두면서, 기철학의 측면에서 도덕적 지평의 긴장과 동요를 낳지만, 도덕적 지향과 수양론이 여전히 병행하고 사유의 축을 이루고 있음을 밝혔다. 필자의 분석을 통해 볼 때, 홍대용에 이르러 리를 자연과학적 특성을 가지는 기에 의탁해 있는 조리와 법칙으로 이해하는 가치중립적 의미가 강화되는 방향으로 변용이 일어난다. 그러나 동시에 사회와 도덕의 측면에서는 인간과 사물에 공통되는 인의예지로 이해하는 전통적 가치론의 맥락이 견지된다. 필자는 홍대용이 여전히 의리를 경세 내지 실용의 토대로 설정하는 문법에 입각해 있지만, 도덕적 당위와 경험적 사실을 분리하여 병행시키는 방향으로 논의를 전개하고 있으며, 그 과정에서 경학과 자연과학이 충돌하면서 일정한 긴장과 동요가 발생하고 있음을 보여주고 있다.

「『만물진원(萬物眞源)』과 『벽사록변(闢邪錄辨)』 -성리학-서학의 갈등과 '도(道)-기(器)' 구도의 출현-」은 이항로가 서학에 대응하여 유교를 옹호하는 논리로 앞세운 도(道)-기(器)의 관계 관념에 주목하였다. 필자는 『노자』와 『장자』에서 도덕의 개념이 〈도-기술〉과 〈덕-기술의 습득과 습관화〉라는 맥락에서 가치중립적으로 사용되었던 것이 리학(理學)에 와서 〈리(理)-형이상자〉와 〈기(氣)-형이하자〉의 관계 속에서 리(理)라는 유교적 가치로 재배치되는 사정을 주희와 제자들 사이의 논변을 통해 먼저 밝히고 있다. 그리고 이항로가 〈리(理)-기(氣)〉 대신 〈도(道)-기(器)〉의 관계에 의거해서 서학과 대응하는 것은 유교의 가치를 더욱 일원적이고 보편적인 층위에서 유교를 옹호하는 문법이 됨을 밝히고 있다. 필자는 서학에 대한 대응 논리와 더불어, 논문 서두에서 이항로가 활동한 양근이 당시 서학의 중심지로 주변의 친족이 서교에 연루되어 처벌되는 등 긴박한 상황이었던 배경을 밝혔다. 그리고 「벽사록변(闢邪錄辨)」의 분석을 통해서 이항로가 도(道)-기(器)/형기(形氣)의 맥락에서 「만물진원」의 논점을 비판하는 구체적 양상을 밝혔다. 필자는 특히 이항로가 인격성을 수반하는 상제와 성인의 관념을 되살려 리(理)와 태극(太極)의 의미를 드러내고 있음을 밝혀, 서학 측에서 약점으로 지적하는 리(理)의 무위(無爲)에 대한 반론이 이항로의 한 고심이었음을 보여주고 있다. 필자는 논문 뒤에 「만물진원」 전체 11장의 목차와 「벽사록변」을 역주하여 소개하였다. 독자는 필자의 아낌없는 노고 덕에, 이 책 끝에 부록으로 실은 「만물진원증의」와 더불어 18~19세기 서학접변의 양상을 구체적으로 만날 수 있을 것이다.

「천주(天主)와 리기(理氣)의 관점에서 본 동학과 서학의 사상적 접변 양상」은 19세기 후반 조선의 사회적 변혁에 큰 영향을 주었던 동학이 서학의 영향을 받으면서도 교리에서 달리하였던 점을 교리의 기반이 되는 천주와 리기(理氣) 개념을 중심으로 재조명하였다. 필자는 마테오 리치가 리(理)를 속성으로서의 조리(條理)로, 기(氣)를 4원소의 공기에 상응하는 개념으로 그 함의를 각각 낮추어 재규정하는 것을 통해, 초월적 창조주로서의 천주 개념과 차별화하였던 맥락을 먼저 밝히고 있다. 그리고 나서 필자는 동학의 '시천주' 개념에 만물을 생성하는 초월적 위상과 만물 안에 존재하는 내재적 위상이 아무런 모순 없이 융합되어 있는 점을 지적하고, 그 근저에 점점 자연적 질서의 조리로 격하되는 리(理)를 대신해서 지기(至氣) 개념을 내세워 기(氣)의 중심 의미를 영명성과 주재성을 지닌 것으로 재구축하여 서학의 천주 개념에 대응하는 동서접변이 담겨 있음을 밝혔다. 필자는 마테오 리치의 초월론적 천주 관념 하에서는 은총을 매개로 천상의 완전성에 참여하는 '상달(上達)'의 수행 방식이 중심을 이루는 반면, 동학의 초월내재적 천주 관념에서는 지기(至氣)로 내재된 천주를 지상에서 '수심정기(守心正氣)'의 수양을 통해 실현하는 '하달(下達)'의 수행 방식이 중심을 이룬다고 그 종교적 지평의 차이를 그려내면서, 19세기 동서의 상이한 의미 지평이 접변을 통해 교착하고 있는 특징적 양상으로 설명하였다.

이상 본서의 연구들을 통해 볼 때, 17~19세기 조선의 동서 접변은 다음의 특징을 보여준다. 첫째, 동서의 문화권적 사유 문법이 충돌하면서 리(理), 기(氣), 상제(上帝), 자연(自然) 등 주요 개념에서 의미지평의 융합이 발생하였다. 둘째, 서학의 충격은 유교지식인들에게 자신의 문법에 대하여 재성찰하는 하는 계기가 되었다. 그 재성찰은 리학(理學)의 체계를 옹호하는 보수적 대응과 리학(理學)의 체계를 조정, 해체하고 새롭게 재구성하는 적극적 대응의 양 측면으로 전개되었다. 신후담과 안정복, 이항로가 전자의 사례라면 홍대용과 정약용, 최제우는 후자의 사례가 된다. 홍대용에게서는 자연과학과 도덕론 사이를 일정하게 분리하면서도 병행시키는 조정이 관찰되고, 정약용에게서는 심성론과 상제론 등 이론의 핵심에서 리학의 체제를 해체하고 서학과 선진 유학의 체제가 결합된 새로운 구성이 관찰된다. 그리고 최제우 등 동학에서는 서학의 초월적 천주 개념과 접변하여 천리로 내재된 리학의 상제 관념을 초월 내재적 천주 관념으로 재구성한다. 그러나 전체적으로는 여전히 유교적 세계상에 입각한 재구성으로, 이후 학문 전체를 서구 근대체제로 새롭게 구축해갔던 방향과는 다른 것이었다.

정약용의 철학에 나타난 유학과 서학의 지평 융합

한정길

1. 동양과 서양의 두 사유체계

동양과 서양은 오랜 세월 동안 각자의 고유한 문화양식을 가꾸어 왔다. 그런데 16세기말에 예수회 신부들이 동아시아에 들어와 선교 활동을 하면서부터 동·서양의 이질적인 문화가 서로 접촉하게 되고, 그 사이에 두 사유체계의 교착과 융합이 다양한 양태로 일어나게 된다. 이 글은 그 가운데 정약용에게서 그 접변 양상이 어떻게 나타나는지를 탐구하고자 한 것이다.

조선의 경우에 정약용 이전까지는 동·서양의 두 사유체계가 '접촉–배척–수용–교착'하는 접변 양상을 보인다. 그런데 정약용에 이르면 그것은 '교착'의 차원을 넘어서서 새롭게 '융합'하는 형태로 나타난다. 이 글에서는 정약용이 서학을 어떻게 비판적으로 수용하여 자기 철학 속에 창조적으로 융해시키고 있는지를 그의 상제관과 인간관을 중심으로 살펴보고자 한다.

상제관에서는 정약용이 서학의 '천주' 관념을 어떻게 유학의 '상제' 관념 속에 융합시키고 있으며, 그것이 그의 세계관에 어떤 변혁을 일으키는지를 중점적으로 논의할 것이다. 그리고 인간관에서는 그가 서학의 '영혼' 관념을 어떻게 유학의 '심' 개념 속에 융합시키고 있으며, 그것이 인간의 심성에 관한 이해에 어떤 변혁을 일으키는지를 주로 검토할 것이다.

2. 다산의 현실인식과 학문적 지향점

조선의 역사에서 18세기 후반~19세기 전반은 혼란 가운데서 장차 나아갈 방향을 모색하는 시기라고 할 수 있다. 내부적으로는 중앙집권 통치체제가 약화되고 삼정 등 각종 제도의 문란으로 사회적 모순이 증대되었고 농민들의 투쟁의식이 고양되었으며, 밖으로는 서양의 세력이 점차 침범함으로써 전통적인 삶의 양식과 가치체계가 흔들리고 있었다. 이러한 사회의 혼란을 어떻게 바로잡을 것인가의 문제는 당시의 위정자들과 지식인들이 해결해야 할 시대적 과제였다.

정약용의 눈에 비친 당시의 현실 상황은 그야말로 각 구성원들 사이의 투쟁과 갈등, 핍박과 고통으로 인하여 사회 전체가 혼란에 휩싸여 그 생명을 잃어가고 있는 상황이었다. 중앙정치에 가담하고 있는 이들은 당쟁에 휘말려 있고, 지방 관료들은 일반백성들을 핍박하여 자신들의 이익을 챙기느라 정신이 없으며, 서민들은 부패한 관료와 토호들의 농간으로 민생의 고통이 극에 달해 각박한 투쟁의식만 높아져 갔다. 정약용은 이러한 현실상황을 정확하게 인식하고 날카롭게 비판한다. 그는 특히 도탄에 빠진 백성들의 삶을 직시하고 그들을 구제할 수 있는 구체적인 방법들을 다양하게 모색한다. '어떻게 하면 민생을 윤택하게 하고 사회와 국가 전체를 다스릴 수 있을까?' 이것이 바로 정약용이 지니게 된 현실적 문제의식이었다.[1)]

이러한 현실인식에 기초한 정약용의 학문적 지향은 자기 수신을 토대로 국가 경영 및 민생의 안정을 이룩할 수 있는 실질적인 방안을 마련하는 데 있었다. 이것은 그가 평생에 걸쳐 이룩한 자기 학문의 큰 규모를 "육경(六經)과 사서(四書)로서 자기 몸을 닦고 일표(一表)와 이서(二書)로서 천하·국가를 다스리니, 본말을 갖춘 것이다"라고 요약하는 데서 단적으로 드러난다. 육경사서에 대한 해석을 통하여 삶의 주체인 자기를 닦고, 또 『경세유표』·『목민심서』·『흠흠신서』를 통하여 조선을 새롭게 하고 백성을 편안하게 다스려 은택을 입게 하고 옥사를 잘 다스려 원망이 없애고자 한 것이다.[2)]

이제 학문을 하는 군자가 갖추어야 할 점도 분명해졌다. 그는 "먼저 경학으로 기초를 세운 뒤에 옛 역사를 섭렵하여 그 득실과 다스려지고 어지러웠던 근원을 알아야 한다. 또 실용의 학문에 마음을 두고 옛 사람이 나라를 경영하고 구했던 글들을 즐겨 보아야 한다. 이 마음에 늘 모든 백성들을 윤택하게 하고 만물을 육성시키겠다는 뜻을

1) 한정길, 「다산 정약용의 세계관 －인륜세계 실현의 이론적 기초에 대한 탐구」(『한국실학연구』 제13집, 한국실학학회, 2007), 172쪽.

2) 『茶山詩文集』 제16권, 「自撰墓誌銘」(集中本). "經世者何也? 官制郡縣之制田制賦役貢市倉儲軍制科制海稅商稅馬政船法營國之制, 不拘時用, 立經陳紀, 思以新我之舊邦也. 牧民者何也? 因今之法而牧吾民也. 律己奉公愛民爲三紀, 吏戶禮兵刑工爲六典, 終之以振荒一目, 各攝六條, 搜羅古今, 剔發奸僞, 以授民牧, 庶幾一民有被其澤者, 鏞之心也. 欽欽者何也? 人命之獄, 治者或寡, 本之以經史, 佐之以批議, 證之於公案, 咸有商訂, 以授獄理, 冀其無冤枉, 鏞之志也. 六經四書, 以之修己, 一表二書, 以之爲天下國家, 所以備本末也."

가지고 있은 뒤에라야 독서하는 군자가 될 수 있다"[3]고 말한다. 민(民)과 물(物)을 살려내겠다는 뜻을 지니고 수기와 치인의 실질적인 방안을 탐구하는 것이 바로 군자의 학문이라고 본 것이다.

그런데 정약용은 군자의 학문인 수기와 치인을 모두 오륜을 밝히는 것으로 이해한다.[4] 정약용은 수기와 치인의 학문을 통하여 결국은 오륜이 행해지는 인륜세계를 건립하고자 했던 것이다. 이로부터 우리는 정약용의 학문적 지향점은 궁극적으로 오륜이 밝혀지는 인륜세계의 건립에 있었음을 알 수 있다. 경학이나 실용지학에 대한 그의 탐구는 모두 인륜세계의 건립이라는 목적을 지니고 있었던 것이다. 그리고 기존 학술에 대한 정약용의 반성과 비판도 그것들이 인륜을 밝히는 학문이 아니거나 불충분하다는 점에 있었다. 서학에 대한 정약용의 비판적 수용도 철저히 이 범위로 제한된다. 그는 철저하게 인륜을 밝히는 데 유용한 사상 자료들은 수용하지만, 그것과 무관한 것들은 배척하거나 유보하는 태도를 취한다. 그의 주요 관심은 어떻게 각 개인들을 유가의 윤리를 실천할 수 있는 수행의 주체로 만들 것인가에 있었던 것이다.

3) 『與猶堂全書』 Ⅰ-21, 4ㄴ, 「詩文集」, 〈寄二兒 · 壬戌〉, "必先以經學, 立著基址, 然後涉獵前史, 知其得失理亂之源, 又須留心實用之學, 樂觀古人經濟文字, 此心常存澤萬民, 育萬物底意思, 然後方做得讀書君子."

4) 『與猶堂全書』, Ⅰ-18, 40ㄱ, 「上弇園書」, "蓋明德者, 五倫也. 明五倫於意爲誠意, 明五倫於心爲正心, 明五倫於身爲修身, 明五倫於家爲齊家, 明五倫於國爲治國, 明五倫於天下爲平天下. 要之是一箇明五倫之事, 而有修己治人之別耳. 明者, 非以言語講明之, 行之然後乃明."

3. 다산과 서학의 만남

정약용의 평생 삶에 가장 큰 영향을 끼친 것은 역시 서학과의 만남이라고 할 수 있다. 천주교의 신앙과 그 교리를 담고 있는 서학서를 접함으로써 가문이 몰락하였을 뿐만 아니라, 정약용 자신도 오랜 세월 동안 수많은 고초를 겪게 된다. 서학과의 접촉은 정약용 개인사에서 볼 때 불행한 사건이었다. 그러나 순수 학문의 측면에서 볼 때 그것은 오히려 다행이었다. 정약용은 서학을 접힘으로 인하여 주자학을 포함한 기존의 학문을 총체적으로 반성하고, 새로운 학문을 수립할 수 있었기 때문이다. 그가 세운 학문은 동아시아 유교사에서 가장 높은 봉우리에 오른 것으로 평가되고 있다. 서학과의 만남은 정약용 개인에게는 불행한 일이었으나, 유교사에서는 다행스러운 일이었다.

정약용이 서학을 처음 접하게 된 것은 16세 때(1777) 서울에서 이가환·이승훈을 따라 이익의 저술을 읽었을 때로 소급해볼 수 있다. 이때 이익의 저술을 통해 서양과학지식을 중심으로 서학에 대한 강습이 이루어졌을 것이다.[5] 당시에는 천문의 역상가(曆象家)와 농정(農政)의 수리기(水利器)와 측량의 추험법(推驗法)을 말하는 이가 있으면, 세속에서 서로 전하면서 이를 가리켜 해박(該博)하다고 말하는 풍조가 있었고, 이런 풍조에 따라 정약용 자신도 서학에 접하게 되었다고 고백한다.[6]

서양의 자연과학지식에 대한 정약용의 흠모는 천주교의 교리에

5) 금장태, 「다산의 사천학과 서학수용」(『철학사상』 제16집, 2003), 137쪽.

6) 『茶山詩文集』 권9, 「辨謗辭同副承旨疏」(丁巳).

대한 관심으로까지 확대된다. 그는 천주교의 교리를 처음 듣게 된 정황을 매우 구체적으로 기술하고 있다. 그의 나이 23세(1784, 정조 8년) 4월 15일 고향 마현(馬峴)에서 큰 형수의 제사를 마치고 그의 형제들이 맏형수의 남동생인 이벽과 함께 배를 타고 두미협으로 내려가던 중에 이벽으로부터 천지조화(天地造化)의 시작과 육신과 영혼의 생사에 대한 이치를 비롯한 서교의 교리를 들었고, 서울에 올라오자마자 이벽을 따라가 『천주실의』와 『칠극』 등 천주교 교리서를 빌려서 읽고 비로소 흔연히 그것에 마음이 기울어지게 되었다고 한다.7)

정약용은 1784년(다산 23세) 여름에 태학생으로 있으면서 『중용』에 관한 정조의 물음 70문항에 답변하는 과정에서 서학으로부터 받은 지식을 창의적으로 발휘하여 『중용』을 새롭게 해석한다. 그 결과물이 바로 『중용강의』이고, 훗날 그것을 보완한 것이 『중용강의보』이다. 이 『중용강의』는 정약용의 서학 수용이 유가 경전 해석에 반영된 최초의 작품이라고 할 수 있다. 그의 창의적인 해설에 대해서 정조는 "그가 진술한 강의는 일반 세속의 흐름을 벗어나 오직 마음으로부터 헤아렸으므로 견해가 명확할 뿐 아니라 그 공변된 마음은 귀하게 여길 만하다"고 평가한 바 있다.

서학에 대한 정약용의 관심은 그 이후로도 몇 년간 지속된 것으로 보인다. 그는 1785년 형조에 의해 처음 적발된 김범우(金範禹)의 집에서 열린 신앙집회에 참여한 바 있으며, 1787년 이승훈 등과 함께 반촌(泮村)에서 서학서를 강습하다가 이기경(李基慶)·홍낙안(洪樂安) 등에 의해

7) 『詩文集』 卷16, 「自撰墓誌銘」 【集中本】. "甲辰夏, 從李檗舟下斗尾峽, 始聞西教, 見一卷書."

○ 『與猶堂全書』 I, 권15, 42. '先仲氏墓誌銘 附見聞話條', "余兄弟與李德操同舟順流, 舟中聞天地造化之始, 形神生死之理, 惝怳驚疑, 若河漢之無極, 入京又從德操, 見實義七克等數卷, 始欣然傾嚮."

고발되기도 했다. 당시 정약용은 마테오 리치의 『천주실의』를 비롯한 예수회선교사들의 성리학적 세계관을 거부하고 유교경전과의 공통성을 확인하는 보유론적 교리서의 영향을 깊이 받았다.[8)]

그러나 이후로 정약용은 오로지 과거시험 공부에 몰두하느라 서학에 마음을 쓸 겨를이 없었다고 한다. 이때 그가 서학에 거리를 두게 된 데에는 서학 자체에 대한 회의도 한몫한 것으로 보인다. '서학서 속에 윤상(倫常)을 상하고 천리에 거슬리는 말이 이루 다 헤아릴 수 없이 많았다'고 술회하고 있기 때문이다. 이렇듯 서학의 문제점을 지적하면서도 정약용은 한편으로는 '서학서에서 제사(祭祀)를 폐하는 말은 본 적이 없다'고 진술함으로써 서학을 일정부분 변호하기도 한다.[9)] 여기에는 1791년에 일어난 진산(珍山)사건이 서학과는 근본적으로 무관함을 보이려는 의도가 내재되어 있다. 그렇지만 진산사건이 계기가 되어 일어난 신해(辛亥)의 변(變)은 서교에 대한 정약용의 태도 변화에 결정적인 영향을 미친다.

진산(珍山) 출신이자 정약용의 외사촌인 윤지충(尹持忠)은 그 외사촌인 권상연(權尙然)과 함께 천주교를 신봉하고 있었다. 그런데 1791년 모친이 돌아가시자 천주교의 의식에 따라 상례를 치루면서 혼백과 위폐를 폐지하고, 제사를 거부하였다. 이 일이 조정에 알려지자 조정에서는 진산군수 신사원(申史源)에게 이들을 체포하고 심문케 하였으나 이들은 배교를 거부하고 처형되기에 이른다. 이것이 바로 '신해의 변'이다. 이때부터 조정에서는 서교를 금지하는 조치를 내린다.

신해의 변이 있은 이후로 정약용은 분개하고 상통(傷痛)하여 마음

---

8) 금장태, 『동서교섭과 근대한국사상』(성균관대 출판부, 1984), 81-91쪽.

9) 『茶山詩文集』 권9, 「辨謗辭同副承旨疏」(丁巳).

속에 맹세해서 미워하기를 원수같이 하고 성토하기를 흉역(兇逆) 같이 하였다고 술회한다. 이 일을 계기로 정약용은 서교가 현실적으로 가지고 올 수 있는 병폐에 주목하게 되었고, 서교와의 절연을 꾀한 것으로 보인다. 이 작업은 서교의 교리에 대한 재검토를 요구하였다. 그는 서교의 교리를 재검토한 결과 '사생의 말은 불씨(佛氏)가 만든 공포령(恐怖令)이고, 이른바 극벌의 경계[克伐之誡]는 도가의 욕화(慾火)를 없애라는 것이고, 그 이기하고 변박하다는 글은 패가(稗家) 소품(小品)의 지류(支流)에 불과한 것이며, 이 밖에 하늘을 거역하고 귀신을 경멸하는 죄는 용서받을 수 없음'[10]을 확인하게 된다. 정약용의 말을 액면 그대로 받아들인다면 이때부터 서교에 대한 신앙을 버린 것으로 보인다.

그럼에도 정약용은 서교도라는 비난으로부터 자유로울 수 없었다. 그가 서교를 신앙한 바 있고, 또 그의 친인척들이 서교에 연루되어 있었기 때문이다. 그를 서교도로 지목하는 비난이 일어나자 그는 1797년(다산 36세)에 정조에게 자신이 천주교도가 아님을 해명하는 「변방사동부승지소(辨謗辭同副承旨疏)」라는 상소문을 올린다. 이 상소문에는 그가 서학을 접촉－학습－신앙－배교했던 과정이 비교적 상세하게 나타나 있다. 이 상소문에는 그가 벼슬살이에서 물러나 장차 도모하고자 하는 일이 함께 기술되어 있다. 바로 "지금의 계교는 오직 경전에 잠심(潛心)하여 만년의 보답을 도모하고자 한다"[11]고 언급한 대목이다. 이때부터 정약용은 벼슬에서 물러나 경학을 탐구하려는 뜻을 품고 있었던 것이다. 이 뜻은 그가 순조 1년(1801)에 일어난 신유사옥에 연루되어 18년 동안 강진에서 유배생활을 하면서부터 현실화된다.

---

10) 『茶山詩文集』 권9, 「辨謗辭同副承旨疏」(丁巳).

11) 『茶山詩文集』 권9, 「辨謗辭同副承旨疏」(丁巳).

4. 다산의 '상제' 관념과 세계관의 변화

마테오 리치가 말하는 '천주'에 대해 정약용이 어떻게 생각했는지 정확히 알 수는 없다. '천주'에 대한 그의 직접적인 평가가 없기 때문이다. 그러나 정약용은 '천주' 관념을 사색의 대상으로 삼았고, 그 사색의 결과물을 유가 경전에서 최고신으로 간주된 바 있는 '상제' 관념을 재해석하는 데 적극적으로 활용한다. 이 작업은 오랜 세월 동안 경학사에서 사장되었던 '상제' 개념을 되살려내는 일이었을 뿐만 아니라, 그것에 새로운 의미와 내용을 불어넣음으로써 정약용 자신의 독창적인 철학체계의 기반을 마련하는 일이기도 했다. 여기에서는 먼저 '천주' 관념과 정약용의 '상제' 관념의 유사성과 차이점은 무엇인지를 검토하고, '상제' 관념에 대한 정약용의 재해석이 그의 철학체계에서 어떤 역할과 기능을 하는지, 그리고 그것이 지니는 철학사적 의미는 무엇인지를 살펴보겠다. 이 논의를 통하여 정약용이 '상제' 관념을 재해석함으로써 기존 주자학적 형이상학 체계를 해체시키고 자신의 독창적인 철학체계를 수립하고 있음을 드러내고자 한다.

1) '천주'와 '상제'의 유사성과 차이점

천주교의 세계관에서 최고의 존재는 '천주'이다. 마테오 리치는 『천주실의』에서 '천주'를 '형체도 없고 소리도 없는(無形無聲)'[12] 초자연적

12) 『天主實義』 2-5, 2-12, 2-16, 3-5, 3-6, 5-6, 7-3, 7-6.

존재로서 영명성을 지니고 천지만물을 창조·주재·안양하며, 사람의 행위를 감찰하고 심판하는 유일신으로 묘사하고 있다.

정약용에게서 상제는 형체나 형질은 없지만[13] 영명성[14]과 주재성[15]을 지니고 있는 유일무이하고 지극히 존엄한 절대적 존재로[16] 규정된다. 이 무형의 영명한 주재자인 상제는 하늘·땅·귀신·사람의 밖에서 하늘·땅·귀신·사람·만물의 부류를 조화시키고 주재하고 편안히 길러준다.[17] 뿐만 아니라 그것은 사람에게 끊임없이 명령을 내리는 형식을 띠고 사람의 마음 가운데 도심으로 내재되어 그 행위를 감찰한다.[18]

'상제' 개념에 대한 정약용의 이러한 이해는 전통 경학가들의 그것과 대조할 때 특징적인 면이 있다. ① 영명성을 갖추고 있다는 점, ② 천지만물을 초월한 존재라는 점, ③ 천지만물의 창조자라는 점, ④ 상제의 명령이 사람 마음에 직통하여 도심으로 내재되어 있다는 점 등이 그것이다. 이 가운데 ①, ②, ③은 '천주' 관념의 영향을 받은 것으로 보인다. 정약용은 '천주' 관념이 지니고 있는 영명성, 초월성, 창조성을 '상제' 관념에 새롭게 부여하고, 그것을 자기 철학의 최고 존재로 설정한 것이다.

---

13) 『與猶堂全書』 Ⅱ-33, 15, 「春秋考徵」 卷1, "皇皇上帝, 無形無質."

14) 『與猶堂全書』 Ⅱ-3, 5, 「中庸自箴」 卷1, "天之靈明, 直通人心."

15) 『與猶堂全書』 Ⅱ-6, 38ㄴ, 「孟子要義」, "天之主宰爲上帝."

16) 『與猶堂全書』 Ⅱ-27, 26, 「尙書古訓6」, "皇天上帝, 唯一無二, 至尊而無匹."
『與猶堂全書』 Ⅱ-36, 16ㄴ. 「春秋考徵」 卷4, "昊天上帝, 唯一無二之位."

17) 『與猶堂全書』 Ⅱ-36, 24ㄱ, 「春秋考徵」 卷4, "上帝者, 何? 是於天地神人之外, 造化天地神人萬物之類, 而宰制安養之者也. 謂帝爲天, 猶謂王爲國, 非以彼蒼蒼有形之天, 指之爲上帝也."

18) 『與猶堂全書』 Ⅱ-3, 5ㄴ. 「中庸自箴」 卷1, "天之靈明, 直通人心, 無隱不察, 無微不燭, 照臨此室, 日監在茲. 人苟知此, 雖有大膽者, 不能不戒愼恐懼矣."

한편 정약용이 '상제' 관념을 재해석할 때 '천주' 관념이 지니고 있는 성격과 기능 가운데 수용하지 않는 점도 있다. 바로 천주가 지니고 있는 심판자로서의 기능이다. '천주'는 사람 개개인의 행위를 그의 사후에 총체적으로 평가하고 심판하여 상선벌악하는 존재로 그려지고 있다. 그러나 정약용은 상제 관념에 그러한 심판자로서의 기능을 부여하고 있지 않다. 그는 개개인의 삶에 대한 총체적인 평가를 신이 아닌 역사적 존재로서의 인간에게 맡긴다.

또 정약용의 '상제' 관념에는 '천주'가 지니고 있지 않은 기능이 있다. 바로 상제의 명령이 사람에게 직접 '도심'으로 내재되어 있다고 보는 점이다. 이러한 체계에서는 상제의 명령을 듣기 위하여 굳이 외부에 귀를 기울일 필요가 없다. 사람 내면에 갖추어져 있는 도심의 소리에 귀를 기울이는 것만으로 충분하다.

'상제'의 명령이 사람에게 도심으로 내재되어 있다는 형식적인 측면에서 만이 아니라, '상제'가 내리는 명령의 실질 내용도 '천주'의 그것과 차이가 있다. '천주'가 사람들에게 내리는 명령이 '천주를 섬기고' '이웃을 내 몸과 같이 사랑하라'는 것이 핵심이라면, '상제'가 사람에게 내리는 명령은 '인륜을 실천하라'는 것이 중심을 이룬다.

이상의 논의를 통해서 보면 정약용은 '상제' 관념을 해석하는 데 '천주' 관념이 지니고 있는 내용들을 활용하고 있다. 그러나 거기에는 '천주' 관념이 지닌 내용을 수용하지 않은 점도 있고, 또 '천주' 관념에 없는 내용을 창조적으로 부여한 점도 있다.

2) '상제' 관념에 대한 재해석이 가지고 온 세계관의 변혁

정약용의 철학에서 '상제'는 최고의 존재로 간주된다. 그는 '상제' 관념에 대한 재해석을 토대로 기존철학사 속에서 최고의 존재로 언급된 '천(天)' 관념을 새롭게 검토한다.

'천(天)'은 흔히 세 가지 의미로 사용되어 왔다. 바로 창창천(蒼蒼天)·주재천(主宰天)·이법천(理法天)이다.[19] 정약용은 이 가운데 '이법천' 관념은 부정하고, 오직 '창창천'과 '주재천'만 인정한다. 그리고 또 그 가운데 '주재천'이 바로 최고의 존재인 '상제'에 해당하는 것으로 여긴다.

정약용에게서 '주재천'은 상제를 가리킨다.[20] 이 상제는 유일무이한 절대적 존재로서,[21] 어떤 형체나 형질이 없지만[22] 영명성[23]과 주재성[24]을 지니고 있는 최고의 존재이다. 무형의 영명(靈明)한 주재자인 상제는 하늘·땅·귀신·사람의 밖에서 하늘·땅·귀신·사람·만물의 부류를 조화시키며 주재하고 편안히 길러준다.[25] 이 규정에는 천지만물과의 관계에서 상제의 존재론적 지위와 그 기능에 대한 설명이 담

---

19) 『朱子語類』 卷1, 「理氣上」, 5쪽, "要人自看得分曉, 也有說蒼蒼者, 也有說主宰者, 也有單訓理時."

20) 『與猶堂全書』 Ⅱ-6, 38ㄴ, 「孟子要義」, "天之主宰爲上帝, 其謂之天者, 猶國君之稱國, 不敢斥言之意也."

21) 『與猶堂全書』 Ⅱ-27, 26, 「尙書古訓6」, "皇天上帝, 唯一無二, 至尊而無匹."
『與猶堂全書』 Ⅱ-36, 16ㄴ. 「春秋考徵」 卷4, "昊天上帝, 唯一無二之位."

22) 『與猶堂全書』 Ⅱ-33, 15, 「春秋考徵」 卷1, "皇皇上帝, 無形無質."

23) 『與猶堂全書』 Ⅱ-3, 5, 「中庸自箴」 卷1, "天之靈明, 直通人心."

24) 『與猶堂全書』 Ⅰ-8, 30, 「中庸策」.

25) 『與猶堂全書』 Ⅱ-36, 24ㄱ, 「春秋考徵」 卷4, "上帝者, 何? 是於天地神人之外, 造化天地神人萬物之類, 而宰制安養之者也. 謂帝爲天, 猶謂王爲國, 非以彼蒼蒼有形之天, 指之爲上帝也."

겨 있다.

먼저 상제는 천지만물 밖에 존재하는 초월적 존재로 규정된다. 이것은 동양의 전통적 세계관에서 근원적 실재를 자연세계 내에 설정하는 것과 다르다. 동양의 전통적 세계관에서는 근원적 실재를 천(天)·도(道)·태극(太極)·기(氣)·리(理)·심(心) 등 가운데 무엇으로 규정하는가의 차이는 있지만, 그것들을 자연세계 내에 존재하는 것으로 이해한다는 점에서는 별 차이가 없다. 근원적 실재를 자연세계 내에 설정할 경우에는 자연계의 운행원리[天道·理]가 사람이 본받아야 할 행위원리[人道]로 간주된다. 이것이 바로 천인합일적 세계관의 특성이다. 그런데 정약용처럼 궁극적 실재를 초자연적 존재로 간주할 경우에는 상황이 달라진다. 이때에는 궁극적 실재가 자연세계의 이법에 구속되지 않는 절대적 존재로 부각된다. 이러한 체계에서 자연계의 만물은 내재적인 자연의 운행원리에 의해 지배되기보다는 상제의 명령에 의해 지배된다. 따라서 자연물 가운데 하나인 인간 존재 역시 자연의 운행원리에서 자기의 행위원리를 찾기보다는 상제의 명령에서 자기가 해야 할 바를 찾아야 한다. '천도에의 합일'이 아니라 '상제를 밝게 섬기는 것'이 사람이 해야 할 일로 제시된 것이다.

천지만물과의 관계에서 상제의 기능은 천지만물을 조화(造化)·재제(宰制)·안양(安養)한다는 것이다. 여기에서 상제가 천지만물을 재제하고 안양한다는 것은 별로 어렵지 않다. 말 그대로 상제가 천지만물을 주재하고 편안히 길러낸다는 것이다. 문제는 '조화(造化)'의 의미를 어떻게 이해할 것인가에 있다. 즉 '조화'가 '천지창조'의 의미까지 담고 있는 것으로 볼 수 있는가 하는 점이다. '조화'가 '천지창조'의 의미를 담고 있다면 상제는 천주교의 '천주'처럼 창조주의 지위를 획득하게 된다.

대개 '조화(造化)'는 '생성화육(生成化育)'을 의미한다. 그런데 '조화'의 주체와 그 대상 및 양자의 관계를 어떻게 설정하는가에 따라서 그 '조화'의 구체적인 모습도 달라진다. 기존 동양의 전통적 우주관인 천지만물관에서는 '조화'의 주체를 '천지[음양]'으로, 그 대상을 '만물'로 이해한다.[26] 그리고 천지는 만물을 초월해 있지 않다. 여기에서 조화 즉 생성화육은, 천[양]과 지[음] 두 기운 자체의 상호 교감을 통하여 이루어진다. '조화'가 바로 천지만물의 자연세계 내부에서 천지의 상호교감 작용을 통하여 이루어지는 것이다. 이와 달리 정약용은 천지를 만물의 부모로 보는 천지만물관을 부정하고 '조화'의 주체를 '상제'로, 그 대상을 '천지만물'로 이해한다.[27] 그리고 조화의 주체인 상제는 그 대상인 천지만물을 초월해 있다. 여기에서 조화 즉 생성화육은 오로지 상제가 천지만물을 제작(制作)해내는 작용으로 이해된다. '조화'가 바로 천지만물의 자연세계 밖에 존재하는 상제의 창조능력에 의해서 이루어지는 것이다. 이로써 보면 정약용에게서 조화는 천지창조의 의미까지도 담지한 것으로 이해할 수 있다. 이상에서와 같이 정약용은 영명성과 주재성을 지닌 유일한 절대적 실재인 상제가 천지만물을 조화하고 주재하며 안양한다고 본 것이다.

주재천을 상제로 풀이한 정약용은 '창창자'로서의 '자연천'에 대해서도 새롭게 해석한다. 그는 "저 푸르고 푸른 형체가 있는 하늘은 우리 인간에게 있어 지붕처럼 덮고 있는 것에 불과하고, 그 등급도 땅·물·불과 똑같은 등급이 되는 데 지나지 않으니, 어찌 우리 인간의

26) 『書經』, 「泰誓上」, "唯天地, 萬物父母."

27) 『與猶堂全書』 Ⅱ-31, 12, 「梅氏書評」 卷3, "'惟天地, 萬物父母', 於三代古經, 絶無此言. …造化發育之本, 自有皇天上帝."

성·도의 근본이겠는가?"[28]라고 말한다. 감각적으로 지각할 수 있는 창창천의 일차적인 특성은 형체가 있다는 점이다. 이로 해서 그것은 땅·물·불과 같은 만물 가운데 하나인 자연적 존재물에 불과하다. 이것은 전통철학에서 창창자로서의 천을 만물을 생성하고 화육시키는 존재로 보았던 것을 부정한 것이다. 자연천에 대한 이러한 이해에 근거하여 정약용은 또 주자학에서 '천지가 만물을 생성하는 마음'을 '인(仁)'으로 규정하는 것을 터무니없는 것이라고 비판한다.[29]

창창천의 또 하나의 특성은 영적(靈的) 존재가 아니라는 점이다. 이 때문에 그것은 그 무엇을 주재할 수 없다. 따라서 그것은 인간에게 어떤 본성을 부여할 수도 없고, 어떤 행위를 하도록 이끌 수도 없다. 말하자면 성(性)과 도(道)의 근본이 될 수 없는 것이다. 그것은 사람이 자신의 본성과 도리에 따라 살아가면서 펼쳐내는 인문세계의 건립과는 전혀 무관하다. 창창천의 이러한 특성은 그것이 기(氣)로 이루어져 있는 존재라는 점에서 비롯된다.

정약용은 자연세계에 존재하는 일체의 존재물은 모두 물질적 존재인 기(氣)로 이루어져 있는 것으로 파악한다. 그는 일찍이 우주의 생성을 '기인 태극'에서부터 일어나는 것으로 설명한 바 있다. 그에 따르면 태극의 일기(一氣)가 분화되어 천·지의 이기(二氣)가 되고, 그것이 다시 천·지·수·화의 사기(四氣)가 되며, 그 넷의 상호작용으로 '산

28) 『與猶堂全書』 II-6, 38ㄴ, 「孟子要義」, "彼蒼蒼有形之天, 在吾人, 不過爲屋宇帡幪, 其品級不過與土地水火, 平爲一等, 豈吾人性道之本乎?"

29) 『中庸講義補』. "'仁'字之義, 經文自經自註曰, '仁者, 人也, 親親爲大', 明白眞切, 不可以他說牽引也. 古篆, 仁者, 人人, 疊文也. 父與子, 二人也. 兄與弟, 二人也. 君與臣, 二人也. 牧與民, 二人也. 凡二人之間, 盡其本分者, 斯謂之仁. 天地生物之心, 干我甚事? 爲人子者, 孝於其親, 曰, '我以天地生物之心, 孝於親'. 爲人臣者, 忠於其君, 曰, '我以天地生物之心, 忠於君', 恐於事體, 有多少損傷."

(山)·택(澤)·풍(風)·뢰(雷)'가 더해져 팔물(八物)이 되고, 그 다음에 '만물'이 형성된다.[30]

'기'는 형체는 있으나 그 어떤 지각 능력을 지니고 있지 않다. '형체는 있으나 영명함은 없는' 존재인 것이다. 정약용에 의하면 그 무엇을 주재할 수 있기 위해서는 영명함이 있어야 한다. 영명함이 없는 기적(氣的) 존재는 자신의 운동 변화만이 아니라 다른 존재물의 운동 변화를 주재할 수 있는 능력이 없다. 따라서 태극일기(太極一氣)로부터 만물로 분화되어 나가는 그 과정은 태극 자체의 자기 운동인(運動因)에 의한 것이라고 보기 어렵다. 그 조화의 주체는 따로 설정되어야 한다. 그 존재가 바로 주재천(主宰天)으로서의 상제이다.

정약용의 천관에 나타난 또 하나의 혁명적인 변화는 '이법천' 관념을 부정한 것이다. 유학사에서 '이법천' 관념이 특히 부각된 것은 주자에 의해서이다. 주자는 "하늘이 하늘된 까닭은 리일 따름이다. 하늘이 이 도리를 소유하지 않는다면 하늘이 될 수 없으니 푸르고 푸른 하늘도 이 도리의 하늘인 것이다"[31]라고 하고, 또 "이른바 '하늘이 명한 것을 본성이라고 한다'는 것은 도를 말한 것이며, 이른바 '하늘의 푸르고 푸름'은 형체를 말한 것이며, 이른바 '오직 상제가 아래 백성들에게 정성스러운 마음을 내려주셨다'고 한 것은 제(帝)를 말한 것이다. 이 리를 부여하였기 때문에 주재의 뜻이 있게 되었다"[32]고 말한다. 앞의 인용문은 하늘이 맑고 맑은 까닭을 리(理)에서 찾은 것이고, 뒤의 인용

---

30) 『與猶堂全書』 III, 517쪽, 「邵子先天論」 및 523쪽, 「論河圖爲八卦之則」 참조.

31) 『朱子語類』 卷25, 「論語七·八佾篇」, 621쪽, "天之所以爲天者, 理而已. 天非有此道理, 不能爲天, 故蒼蒼者卽此道理之天."

32) 『朱子語類』 권68, 「易四·乾上」, 1684쪽, "所謂'天命之謂性', 此是說道; 所謂'天之蒼蒼', 此是形體; 所謂'惟皇上帝降衷於下民', 此是謂帝. 以此理付之, 便有主宰意."

문은 하늘의 주재성을 리에서 찾은 것이다. 이처럼 주자학에서는 창창천과 주재천을 모두 이법천으로 귀속시켜서 이해하고 있다. 시각적으로 감각되는 맑고 맑은 하늘의 모습에서 하늘을 그렇게 만든 이법(理法)을 보고 있으며, 하늘이 쉬지 않고 운행하면서 만물을 생성하고 주재하는 것도 그러한 이법이 있기 때문이라고 보는 것이다. 이렇게 해서 주자학에서는 '천'대신 '리'가 일체 존재의 생성과 변화를 주재하는 근원적 실재로 등장하게 된다.

그런데 정약용은 주자학에서처럼 '천'을 '리'로 규정하는 '이법천' 관념을 부정한다.[33] 주자학에서는 '이법천' 관념으로서의 '리'를 일체 존재를 성립시키는 근원적인 실재로서 일체의 사물변화를 주재하고 있을 뿐만 아니라, 사람이 마땅히 따라야 할 바의 도덕법칙이 의거하는 형이상학적 원리로 간주한다. 그런데 정약용은 리에 '본체성'과 '주재성' 및 '도덕성'을 부여하지 않는다. 그에 의하면 '리'는 어떤 사물이나 사태 속에 들어 있는 '결[脈理]'을 의미한다.[34] '리'는 개별 사물들 밖에 자립적으로 존재하는 '자유지물(自由之物)' 즉 독립적 실체가 아니라, 사물에 의뢰하여 존재하는 '의부지품(依附之品)' 즉 속성에 불과하다는 것이다. 이것은 리의 '본체성'을 부인하는 것으로서, 리를 일체 사물을 성립시키는 형이상학적 존재로 파악하는 주자학적 관점을 비판한 것이다. 정약용은 또 리의 '주재성'을 부인한다. 그에 의하면 '주재성'은 '영명함'으로부터 나온다. 그런데 '리'는 영명한 지적능력을 지니고 있지 않다. 그러한 리는 사물의 운동 변화와 사람의 일체 행위를 주재

33) 『與猶堂全書』 Ⅱ-4, 21ㄱ, 『中庸講義』, "今人以天爲理, 以鬼神爲功用, 爲造化之跡, 爲二氣之良能, 心之知之, 杳杳冥冥, 一以無知覺者."

34) 『與猶堂全書』 Ⅱ-6, 38ㄴ, 「孟子要義」 권2, 138쪽 下右 참조.

할 수 없다. 정약용은 또 리를 도덕원리, 즉 '소당연지리(所當然之理)'로 간주하지 않는다. 도덕원리는 사람의 행위를 이끌어나가는 능동적 주재성을 지니고 있어야 한다. 그러나 리는 능동성과 주재성을 띠고 있지 않다. 따라서 리는 일체의 도덕적인 행위를 가능하게 하는 근원일 수 없다. 리의 '본체성'과 '주재성' 및 '도덕성'에 대한 부인은 리를 존재와 가치의 근원으로 간주하는 주자학의 형이상학 체계를 완전히 해체한 것이다.

5. 다산의 '심' 관념과 인간관의 변혁

1) 인간의 본질적 특성에 관한 마테오 리치와 다산의 이해

마테오 리치는 천주를 포함한 모든 존재를 세 등급으로 나누어 설명한다. 첫째 등급은 시작도 없고 끝도 없는 존재로서 천주가 그에 속하고, 둘째 등급은 시작은 있지만 끝이 없는 존재들로서 우주·귀신·인간의 영혼이 그에 속하며, 셋째 등급은 시작도 있고 끝도 있는 존재들로서 금수와 초목이 그에 속한다.[35]

마테오 리치는 또 생명체들을 식물, 동물, 인간의 세 유형으로 나

35) 『天主實義』 1: 5.

눈다. 그 구분 기준은 그것들이 각각 지니고 있는 혼이 다르다는 점에 있다. 즉 식물은 생혼(生魂)을 지니고 있고, 동물은 각혼(覺魂)을 지니고 있으며, 사람은 생혼·각혼과 더불어 영혼(靈魂)을 지니고 있다는 것이다. 생혼은 낳고 자라게 하는 기능을 하고, 각혼은 감각적으로 지각하는 기능을 하며, 영혼은 추론하고 이치와 의리를 분석하는 기능을 한다.[36] 그리고 생혼이나 각혼은 몸에 의지하고 있어서 몸이 죽으면 그것도 함께 소멸하지만, 영혼은 몸에 의존하고 있지 않음으로 독자적으로 존재하며, 몸이 흩어지더라도 소멸하지 않는다. 이 점에서 사람은 식물이나 동물과 다르다.[37] 사람은 생혼과 각혼을 함께 지니고 있지만, 역시 사람을 사람답게 하는 것은 영혼이다. 이 영혼의 주요 기능은 이성적 추리 기능이다. 이성적으로 추리하는 능력을 지니고 있다는 점에서 사람은 식물이나 동물보다 뛰어난 존재로 인식된다.[38]

이성적 추리능력과 더불어 사람이 식물이나 동물과 구별되는 또 하나의 특징은 자유의지를 가지고 있다는 점이다. 마테오 리치는 이에 대해 다음과 같이 말한다. "무릇 세상의 존재물이 일단 자기의 의지를 가지고 있고, 또한 그 의지를 펼칠 수도 그만둘 수도 있어야 그

---

36) 『天主實義』 3: 3. "이 세상의 혼에는 세 가지의 품격이 있습니다. 하품의 이름은 생혼이니, 곧 초목의 혼이 그것입니다. 이 혼은 초목을 도와 낳고 자라게 하며, 초목이 말라비틀어지면 혼도 소멸합니다. 중품의 이름은 각혼이니, 곧 동물의 혼입니다. 이는 동물에 붙어 있어서 성장과 발육을 돕고, 또한 동물들이 눈으로 보고 귀로 듣게 하고, 입으로 맛보고 코로 냄새 맡게 하며, 사지와 몸체로 사물의 실정을 지각하게 합니다. 그러나 이치를 추론할 수는 없습니다. (동물이) 죽음에 이르게 되면 각혼 역시 소멸합니다. 상품의 이름은 영혼이니, 곧 사람의 혼입니다. 이는 생혼과 각혼을 함께 가지고 있습니다. 사람의 성장과 발육을 돕고, 사람으로 하여금 사물의 실상을 지각하게 하며, 또한 사람으로 하여금 사물들을 추론하게 하여, 이치와 의리를 명백하게 분석할 수 있게 합니다."

37) 『天主實義』 3: 3~4.

38) 『天主實義』 1: 1~3.

다음에 덕도 부덕도, 선도 악도 있게 됩니다. 의지는 마음에서 발동하는 것입니다. 쇠나 돌이나 초목들은 마음이 없으니 의지도 없습니다. … 짐승이라면 짐승의 마음과 의지가 있다고 하겠습니다. 그러나 옳은지 그른지를 변별할 수 있는 이성이 없으니 느낀 바에 따라서 멋대로 즉시 반응하는 것이며, 이치를 따져서 자기가 할 바를 절제하지는 못합니다. … 오직 사람만은 그와 같지 않아서 밖으로 일을 실행하지만 안으로는 이성적인 마음이 있어서, 옳은지 그른지 합당한지 아닌지를 지각할 수도 있고, 할 수도 그만둘 수도 있습니다."[39] 마테오 리치는 사람만이 시비와 당부를 판단할 수 있는 이성능력만이 아니라, 시비와 당부를 자유롭게 선택하여 실천할 수 있는 자유의지도 지닌 것으로 본다. 사람에게 자유의지를 부여함으로써 그 행동에 대한 윤리적 책임도 함께 부과하고자 한 것이다.

인간에 대한 마테오 리치의 이러한 이해는 정약용에게 많은 영향을 끼친다. 정약용도 역시 생명체를 세 유형으로 나누고, 그 가운데 사람을 가장 뛰어난 존재로 인식한다.

> 본성에는 세 가지 등급이 있습니다. 초목의 본성은 생명은 있으나 지각이 없습니다. 금수의 본성은 생명이 있는데다가 지각도 있습니다. 우리 사람의 본성은 생명이 있고 지각이 있는데다가 영명하며 선합니다. 상·중·하의 세 등급은 자른 듯이 같지 않기 때문에, 그것을 극진히 하는 방법도 다시 현격히 다릅니다. 초목은 그 생명성을 완수케 하기만 하면 그 본성이 극진해지고, 금수는 새끼를 배거나 알을 낳고 날거나 달리는 성향을 좇도록 하면 그 본성을 다하게 됩니다. 옛날에, 산과 숲과 내와 못에도, 심고 기르는 데 법칙이 있었고, 베는 데 때가 있었으며,

39) 『天主實義』 6: 3.

생육하는 데 훼손함이 없었고, 사냥하는 데 법도가 있었으니, 이와 같이 하기만 하면 본성은 극진해집니다. 『시경』에서 '저 자라나는 갈대여, 한 번 쏜 화살에 다섯 마리 멧돼지가 잡히네'라고 했으니, 추우(騶虞)를 맡은 관리가 자신의 직분을 다하여 초목과 금수가 무성하고 번성하게 만든 것을 말한 것입니다. 성인이 사물의 본성을 극진히 함이란 이 같은 것에 불과하니, 어찌 말과 소와 양과 돼지로 하여금 어버이를 사랑하고 어른을 공경하는 등 사람의 일을 하도록 하는 것이겠습니까? 주자가 말한 바의 '사람과 사물의 본성은 모두 같다'고 한 것은, 그 부여받은 것이 하늘에 근본함이 같다는 것이지, 어찌 금수를 가르쳐서 사람이 되게 할 수 있다는 것이겠습니까?[40]

정약용은 생명체들을 식물·동물·사람의 세 등급으로 분류하고, 인간이 동식물과 구분되는 특징을 '영명[靈]'에서 찾는다. 이것은 마테오 리치가 생명체들을 식물·동물·사람으로 구분하고, 인간의 본질적인 특성을 '영혼'에서 찾은 것과 너무도 유사하다. 다만 마테오 리치가 사람의 본질적 특성인 영혼이 이성적 추리와 인식능력을 지니고 있음을 강조한 반면, 정약용은 사람의 본성이 영명하고 선하며 또 어버이를 사랑하고 어른을 공경하는 도덕 실천능력을 지니고 있음을 강조한다. 마테오 리치가 사람의 이지주의적 측면에 관심을 기울였다면, 정약용은 사람의 도덕적 지각과 실천 능력에 관심을 기울였다고 하겠다.

---

40) 『中庸講義補』 1: 47~48. "性有三品. 草木之性, 有生而無覺. 禽獸之性, 既生而又覺. 吾人之性, 既生既覺, 又靈又善. 上中下三級, 截然不同, 故其所以盡之之方, 亦復懸殊. 草木, 不過使遂其生性則其性斯盡矣. 禽獸, 不過使遂其胎卵飛走之性則其性斯盡矣. 古者, 山林川澤, 培植有法, 斬伐有時, 孳育無害, 蒐獮有度, 如斯而已, 則其性斯盡矣. 『詩』云, '彼茁者葭, 一發五豝', 言騶虞之官, 能盡其職分, 使草木禽獸, 蕃蕪滋盛也. 聖人之盡物性, 不過如此, 烏能使馬牛羊豕, 愛親敬長, 各做人底事乎? 朱子所謂'人·物之性皆同'者, 謂其所受之本於天皆同也, 何嘗云, 敎禽獸可以做人哉?"

양자 사이에 또 하나 발견되는 차이점은 영혼의 불멸성 여부에 관한 것이다. 마테오 리치는 사람의 육체가 죽은 뒤에도 영혼은 불멸한다고 여긴다. 영혼불멸은 사후세계의 심판과 얽혀 있다. 즉 마테오 리치는 사람이 죽은 뒤에도 영혼은 불멸하여 그가 생전에 행한 일들에 대한 천주의 총체적인 심판을 받는다고 여긴다. 그러나 정약용은 사람의 혼이 불멸하는지 아니면 산멸(散滅)하는지에 대한 명확한 설명이 없다. 그에게 중요한 것은 사후세계가 아니라 일상적인 삶이 펼쳐지는 현실세계였기에 혼의 불멸성의 문제를 굳이 다루지 않은 것으로 보인다.

정약용이 사람의 본질적 특성을 '영명'에서 찾은 것은 마테오 리치로부터 영향을 받은 것으로 보인다. 특히 사람의 '영명'을 '상제'와 연관지어 설명하는 문법은 전통 유학에서 발견하기 어렵다. 그것은 분명 마테오 리치로부터 빌린 것이다. 사람의 본질적 특성을 '영명'에서 찾음으로 인하여 정약용은 인간에 관한 이해에 커다란 변혁을 일으킨다.

2) '영혼' 관념의 비판적 수용과 새로운 인간관의 수립

다른 동식물과 구분되는 인간의 본질을 '영명'에서 찾은[41] 정약용은 '영명'을 중심으로 인간존재를 새롭게 해명한다. 그는 인간을 '신'과 '형'이 오묘하게 결합된 존재로 파악하며, 사유와 도덕 주체로서의 영명지심과 그것이 지닌 선지향성 및 자유의지를 강조한다. 뿐만 아니

41) 『中庸講義補』 1:2. "況草木禽獸, 天於化生之初, 賦以生生之理, 以種傳種, 各全性命而已. 人則不然, 天下萬民, 各於胚胎之初, 賦此靈明, 超越萬類, 享用萬物."

라 인간의 행위를 감찰하는 상제의 명령이 인간에게 도심으로 내재되어 있음을 주장한다. 여기에서는 다산이 새롭게 수립한 인간관의 특성과 그것이 지니는 철학사적 의의를 살펴보고자 한다.

(1) '신형묘합(神形妙合)'의 인간 존재

정약용은 행위주체로서의 인간, 즉 '기(己)'나 '신(身)'을 '정신[神]'과 '형체[形]'가 오묘하게 결합되어 있는 존재로 규정한다.[42] '형체'는 이목구비사지(耳目口鼻四肢) 등을 가리키고, '정신'은 형체가 없는 영명한 마음[靈明之心]에 깃들어 있는 신명한 정신능력을 가리킨다. 그에 따르면 '형(形)'과 '신(神)'은 그 존재론적 근원을 달리한다. '형'은 물질적 존재로서 기(氣)에 근원을 두고 있는 반면, '신'은 정신적 존재로서 상제(上帝)에 그 근원을 둔다.

뿐만 아니라 '형'과 '신'은 각각 그 고유한 욕구가 있다. 이목구비사지 등의 신체는 형구(形軀)의 기호를, 영명한 정신은 영지(靈知)의 기호를 지닌다. 이것은 인간을 하나의 욕구체, 즉 형구로부터 비롯되는 물질적 욕구와 정신으로부터 비롯되는 정신적 욕구를 함께 지닌 존재로 이해한 것이다. 이와 같이 정약용에게서 인간존재는 그 존재론적 근원과 성격을 달리하는 두 개의 실체인 '형'과 '신'으로 구성되어 있다. 그런데 그는 이 '형'과 '신'이 각자 자기의 독립적 지위를 지니고 있으면서도 양자가 '오묘하게 결합'되어 있는 것으로 파악한다.

그럼 존재론적으로 그 근원이 전혀 다른 두 실체, 즉 '형'과 '신'이

---

42) 『與猶堂全書』 II-2, 25ㄱ, 「心經密驗 · 心經總義」, "神形妙合, 乃成爲人. 故其在古經, 總名曰'身', 亦名曰'己'."

어떻게 오묘하게 결합되어 있는가? 이에 대해 정약용은 다음과 같이 말한다.

> “옛날 경전에서 말하는 심이라는 것도 대체(大體)만 가리키는 이름은 아니다. 오직 안에 함축되어 있다가 밖으로 운용하는 것을 심이라고 한다. 참으로 오장(五臟)의 가운데 있는 것으로써 혈기를 주관하는 것이 심이다. 정신과 형체가 묘하게 합하여져 있으니, 그것이 작용을 일으키는 데에는 모두 혈기를 필요로 한다. 이에 혈기를 주관하는 것을 빌려서 내충(內衷)의 통칭으로 삼았다.”[43]

정신과 신체가 그 존재론적 근원과 속성을 달리하는 두 가지 실체이지만, 그 둘 모두 자기 작용을 일으키기 위해서는 혈기(血氣)를 필요로 한다. 혈기가 돌아야 이목구비사지 등의 신체가 자기 기능을 발휘할 수 있으며, 영명한 능력을 지닌 신(神)도 역시 자기 기능을 발휘할 수 있다.[44] ‘형’과 ‘신’을 살아 움직일 수 있도록 혈기를 주관하는 것이 바로 심장이다. 심장은 혈기를 주관함으로써 ‘형’과 ‘신’이 제 기능을 발휘할 수 있게 하며, 형과 신은 혈기를 주관하는 심장에 의해 오묘하게 결합되어 있는 것이다. 이와 같이 ‘형’과 ‘신’을 ‘묘합(妙合)’하는 것이 바로 ‘심(心)’이다.[45]

---

43) 『與猶堂全書』 Ⅱ-2, 25ㄱ, 「心經密驗 · 心經總義」, “若古經言心, 非大體之專名. 惟其含蓄在內, 運用向外者謂之心. 誠以五臟之中, 其主管血氣者, 心也. 神形妙合, 其發用處, 皆與血氣相須. 於是假借血氣之所主, 以爲內衷之通稱.”

44) 혈기가 돌아야 정신이 제 기능을 발휘할 수 있다고 말한 점을 통해서 보면, 정약용은 사람이 죽은 뒤에 정신이나 영혼도 멸하는 것으로 여겼음을 알 수 있다.

45) 『與猶堂全書』 Ⅱ-5, 32ㄱ-ㄴ, 「孟子要義」, “神形妙合, 乃成爲人, 神則無形, 亦尙無名, 以其無形, 故借名曰神(借鬼神之神), 心爲血府, 爲妙合之樞紐, 故借名曰心.(心本五臟字, 與肝肺同)”

인간존재를 형체와 정신이 오묘하게 결합되어 있는 존재로 파악하는 것은 기존의 전통유학에 없었던 독창적인 견해이다. 이러한 견해는 마테오 리치가 몸과 영혼을 독자적인 별개의 존재로 인식하는 관점을 비판적으로 수용한 것이다. 여기에서 비판적으로 수용했다고 말하는 까닭은 정약용이 말하는 '형(形)－신(神)'이 마테오 리치가 말하는 '형(形)[身]－영혼(靈魂)'과 완전히 동일한 것은 아니기 때문이다. 정약용에게서 '형(形)－신(神)'은 혈기가 돌아야 각각 제 기능을 발휘하는 체계로 이루어져 있다. 따라서 혈기가 돌지 않으면 '형(形)'과 '신(神)'이 모두 그 기능을 상실한다. 이것은 형체만이 아니라 신(神)도 멸하는 것으로 본 것이다. 반면에 마테오 리치에게서 '형'은 비록 흩어져 소멸하더라도 영혼은 불멸한다.

그럼 인간을 '신형묘합'으로 규정한 것은 철학사적으로 어떤 의미가 있는가? 그것은 주자학의 리기론적 인간 이해를 부정하였다는 의미를 지닌다. 주자학에서는 리와 기로 인간의 심성을 설명한다. 그것이 바로 '성즉리(性卽理)', '심시기(心是氣)' 등의 명제이다. 주자학적 인간관의 핵심은 바로 '인간의 본성은 리'라는 것과 마음은 기(氣)로서 '허령지각' 기능을 지닌다고 보는 데 있다. 그런데 정약용에 따르면 기는 유형의 물질적 존재이기에, 허령지각 능력을 지닌 심(心)을 기(氣)에 소속시킬 수 없다. 게다가 리는 기에 의존하여 존재하는 기의 속성에 불과하며, 영명한 존재도 아니다. 따라서 리를 가지고도 인간의 영명성을 설명할 수 없다. 이처럼 리기론으로는 인간의 본질적 특성인 '영명'을 설명할 길이 없었다. 정약용은 인간존재를 '신형묘합'으로 규정함으로써 인간이 영명한 존재임을 부가시킬 수 있었고, 인간의 심성에 대한 주자학적 설명체계로부터 벗어날 수 있었다.

(2) 지성과 도덕 주체로서의 영명지심(靈明之心)과 성기호설(性嗜好說)

인간을 신(神)과 형(形)의 결합체로 간주하는 정약용은 인간의 본질인 '영명'을 구체적으로 설명하기 위해서 '심(心)' 개념을 분석한다. 그는 '심'을 '인간의 내면에 함축되어 있다가 밖으로 운용하는 것'[46]으로 규정한다. 그리고 '심'의 개념을 '오장지심(五臟之心)', '영명지심(靈明之心)', '심지소발지심(心之所發之心)'의 세 가지 유형[47]으로 구별한다. '오장지심'은 오장 가운데 하나로서 혈기를 주관하는 심장이고, '영명지심'은 허령한 지각능력을 지니고 만물에 오묘하게 대응하는 영명한 본체심(本體心)이며, '심지소발지심'은 영명한 마음이 발현되어 나타나는 일체의 현상심이다. 영명한 본체심과 그것이 드러난 현상심은 줄기[幹]와 가지[枝]의 관계에 있다.[48] 즉 하나의 줄기에서 다양한 갈래의 가지가 뻗어 나오는 것처럼 하나의 영명한 본체심에서 다양한 현상심이 출현한다.

세 가지 유형의 마음 가운데 '신형묘합'의 신(身)을 주재하여 만물에 오묘하게 대응할 수 있는 의식주체는 바로 영명한 지각능력을 지닌 본체심이다. 이 무형의 영명한 본체심은 '온갖 형상(形狀)을 포괄하고 온갖 이치를 오묘하게 깨달아 능히 사랑하거나 능히 미워할 수 있는 것으로서, 내가 태어날 때 하늘이 나에게 부여해 준 것이다.'[49] 즉

---

46) 『與猶堂全書』 Ⅱ-2, 25ㄱ, 「心經密驗 · 心經總義」, "惟其含蓄在內, 運用向外者謂之心."

47) 『與猶堂全書』 Ⅰ-19, 30, 「答李汝弘」, "心之爲字, 其別有三, 一曰'五臟之心', …二曰'靈明之心', …三曰'心之所發之心'."

48) 『與猶堂全書』 Ⅰ-19, 30, 「答李汝弘」, "第一第二, 皆全言者也. 其第三, 則可一可二可三可四…, 與靈明本體之心, 有幹枝之別耳."

49) 『與猶堂全書』 Ⅱ-2, 3ㄴ, 「大學講義」, "是無形之體, 是不屬血肉者. 是能包括萬狀, 妙悟萬理, 能愛

허령불매한 본체심은 모든 존재를 사유대상으로 삼고, 그 이치를 깨우칠 수 있는 지적 능력을 지니고 있을 뿐만 아니라, 선을 사랑하고 악을 미워할 수 있는 도덕적 판단과 실천능력을 지니고 있다. 그리고 그러한 능력은 상제가 인간에게 부여해준 것으로서 사람이라면 누구나 선천적으로 지니고 있다. 이점에서 사람은 다른 동·식물들과 질적으로 구분된다. 초목과 금수 등은 화생하는 처음에 하늘로부터 끊임없이 생산해가는 이치로서 '생생지리(生生之理)'를 부여받았기 때문에 종(種)으로서 종(種)을 전하여 각각 성명을 온전히 하는 것으로 규정되는 반면, 인간 존재는 '영명(靈明)'을 부여받음으로써 지적 측면에서는 시간과 공간적인 제약을 벗어나서 사물의 이치를 궁구할 수 있고[50], 도덕적 측면에서는 선악을 판단하고 선을 실천할 수 있다. 이처럼 정약용은 인간존재를 사물의 이치를 궁구하고 지식을 획득하여 인간의 삶에 유용하게 사용할 수 있는 지적 능력을 지닌 존재이며, 또 시비선악을 판단하고 선을 실천함으로써 인륜세계를 건립할 수 있는 도덕적 존재로 이해한다. 그리고 지적 능력과 도덕적 능력은 모두 심의 영명성에서 비롯된다.

인간이 영명한 존재라는 사실을 정약용은 심의 영명성에서 찾으려고 한다. 이러한 설명은 사람이라면 누구나 자기 안에서 확인할 수 있는 것이기에 설득력이 있다. 마음의 영명성을 밝히기 위하여 다른 어떤 설명 도구들이 요구되지 않는다.[51] 이런 점에서 정약용의 설명

能惡者, 是我生之初, 天之所以賦於我者也."

50) 『與猶堂全書』, Ⅱ-2, 37ㄴ, 「心經密驗」, 心之爲物, 活動神妙, 窮推物理, 卽日月星辰之運, 天地水火之變, 遠而萬里之外, 遂而千古之上, 可以放遣此心任其窮.

51) 예를 들어 주자학에서는 마음의 영명성을 설명하기 위하여 인간이 부여받은 '氣의 精爽'을 빌린다. 인간이 부여받은 기가 맑기에 그 마음이 영명하다는 것이다. 그러나 그것은

은 이론적으로 우수하다고 평가할 수 있겠다.

정약용은 심의 영명성을 지적 차원보다는 주로 도덕적 차원에서 논의한다. 이것은 세계에 대한 그의 관심이 지식의 확장보다는 인륜세계를 세우려는 데 있었음을 의미한다. 그럼 이 '영명한 본체심'이 어떻게 인륜세계를 건립할 수 있는 내적 근거일 수 있을까?

정약용은 영명한 본체심에는 그 '본성'과 '권형(權衡)' 및 '행사(行事)'의 차원에서 달리 말할 수 있는 세 가지 이치가 있다고 본다.

> 영체의 안에는 세 가지 이치가 있다. 그 본성을 말하면 선을 즐거워하고 악을 부끄러워하니, 이것이 맹자의 이른바 성선이다. 그 권형을 말하자면 선할 수도 있고 악할 수도 있으니, 이것이 고자의 소용돌이치는 물의 비유와 양웅의 선악이 뒤섞여 있다는 설이 만들어지게 된 까닭이다. 그 행사를 말하자면 선하기는 어렵고 악하기는 쉬우니, 이것이 순자의 성악설이 만들어지게 된 까닭이다. 순자와 양웅은 성자에 대한 인식이 본래 잘못되어 그 설이 어긋났지만, 우리 영체의 안에 본래 이 세 가지 이치가 없는 것은 아니다.[52]

영체는 영명한 본체심이다. 그것의 본성은 '선을 즐거워하고 악을 부끄러워하며[樂善恥惡]', '덕을 좋아하고 악을 부끄러워하는[好德恥惡]'[53] 성향이 있다. 이것이 바로 정약용의 성기호설이다. 정약용은 도덕적

다시 인간이 부여받은 기가 왜 맑은지를 설명해야 한다.

52) 『與猶堂全書』, Ⅱ-2, 「心經密驗」, "靈體之內, 厥有三理. 言乎其性則樂善而恥惡, 此孟子所謂性善也. 言乎其權衡, 則可善而可惡, 此告子湍水之喩, 揚雄善惡渾之說所由作也. 言乎其行事, 則難善而易惡, 此荀卿性惡之說所由作也. 荀與揚也, 認性字本誤, 其說以差, 非吾人靈體之內, 本無此三理也.

53) 『與猶堂全書』, Ⅱ-5, 10ㄴ, 「論語古今註」, "天於生人之初, 賦之以好德恥惡之性, 於虛靈本體之中, 非謂性可以名本體也. 性也者, 以嗜好厭惡而立名."

가치를 실현할 수 있는 내적 근거를 사람의 영명한 마음이 선을 좋아한다는 데서 찾는다. 그리고 영명한 마음이 선을 좋아하는 것을 상제가 사람에게 똑같이 부여한 것으로 규정함으로써 그 선지향성의 보편성을 확보한다. 따라서 영명한 마음이 선을 좋아하는 경향성을 따르기만 도덕적 가치가 실현될 수 있다.

정약용의 성기호설은 철학사적으로 매우 중요한 의미를 지닌다. 그것은 인간이 도덕성을 본성으로 부여받았다고 여기는 본질주의적 윤리관의 문제점을 만들지 않았다는 의미가 있다. 주자학에서는 인간이 인의예지의 도덕성을 선천적으로 부여받았다고 여긴다. 따라서 그 선한 본성을 실현하기만 하면 된다. 그런데 인간이 인의예지의 도덕성을 선천적으로 부여받았다는 것은 하나의 형이상학적 전제이다. 그 전제의 진실성을 확인하기 어렵다는 점에서 그것은 하나의 가상일 수 있다. 그렇다면 주자학의 이론은 설득력이 떨어진다는 비판을 피하기 어렵다. 그러나 정약용처럼 성을 영명한 본체심이 지니고 있는 '선을 좋아하고 악을 싫어하는' 경향성으로 본다면 주자학에서와 같은 문제가 발생하지 않는다. 정약용에게서 성은 마음과 질적으로 구분되는 어떤 독립적 지위를 가지고 있지 않다.[54]

그러면 선을 좋아하고 악을 싫어하는 기호를 지니고 있는 사람이 어떻게 실제로는 선을 행하기도 하고 악을 행하기도 하는가? 이 물음에 대한 답변으로 마련된 것이 바로 정약용의 이른바 마음의 '권형(權衡)'이다.

영명한 본체심에는 선을 좋아하는 경향성만이 아니라, 선을 행할

54) 다산학과는 달리 주자학에서의 성은 도덕본질을 지시하는 개념으로서 의식현상의 총체를 의미하는 심과는 질적으로 구분된다.

수도 있고 악을 행할 수도 있는 '권형'이 있다. '권형'은 사물의 경중을 재는 척도 내지 기준이다. 따라서 마음에 선을 행할 수도 있고 악을 행할 수도 있는 권형이 있다는 것은, 마음에 선·악을 헤아리고 선택할 수 있는 자주권이 있음을 의미한다. 다산은 이 마음의 '권형', 즉 '자주권(自主權)'에 대하여 다음과 같이 말한다.

> 하늘이 사람에게 자주권을 주어 사람이 선을 하고자 하면 선을 행하게 하고, 악을 하고자 하면 악을 행하게 하였다. … 그러므로 선을 행하면 실제로 자신의 공이 되고, 악을 행하면 실제로 자신의 죄가 된다. 이것은 심의 권리이지 이른바 성이 아니다.[55]

상제는 사람에게 선을 지향하는 본성만이 아니라, 선이나 악을 자율적으로 선택할 수 있는 자주권까지 부여하고 있다. 인간은 선악을 자율적으로 선택할 수 있는 자유의지를 지님과 동시에, 자율적 선택을 통하여 이루어진 선행이나 악행이 빚어낸 결과에 대해서 응분의 책임을 져야 한다. 이처럼 다산이 인식한 인간의 마음은 자율적인 의지의 판단에 따라 선·악이 실현되는 도덕 주체이다.[56]

그런데 인간이 비록 선을 지향하는 본성과 자율적으로 자신의 행위를 선택할 수 있는 자주권을 부여받고 있다고 할지라도 그들의 실제적인 삶의 모습을 들여다보면 선행보다는 악행을 더 많이 짓고 있다. 이것은 실제로 일을 행하는 과정에 선을 행하기는 어렵고 악을 행하기는 쉬운 요소가 있기 때문이다. 그 요소를 정약용은 '형구(形軀)'

55) 『與猶堂全書』 Ⅱ-5, 34ㄴ, 「孟子要義」, "天之於人, 予之以自主之權, 使其欲善則爲善, 欲惡則爲惡, …故爲善則實爲己功, 爲惡則實爲己罪, 此心之權也, 非所謂性也."

56) 금장태, 『다산 실학 탐구』(소학사, 2001), 109쪽.

에서 찾는다.

정약용은 "하늘은 이미 사람에게 선할 수도 있고 악할 수도 있는 권형을 부여하였다. 그리고 아래로는 또 선을 행하기는 어렵고 악을 행하기는 쉬운 육체를 부여하였으며, 위로는 또 선을 즐거워하고 악을 부끄러워하는 성을 부여하였다"57)고 말한다. 인간은 '본성'과 '권형' 이외에 선을 행하기는 어렵고 악을 행하기는 쉬운 육체를 부여받았다는 것이다. 이목구비사지 등의 형체는 맹자가 말하는 바의 소체(小體)로서, 자기 나름의 고유한 기호를 지닌다. 이 형구(形軀)의 기호는 개체가 지니는 형질의 사사로운 욕구에 제한된다. 사사로운 욕구로 제한되어 있는 형구의 기호를 따르면서, 타인을 배려하기란 쉽지 않다. 선행이 타인과의 관계를 잘 도모하는 데서 이루어지는 것이라면, 형구의 기호를 따르는 것과 선의 실현 사이에는 괴리가 있다. 형구의 기호는 육체적인 생명을 실현하려는 데서 오는 하나의 자연적인 욕구이다. 이 형구의 자연적인 욕구를 따라 드러난 마음이 바로 인심(人心)이다. 우리는 살아오면서 이 인심에 많이 익숙해져 있다. 인심을 따르기가 그만큼 쉬워진 것이다. 인심을 따르기가 쉬워진 만큼 선을 실현하기란 더욱 어려워진다. 그러면 어떻게 하면 형구의 욕구를 따르지 않고, 선을 좋아하는 본성을 실현할 수 있을까?

(3) 천명과 도심

정약용은 우리가 선을 실천하기 위해서는 상제의 명령, 즉 천명에

57) 『與猶堂全書』, II-2, 「心經密驗」, "天旣予人以可善可惡之權衡. 於是就其下面, 又予之以難善易惡之具, 就其上面, 又予之以樂善恥惡之性."

귀를 기울일 것을 요구한다. 그에 따르면 사람에게 내리는 상제의 명(命)은 두 가지 형태로 나타난다. 하나는 사람이 태어날 때 호선오악(好善惡惡)의 경향성을 지닌 영명한 마음을 부여하는 것이며, 다른 하나는 사람이 살아가는 동안에 사람의 행위를 항상 밝게 감찰[58]하는 것이다. 그 호선오악의 경향성은 바로 사람이 따라야 할 바의 본성의 형태로 주어져 있으며, 사람의 행위를 감찰하는 상제의 영명성은 도심(道心)의 형태로 나타난다. 상제는 이 두 가지 명령의 행위를 통하여 인간을 주재한다.

상제로부터 부여받은 우리의 영명한 본체심이 그 본성을 따라 그대로 드러난 마음이 바로 '도심(道心)'이다. 따라서 "도심과 천명은 두 가지로 나누어 볼 수 없다. …하늘의 경고는 형체가 있는 귀와 눈으로 말미암지 않고 언제나 형체가 없이 신묘하게 작용하는 도심을 따라 이끌어주고 가르친다."[59] 그 도심에는 상제가 인간에게 고하는 명령, 즉 천명이 깃들어 있다. 천명이 도심을 통해 인간에게 드러나는 것이다. 인간이 본성을 실현하기 위해서는 천명이 깃들어 있는 이 도심에 비추어 자신의 행위를 살펴야 한다.

정약용은 육경사서의 경전에서 제시된 수많은 공부법들을 모두 도심에 깃들어 있는 천명을 따름으로써 호선오악(好善惡惡)의 본성을 실현하는 것으로 풀이한다. 즉 도심을 통해서 나오는 상제의 소리에 경건하게 귀를 기울이는 태도가 바로 신독(愼獨)과 계신공구(戒愼恐懼)이고, 그 명령을 성실하게 이행하려고 하는 것이 성의(誠意)와 정심(正

58) 『與猶堂全書』 Ⅱ-3, 5ㄴ. 「中庸自箴」 卷1, "天之靈明, 直通人心, 無隱不察, 無微不燭, 照臨此室, 日監在玆. 人苟知此, 雖有大膽者, 不能不戒愼恐懼矣."

59) 『與猶堂全書』 Ⅱ-3, 5, 「中庸自箴」, "道心與天命不可分作兩段看. …天之儆告, 亦不由有形之耳目, 而每從無形妙用之道心, 誘之誨之."

心)이다. 그리고 '사욕을 버리고 천명을 따르며 악을 버리고 선을 좇아서 이 미미하여 장차 없어지려고 하는 한 점의 도심을 보존하는 것이 바로 존심(存心)이고'[60], '오늘 한 가지 착한 일을 하고 내일 한 가지 착한 일을 하여, 의를 모으고 선을 쌓아 가서 선을 즐거워하고 악을 부끄러워하는 성을 기름으로써, 호연지기가 충만하여 주리지 않게 하는 것이 바로 양성(養性)이다.'[61]

도심에 깃든 상제의 명령을 따르는 것이 상제를 밝게 섬기는 것이다[昭事上帝]. 이처럼 상제와 인간의 관계는 '명령[命]'과 '섬김[事]'에 의해 직접적으로 서로 소통하는 관계로 이루어져 있다. 그럼 상제와 인간이 직접적으로 소통할 수 있는 '명(命)'과 '사(事)'의 실질 내용은 무엇일까?

정약용은 상제와 인간을 소통시키는 '명(命)'과 '사(事)'의 실질 내용을 '인륜(人倫)'으로 파악한다.

> 천이 사람의 선악을 살피는 바는 항상 인륜에 있다. 그러므로 사람이 자신을 닦고 하늘을 섬기는 바는 역시 인륜으로서 노력을 다하는 것이다.[62]

상제는 인간에게 인륜을 실천하도록 명하고, 인간은 인륜을 실천하여 상제를 섬김으로써 서로 소통할 수 있다고 보는 것이다. 따라서 인간의 입장에서 볼 때 상제와 소통하기 위해서 중요한 것은 역시 인륜을 실천하는 것이다. 인륜을 실천하기 위해서는 신독(愼獨), 성(誠),

60) 『與猶堂全書』 Ⅱ-6, 37ㄴ, 「孟子要義」.

61) 『與猶堂全書』 Ⅱ-6, 37, 「孟子要義」.

62) 『與猶堂全書』 Ⅱ-3, 2ㄴ~3ㄱ. 「中庸自箴」 卷1, "天之所以察人善惡, 恒在人倫. 故人之所以修身事天, 亦以人倫致力."

계신공구(戒愼恐懼) 등의 자기 수양이 있어야 한다. 자기를 수양하고, 타인과의 관계에서 요구되는 윤리를 실천하는 것이 바로 상제를 밝게 섬기는 방법이다. 이로써 보면 정약용이 상제를 끌어들인 이유는 결국 인륜세계의 건립에 그 목적이 있었다고 할 수 있다. 그가 신적인 대상으로서의 하늘을 상제라 하여 두려운 감시자로 부각시킨 것은 인간의 종교적 외경심을 끌어내어 현실에서 강력한 윤리 실천의 동기를 부여하고자 했던 의도가 반영된 것으로 볼 수 있다.[63] 정약용은 윤리가 실현되는 사회를 만들기 위하여 각 구성원의 의식과 행위를 통제할 필요가 있었고, 그 하나의 방안으로 선하고 영명하여 인간의 행위를 감찰하고 주재하는 절대자를 내세우게 된 것이다.

정약용은 도심을 상제의 명령, 즉 천명과 연계하여 설명한다. 도심에 상제의 명령이 깃들어 있다는 것이다. 이것은 기존 유학에 없었던 새로운 이해이다. 정약용은 이러한 이해관점에 기초하여 전통유학에서 제시한 바 있는 다양한 공부법들을 모두 도심에 깃든 상제의 명령을 따르는 것으로 통일시킨다. 그런데 '도심에 깃들어 있는 천명'의 실질 내용은 바로 '인륜'에 있다. 따라서 상제를 밝게 섬기는 것은 마음의 내적 수양만으로 완성되는 것이 아니라, 일상생활 속에서 인륜을 직접 실천함으로 해서 완성된다.

---

63) 박홍식, 「다산의 천사상과 세계관」(『동양철학연구』 제27집, 2001), 101쪽.

6. 다산철학의 지향: 인륜

정약용이 서학을 어떻게 비판적으로 수용하고, 또 창의적으로 활용하여 자신의 독자적인 철학을 수립하고 있는지를 살펴보았다.

정약용은 각 개인들을 유가의 윤리를 실천할 수 있는 수행의 주체로 만들고자 하는 관심 속에서 서학을 비판적으로 수용한다. 그리고 서학으로부터 얻은 지적 자산을 경학을 새롭게 해석하는 데 활용한다. 경학에 대한 독창적인 해석은 자신의 철학을 새롭게 구성하는 일이기도 했다.

정약용의 철학에서 가장 독특한 부분은 경학사에서 오랜 세월 동안 사장되었던 '상제' 관념을 되살려내어 자기철학의 최고 존재로 삼았다는 점이다. 이것은 마테오 리치의 천주 개념에 대한 이해가 있었기 때문에 가능했다. 정약용은 '천주' 관념이 지니고 있는 영명성·초월성·창조성을 '상제' 관념에 새롭게 부여하고, 그것을 자기 철학의 최고 존재로 설정한다.

상제에 대한 새로운 이해에 기초하여 정약용은 전통유학의 '천'관념을 비판적으로 검토한다. 그는 주재천을 상제로 여기고, 창창천을 기로 이루어진 것으로 이해한다. 그리고 이법천 관념을 부정함으로써 주자학의 형이상학 체계를 근본적으로 해체시킨다.

인간의 본질에 관한 이해에서 정약용은 마테오 리치와 기본적으로 궤를 같이 한다. 정약용은 동식물과 구분되는 인간의 본질을 '영명'에서 찾는다. 이것은 마테오 리치가 인간의 본질을 '영혼'에서 찾은 것과 매우 유사하다. 사람의 본질을 '영명'에서 찾음으로 해서 정약용은 인간에 관한 이해에 커다란 변혁을 일으킨다.

정약용은 '영명'을 중심으로 인간 존재를 새롭게 해명한다. 그는 인간을 '신'과 '형'이 오묘하게 결합된 존재로 인식한다. 이것은 전통 유학에 없었던 독창적인 견해로서 인간의 심성에 관한 주자학적 설명 체계를 벗어나 새로운 인간관을 제시했다는 점에서 의미가 있다.

그는 인간 존재의 영명성을 무형의 영명한 본체심에서 발견한다. 그것은 상제가 사람에게 부여받은 것으로 이치를 깨우칠 수 있는 지적 능력만이 아니라, 호선오악의 경향성을 그 본성으로 지니고 있다. 이 성기호설은 인간이 도덕성을 선천적으로 부여받았다는 것을 논증할 필요가 없다는 점에서 그 의미가 있다.

영명한 본체심은 또 선악을 헤아리고 선택할 수 있는 자유의지로도 표현된다. 정약용은 영명한 본체심에 선이나 악을 자율적으로 선택할 수 있는 자주권을 부여하고, 자율적 선택에 따른 응분의 책임을 함께 요구하고 있다. 이러한 인간이해 역시 전통 유학에서 찾아보기 어려운 부분이다.

정약용은 우리가 선을 실천하기 위해서는 상제의 명령에 귀를 기울일 것을 요구한다. 그에 따르면 상제의 명령은 사람이 태어날 때 호선오악의 본성으로 주어지기도 하고, 사람의 행위를 감찰하는 도심으로 주어지기도 한다. 그는 도심에 깃든 천명을 따르는 것을 마음을 닦는 공부법이요, 하늘을 밝게 섬기는 방법으로 여긴다. 그리고 하늘을 밝게 섬기는 것의 참된 내용은 인륜을 실천하는 데 있다고 주장한다.

【참고문헌】

정약용, 『여유당전서』, 서울: 여강출판사, 1985.

강만길 외, 『다산학의 탐구』, 서울: 민음사, 1990.

강재언, 『조선의 서학사』, 서울: 민음사, 1990.

_____, 「정다산의 서학관」, 『다산학의 탐구』, 서울: 민음사, 1990.

금장태, 「다산철학의 인간학적 기초」, 『한국학보』 18, 파주: 일지사, 1980.

_____, 「다산의 천개념과 천인관계론」, 『철학』 25, 한국철학회, 1986.

_____, 「금장태, 『다산 실학 탐구』, 서울: 소학사, 2001.

_____, 『정약용-한국실학의 집대성』, 서울: 성균관대학교출판부, 2002.

_____, 「다산의 심 개념과 마테오릿치의 영혼론」, 『종교와 문화』 8, 서울대학교 종교문화연구소, 2002.

_____, 「다산의 사천학과 서학수용」, 『철학사상』 16, 서울대학교 철학사상연구소, 2003.

김선경, 「다산 정약용의 정치철학: 『대학공의』 읽기」, 『한국사상사학』 26, 한국사상사학회, 2006.

김선희, 『마테오리치와 주희, 그리고 정약용: 천주실의와 동아시아 유학의 지평』, 서울: 심산, 2012.

김승혜, 「무언으로 배려하는 天: 다산의 천 사상에 수용된 서학적 지평」, 『다산사상 속의 서학적 지평』 『인문과학논집』 32, 서강대학교 인문과학연구소, 2004.

김영일, 『정약용의 상제사상』, 서울: 경인문화사, 2003.

김옥희, 「다산의 심경밀험에 나타난 심성론에 관한 고찰」, 『교회사연구』 6, 한국교회사연구, 1988.

김철범, 「서학의 중세철학과 근기실학계의 수용」, 『한문학보』 18, 우리한문학회, 2008.

나성, 「다산의 철학사상-경학을 중심으로」, 『철학논구』 8, 서울대학교철학과, 1980.

마테오리치, 『천주실의』(송영배 외 옮김), 서울: 서울대학교출판부, 1999.

박홍식, 「다산의 천사상과 세계관」, 『동양철학연구』 27, 동양철학연구회, 2001.

______ 편저, 「다산 정약용의 인간관」, 『다산 정약용』, 서울: 예문서원, 2005.

백민정, 『정약용의 철학; 주희와 마테오리치를 넘어 새로운 체계로』, 서울: 이학사, 2007.

송영배, 「정약용철학의 성리학적 리기관의 해체」, 『철학과 사상』 13, 서울대학교 철학사상연구소, 2001.

_____, 「다산 철학과 『천주실의』의 철학적 패러다임의 유사성」, 『다산 정약용』, 서울: 예문서원, 2005.

안영상, 「천주교 영혼설이 조선 후기 사상계에 끼친 영향」, 『한국사상사학』 19, 한국사상사학회, 2002.
_____, 「토미즘과 비교를 통해본 정약용의 인심도심설」, 『한국실학연구』 9, 한국실학학회, 2005.
유권종, 「다산 정약용의 상제관」, 『다산학보』 7, 다산학연구원, 1985.
_____, 「다산의 천관」, 『정약용』, 서울: 고려대학교출판부, 1990.
_____, 「다산 인간관의 재조명」, 『철학』 72, 한국철학회, 2002.
유초하, 「정약용의 우주관」, 고려대학교박사학위논문, 1990.
윤사순, 「다산의 인간학」, 『다산학보』 5, 다산학연구원, 1983.
이광호, 「상제관을 중심으로 본 유학과 기독교의 만남」, 『유교사상연구』 19, 한국유교학회, 2003.
_____, 「동서융합의 측면에서 본 정약용의 사상」, 『다산 정약용』, 서울: 예문서원, 2005.
이동환, 「다산 사상에서의 '상제' 도입 경로에 대한 서설적 고찰」, 『다산 정약용』, 서울: 예문서원, 2005.
_____, 「다산 사상에서의 '상제' 도입의 경로와 성격」, 『다산 정약용』, 서울: 예문서원, 2005.
이봉규, 「조선시대 유학연구 再讀」, 『철학연구50년』(한국문화연구원 편), 서울: 혜안, 2003.
_____, 「사서 해석을 통해본 정약용의 정치론」, 『다산학』 7, 다산학술문화재단, 2005.
_____, 「다산의 정치론 : 주자와의 거리」, 『다산학』 11, 다산학술문화재단, 2007.
_____, 「명청조와의 비교를 통해 본 조선시대 『가례』 연구의 특색과 연구방향」, 『한국사상사학』, 44, 한국사상사학회, 2013.
_____, 「명청교체기 사상변동으로부터 본 다산학의 성격」, 『다산학』 25, 다산학술문화재단, 2014.
이성춘, 「다산 정약용의 천사상 연구」, 원광대 박사학위논문, 1991.
이영훈, 「다산 경세론의 경학적 기초」, 『다산학』 1, 다산학술문화재단, 2000.
이우성, 「다산의 경학과 경세학의 관계」, 『다산학』 1, 다산학술문화재단, 2000.
이을호, 『다산 경학사상연구』, 서울: 을유문화사, 1986.
_____, 『정다산의 생애와 사상』, 서울: 박영사, 1991.
장복동, 「다산의 윤리사상의 인간학적 특징」, 전남대 박사학위논문, 2001.
장승희, 「다산 정약용 천인관계론의 윤리적 의의」, 『한국문화』 24, 서울대학교 규장각 한국학연구원1999.
_____, 「다산 정약용의 도덕적 자율성에 관한 연구」, 서울대 박사학위논문, 1998.
장승구, 『정약용과 실천의 철학-다산 철학의 근대성 탐구』, 서울: 서광사, 2001.
정인재, 「서학과 정다산의 성기호설」, 『다산학』 7, 다산학술문화재단, 2005.

최대우, 「다산의 성기호설적 인간이해에 관한 연구」, 충남대 박사학위논문, 1999.
최동희, 『서학에 대한 한국실학의 반응』, 서울: 고려대학교 민족문화연구소, 1988.
최석우, 「정다산의 서학사상」, 『정다산과 그 시대』, 서울: 민음사, 1986.
_____, 「다산 서학에 관한 논의」, 『다산 정약용의 서학사상』, 서울: 다섯 수레, 1993.
최익한, 『실학파와 정다산』, 서울: 한국문학사, 1996.
한정길, 「다산 정약용의 세계관-인륜세계 실현의 이론적 기초에 대한 탐구」 13, 『한국실학연구』, 한국실학학회, 2007.
한형조, 『주희에서 정약용에로』, 서울: 세계사, 1996.
도날드 베이커 지음, 김세윤 역, 『조선후기 유교와 천주교의 대립』, 서울: 일조각, 1997.

연행사의 천주교관에 나타난 도교적 이해 양상

이원석

* 이 글은 동국대학교 동서사상연구소에서 간행하는『철학 · 사상 · 문화』제23호(2017.1), 241-269쪽에 수록되었던「천주교에 대한 연행사들의 도교적 이해양상 연구」를 수정 · 보완한 것임. 전재(轉載)를 허락해 주신 동서사상연구소에 심심한 감사를 드린다.

1. 동서접변과 연행사

조선의 자생적 근대화의 씨앗을 조선 후기의 실학(實學)에서 찾을 수 있는 가능성이 발견된 이래 실학 연구가 활발하게 이루어져 왔고, 이에 수반하여 실학 학풍 성립에 지대한 영향을 주었을 것으로 여겨지는 서학 및 서교 연구도 한우충동(汗牛充棟)이라 할 만큼 그 성과가 축적되어 왔다. 최근에는 서양 문물 조선 전래의 매개자 역할을 담당했던 연행사(燕行使)들의 사행(使行) 기록을 분석함으로써, 과연 17~18세기 조선에 이입된 서학 및 서교의 성격은 구체적으로 어떤 것이었는지 규명하려는 연구가 진행되고 있다.[1)]

---

1) 다음의 주요 연구 성과들을 참조할 것. 李元淳, 『조선 서학사 연구』(일지사, 1986). ; 원재연, 『서세동점과 조선왕조의 대응』(한들출판사, 2003). ; 노용필, 「조선인 홍대용과 서양인 천주교 신부의 상호인식 -『劉鮑問答』의 분석을 중심으로」(『한국사상사학』, 한국사상사학회, 제27집, 2006). ; 신익철, 「18-19세기 연행사절의 북경 천주당 방문 양상과 의미」(『교회사 연구』, 한국교회사 연구소, 제44집, 2014). ; 신익철, 「18세기 연행사와 서양 선교사의 만남」(『한국한문학연구』, 한국한문학회, 제51집, 2013). ; 원재연, 「17-19세기 조선사행의 북경 천주당 방문과 서양 인식」(『서세동점과 조선왕조의 대응』, 한들출판사, 2003). ; 장경남, 「조선 후기 연행록의 천주당 견문기와 서학 인식」(『우리문학 연구』, 우리문학

이 글은 그러한 연구 진행 흐름에 편승하되 조금 다른 각도에서 해당 주제를 조명하려고 한다. 다소 거칠게나마 기존 연구 성과를 얘기하자면, 서양의 근대 과학과 기물, 그리고 화법(畵法)이 연행사들을 통해 조선에 수용된 반면, 서교 곧 천주교는 그 서적 및 교리 등이 전래는 되었으되 결코 기꺼이 수용된 것은 아니었다는 것이다. 이런 연구 성과는 오늘날 상식으로 받아들여지고 있지만, 거기에는 근대-전통의 이분법적 도식이 자리잡고 있다는 점이 간과되면 안 된다.

이 글은 근대-전통의 구도가 아니라 동-서의 구도를 일단 받아들이고, 동서의 '대립'이 아니라 '상호 접촉과 변화' 곧 접변(接變)의 관점에서 연행사들의 천주당 기록을 분석해 보는 것을 통해, 서로 다른 두 가지 문명이 접촉할 때 벌어지는 현상을 가능한 한 있는 그대로 드러내고, 그런 현상이 있게 된 원인을 몇 가지 제시하며 그 타당성을 하나하나 검토해 보려고 한다.

우리가 연행사들의 천주당 관련 기록에서 주목했던 것은, 천주당, 그에 딸린 벽화 및 기물, 그리고 천주교의 교리 이해에서, 연행사들은 도교적 이미지, 표현, 그리고 교의를 사용하는 경우가 많았다는 점이다. 예수회 선교사들이 보유론(補儒論)적 입장에 서서 천주교와 선진 유학의 유사성을 강조했음에도 불구하고, 연행사들이 어째서 도교적 시각 틀로써 천주교를 바라보았는가 하는 의문이 이 글을 꾸리게 된 직접적 동기이다.

마침 『연행사와 북경천주당』이 출간되어 관련 사료의 발췌는 물

회, 제26집, 2009). ; 정은주, 「연행사절의 서양화 인식과 사진술 유입-북경 천주당을 중심으로」(『명청사 연구』, 명청사학회, 제30집, 2008).

이 외에도 여러 연구 성과가 있으나 지면의 한정상 모두 수록하지는 못했다.

론 역주 작업을 하여 이 연구를 시작하기가 용이했고[2], 또 임종태 교수는 연행사들이 천주당 및 예수회 선교사들을 도교적 견지에서 묘사했던 것에 일찍이 주목한 바 있었다.[3] 그러므로 필자의 연구는 앞선 두 연구에 대해 하나의 작은 주석을 다는 데 불과할 것이다. 이 글의 본문은 『연행사와 북경천주당』에 수록된 연행사들의 천주당 관련 기록을, 그들의 묘사 방식에 주목하여 연차별로 표로써 정리한 다음 몇 가지 특징을 간추려 볼 것이며, 그 다음 그런 특징이 있게 된 원인을 크게 '내부 원인 가설'과 '외부 원인 가설'의 두 가지로 제시하고 그 타당성을 검토하는 순으로 논의를 진행시키려 한다.

2. 연행사의 천주당 기록에 나타난 도교적 이해 양상

『연행사와 북경천주당』에 수록된 연행사들의 천주당 기록물들 중 서교에 대한 그들의 인식을 보여주는 부분들을 아래와 표와 같이 정리해 보았다.

---

2) 신익철 편저, 『연행사와 북경천주당 -연행록 소재 북경 천주당 기사집성』(보고사, 2013).

3) 임종태, 「극동과 극서의 조우 -이기지의 일암연기에 나타난 조선 연행사의 천주당 방문과 예수회사와의 만남」(『한국 과학사 학회지』, 한국과학사학회, 제31권 제2호, 2009), 386-389면 참조.

기록 연도	기록자	내 용	출 처
1719	趙榮福	① 천주교를 '삼청(三淸)'으로 지칭. ② 천주교와 불교의 차이 인지. ("皇帝崇奉道敎, 邀俺等爲師, 故來此, 已三十餘年. 又問曰, 西洋在西域之西, 宜同奉佛敎, 而尊尙三淸者, 抑何故耶.")	趙榮福, 『燕行日錄』, 『燕行錄全集』 제36권.
1720	李頤命	① 천주당을 '선당(仙堂)'으로 지칭. ("冒叩仙堂, 歡迎若舊.") ② 천주교와 도교·불교를 대립적인 것으로 인식하나, 예수 탄생을 석가탄신으로, 지옥설을 보응설로 이해.("蓋其對越上帝, 勉復性初, 似與吾儒法門, 無甚異同, 不可與黃老之淸淨, 瞿曇之寂滅, 同日而論.… 然天主之降, 彷佛牟尼之生, 地獄之說, 反取報應之論, 何也.")	李頤命, 『燕行雜誌』, 『한국문집총간』 제172권, 『疎齋集』
1720. 9.22.	李器之	천주당 벽화를 보고 신선·귀신의 변환(變幻)으로 이해.("初入殿中, 仰面猝見, 壁上有大龕, 龕中滿雲氣, 雲中立五六人, 緲緲恍惚, 如仙鬼變幻.…而深遠緲綿, 眞若仙子.")	李器之, 『一庵燕記』, 『燕行錄選集補遺』 上
1720. 10.10.	上同	천주교와 불교를 대립적인 것으로 이해.("余曰, 天主之敎, 尙今不行於中國, 此緣佛敎方大行, 故天主之敎不得行.")	上同
1720. 10.28	上同	① 천주교와 불교를 대립적인 것으로 이해.("西洋人, 與佛僧爲仇讐, 亦嫌其與僧同也.") ② 포도주를 선인(仙人)의 음료로 지칭.("入口爽然, 入喉薰然, 其味不可形言. 瓊漿玉液, 想無以加此矣.")	上同
1721. 12.29.	李健命	천주당 벽화를 '청정(淸靜)'하다고 표현.("自臺傍小門而入, 歷觀天主堂殿閣欄杆粉壁圖畵, 奢麗炫耀, 淸靜奇巧, 殆非聞見所及文字可記.")	李健命, 『寒圃齋使行日記』, 『燕行錄選集補遺』 上
1721. 12.29.	兪拓基	천주교와 불교·도교를 대립적인 것으로 이해하고, 천주교를 '봉천무위(奉天無僞)'의 종교로 이해("天主敎者, 未知昉於何年代, 而自云只奉天無僞, 斥老佛爲外道云.")	兪拓基, 『知守齋燕行錄』, 『燕行錄全集』 38卷.

1727. 12.29.	姜浩溥	① 천주교가 '귀신'을 받들고 '도를 닦는다'고 표현.("서양국 사람 탕약망이 들어와 이 집을 지어 귀신을 받들고 도를 닦는 곳을 만드니") ② 천주교를 불교와 선도(仙道)의 혼합으로 봄.("또 그 학술이 맑고 조출하여 욕심이 없는 것으로 공부를 삼고, 도를 얻어 앉은 채 변화하기로써 효험을 삼는다 하니, 대개 불도와 선도를 합하여 하나가 된 것이다.")	姜浩溥, 『桑蓬錄』, 『燕行錄選集補遺』下
1729. 10.12.	金舜協	천주교와 불교를 대립적인 것으로 이해.("大抵西洋人之學, 闢佛廓如, 而所宗主者, 上天與正理.")	金舜協, 『燕行日錄』, 『燕行錄全集』 38
1729. 11.26.	上同	천주교와 도교·불교와의 대립 인지.("按西賓之學, 遠二氏而近儒, 中國稱之日西儒矣.")	上同
미상	趙尙絅	'신선', '구령', '봉래산' 등 표현 사용.("群仙滿壁森相動, …緱嶺得非隨羽化, 蓬山無乃遍神遊.")	趙尙絅, 『燕槎錄』, 『燕行錄全集』 37
1732. 10.	李宜顯	① 천주교와 유·불·도의 차이 인지.("西洋之道, 以事大爲主, 不但與儒道背異, 亦斥仙佛二道, 自以爲高.") ② 천주당을 선방(禪房) 시왕전으로 표현.("其畵日月星辰固也, 壁上多畵陰鬼, 有同禪房十王殿.")	李宜顯, 『壬子燕行雜識』, 『燕行錄全集』 35
1735. 1.	南泰齊	벽화 속 인물을 '선불(仙佛)', '선동(仙童)'으로 호칭.("傍着一男一女, 謂之聖人聖母, 東西壁畵, 許多小兒, 皆傅兩翼, 謂之仙童, 間畵仙佛或異國之人, 狀貌衣服種種詭異.")	南泰齊, 『椒蔗錄』, 국립중앙도서관본
1756. 1.	鄭光忠	① 천주교를 '도교(道敎)'로 호칭.("自古至今, 遠居海外, 不知儒佛, 專尙道敎. 來住燕京者, 俱是道家者流. 自幼時不食肉不聚室, 存心修戒.") ② 천주교와 불교의 대립 인지.("而及到佛語, 則以爲修善則致福, 爲惡則生災, 祈佛何爲. 中國之以爲佛自小西洋出來云者, 皆虛語云矣.")	鄭光忠, 『燕行日錄』, 『燕行錄全集』 61

1761. 1.	李商鳳	천주를 '귀신(鬼神)'으로 호칭.("按天主, 卽所謂造物主宰, 如吾儒所謂鬼神也.")	李商鳳, 『北轅錄』, 『燕行錄選集補遺』上
1761. 2. 6.	上同	① 천주교 설명에서 '선계(仙界)' 사용. ("曰, 西洋學稱仙界道理地方人物風謠, 盍爲俺詳說之.") ② 천주교와 불교의 대립 인지.("西洋亦尊尙孔夫子否. 曰, 亦尊敬. 曰, 斥佛乎. 曰, 斥.")	上同
1761. 1.19.	洪大容	천주교와 유·불·도의 차이 인지.("내가 말하기를 '유도는 인의를 숭상하고, 老道는 淸淨을 숭상하고, 佛道는 空寂을 숭상하는데, 원컨대 천주의 숭상하는 바를 듣고자 합니다'라고 했다.")	洪大容, 『乙丙燕行錄』, 『燕行錄全集』 49
1778. 6.14.	李德懋	① '불당(佛幢)의 목장(木障)'으로 천주당 묘사.("屋大抵三楹, 而第一楹, 北壁刻木障如佛幢.") ② 벽화 묘사에 '황홀(恍惚)', '유괴(幽怪)' 표현 사용.("恍惚幽怪, 令人不樂.")	李德懋, 『入燕記』, 『燕行錄全集』 57
1780	朴趾源	천주를 천황씨, 반고씨로 이해.("天主者, 猶言天皇氏盤古氏之稱也.")	朴趾源 『熱河日記』, 『한국문집총간』 252
1784	李魯春	벽화 묘사에 '늙은 신선' 표현 사용.("… 혹은 늙은 신선이었으며 혹은 늙은 어린아이였는데…")	李魯春, 『북연기행』, 숭실대 한국기독교박물관 소장본
1788	趙　瑍	벽화 묘사에 '여선(女仙)', '신선' 표현 사용.("正堂北壁所畵, 卽女仙抱小兒, 而兩腋皆有羽, 似是仙類.")	趙瑍, 『燕行日錄』, 『燕行錄選集補遺』 中
1791	徐浩修	천주교를 불교·도교 및 백련교로 이해. ("盖其屛嗜慾滅倫理, 似 佛氏, 嗇精氣住聰明, 似道家. 曉夜拜稽, 謂有赫然昭臨, 使人輕世界而重天堂, 則又一白蓮無爲之焚修. 此徐禮部如珂, 所以深惡痛斥, 倡議驅逐也.")	徐浩修, 『熱河紀遊』, 『燕行錄全集』 51
1791	白景炫	① 천주교를 선도(仙道)로 이해.("周曰, 爲此道者, 淸淨無慾, 與物無競, 然後能造乎. …余書曰, 君之所謂道者, 無乃仙乎.") ② 천주교도와 체계적 논쟁 벌임.	白景炫, 『燕行錄』, 『燕行錄選集補遺』 中

1794	李繼祜	① 성모는 옥황상제의 어머니.("주장되는 벽에 '성모'라 하고 그리어 붙이었으니, 성모는 옥황상제의 어머니라는 말이었다.") ② 벽화 속 인물을 '신선'으로 지칭. ("동서 양벽에 겉옷과 안개치마를 입은 신선의 할아비 여럿이 벌리어 서 있으니…")	李繼祜, 『燕行錄』, 『燕行錄全集』 96·97

위에서 보다시피 연행사와 그 수행원들은 불교 및 도교 용어를 이용해 천주당과 천주교에 대한 인상을 표현했다. 특히 불교보다는 도교 용어에 대한 의존도가 눈에 띄는 것이 특징이다. 그들은 천주당 벽화를 보고서 '신선 · 귀신의 변환(變幻)'으로 표현하거나(이기지), '신선', '구령(緱嶺)', '봉래산'으로 지칭하거나(조상경), 벽화 속 인물을 '선불(仙佛)', '선동(仙童)', '늙은 신선', '여선(女仙)', '옥황상제의 어머니'로 묘사하거나(남태제, 이노춘, 조환, 이계우), '황홀(恍惚)', '유괴(幽怪)' 등 도교적 분위기의 표현을 동원하였다(이덕무).

이이명은 선교사들에게 보내는 편지에서 천주당을 '선당(仙堂)'으로 썼고, 조영복은 그들과 필담을 나누면서 천주교를 '삼청(三淸)'을 숭앙하는 종교로 규정하기도 했다. 이 중 '삼청'은 신선이 거주하는 최고의 선경(仙境)을 가리키면서 동시에 삼청선경(三淸仙境)에 사는 삼존신(三尊神), 곧 원시천존(元始天尊), 영보천존(靈寶天尊), 도덕천존(道德天尊)을 뜻하는 용어였다.[4] 물론 천주당을 '선방 시왕전'으로 묘사하거나(이의현), 천주당 내 구조물을 '불당의 목장' 등 불교 용어로 표현하는 경우(이덕무)도 있으나 사례는 많지 않다.

이렇듯 도교 용어를 동원하여 천주당과 천수교를 표현하는 경향

4) 『哲學大辭典· 中國哲學史卷』(上海: 上海辭書出版社, 1904), 33면.

과 부합하는 방향에서, 연행사들은 천주교를 주로 도교로 인식하는 흐름을 보여주었다. 어떤 한 문명권 내 사람들의 인식 속으로 과거에 없었던 전혀 새로운 것이 들어갈 때, 그들은 기존의 관념 체계로써 그 새로운 것을 표현할 수밖에 없다. 따라서 동아시아권에 있던 것으로 천주교와 상응할 만한 종교 또는 교의 체계를 통해 천주교를 파악하고자 한 것은 지극히 자연스러운 일이었다. 기존의 종교나 교의 체계란 간단히 말하여 유교, 불교, 그리고 도교를 가리킨다. 이처럼 어떤 하나의 종교에 대해 기존의 교리 및 교의에 입각하여 파악하는 것을 '교리적 이해'라고 불러보자. 그렇다면 우리는 천주교에 대한 연행사들의 교리적 이해 양상을 아래와 같이 정리해 볼 수 있다.

연행사 명	기록 연도	교리적 이해의 양상
이이명	1719	① 천주교와 도교·불교의 차이 인지. ② 천주교를 불교적으로 이해. ③ 천주교와 유교의 유사성 언급.
이기지	1720	① 천주교와 불교의 차이 인지.
유척기	1721	① 천주교와 도교·불교의 차이 인지. ② 천주교를 도교적으로 이해.
강호부	1727	① 천주교를 도교·불교의 절충으로써 이해.
김순협	1729	① 천주교와 도교·불교의 차이 인지.
이의현	1732	① 천주교와 유교·불교·도교의 차이 인지.
정광충	1756	① 천주교를 도교로써 이해. ② 천주교와 불교의 차이 인지.
이상봉	1761	① 천주교를 도교로써 이해. ② 천주교와 불교의 차이 인지.

홍대용	1761	① 천주교와 유교·불교·도교의 차이 인지.
서호수	1791	① 천주교와 도교·불교의 차이 인지. ② 천주교를 백련교로써 이해.
백경현	1791	① 천주교를 도교로써 이해.

위의 표를 보면, 우리는 1732년을 기점으로 미묘한 변화가 일어나는 것을 감지할 수 있다. 1732년 이전까지 연행사들은 대체로 천주교와 도교·불교의 차이를 인지하면서도, 천주교를 도교와 불교의 절충, 또는 도교로 이해하는 모습을 보여주었다. 하지만 1732년, 이의현은 천주교와 유교·불교·도교의 차이점을 언급함으로써 이전 연행사들과는 달리 천주교와 유교의 차이를 덧붙이고 있다. 하지만 더욱 중요한 것은, 천주교를 도교로 이해하는 경향이 1732년 이후 뚜렷해지고 있다는 점이다. 정광충과 이상봉은 모두 천주교와 불교의 차이를 인지한 바탕 위에서 천주교를 도교로 이해하고 있다.

특히 흥미로운 인물들은 서호수와 백경현이다. 서호수는 천주교와 불교·도교의 차이를 인정하면서도 동시에 천주교를 백련교로 바라보고 있다. 밤새워 예배하는 천주교도들의 행태, 구세주가 강림하여 세상을 구원할 것이라는 주장, 현세의 경시의 천당의 중시 행태를 그는 근거로 들고 있다. 서호수의 이런 견해는 중국 쪽으로부터 영향을 받은 것으로 보인다. 왜냐하면 그는 중국의 서여가(徐如珂, 1562~1626)에 의한 거사를 인용했기 때문이다. 서여가는 광동해부사(廣東海副使)로 재직하던 중, 포르투갈인들이 마카오에 성을 쌓자 그 성벽을 허문 일이 있었다.

3. 백경현의 사례에 대한 분석

여러 연행사들 중 명확하게, 또 논거를 들어서 천주교를 도교로 규정한 인물은 백경현이었다. 그가 서양인 선교사 주(周)씨와 나눈 문답을 조금 자세히 살펴보자.

> 나는 익경(翼卿)과 함께 천주당을 방문하였다. 주인은 성이 주(周)씨인 자로, 본래 서양 사람인데 이곳에 와 머문 지가 이미 여러 해 되었다고 했다. … 주(周)가 먼저 써서 말하기를, "천하에 유·불·도 삼교가 있는데, 도(道)라는 것은 인간의 생사의 문제를 첫 번째로 다룹니다. 중국에서는 이를 극히 숭상하기에 지금 천하의 사람들이 모두 그것을 높이는데 귀국에서도 들어 본 적이 있습니까?"라고 하자, 익경이 다음과 같이 써서 답하였다. "천주도학(天主道學)의 고명함은 일찍이 들어 본 적이 있으나, 그 오묘한 이치가 어디에 바탕을 두고 있는지는 모릅니다."[5]

서양인 선교사 주씨는 자신이 직접 붓을 들어 필담을 진행했다. 통역을 거치지 않았기 때문에 그만큼 그의 생각이 왜곡 없이 전달되었을 것이다. 선교사 주씨는 유교, 불교, 그리고 도교를 거론한 후 따로 '도(道)'를 얘기하는데, 문맥상 그것은 천주교를 지칭하는 것으로 보인다. 그래서 익경은 '도'가 '도교'의 '도'가 아니라 '천주도학'의 '도'는

5) "余與翼卿, 同訪天主堂. 主人姓周者, 本以西洋國人, 來住於此, 已多年所云. …周先生書曰, 天下有儒釋道三敎, 而道者, 人之死生中一件也. 在中土崇奉至極, 故方今天下皆存尙之, 貴邦亦有聞知否. 翼卿答書曰, 天主道學之高明, 曾所聞之, 而但不知微妙之理何居."(신익철 편저, 『연행사와 북경 천주당』(보고사, 2013). 번역문은 이 책 286면, 원문은 454면에서 재인용)

점을 분명히 나타내고 있다.

선교사 주씨는 천주도학의 핵심교리를 아래와 같이 설명했다.

> 주가 말하기를, "이 도를 행함은 청정하게 지내며 욕심을 끊고 사물과 더불어 다툼이 없는 연후에야 이룰 수 있을 것입니다. 그 미묘한 경지는 죽더라도 사는 것 같으니 마치 매미가 허물을 벗듯 정신이 육신을 초탈하기에 천만 년의 세월이 지날지라도 길이 존재하며 멸함이 없습니다. 이 이치를 깨달은 자는 살아서도 죽음을 싫어하지 않습니다"라고 하였다.[6]

"청정하게 지내며 욕심을 끊는다"는 것은 도교와 불교 모두의 실천론으로 이해될 수 있다. 그런데 "사물과 더불어 다툼이 없다[與物無競]"는 성어(成語)는 『노자』의 사유와 일치한다. 『노자』 제18장에 따르면 "성인의 도(道)는 일은 하되 다투지[爭] 않는 것"[7]이라고 한다. 또 제22장과 66장 공히, 도를 체득한 인물은 "오직 다투지[爭] 않기 때문에 이 세상 아무도 그와 다툴 수 없다"[8]고 한다. 그리고 정신이 육신을 초탈하기 때문에 소멸하지 않는다는 주씨의 입장은 신불멸론(神不滅論)의 핵심주제와 통한다. 신불멸론은 남북조 시대의 불교가 취했던 주요 교리 중 하나였다.[9] 종합해 보자면, 선교사 주씨의 설명은 불교 또는 도교와 충분히 합치할 수 있는 것이었다. 그러므로 다음과 같은

---

6) "周曰, 爲此道者, 淸淨無慾, 與物無競, 然後能造乎. 微妙之境, 則雖死猶生, 如蟬之蛻, 精神脫出形殼之外, 雖千萬歲, 長存不滅. 知此理者, 生不惡死矣."(신익철, 위의 책 중 번역문은 286면, 원문은 454면에서 재인용)

7) 『老子』 제81장, "聖人之道, 爲而不爭."

8) 『老子』 제22장, "夫惟不爭, 故天下莫能與之爭." 제66장, "以其不爭, 故天下莫能與之爭."

9) 펑유란, 『중국철학사』(까치, 1999), 205-206면.

백경현의 반응은 지극히 자연스럽게 여겨진다.

> 그대가 말하는 도(道)라는 것은 곧 선(仙)이 아닙니까? 선도는 허령(虛靈)을 귀하게 여기고 불도는 적멸을 숭상하는데, 선도와 불도는 모두 오도(吾道)에서 갈라져 나간 가지일 뿐입니다. 우리 도를 행하면 곁가지를 통하지 않는 바가 없습니다. 생사를 매미가 허물을 벗듯 초탈한다는 설은 끝내 도리에 맞지 않기에 성인께서 말하지 않은 것입니다.[10)]

선교사 주씨가 내세운 교리는 도교는 물론 불교와도 상당 부분 합치할 수 있었지만, 백경현은 불교보다는 도교로써 그 교리를 이해하고 있다. 아마도 백경현은 "사물과 더불어 다툼이 없다"는 말로부터 깊은 인상을 받고서, 적어도 선교사 주씨가 내세운 천주교는 도교와 그 성격이 유사하리라고 생각한 것 같다. 이처럼 백경현은 천주교의 교리가 선도(仙道), 곧 도교와 다를 바 없음을 지적하는 데서 머물지 않고, 불교와 도교 모두 유교의 지류(支流)에 불과하다고 말함으로써 유교를 높인다. 물론 불교와 도교가 유교로부터 갈라져 나갔다는 주장은 오늘날의 관점에서 보면 근거가 없는 것이고, 백경현 역시 그에 대한 근거는 제시하지 않고 있기 때문에 설득력이 높다고 할 수는 없다.

주씨로서는 자신의 천주교에 대한 설명이 '선도(仙道)'와 합치할 뿐더러, 그 선도는 유가로부터 갈라져 나갔다는 백경현의 주장을 듣고서 불쾌하지 않을 수 없었다.

---

10) "余書曰, 君之所謂道者, 無乃仙乎. 仙貴虛靈, 佛尙寂滅, 仙佛皆吾道之岐也. 行吾道, 則岐無所不通. 生死蟬蛻之說, 終近於不經, 故聖人不言之耳."(신익철, 위의 책 중 번역문은 287면, 원문은 454면에서 재인용.)

> 주(周)가 섭섭해 하며 좋아하지 않았는데, 내가 또 다음과 같이 써서 말하였다. "선도의 무(無)를 말한 것이 아닙니다. 유도는 일상에서 행하는 도리를 말하기에 사람들이 모두 그것을 믿습니다. 선도에서 말하는 경액(瓊液)이나 옥가루와 같은 단약은 사람들이 듣기만 하였고 본 적이 없습니다. 그러므로 간혹 그것을 의심하지 않을 수가 없는 것입니다. 비록 그렇지만 예전에 주 목왕과 노자의 사적이 간책에 실려 있으니 허무맹랑하고 견강부회하는 이야기라고만 할 수는 없습니다. 그들은 식색의 욕망을 제거하고, 진(眞)을 닦고 정(精)을 이루어, 세상을 꿰뚫어보는 이치를 얻는다고 합니다." 주가 말하길, "참으로 금석 같은 말씀이십니다." 라고 하였다.[11]

불쾌한 기색을 보이는 선교사 주씨를 위로하기 위해 백경현은 "선도의 무(無)"라는 교리 자체를 자기가 비판하기 위함이 아니라는 입장을 밝힌다. 또한 주 목왕이나 노자 같은 도가 철학 또는 도교의 중요 인물들이 허구가 아니라는 점 역시 인정한다. 마지막으로 욕망의 제거와, "진(眞)을 닦고 정(精)을 이루며" 그리하여 "세상을 꿰뚫어보는 이치를 얻는" 도교적 수양 역시 긍정적 태도로 바라본다. 백경현은 다만 단약을 통해 영생불멸할 수 있다는 도교의 주장만을 비판할 따름이라고 말한다. 주씨는 이러한 백경현의 견해에 찬동하는 모습을 보인다. 천주교를 도교처럼 이해하는 백경현의 이해에 대해 주씨가 과연 찬성했던 것인지, 아니면 자신의 불쾌감을 누그러뜨리려는 백경현의 노력을 가상히 여겨 찬동의 뜻을 표했던 것인지 분명하지 않다. 그럼에도

---

11) "周悵然不悅. 余又書曰, 非謂仙道之無也. 儒道如常食茶飯, 人皆信之. 仙道如瓊液玉屑之丹, 人皆聞而不見. 故或不無疑之者矣. 雖然古有穆王老子事蹟, 載於簡册, 則不可歸之於孟浪傅會之說. 渠嘗論之, 除去食色之欲, 修眞養精, 透得撤視之理, 是爲仙道之未及成. 邪念忽發, 則非直害於道, 反生難醫之疾. 蓋學之易而成之難也."(신이천, 위의 책 중 번역문은 287면, 원문은 454면에서 재인용.)

불구하고, 위 대화가 필담으로 이루어졌던 만큼 선교사 주씨는 백경현의 이해가 도교적이라는 것만큼은 이후에도 충분히 확인할 수 있었을 것이다.

마지막으로 백경현은 유교에 입각하여 자신의 사생관(死生觀)을 펼친다.

> 내가 말하길 "사람이 살고 죽음은 모두 하늘의 뜻에 따르는 것이며, 다만 조금이라도 악한 짓을 하지 않으려는 마음으로 하늘을 섬길 뿐입니다. 천주의 도라는 것도 여기에서 벗어나지 않을 것입니다"라고 하자, 주(周)가 기뻐하며 웃으며 말하였다. "노선생의 말이 과연 옳습니다."[12]

"사람이 살고 죽음은 모두 하늘의 뜻에 따르는 것"은 유교적 사생관이고, "다만 조금이라도 악한 짓을 하지 않으려는 마음으로 하늘을 섬긴다"는 것은 유교는 물론 천주교와도 부합한다. 백경현은 이 두 구절을 결합시킴으로써 선교사 주씨의 동의를 이끌어냈다. 그는 그 결합과정 속에서 유가적 가치를 높이고 있고, 서양인 선교사에게도 가르침을 주었다는 자부심을 느낀 듯하다.

12) "余曰, 人之生也死也, 一從天之所會, 但當以毫髯不作惡爲心而奉天. 天主之道, 無過於此而已. 周喜而笑曰, 老先生之言, 果是矣."(上同.)

4. 가설의 검토

1) 전통·관습 원인 가설의 검토

연행사들은 어째서 천주교를 도교적 표현과 교리를 통해 이해했을까? 이 절에서는 이 물음에 대해 두 가지 가설을 내세워 대답해 보고자 한다. 첫 번째 가설은 그 원인이 천주교 외부에 있다는 것으로서 우리는 이를 '외부 원인 가설'로 칭하고자 한다. 두 번째 가설은 그 원인이 천주교 내부에 있다는 것이고 이는 '내부 원인 가설'로 칭해질 수 있다. 첫 번째 가설은 다시 두 가지로 나누어진다. 그 중 하나는 동아시아의 역사적 전통 및 관습과 관련된 것으로 전통·관습 원인 가설(외부 원인 가설 1)이고, 다른 하나는 천주교 수용 당대의 백련교와 천주교 사이의 유사성에 입각한 백련교 관련 가설(외부 원인 가설 2)이다.

먼저, 전통·관습 원인 가설 내용을 소개하고 그 타당성을 검토해 보자. 동아시아 지식인들은 이역(異域)의 문물을 처음 접할 때 일반적으로 도교적 이미지를 투영하는 관습이 있었다. 마테오 리치 등 예수회 선교사들이 서양의 문물을 중국에 본격 소개하기 이전, 동아시아인들, 특히 중국인들은 『산해경』이나 『십주기』가 제공하는 이미지들을 이역에 투영하고 있었다.[13] 『십주기』는 도교적 상상이 깃든 책이었고[14], 『산해경』 역시 도교와 밀접한 관련을 맺는 전적이었다.[15] 당

---

13) 거자오광 지, 이원석 역, 『이 중국에 거하라』(글항아리, 2012), 97면.

14) 위의 책, 94면.

15) 정재서, 「고구려 고분벽화의 신화·도교적 제재에 대한 새로운 인식」(『동양적인 것의

나라 때는 『산해경』이나 『십주기』 같은 부류의 책들이 신선류(神仙類)로 분류되었던 것이다.[16] 중국인들이 도교적 전적을 통해 이역을 상상하던 것은 한반도에도 전해져 뿌리 깊은 관습이 되었을 가능성이 높다. 연행사들도 그런 관습을 갖고 있었기 때문에, 서양 문물을 접하고서 그것을 묘사할 때 습관적으로 도교적 표현을 동원했으리라 추론하는 것은 충분히 가능하다.

천주교에 대해 도교의 관습적 호칭을 사용하거나, 천주당 내 벽화를 보고 도교적 표현으로써 묘사했던 연행사들의 기록을 분석할 때에는 위의 가설이 유용하다. 연행사들은 예수회 선교사들이 인도보다 서쪽에 있는 머나먼 이역에서 왔다는 것을 이미 알고 있었기 때문에, 그들은 선교사들을 만나기 전부터 이미 머릿속에서 도교적 이미지가 떠오르고 있었을 것이다. 더구나 연행사들의 사행 기록이 사대부들 사이에서 유포되고, 그런 사대부들 중 일부가 다시 연행사가 되어 북경으로 가서 천주교를 접하는 상황을 상정해 보면, 천주당과 선교사들을 도교적 용어로 표현하는 경향은 시간이 갈수록 강화되었을 것이다. 우리는 앞 절의 첫 번째 표에서 후대로 갈수록 도교적 표현이 빈번해지고, 천주교를 도교로 규정하는 경향이 선명해졌다고 분석했는데, 이러한 분석은 이 가설과 부합하는 것으로 보인다.

하지만 이 가설은, 천주교에 대해 교리적으로 접근했던 연행사들의 기록을 검토할 때에는 그다지 설득력이 높지 않다. 왜냐하면, 천주교를 교리적으로 검토한다는 것은 기존의 관습적 이해 및 표현의 사용과 반드시 필연적 관계를 맺지는 않을 것이기 때문이다. 다시 말해

슬픔-넘어섬, 그 힘의 예증까지』, 살림출판사, 1996), 138면.

16) 거자오광, 앞의 책, 104면.

서, 천주교에 대한 교리적 접근은 이성적·반성적·의식적 태도를 요하여, 기존의 관습적 표현 사용의 적절성도 재검토의 대상이 되었을 것이다. 물론 천주교를 도교적 이미지로써 상상함으로 인해 갖게 된 선입견이 작용했겠지만, 연행사들은 좀 더 이성적 태도를 갖고서 선입견을 가능한 한 배제한 다음 천주교 교리와 유교, 불교, 그리고 도교의 교리를 비교하고자 했을 것이다.

2) 백련교 가설의 검토

그 다음, 백련교 가설(외부 원인 가설 2)을 살펴보자. 이 가설은, 당시 중국에서 주로 천주교(西教) 비판론자들에 의해 천주교가 백련교로 규정되는 것과, 그러한 오인을 막으려 천주교도들이 노력을 한 사례가 많았다는 것에 근거를 두고 있다. 특히 1622년에 일어난 불교계 인사 심각(沈淮)의 박해에 대응하기 위해, 양정균(梁廷筠)이 『효란불병명설(鴞鸞不竝鳴說)』을 지은 것은 그 대표적 사례이다. 양정균은 이 글에서 천주교와 백련교가 다른 점 열네 가지를 들었다.

천주교를 백련교로 규정하는 것은, 청나라 전성기의 천주교 박해 때에도 반(反)서교론자들에 의해 이루어졌다. 반서교론자들은 그렇게 함으로써 천주교를 반란의 종교로 보이게끔 하려고 한 것이다.[17] 이를테면, 1850년에 지어진 『중희보권(衆喜寶卷)』은 민간 종교 70파를 소개하면서 천주교를 첫 번째로 들었고, "사법(邪法)을 써서 몸을 수련하고 본성을 정련하여 기(氣)를 배양하며, 정신을 보존하고 술을 멀리

17) 최소자, 「명·청시대의 천주교와 백련교」(『이대사원』, 이화여자대학교 사학회, 제22·23합집), 150면.

한다”[18]고 소개하는데, 이는 도교적 수련법으로서 천주교를 설명하는 것이었고, 도교적 수련법은 백련교에 의해 채택되던 것이었다.

그렇다면 중국인들은 어째서 천주교 도입 초기부터 그것과 백련교가 유사하다고 생각했을까? 그것은 백련교와 천주교 사이의 교리적·의례적 유사성 때문이었으리라 추정된다. 백련교는 진공가향(眞空家鄕), 무생부모(無生父母), 삼기말겁(三期末劫)의 교리를 갖고 있었다. 진공가향은 이 세상의 가족이나 고향은 가짜이고 진정한 가족과 고향이 천상에 있으며, 천상에는 무생부모가 있다는 뜻이다. 무생부모는 이 세상의 부모는 진짜 부모가 아니고[無生] 진정한 부모는 하늘에 거주하고 있다는 의미이다.

삼기말겁은 미륵이 하생(下生)하여 중생을 구제한다는 것을 가리킨다. 인간의 진정한 근원을 현실이 아니라 천상에서 찾고, 천상의 신적 존재가 지상에서 인간의 몸을 빌려 태어나 인간들을 구원한다는 주제는 천주교에서도 낯선 것이 아니었다. 또한, 불살(不殺), 불도(不盜), 불음(不淫), 불망(不妄), 불주(不酒)의 ‘오계(五戒)’ 역시 기독교 성경의 십계와 합치할 수 있는 것이었다. 마지막으로 양자 모두 기복신앙적 요소를 갖는다는 점에도 유의해야 할 것이다.

연행사들은 당대 중국의 이러한 흐름을 사전 정보로써 입수한 후, 천주교를 백련교와 유사한 종교 체계로 보고자 했을 것이다. 이 가설에 가장 잘 부합하는 인물은 서호수이다. 그는 천주교에 대한 비판적 태도를 드러내면서 중국의 서여가를 인용하고 있다. 서여가는 마카오 내 포르투갈인들의 성을 허무는 조치를 취했던 인물이었다. 따라서 서호수는 중국 내 천주교 관련 정보를 이미 입수하고 있었고, 그러면

18) 최소자, 위의 글, 166면에서 재인용.

서 그는 천주교와 백련교 사이의 연관성을 제시했던 것이다.

그렇지만 천주교와 백련교 사이에 뚜렷한 차이점이 있는 것 역시 부정할 수 없는 사실이다. 무엇보다도 천주교 쪽 선교사들 및 중국인 교도들(양정균이 대표적이다)이 천주교 수용 초기부터 천주교와 백련교 사이의 차이를 역설하였고, 조선의 연행사들이 만난 선교사들 역시 천주교가 도교처럼 이해되는 것에 대해 경계하는 태도를 보여주었다. 게다가 조선의 연행사들 모두가 서호수처럼 천주교를 백련교와 유사한 것으로 이해했던 것은 아니다. 이의현 이후의 연행사들은 "도교"라는 더 일반적 용어로써 천주교를 지칭할 뿐 백련교를 언급하지는 않았기 때문이다.

3) 내부 원인 가설의 검토

마지막으로 내부 원인 가설을 검토해 보자. 내부 원인 가설은, 연행사들이 천주교를 도교적 이미지로써 상상하거나 도교로 규정했던 원인이 천주교 내부에 있다는 가설이다. 예를 들어 유척기는 천주교의 핵심교리가 '봉천무위(奉天無僞)'라고 하는데 이것은 나름대로 천주교에 잘 부합하는 표현이라 할 수 있으나, 그럼에도 불구하고 도교적 표현으로서도 손색없는 것이었다. 왜냐하면 '봉천'의 '천(天)'을 '천존(天尊)'으로 이해하고, '무위'를 노자적인 것으로 보아도 전혀 어색하지 않기 때문이다.

강호부는 "또 그 학술이 맑고 조촐하여 욕심이 없는 것으로 공부를 삼고, 도를 얻어 앉은 채 변화하기로써 효험을 삼는다 하니, 대개 불도와 선도를 합하여 하나가 된 것이다"라고 하여, 천주교를 불교와 도교의 절충적 형태로써 이해하고, "맑고 조촐하여 욕심이 없는 것" "도를 얻어 앉은 채 변화하기"를 목표로 삼는 것이 바로 그 증거라고 생각하였다. 또한, 정광충은 천주교도들이 유교·불교를 알지 못하고 오로지 '도교'만 높인다고 말하면서 이들을 '도가자류(道家者流)'에 포함시키며, 자신이 그렇게 보는 근거로써 천주교도들은 "어려서부터 고기를 먹지 않고", "아내를 취하지 않는다"고 하며, 그들이 '존심(存心)'의 수양을 하고 '수계(守誡)'를 한다고 말한다.

이상봉에 따르면, '서양학'은 '선계(仙界)'에 대해 상세하게 설명할 줄 아는 것이었다. 서호수는 천주교도들이 "정기를 아끼고 총명케 되는 것"(嗇精氣住聰明)을 목표로 삼으므로 도가와 유사하다고 여겼다. 그리고 앞에서 보았다시피, 백경현은 가장 의식적으로, 그것도 선교사의 발언에 근거하여 천주교를 도교로써 규정한 바 있다.

서호수(徐浩修) 이전까지의 연행사들이 행한 천주교에 대한 도교적 규정은 대체로 충분치 못한 근거에 입각한 경우가 많다. 그들은 천주교 선교사들의 행태를 청정, 무욕 등의 용어로써 파악한 후 천주교를 도교적인 것으로써 바라보는 경우가 많았을 뿐, 그 종교의 교리를 심도 있게 연구하고 분석한 이후에 그런 결론을 내린 것은 아니었다. 그렇다면 연행사들의 도교적 이해는 그들의 잘못되거나 충분치 못한 근거, 다시 말해 천주교 내부적인 것에 바탕을 두지 않았던 것이라 할 수 있다. 따라서 내부 원인 가설은 일단 성립할 수 없는 듯하다.

하지만 앞서 살펴보았다시피 백경현이 남긴 기록은 내부 원인 가설이 성립가능하다는 실마리를 우리에게 제공해 준다. 특히 중요한 것은 선교사 주씨[19]의 천주교 소개였다. 그는 천주교가 청정, 무욕,

19) 선교사 주씨가 과연 누구일지 매우 궁금하나 현재로서는 그의 온전한 이름을 찾기가

'여물무경(與物無競)'의 종교라고 애기했는데, 이런 표현들이 도가철학적 · 도교적이라는 것을 알지 못했는지 의문이다. 그런 용어들로 천주교를 표현한다면, 백경현의 "그것은 선도(仙道)가 아닌가?"라는 식의 반응이 돌아올 것으로 예상하는 것은 당연하다.

여기서 우리는 매우 민감한 문제와 마주치게 되는데, 그것은 선교사 주씨의 설명 내용이 그만의 일탈적인 독창일지, 아니면 선교사 및 천주교도들 내부에서 공유되던 것일지에 대한 것이다. 「대진경교중국유행비」와 이지조의 「독경교비서후(讀景教碑書後)」에 대한 검토는 문제 해결의 단서를 제공해 주는 것으로 보인다. 「대진경교중국유행비」는 당나라 말엽, 경교 즉 기독교 네스토리우스파의 중국 전입과 그 이후 150년에 걸친 역사를 기록한 비석으로서 한동안 땅 속에 파묻혀 있다가 1623년에야 발굴되었고, 중국 천주교도들 및 예수회 선교사들은 이 비문에 비상한 관심을 기울여, 이지조가 1625년에 「서후」를 쓰고, 예수회 선교사 디아즈가 그로부터 15여 년 후 주석서를 쓰기에 이르렀다.

문제는 「대진경교유행비」의 도교적 표현 방식이다. 김승혜 교수에 따르면, 경교는 기독교의 교리를 중국인들에게 소개하기 위해 유 · 불 · 도 삼교의 용어 및 사유체계를 원용했는데 그 중에서도 가장 큰 비중을 차지한 것이 도교적 용어 및 사유체계였다고 한다. 경교도들은 자파의 안위와 확산을 위해, 당나라 왕실이 노자를 왕실의 조상으로 모셨던 사정을 충분히 고려했기 때문이었다. 그들은 야훼 엘로힘을 번역할 때 '천존(天尊)'이라는 도교의 신명(神名)을 차용하는데, '천존'은 '원시천존(元始天尊)'에서 나온 개념이고 원시천존은 도교의 최고신이었다. 이어서 경교는 '천존'에 내해 '현묘(玄妙)', '허(虛)', '직(寂)'으로써

부석 어렵나.

묘사하고 있다. 특히 「대진경교중국유행비」는 "우리의 삼일묘신(三一妙神)은 무언진주(無言眞主)"라는 수사도 사용했는데, '삼일묘신' 역시 도교적 신을 묘사할 때 사용하는 개념이다.

아울러 경교는 예수를 '천선(天仙)'으로 소개했다. '천선'은 당나라 도교에서 최고의 신선을 가리키는 용어였다. 『포박자』에 따르면, 천선의 육체는 기(氣)로 되어 있어 부패하기 쉽기 때문에 육신을 순수한 기로 바꾸어야 한다고 말한다. 그렇게 되면 새처럼 하늘로 올라갈 수 있다는 것이다. 경교는 예수도 천선이 되어 승천했다고 주장했다.[20)]

이처럼 경교는 기독교를 도교적으로 각색하였고, 「대진경교중국유행비」도 동일한 노선 위에 서 있었다. 서안의 천주교도 장갱우(張賡虞)는 이 비석이 출토되었다는 소식을 듣고 그 내용을 확인한 후, 경교가 과연 기독교인지 여부를 이지조에게 물어보는 편지를 썼다. 이지조는 장갱우가 보내온 비석의 글을 읽고 아래와 같이 쓴다.

> 영축(靈竺) 간에 살고 있는 기양(岐陽)의 동지 장갱우가 내게 당나라 비문 한 폭을 부치면서 "근래 장안에서 땅을 파다가 얻은 것으로, 「경교유행중국비송」이라고 합니다. 이 종교는 이전에 들어본 적이 없습니다. 그것은 곧 서양의 마테오 리치가 전했던 성인의 종교입니까?"라고 물었다. 내가 읽어보니 정말로 그랬다.[21)]

"선선무원(先先無元)"(앞서고 앞서면서 [그보다 깊은] 근원은 없다), "후

---

20) 김승혜, 「도교 문화를 어떻게 이해할까 -그리스도교 시각에서」(김승혜 · 이강수 · 김낙필 공저, 『도교와 그리스도교』, 바오로딸, 2003), 29-30면.

21) "廬居靈竺閒, 岐陽同志張賡虞, 惠寄唐碑一幅曰, 邇者長安中掘地所得, 名曰, 景教流行中國碑頌. 此教未之前聞, 其卽利氏西泰所傳聖教乎. 余讀之良然."

후묘유(後後妙有)"(뒤서고 뒤서면서도 오묘하게 있다), "개천지(開天地)"(천지를 열었다), "장만물(匠萬物)"(만물을 만들어냈다), "입초인(立初人)"(최초 인간을 세웠다), "중성원존(衆聖元尊)…진주(眞主)"(온갖 성인을 작게 여김으로써 근원이 되고 존귀하게 되는 진정한 주인) [등의 표현에 합당한 것은] 성대하고 성대한 천주가 아니면 누가 감당할 수 있겠는가?[22]

그 [비문이 말한] '삼일묘신(三一妙身)'은 곧 삼위일체이다. '삼일분신(三一分身)'은 곧 베들레헴 탄신을 가리킨다. '동인출대(同人出代)'와 '실녀탄성어대진(室女誕聖於大秦)'은 곧 천주의 본성으로서 사람의 본성에 접하여, 유대 나라 동정녀 마리아에게 잉태되어 태어났다는 것을 가리킨다.[23]

"앞서고 앞서면서 [그보다 깊은] 근원은 없다", "뒤서고 뒤서면서도 오묘하게 있다", "천지를 열었다", "만물을 만들어냈다", "최초 인간을 세웠다"는 비석의 표현이 천주를 지칭하는 것이라고 이지조는 본다. 그리고 '삼일묘신'은 그대로 삼위일체라고 이해한다. "앞서고 앞서면서 [그보다 깊은] 근원은 없다", "뒤서고 뒤서면서도 오묘하게 있다"는 영원불멸, 곧 시간적 초월성을 나타내는 용어인데, 이와 유사한 표현이 『장자』에 나온다. "천지를 열었다", "만물을 만들어냈다" 등도 도가철학 또는 도교 문헌에 등장하는 표현들이다. '삼일묘신'은 더 말할 것도 없다.

이처럼 도교적 표현이 많이 동원되었는데도 이지조가 그다지 문제를 삼지 않았다는 것은, 천주교의 도교적 각색에 대해 그가 거부감을

22) "所云先先無元, 後後妙有, 開天地, 匠萬物, 立初人, 衆聖元尊眞主, 非皇皇天主, 疇能當此."

23) "其云三一妙身, 卽三位一體也. 其云三一分身, 卽費略降誕也. 其云同人出代, 云室女誕聖於大秦. 卽以天主性抜人性, 胎於如德亚國室女瑪利亞而生也."

별로 갖지 않았다는 것을 보여준다. 심지어 이지조는 자신에 대해 '경교후학'이라는 표현도 사용했다고 한다.[24] 물론 천주교를 중국에 뿌리내려야 하는 절박한 상황 속에서, 과거 기독교가 중국에 이입되었고 게다가 황실로부터 존중을 받았다는 역사적 사실의 발견은 명대 천주교도들에게 크나큰 격려가 되었기 때문에, 그들은 경교와 자신들의 차이보다 동일성을 더욱더 강조하고자 했을 가능성은 충분하다.[25] 그런 태도는 디아스에게서도 발견된다. 디아스는 「대진경교중국유행비」에 대해 주석을 쓰면서 주로 교리적으로 경교비문의 내용과 천주교가 얼마나 일치하는지 해석하는 데에 주력했다.

이지조와 디아스는 기독교의 도교적 각색이 기독교에 대한 오해를 낳을 수 있음을 알았으나 단지 전교 상의 편의를 위해 그 점을 그냥 지나쳤을까? 천주교 전교 초기의 명나라 황제들 중 도교를 받아들였던 황제들이 있었다는 사실을 고려한다면 그랬을 가능성도 생각해 볼 수는 있다. 왜냐하면 도교적으로 각색된 기독교는 황실에 의해 쉽게 수용될 수 있기 때문이다. 하지만 전교 초기부터 이미 백련교로 몰렸던 경험을 했던 선교사들은 천주교가 아예 도교의 한 분파로 오해되지 않도록 매우 유의해야 했을 것이다.

천주당에 걸려 있던 현판의 내용인 "만유진원(萬有眞元), 무시무종

24) 최진묵, 「"천존(天尊)은 한 처녀에게 성령이 임하게 하였다" −중국화한 기독교 경교(景敎)」(『신동아』 2013년 5월호).(http://shindonga.donga.com/3/all/13/112023/1)

25) "1580년 인도의 네스토리우스파가 천주교에 귀의하자 마테오 리치는 '이곳 코친에서는 고대 그리스도교의 대주교가 우리들 예수회 선교사를 통해 로마 교황에게 완전히 복종한다는 뜻을 전해 왔습니다.'[라고 썼다] … 그리고 수십 년 뒤 리치의 동료들은 중국 땅에서 경교비를 발견하는 다시 감격의 눈물을 흘리게 된다."(히라카와 스케히로, 『마테오 리치 −동서문명교류의 인문학 서사시』(동아시아, 2002), 67-69면)

(無始無終)"도 연행사들로 하여금 천주교를 도교적으로 바라보는 데 역할을 했으리라 여겨진다. 김순협, 한덕후, 그리고 이상봉은 위 문구가 천주당에 새겨져 있었다는 것을 기록으로 남겨 놓았는데, 그들이 그것에 대해 깊은 인상을 받았음을 간접적으로 보여준다. 천주교 선교사들이 이 글귀를 강희제로부터 하사받았을 때는 그 내용이 기독교와 합치한다고 생각했을 것이다. 아니, 한 걸음 더 나아가서 중국의 추상적 개념으로써 기독교 고래의 핵심을 표현할 수 있다는 것은 역으로, 중국의 고대 사상 내에도 바벨탑 시대의 어호와 사상이 편린 상태로나마 존재하고 있음을 확인시켜 주는 것으로 여겨졌음직하다.

하지만 기독교적 선입견을 제거하고 위 구절을 살펴보자. '만유(萬有)'는 모든 존재를 뜻하고 만물(萬物)과 동의어이다. '진원'은 '현묘하다', '원기(元氣)', 그리고 '[도교적] 본성'의 세 가지 의미를 갖는데 이 중에서도 주된 의미는 '원기'라 할 수 있다. '원기'는 '진원지기(眞元之氣)'와 동의어이다. 그 다음 '무시(無始) 무종(無終)'을 분석해 보자. 이것은 시작도 없고 끝도 없다는 것으로 시간의 무한정성을 나타내고, 그 출전은 『장자(莊子)』의 「지북유(知北遊)」편이다. 「지북유」편에서 '무시, 무종'은 천지보다 앞선 그 무엇을 묘사하는 것이었다. 그렇다면 '만유진원, 무시무종'은 "모든 존재의 진정한 근원은 시작도 끝도 없다"로 풀이되었을 것이고, 한 걸음 더 나아가 거기에 담긴 도가철학·도교적 함축을 고려한다면 "만물의 진원지기는 시간적으로 무한하다"고 이해되었을 것이다.

연행사들이 『천주실의』의 관련 구절을 읽었다 하더라도 유사한 인상을 받았으리라 우리는 추정한다.

> 중국 선비가 말했다. "일단 만물을 만들어 낸 시조가 선생께서 말씀하시는 천주라고 한다면, 이 천주는 누구에 의해 생겨난 것입니까?" 서양 선비가 대답한다. "천주란 만물의 근원을 말하는 것입니다. 만약 [무엇에] 말미암아 생겨난 것이라면 천주가 아닙니다. 시작이 있고 끝이 있는 존재는 금수나 초목과 같은 것입니다. 시작은 있으나 끝이 없는 것은 천지나 귀신 및 인간의 영혼을 말합니다. 천주는 시작도 끝도 없으며[無始無終] 만물의 시조가 되고 만물의 뿌리가 됩니다. 천주가 없으면 만물은 존재할 수 없습니다. 만물은 천주로 말미암아 생겨난 것이며 천주는 말미암아 생겨난 바가 없습니다.[26]

천주는 만물의 근원이고 천주보다 근원적 존재는 없다는 것이 서양 선비가 말하고자 하는 핵심 내용이다. 서양 선비는 이러한 천주는 '시작도 끝도 없는' 존재라고 한다. 천주보다 시간상 앞서는 존재는 없으므로 천주는 시간을 초월한 존재로 여겨질 것이고, 시간적 초월성을 강조하기 위해 "시작도 없고 끝도 없다"는 표현이 동원되었을 것이다.

우리는 이와 유사한 논법을 『장자』의 여러 곳에서 찾아볼 수 있다. 그곳들 중 위의 '무시무종'이 쓰였던 문맥을 보자.

> 염구가 중니에게 묻기를 "아직 천지가 있기 전을 알 수 있습니까?"라고 했다. 중니는 "그렇다. 옛날은 지금과 같다"라고 대답했다. … "[중니는] 옛날도 없고 지금도 없다. 시작도 없고 끝도 없다[無始無終]. … 천지

26) "中士曰, 萬物旣有所生之始, 先生謂之天主, 敢問此天主由誰生歟. 西士曰, 天主之稱, 謂物之原. 如謂有所生, 則非天主也. 物之有始有終者, 鳥獸草木是也. 有始無終者, 天地鬼神及人之靈魂是也. 天主則無始無終, 而爲萬物始焉, 爲萬物根柢焉. 無天主則無物矣. 物有天主生, 天主無所有生也." 마테오 리치 저/송영배 등 역, 『천주실의』(서울대학교출판문화연구원, 2013), 56-57면에서 재인용.

보다 앞서 생겨난 것이 사물일까? 사물을 사물로서 있게 하는 것은 사물이 아니다. 사물은 사물보다 앞설 수 없다.…"[27]

천지가 있게끔 한 존재는 천지와 다른 차원에 있는 존재여야 한다는 것을 장자는 말하고 있다. 달리 말하면, 사물이 있게끔 한 존재는 사물과 다른 차원에 있는 존재여야 한다는 것이다. 천지 또는 사물과 다른 차원에 있는 존재, 곧 현상 세계를 가능케 하는 존재는, 『장자』 「대종사(大宗師)」편에 따르면 바로 도(道)이다. 도는 "스스로가 근본이고 뿌리이므로 아직 천지가 있기 전에 예전부터 진실로 있어 왔다."[28] 그리고 도는 아무것도 없던 때에 존재하던 것, 곧 유(有) 이전의 단계에 해당되므로 무(無)로 일컬어질 수 있다.[29] 이처럼 현상 세계의 존립을 가능케 한 근거는 현상 세계 그 자체가 아니라 그와 다른 차원의 그 무엇이어야 한다는 논법은 앞서 보았다시피 마테오 리치가 중국인 선비를 설득시키기 위해 사용했던 것과 매우 유사하다.

그렇더라도 마테오 리치가 내세웠던 것은 천주(天主)라는 인격성을 띤 존재인 반면 장자는 도(道) 또는 무(無)라는 비인격적 존재[30]이기 때문에, 양자 사이에는 넘어설 수 없는 차이가 있다고 지적될 수 있

---

27) 『莊子』, 「知北遊」, "冉求問於仲尼曰, 未有天地可知耶. 仲尼曰, 可. 古猶今也. …無古無今. 無始無終. …有先天地生者, 物耶. 物物者非物. 物出不得先物也.…"

28) "夫道有情有信 …自本自根, 未有天地, 自古以固存."

29) 풍우란 저, 박성규 역, 『중국철학사』 상권(까치, 1999), 361면.

30) "無"는 말 그대로 '없는 것'인데 이를 '존재' 곧 '있는 것'으로 지칭하는 것은 어폐가 있다. 하지만 '없는 것'이라 할지라도 어떤 의미에서는 '있는 것'이기 때문에 전적으로 잘못이라고 할 수는 없겠다. 만일 '없는 것 그 자체'라고 한다면 우리는 그에 대해 어떠한 언급도 할 수 없고, 심지어 머리에 떠 올리는 것조차 불가능할 것이다. 일단 '없는 것'을 상정하는 만큼 그것은 '없는 것 그 자체'는 아니고 일단은 '있는 것'이다.

다. 물론 이러한 지적은 타당하다. 하지만 도교적 신관(神觀)을 살펴본다면 양자 사이의 경계선이 흐릿하게 변할 가능성이 있다. 도교 최고신인 원시천존(元始天尊)의 전신은 원시천왕(元始天王)인데 『원시상진중선기(元始上眞衆仙記)』는 그에 대해 아래와 같이 말한다.

> 『진서(眞書)』는 말한다. 옛날에 음과 양이 아직 나뉘지 않았을 때 혼연히 한 데 뒤섞여 있어 아직 구체적 형태들이 없었다. 하늘, 땅, 해, 달이 아직 갖춰지지 않아 마치 계란과 같았고 하늘과 땅이 구분되지 않았는데, 이미 반고진인(盤古眞人)이 있어 천지의 정기를 [함축하였으며] 스스로 원시천왕이라고 부르면서 그 가운데서 유영했다.[31]

일단 혼돈 속에서 원시천왕이 유영하고 있었다는 표현은 "땅이 혼돈하고 공허하며 흑암이 깊음 위에 있고 하나님의 신(神)은 수면에 운행하시니라"라는 기독교 성경의 『창세기』 제2장과 그 내용이 매우 흡사하여 몹시 흥미롭다. 하지만 우리는 이러한 표현상의 유사성만으로 기독교와 도교의 유사성을 논할 수는 없고, 존재론적 차원에서 그 점을 검토해야 하므로 『진서』와 기독교 창조 신화를 비교 검토하는 일은 여기서 하지 않겠다.

다시 원문을 보면, 음과 양이 나뉘지 않은 혼돈은 일기(一氣) 또는 원기(元氣)이다. 이것은 천지가 형성되기 이전부터 있었고 이로부터 천지가 형성되므로 "사물을 사물로서 있게 하는" 존재, 곧 현상 세계를 가능케 하는 것이다. 여기까지만 본다면 『진서』의 세계관은 장자와

---

31) "眞書曰, 昔二儀未分, 溟涬鴻濛, 未有成形. 天地日月未具, 狀如鷄子, 混沌玄黃, 已有盤古眞人, 天地之精, 自號元始天王, 遊乎其中." (柳存仁, 『道教史探源』, 北京大學出版社, 北京, 2000, 7면에서 재인용.)

다를 바가 없다. 그러나 『진서』는 한 걸음 더 나아가 '원시천왕'의 존재를 이야기한다. 원시천왕은 하늘과 땅이 아직 있기 이전에 원기 속에서 유영하던 존재라고 하는데, 사실 『진서』는 원시천왕을 원기의 인격적 동일체로서 보여주려고 의도하고 있다. 다시 말해 원시천왕은 원기의 인격적 표현이다. 원시천왕은 남제(南齊) 시기 이전에 원시천존이라는 명칭으로 바뀐다. 이렇게 바뀐 까닭은 불교의 '세존(世尊)'에 대항하기 위해서였던 것으로 추정된다.[32]

도교는 도가 철학과 달리 하나의 종교적 신념 및 의례의 체계로서 신앙의 대상이 될 만한 최고 인격신을 상정하고 있었고 그 점에서 천주교와 유사성이 있다.[33] 더구나 영보천존(靈寶天尊; 太上道君), 도덕천존(道德天尊; 太上老君)은 원시천존의 화신(化身)이므로[34], 이 세 천존은 함께 삼위일체를 이룬다고 할 수 있다. 이런 삼위일체적 특성 역시 내용을 떠나 적어도 형식상으로는 천주교의 그것과 유사하다고 보아야 할 것이다.

물론 도교와 천주교 사이에는 결정적 차이가 있다. 천주교의 최고신은 무(無)로부터 유(有)를 창조해낸 존재 중의 존재이다. 그것은 있는 것 그 자체이면서 동시에 무(無) 곧 없는 것을 포함하고 있다. 반면 도교의 최고신은 무(無)의 인격적 표현이면서 동시에 초월성을 겸비하고 있다. 요약하자면 천주교의 최고신은 유(有)로서 무(無)를 포함하고, 도교의 최고신은 무(無)로서 유(有)의 성격을 겸비한다. 그래서 천주교

32) 柳存仁, 위의 책, 7면.

33) 현대의 종교 개념으로써 도교와 도가철학을 엄밀하게 구분하는 것은 문제가 있지만, 그래도 양자의 구분이 현대의 연구자들에 의해 어느 정도 추인되는 만큼, 도가 철학과 대비해 도교의 특징을 이렇게 서술하는 것은 받아들여질 만한 것이라 생각한다.

34) 『哲學大辭典: 中國哲學史卷』(上海: 上海辭書出版社, 1984), 33면.

는 최고신의 초월성에 방점을 찍는다면, 도교는 최고신과 일기(一氣)·원기(元氣)와의 동일성을 통해 그 무(無)로서의 성격에 방점을 찍는다.

이처럼 존재론 상에서 양자는 뚜렷이 구별되지만, 천주교의 최고신이든 아니면 도교의 최고신이든 궁극적으로는 유(有)이자 무(無)라는 점에서 질적 차이는 없다고 해야 한다. 이런 바탕 위에서, 도교가 최고신의 초월성을 강조하면 강조할수록 그 최고신의 지위는 천주교의 '천주(天主)'에 접근해 갈 것이다. 후대의 도교 분파, 특히 천주교가 중국에 도입되던 명나라 때의 백련교는 주지하다시피 미륵 신앙과 결합함으로써 최고신의 초월성을 강화하는 방향으로 나아갔다. 이렇게 보았을 때 중국인과 조선인들이 천주교와 백련교를 혼동했던 원인을 전적으로 그들의 무지(無知) 탓으로 돌리는 것은 다소 성급한 단정일 것이다.

5. 선입견과 동서접변

이상, '조선의 연행사들이 어째서 천주교를 도가철학·도교적으로 이해했는가?' 하는 질문에 대해 내놓을 수 있는 대답 두 가지를 제시하고 불충분하나마 그 각각을 검토해 보았다. 그에 따르면, 연행사들은 ① 도교적 상상력으로써 이역(異域)을 상상하던 전통적 관습 속에서 ② 천주교가 백련교로 여겨지던 당시 중국의 상황을 어느 정도 알고 있었고, ③ 도교와 천주교의 내적 유사성을 인지했기 때문에, 천주당의 문물과 그 교리를 도교적·도가철학적으로 표현하거나 규정했다고 할 수 있다.

이러한 절충적 대답 가운데에서도 ③번 항목을 근거로서 드는 것에는 신중을 기해야 할 것이다. 왜냐하면 도교와 천주교의 내적 유사성, 곧 그 교리 및 존재론 상의 유사성을 밝히는 것은 지난한 작업이기 때문이다. 그럼에도 우리는 선행의 연구성과 덕분에 ③번 항목을 제시할 수 있었다. 그 연구 성과란 김승혜 교수가 「도교문화를 어떻게 이해할까 ―그리스도교 시각에서」라는 논문에서 도교와 그리스도교 사이의 유사성을 깊이 있고 체계적으로 규명해 놓은 것을 가리킨다.

김승혜 교수는, 첫째, 도교와 기독교 모두 궁극적 절대 실재, 곧 최고신 개념을 갖고, 둘째, 하느님은 자비의 속성을 갖고 노자(老子)는 자(慈)를 강조했다는 점에서 일치하며, 셋째, 두 종교 모두 계시성을 중시하는 구원의 종교이고, 넷째, 두 종교 모두 영원한 생명을 향유하려는 내세관을 지니며, 다섯째, 두 종교 모두 민중지향적 성격을 지닌다는 점을 들어, 두 종교의 내적 유사성을 규명하려 하였다.[35] 그는 결론으로서 "도교는 여러 면에서 그리스도교와 상당히 다른 것 같지만 사실은 동아시아 삼교 중에서 그리스도교 영성에 가장 가까운 종교"[36]라고 말했다.

이러한 점들을 염두에 둘 때 우리는 노장(老莊) 철학을 공부하다가 자연스럽게 천주교를 받아들인 18세기 말 김백순의 일화를 수월하게 이해할 수 있다. 김백순은 노론 출신 최초의 천주교도였다. 김백순에

35) 김승혜, 「도교문화를 어떻게 이해할까 ―그리스도교 시각에서」(김승혜·이강수·김낙필 저, 『도교와 그리스도교』, 바오로딸, 2003), 34-39면.

36) 위의 글, 440면.

따르면 노장 철학을 공부하다가 "사람이 죽어도 멸하지 아니함이 있음을 깨닫고 새로운 이론을 창도하여 친구들 사이에서 강의하였더니 친구들이 그 이론을 듣고 꾸짖어 말하기를 '이러한 의론을 신기해하는 것은 반드시 서교를 따르기 때문이다'라고 했다"고 한다.[37)]

김백순은 아마도 도교적 맥락에서 정신(精神)과 육체를 구별한 후 육체가 소멸한 후에도 정신은 남을 수 있다고 주장했을 테지만, 김백순의 주장을 들은 친구들은 그것이 서교의 그것과 유사하다고들 인식했다. 우리는 이를 통해 당시 일반인들의 서교 인식을 간접적으로 확인해 볼 수 있는 바, 그것은 바로 서교 곧 천주교를 도교적으로 바라보던 것이었다. 그러므로 김백순으로서는 그만큼 서교에 거부감을 갖지 않았을 것이다.

이상에서 보았다시피 예수회 선교사들이 전했던 서교는 조선 연행사들 및 일반인들에 의해 도교적으로 변용되어 받아들여졌다. 여기서 도교에 대한 사전 지식은 연행사들로 하여금 '선입견'을 갖도록 하는 역할을 담당하고 있다. 그런 선입견이 있었기 때문에 연행사들은 서교를 도교로써 이해했던 것이다. 가다머가 말했다시피, 선입견은 이해에서 제거되어야 할 것이라기보다 오히려 이해의 필수 요건이다. 그들의 그러한 이해는 서교를 왜곡시켰다기보다, 서교로 하여금 서양에서는 드러나지 않았던 자신의 새로운 면모를 조선의 연행사들에게 펼쳐 보이게끔 하는 역할을 담당했으리라 생각한다.

37) 『闢衛編』, 『황사영백서』 中.

【참고문헌】

1. 원전류

『老子』, 『莊子』.

徐光啓 等撰, 『天主教東傳文獻續編』, 臺北: 臺灣學生書局, 1966.

마테오 리치 저/송영배 등 역, 『천주실의』, 서울대학교 출판문화연구원, 2013.

양광선 · 이류사 · 남회인 저, 안경덕 · 김상근 · 하경심 역, 『부득이–17세기 중국의 반기독교 논쟁』, 서울: 일조각, 2013.

2. 사전류

『哲學大辭典: 中國哲學史卷』, 上海辭書出版社, 上海, 1984.

3. 연구논저

거자오광 저, 이원석 역, 『이 중국에 거하라』, 서울: 글항아리, 2012.

顧衛民, 『中國天主教編年史』, 上海: 上海書店出版社, 2003.

柳存仁, 『道教史探源』, 北京: 北京大學出版社, 2000.

徐宗澤, 『明淸間耶蘇會士譯著提要』, 上海: 上海世紀出版集團, 2010.

풍우란, 『중국철학사』, 서울: 까치, 1999.

矢澤利彦, 『北京四天主堂物語』, 東京: 平河出版社, 1987.

히라카와 스케히로, 『마테오 리치 –동서문명교류의 인문학 서사시』, 서울: 동아시아, 2002.

김승혜 · 이강수 · 김낙필 공저, 『도교와 그리스도교』, 서울: 바오로딸, 2003.

노용필, 「조선인 홍대용과 서양인 천주교 신부의 상호인식 –『劉鮑問答』의 분석을 중심으로」, 『한국사상사학』 제27집, 한국사상사학회, 2006.

신익철 편저, 『연행사와 북경천주당 -연행록 소재 북경 천주당 기사집성』, 보고사, 2013.

신익철, 「18-19세기 연행사절의 북경 천주당 방문 양상과 의미」, 『교회사 연구』 제44집, 한국교회사연구소, 2014.

신익철, 「18세기 연행사와 서양 선교사의 만남」, 『한국한문학연구』 제51집, 한국한문학회, 2013.

원재연, 『서세동점과 조선왕조의 대응』, 서울: 한들출판사, 2003.

李元淳, 『조선 서학사 연구』, 파주: 일지사, 1986.

이경규, 「당대 경교의 성쇠에 관하여」, 『중국사연구』 제11집, 중국사학회, 2000.

이규성, 『한국현대철학사론』, 서울: 이화여자대학교출판부, 2012.

임종태, 「극동과 극서의 조우 —이기지의 일암연기에 나타난 조선 연행사의 천주당 방문과 예수회사와의 만남」, 『한국 과학사 학회지』 제31권 제2호, 한국과학사학회, 2009.

장경남, 「조선 후기 연행록의 천주당 견문기와 서학 인식」, 『우리문학 연구』 제26집, 우리문학회, 2009.

정은주, 「연행사절의 서양화 인식과 사진술 유입 —북경 천주당을 중심으로」, 『명청사 연구』 제30집, 명청사학회, 2008.

정재서, 『동양적인 것의 슬픔—넘어섬, 그 힘의 예증까지』, 파주: 살림출판사, 1996.

최소자, 「명청시대의 천주교와 백련교」, 『이대사원』 제22·23합집, 이화여자대학교 사학회, 1989.

최진묵, 「"천존(天尊)은 한 처녀에게 성령이 임하게 하였다" —중국화한 기독교 경교(景教)」, 『신동아』 2013년 5월호.(http://shindonga.donga.com/3/all/13/112023/1)

토미즘과 리학(理學)의 지평 접변

-『영언여작』과 그에 대한 보수적 반응을 중심으로-

이봉규

1. 초기 접변의 환경

동서 사유를 문화권적 사유로 서로 상대화시켜 비교하려고 할 때, 동아시아전통 연구자는 서구의 사유를 문화권적 사유로 접근하기 어려운 환경에 있다. 동아시아 연구자 자신들이 연구에 사용하는 메타언어 자체가 이미 서구의 문화권적 학술개념으로 정의된 언어 환경 속에 있기 때문이다. 양자를 다 벗어난 지평에서 비교할 수 있는 제3의 메타언어가 없는데다, 상대의 학술개념을 차용하여 메타언어로 사용할 수밖에 없어 비교의 비대칭성은 태생적이다. 오리엔탈리즘이 태생적일 수밖에 없는 것이다.

역사적으로 보면, 그 비대칭성은 동서 사유가 접촉을 시작한 초기부터 발생하고 있었다. 명청교체기 동서 사상의 접변은 상대의 주장을 자신의 체계로 재단하고, 자신의 체계를 상대에게 정당화하는 형태로 시작되었다. 그 시발의 중심은 『천주실의』(1607)와 『영언여작』(1724) 등 토미즘의 신념체계였다. 18세기 이후의 사상사가 토미즘 체계에서 점점 멀어져 간 상황을 생각해보면, 자신의 본토에서 회의되고 비판될

처지로 전락해가는 사유가 남의 집에 들어와 자신들의 진리를 주장하고 설득하며 주인이 되고자 하는 형국이었으니, 참으로 아이러니하다. 토미즘으로부터 시작된 서구 사상의 동진은 현대에 이르러 사유지평 자체를 서구화시키는 데 성공하였으니, 토미즘이 그 주역은 아니라고 해도 주인이 바뀐 상황이다.

비록 비대칭의 상황에, 한때 익숙하였던 사유 공간이 어느새 어정쩡하고 낯선 공간으로 변한 처지에 있지만, 그러나 사상 내용의 진위를 따지는 높은 층위에서 사유방식의 문법을 보여주는 낮은 층위로 내려가 동서 사유의 접변을 살펴보면, 그 비대칭성을 넘어서 양자를 모두 상대화시킬 수 있는 지점을 부분적으로 발견할 수 있다. 본 연구에서는 『영언여작』과 그에 대한 동아시아 지식인들의 보수적 대응을 분석하면서 드러내볼 것이다. 곧 비대칭성이 발생하였던 초기로 되돌아가, 비대칭성 이면에 담겨있는 문화권적 사유문법을 살펴보는 작업이다. 동서 사유의 접변이 처음 시작되는 단계로 되돌아가는 것은 사유의 문화권적 특색을 살피는 데 있어 후대보다 유리한 점이 있다. 왜냐하면 메타언어가 점점 어정쩡하게 혼합되어가는 후대와 달리, 접변 초기에는 자신의 진리체계에 충실한 신념을 가지고 자신의 문화권적 언어체계에 닫혀서 상대를 설득하고 있기 때문이다.

본 연구에서는 동서 사유의 문화권적 차이가 서로 부딪치는 지점을 정신활동에 대한 이해방식, 대상에 대한 이해방식, 세계상에 대한 이해방식 세 측면에서 다루었다. 정신활동과 관련해서는 활동의 주체를 설명하는 방식에서 발견되는 문법적 차이를, 실체적 서술과 양태적 서술, 기능분리적 서술과 기능통합적 서술로 나누어 살펴보았다. 대상에 대한 이해방식에서는 형상을 매개로 한 대상 이해방식과, 상징을 매개로 한 대상 이해방식의 차이로 구분하여 살펴보았다. 세계상과 관련해서는 초월을 지향하는 사유방식과 비작위를 지향하는 사유방식 사이의 차이를 살펴보았다.

2. 정신활동에 대한 실체적 이해와 양태적 이해

『천주실의』와 『영언여작』 속에서 새롭게 소개되는 인간의 정체성은 영혼(靈魂)으로 번역되는 아니마(亞尼瑪/anima) 개념에 집중되어 있다. 프란치스코 삼비아시는 아니마에 대하여 ①실체[自立之體], ②질료에 의존하지 않고 존재함[本自在], ③정신[神/spiritus], ④소멸하지 않음[不能死], ⑤천주가 무[無物]부터 창조함[造成], ⑥나를 부여하는[賦我] '장소와 시간'에서 성립함, ⑦나의 '형상[體模]'이 됨, ⑧'은총[gracia額辣濟亞/聖寵]'과 '선행(善行)'을 통해 '참된 복[眞福]'을 누림 등의 의미내용을 지니는 것으로 그 특징을 말한다.[1]

삼비아시는 '실체[自立之體]', '스스로 존재함[自立]'과 '의지하여 존재함[依賴]', '보편[總]과 특수[專]', '질료에 의존하지 않고 (하나님의 창조에 따라) 본래부터 그 자체로 존재함[本自在]' 등의 개념을 이용하여 영혼(靈

1) 프란치스코 삼비아시 저, 김철범 · 신창식 공역, 『영언여작』, 「論亞尼瑪之體(아니마의 실체글 논함)」(일조각, 2007).

魂: 亞尼瑪)이 본래부터 질료에 의존하지 않고 스스로 존재하는[本自在, 自立] 실체이지만, 생혼(生魂: 생장하는 생명원리/실체, 식물)과 각혼(覺魂: 지각활동을 하는 원리/실체, 동물)은 형질, 형체에 의존해서 존재하며, 형체(라는 유한실체)가 소멸하면 같이 소멸한다고 설명한다. '본자재(本自在)'는 실체로서의 존재함이 지니는 의미 곧 "자신에 의해 존재함[ens per se]"의 번역어이다. 삼비아시는 생명의 원리를 뜻하는 맥락에서 'anima'를 '혼(魂)'으로 번역하고, 아리스토텔레스 이래의 기준에 따라서 생명의 원리로 생혼(生魂/anima vegitabilis: 성장하는 생명원리)과 각혼(覺魂/anima sensitiva, anima ainimalis 감각하는 생명원리), 영혼(靈魂/anima rationalis; anima intellectalis; anima spiritualis 이성적 능력[intellectus]과 의지적 능력[voluntas]을 가진 생명원리) 등 세 층위로 나누어 설명한다. 그는 생혼과 각혼은 질료[質/materia]에서 나와 그 질료가 이루고 있는 실체[體]에 의존하여 존재하며, 그 실체가 (생명을) 다하면 없어지지만, 영혼은 질료에서 나오지 않으며, 실체에 의존하지 않고 존재하여 생명이 다한 뒤에도 없어지지 않고 계속 존재한다고 구분한다. 삼비아시는 '본자재(本自在)'와 '자립지체(自立之體)'의 개념의 구분을 사람과 말의 사례를 들어 설명하고 있다. 말은 실체로서 그 형상[體模]이 말이라는 실체에 의존하여 존재하며, 그 형상은 질료적 실체인 말을 떠나서 그 자체로 존재한다고 말할 수 없지만, 인간의 영혼은 신체의 생명이 있을 때나 없을 때나 존재한다는 것이다. 그러므로 (하나님의 창조에 따라) 질료에 의지하지 않고 본래부터 자체로 존재한다.

삼비아시에게 '신(神)'의 개념은 기본적으로 "질료에 의존하지 않거나 예속되지 않는다[不屬質]"는 의미로 사용된다. 『영언여작(靈言蠡勺)』에서는 질료를 지니고 있는 대상과 질료를 지니지 않은 대상을 '질물(質物)'과 '신물(神物)'로 구분하고, 신물(神物)의 사례로 천사[天神], 영혼(靈魂), 도리(道理), 덕업(德業) 등을 들고 있다.(76) 이러한 신물(神物)은 모두 영혼의 인식 대상이 된다. 영혼이 대상을 인식할 때는 질료가 있는 대상들로부터 그 질료를 벗기고 영상(靈像)과 물리(物理)만 남겨서 영혼 속에 (마치 밀랍에 새겨진 도장자국처럼) "새겨져 들어온다[印入]." 곧 영혼이 이성을 통해 대상을 이해[通達]할 때는 질료를 지닌 '물질적 대상[質物]'에서 질료를 지니지 않은 '정신적 대상[神物]'으로 변한다.(76)

동아시아에서도 선진 시기부터 '신(神)' 개념은 '형(形)' 곧 유형적인 것과 대비되어 사용된다. 『순자』는 「천론(天論)」에서 "형체가 갖추어지면 신이 생겨난다[形具而神生]"고 말한다. 이 구절에 대하여 양경(楊倞)은 "'신(神)'은 정혼(精魂)을 뜻한다[神謂精魂]"라고 주석하였다. 『사기(史記)』에는 "무릇 사람이 생겨나는 것은 신(神)이요, 의탁하는 것은 형(形)이다. 신(神)은 지나치게 사용하면 고갈되고, 형(形)은 지나치게 사용하면 낡아진다. 형(形)과 신(神)이 떨어지면 죽는다[凡人所生者神也, 所託者形也. 神大用則竭, 形大用則敝. 形神離則死]"[2)]라고 말한다. 질료와 정신의 대비처럼 동아시아에서는 형(形)과 신(神)이 대비된다.

질료[質/materia]와 형(形)은 모두 감각의 대상으로 인지되는 유형적 대상을 의미하는 점에서 서로 공통적이다. 그러나 질료가 만물을 구성하는 1차적 존재 개념인 반면, 형(形)은 기(氣)라는 보다 1차적 존재에 의거하여 성립되는 개념이다. 또한 '질료[質/materia]'에는 그 자체로 생명의 개념이 들어 있지 않다. 『영언여작』에서는 그 질료에 생명성을 부여하는 존재가 아니마(亞尼瑪)임을 다양하게 설명한다. 아니마는

2) 『史記』 「太史公自序」.

생명성이 없는 존재에 생명성을 부여하는 별도의 존재이다. 그러나 기(氣)는 세계를 구성하는 1차적 존재일 뿐 아니라 그 안에 생명성이 내재되어 있고, 세계의 모든 현상을 기(氣)가 결합하고 분산하는 것의 과정으로 설명하는 문법이 담겨 있다. 생명력 또는 생명의 원천을 뜻하는 정(精)을 기(氣)의 정(精)으로 설명할 때[3], 인간의 생사를 기의 취산(聚散)으로 설명하고 만물이 나오는 근원적 존재를 기(氣)로 설명할 때[4] 바로 그와 같은 문법이 발견된다. 장재(張載)의 『정몽(正蒙)』은 이런 문법을 일반화한 시야라고 할 수 있다.

형과 신의 근저에 기(氣)를 설정할 때, 그 기의 활동에 생명성을 부여하는, 기(氣)와는 다른 층위의 별도의 존재를 설정하지 않는다. 형(形)과 신(神)은 이 기(氣)의 두 양태이다. 곧 기(氣)가 활동할 때, 유형적이고, 고정되어 있고, 예측 가능한 것과 무형적이고 고정되어 있지 않으며 예측하기 어려운 것의 두 양태를 지니는 것이다. 선진 시기 신(神)은 인간과 대비되는 별도의 무형의 존재로서 귀신(鬼神)을 나타내는 명사의 의미로 사용되기도 하고[5], 불측(不測)의 의미를 함축하는 여러 양태를 표현하는 형용사로도 사용되었다.[6] 그러나 신(神)을 무형의 존재자를 나타내거나 또는 무형적이고 예측할 수 없는 존재양태를 나타내는 경우 어디에서도 기(氣)와 대비되는 별도의 존재로서 언급되

3) 『管子』「內業」: "精也者, 氣之精也"; "凡物之精, 此則爲生, 下生五穀, 上爲列星."

4) 『莊子』「知北遊」: "人之生, 氣之聚. 聚則爲生, 散則爲死 …故曰通天下一氣耳."

5) 『國語』「周語 · 襄王18年」: "昔我先王之有天下也 …以共上帝山川百神之祀."; 『春秋左氏傳』「莊公23年」: "國將興, 聽于民; 將亡, 聽于神."; 『論語』「八佾」: "祭如在, 祭神如神在 ."; 「雍也」: "敬鬼神而遠之."

6) 『周易』「繫辭上」: "陰陽不測之謂神."; 『荀子』「天論」: "列星隨旋, 日月遞照, 四時代御, 陰陽大化, 風雨博施, 萬物各得其和以生, 各得其養以成, 不見其事, 而見其功, 夫是之謂神. 皆知其所以成, 莫知其無形, 夫是之謂天功. 唯聖人爲不求知天."

지는 않는다. 물론 상제(上帝)를 기(氣)의 양태로 설명하는 문법이 선진 시기 발견되지 않는다. 대신 송대 이르러 상제(上帝)를 '주재(主宰)한다'는 의미에 중점이 두어진 리(理)의 개념으로 재해석하고, 귀신(鬼神)을 기(氣)의 활동으로 설명하는 문법이 성리학자들에게 수립되면서, 상제(上帝)를 별도의 존재로 생각하는 문법은 더욱 약화되었다.

"형태가 갖추어지면 신(神)이 생겨난다"고 할 때, 신(神)은 물리적 존재인 형(形)이 생명 또는 정신 활동을 발휘하는 것을 의미한다. 따라서 형(形) 자체는 생명성을 발휘하지 않는 물리적 존재를 그리고 신(神)은 그 물리적 존재에 생명성을 발휘하게 해주는 정신적 존재라고 이해할 수 있다. 생명성이 없는 1차적 존재로서 질료를 이해하는 삼비아시의 개념체계에서 형(形)을 질료(質)를 의미하는 맥락으로 사용할 때, 신(神)은 형(形)과 별도의 존재로서 질료인 형(形)에 생명성을 부여하는 별도의 존재로 이해하는 문법이 자연스럽게 성립한다. 이때 형(形)이 생장소멸의 일시적인 존재성을 지니는 존재인 반면, 신(神)은 항구적이고 불변하는 존재가 된다. 삼비아시는 아니마가 천주의 창조로부터 비롯되어 항구적으로 존재한다고, 따라서 시작은 있지만 종말이 없는 존재라고 설명한다.

그러나 본래적으로 생명성을 지닌 기(氣)의 활동 속에서 물리적이고 비생명적인 층위와 정신적이고 생명적인 층위를 나타내는 두 양태의 개념으로 형(形)과 신(神)을 이해하게 되면, 문법은 달라진다. 형과 신의 결합과 분리는 별도의 두 존재로서가 아니라 기의 두 양태로서의 결합과 분리가 된다. 형이 갖추어지면 신(神)이 생겨나 생명활동이 진개되고, 그 신이 형과 분리되면 생명활동이 끝난다는 『순자』의 맥락은 신(神)의 생명성과 더불어 형(形)에 대한 의존성을 나타낸다. 신

(神)이 형으로부터 분리되어 독립적으로 그리고 항구적으로 존재한다는 사유는 나오지 않는다. 말하자면, 생명력을 존재자가 아닌 양태로서 설명하는 문법이 더 일반적이다. 귀신(鬼神) 역시 기의 한 상태이며, 송대에는 심(心)도 기의 '응축되어 있고 맑고 순수한[精爽]' 양태로 설명된다.

신후담은 신(神)을 형(形)이 있으면 그 형(形)에 의존하여 존재성을 발휘하는 양기(陽氣)로 설명한다.[7] 곧 신(神)은 형체가 있으면 존재하고, 형체가 없어지면 흩어져 존재성이 사라지는 것으로 스스로 존재하는 실체[自立體]가 아니라고 설명한다. 신후담은『춘추(春秋)』,『주역(周易)』등 선진 문헌과 그에 대한 송유(宋儒)의 해석에 근거하고 있다. 이 가운데 신후담이 중심으로 삼는 근거는『주역』과 리학(理學)의 설명방식이다. 혼(魂)과 백(魄)의 개념을 기(氣)와 정(精)의 양태인 신(神)으로 설명한다. 곧 기와 정 자체는 아니지만, 기와 정을 벗어나서 별도로 존재하는 것이 아니라 그 특별한 양태로 이해한다. 따라서 기(氣)를 떠나서 혼(魂)의 존재성을 설명하는 문법에 대하여 반대한다. 왜냐하면 기가 없으면 혼도 성립되지 않기 때문이다. 이로써 아니마의 자립적 실체론에 대해 반론한다.

신후담은 창조설에 대하여 인간과 만물이 천지의 기(氣)를 똑같이 품수받아 생겨나는데 인간의 혼(魂)이 더 신령하다는 리학(理學)의 논

---

7) 신후담 저, 김선희 역,『하빈 신후담의 돈와서학변』,「부록: 서학변 원문」, 196쪽;『河濱先生全集』제7책,『遯窩西學辨』, 23-24쪽: "此言人之靈魂自爲体, 而未嘗依賴於他物, 故爲自立之体也. 然人之生也, 先有形体, 然後方有陽氣來附而爲魂. 故『春秋傳』曰: '物生始化曰魄, 旣生魄陽曰魂.'『太極圖』曰: '形旣生矣, 神發知矣.' 人之死也, 形旣朽滅, 而魂亦飄散, 不能自有. 故張子曰: "遊魂爲變'者, 自有而無也.' 朱子曰: '魂氣歸于天者, 只是氣散也.' 以此推之, 則魂者乃是依於形體而爲有, 形體旣亡, 則消散而歸於無者也. 烏得爲自立之体乎?"

지에 입각하여 반론한다. 그는 영혼의 사후불멸설에 대하여 생장과 감각의 주체도 영혼이라고 주장하여 삼혼(三魂)의 독립설을 비판하면서, 생혼과 각혼이 소멸하면 영혼도 같이 소멸하는 것이라고 반론한다. 생혼과 각혼만 지닌 존재들은 질료적 실체의 사멸과 함께 사멸하지만, 영혼은 질료적 실체인 육체가 사멸한 뒤에도 사멸하지 않는다는 것, 다만 육체가 사멸한 뒤 영혼은 생혼과 각혼의 기능을 사용하지 않다가, 천상에 올라가 육체를 회복한 뒤에 다시 사용한다는 기독교의 논리를 삼비아시는 제시한다. 그러나 신후담은 사후에 영혼이 생혼과 각혼의 기능은 사용하지 않고 영혼의 기능만 사용한다는 것을 검증불가능하다고 비판한다. 또한 설사 생혼과 각혼의 기능을 사용하지 않는다면, 천당의 즐거움과 지옥의 고통을 감각하지 않을 것이어서, 고통과 즐거움의 차원에서는 천당에 오르기를 추구해야 할 이유가 없다고 말한다.

삼비아시는 실체적 형상과 우유적 형상을 구분하여 형상[像]의 개념을 제시한다. 실체적 형상[體模]은 본자재(本自在: 스스로 존재함)를 성립시켜 주는 근거로서 모이거나 흩어지지 않지만, 우유적 형상[依模]은 눈으로 볼 수 있는 외형적 형상으로 질료적 또는 우유적 실체의 사멸에 따라 사라진다는 두 가지 유형의 실체를 구분하는 개념이다. 신후담은 형체가 있고나서 혼(魂)이 있다는 동아시아의 논법에 의거하여, 혼이 먼저 있고 나서 혼의 형상에 의거하여 형체가 있는 것이 아니라고 반론한다. 정신활동의 성립과 관련하여, 삼비아시와 신후담 사이에는 〈아니마의 선재 ⇒ 아니마의 형상[模像] ⇒ 질료적 실체(實體)의 성립〉이라는 곧 형이상자로부터 형이하자로 하강해가는 과정으로 설명하는 방식과 〈기(氣)의 취산 ⇒ 형(形)의 성립 ⇒ 신(神)의 발생〉이라는 형이하자로부터 형이상자로 상승해가는 과정으로 설명하는 방식 사이의 상반된 방향성이 발견된다. 동시에 정신의 존재방식에 대하여, 형이하자로부터의 독립성, 자율성이 강조되는 문법과 형이하자와의 일체성, 상호성이 강조되는 상반된 문법이 부딪치고 있음도 발견된다.

삼비아시는 각혼(覺魂)의 개념을 통해 감각인식을 오감[五司]의 외부적 인식과, 공통감각[公司], 구상력[思司/phantasia sive imaginatio], 기호능력[嗜司/sensualitas][8]의 과정으로 세분하여 설명한다. 삼비아시는 기호능력의 행사에서 인간은 이성의 명령에 의거하지만, 이성이 없는 동물은 불가능하다고 인간과 동물의 차이를 구분한다. 신후담은 인식과정에서 인식의 주체를 심(心)으로 여기고 감각인식과 판단, 욕구의 과정을 모두 심(心)의 지각(知覺)으로 설명하여 반론한다. 곧 눈이 지각하는 것이 아니라 눈을 통해 마음이 지각하는 것으로 이해한다. 이것은 "마음이 가 있지 않으면 보여도 보지 못하고, 들려도 듣지 못한다"[9]는 전통적 관점이요, 심(心)이 몸을 주관한다는 리학(理學)의 기본 관점에 근거한 설명이다. 삼비아시가 이 모든 인식과정과 능력의 궁극적 주체로서 아니마[魂]를 세우는 반면, 신후담은 심(心)을 주체로 세운다. 삼비아시의 관점에서는, 똑같이 천주의 창조물이지만 생혼과 각혼은 질료적 실체에 의지하는 반면, 인간의 아니마는 질료적 실체에 의지하지 않는다. 인간의 아니마는 질료가 있는 동안 생(生), 각(覺) 기능을 발휘하지만, 질료에서 벗어나면 생(生), 각(覺) 기능은 보류되고, 기억, 이성, 욕구 등의 능력을 발휘하는 아니마의 활동, 곧 영혼(靈魂)의 상

8) 『영언여작』 역자는 '관능'으로 번역함(49쪽).

9) 『대학』: "心不在焉, 視而不見, 聽而不聞."

태로 존재한다. 신후담은 삼비아시가 설명하는 생(生), 각(覺) 기능의 주체를 아니마 대신 심(心)으로 파악하고, 심은 형체에 의지하여 생겨나고 소멸하는 기(氣)의 일종으로 이해한다.

안정복 역시 '심통성정(心統性情)'의 체계 아래 심(心)을 "성(性)이 발동한 뒤에 활동함이 있는 것을 지칭한다"라고 비실체적 층위에서 정의한다. 또한 의(意)는 심의 활동이 계산하고 비교하는[計較] 수준으로 진행되는 것을, 지(志)는 계산과 비교가 하나의 방향으로 구체화된[定向] 것을 지칭한다고 설명한다.[10] 곧 성(性)－심(心)－정(情)－의(意)－지(志)를 정신활동이 구체화되는 동일한 과정으로 이해한다. 여기서 심(心)은 성(性)과 정(情)을 포함하고 있지만, 그러나 그 둘을 포함하면서 그 자체로 존재하는 독립적 존재자가 아니라, 성(性)으로 프로그램화되어 활동하는 정신활동의 양태적 주체일 뿐이다.

안정복은 성(性)이 심(心)에 깃들어 있으며, 성(性)에 령(靈: 영활함)의 리(理)가 본래부터 존재한다고 말하여, 언제든 대상을 파악할 수 있는[靈] 심(心)의 기능이 원리적으로 주어진 것이라고 설명한다.[11] 이것은 성(性)의 의미를 심(心)이 인식하고 욕구하는 대상으로서가 아니라 심의 활동이 어떻게 프로그램화되었는가를 지시하는 맥락에서 접근하는 것이다. 안정복은 심(心)의 본체가 형적이 없이 영활하고 몽매하지 않아, 모든 도리를 포함하고 또한 모든 대상에 응대할 수 있다고 말한다. 위에서 말한 '작용(作用)', '계교(計較)', '정향(定向)' 등은 심(心)이 대상

---

10) 안정복, 『順菴集』 권11, 「經書疑義」: "性一而已, 而有情心意志之別. 情是性動處名, 心是性動後有作用之名, 意是心作用處有所計較之名, 志是計較後有定向之名, 皆本于一性而隨指異名, 非有許多名日, 各占間架于性中也. 性寓于心, 而性中原有靈底理. 心又屬火, 本自光明, 故心體虛靈不昧, 包得許多道理, 應得許多事物, 貫動靜該體用, 此所以心統性情也."

11) 위 주석 원문 참조.

에 대하여 행하는 활동을 지칭하는 술어들이다. 그 활동 내용은 감각지각에서부터 인식판단, 의지적 선택을 동시에 모두 수반하는 통합적 형태이다. 심이 대상을 파악하는 것에 대하여 신후담과 마찬가지로 안정복도 감관-감각지각, 이성-인식판단, 욕구-의지선택의 세 기능으로 구분하지 않고, 심(心)이 주체가 되어 통합적으로 진행하는 활동으로 파악하는 것이다. 요컨대, 신후담처럼 안정복도 리학(理學)에 충실하게 심(心)을, 대상을 인식하고 욕구하는 주체로, 그리고 성의 활동으로서 비실체적 층위에서 그 의미맥락을 밝히고 있는 것이다.

3. 정신활동에 대한 기능분리적 이해와 기능통합적 이해

삼비아시는 아니마의 기능을 기억, 이성, 욕구로 구분하면서, 이성은 부분적인 최고선[分美好]인 참인 것[眞]을 추구하지만, 욕구는 전체적이고 완전한 최고선[全美好][12]을 추구하는 점에서, 그리고 모든 기능의

12) '全美好'는 '分美好'에 대비하여 보면, 전체와 부분이라는 범위 내지 양의 차이에 있어 보인다. 그러나 이 전체와 부분은 완전함과 불완전함의 차이를 반영하는 맥락에서 그 의미가 발휘된다. 삼비아시는 피조물로서 만물이 지닌 樂, 利, 義가 최고선[至美好/sunum bonum]의 한 작은 부분[一微分]이지만, 천주는 '완전한 선[完全之美好]'이라고 말하면서, 부분과 전체를 역시 불완전함과 완전함의 차이를 반영시켜 말한다. 따라서 본 논문에서는 '全美好'를 완전한 최고선으로 번역하였다.

명령자로서 아니마(亞尼瑪) 다음의 원동자[初動]로서 이성보다 더 존귀한 위치에 있다고 설명한다. 또한 이성은 옳고 그름 또는 진위를 밝혀주지만, 실제로 선택하여 행하는 것[主宰]은 욕구이며, 결단하면 행동하는 것은 오로지 욕구의 자유로운 선택에 따른다고 설명한다. 곧 욕구는 유혹이나 두려움에 시달릴 수 있지만, 그러나 그 결단과 선택은 오로지 욕구 자체의 자유로운 결단이요 선택이라고 설명한다. 심지어 천주로부터도 강제받지 않는다고 말한다. 여기에는 공(功)과 죄(罪)의 책임을 묻고 심판할 수 있는 것은 바로 자유의지가 있기 때문이라는 기독교의 관점이 담겨 있다. 삼비아시는 이성에 대하여 그 기능을 욕구에게 빛으로 비추어 선택의 가부를 밝혀주어서 욕구의 자유로운 판단을 돕는 것에 있다고 설명하면서, 이성과 욕구의 관계를 보필하는 신하와 결단하면 행동하는 군주에 비유한다.

아니마의 정신적 활동에 대하여 이성과 욕구를 분리하여 그 대상을 진(眞)과, 리(利)/락(樂)/의(義)로 구분해서 설명하는 논리는 동아시아 지적 전통에서는 매우 낯선 방식이다. 리학에서 궁리(窮理)의 대상인 리(理)는 그 안에 진(眞)의 측면이 포함되기는 하지만, 진(眞)과 의(義)가 함께 결합된 형태로 의(義)의 측면에 주안점이 가 있다. 그 의(義)로부터 독립시킨 진(眞)은 의지와 무관하게, 또는 선악의 판단과 무관하게 세계에 존재하며, 이성에게 영상(靈像)으로서 파악되는 객관적 존재로서의 대상이다. 상(像)으로서 인식되는 진(眞)은 이후 근대 이행기에 이르러 의(義) 곧 가치로부터 독립하여 학문적 탐구의 중심 대상으로서 재정립되며, 그것은 과학(科學/science)이라는 신학문으로 성립된다. 삼비아시의 설명체계에서는 아직 이 과학의 목표로서 진(眞)이 설정되어 있지 않고, 욕구가 의(義)를 추구하는 것에 도움을 주는 것으로서 이성의 진(眞)에 대한 추구가 설정되어 있다.

리학(理學)에서 심(心)의 지각(知覺) 활동은 지적 판단과 의지적 선택의 결합된 형태로서 논의된다. 곧 인식 과정과 욕구 과정을 둘로 분립시켜 별도의 차원에서 다루지 않는다. 지각(知覺)은 곧 인식하고 동시에 선택하는 활동이다. 물론 『논어』에 "알고 있는 것은 좋아하는 것보다 못하다[知之不如好之]"고 하는 말이 있는 것처럼 정신적 활동에서 인식적 측면과 의지적 측면을 구분하지 않는 것은 아니다. 그러나 리학(理學)에서 인의예지(仁義禮智)를 인간의 성(性)이요 세계의 리(理)라고 파악할 때, 인의예지는 인식과 선택의 양 측면이 함께 결합된 형태로서의 활동 원리가 된다. 가령 인(仁)은 친애함의 도리인데, 이 도리는 친한 대상을 친하다고 인식하면서 동시에 친하게 대하는 의지적 실천을 겸한 행위를 내용으로 지닌다. 이 인(仁)이라는 리(理)와 성(性)은 별도의 자기 독립적 존재 영역이나 지위를 지니는 것이 아니라 사물 속에 본성으로 내재되어 있다. 본성으로서 인(仁)은 친한 이를 친하게 대하는 활동에서 우리가 확인할 수 있을 뿐이다. 그리고 친하게 여기고 대하는 활동에서 친함을 인식하고 이해하는 지적 판단과 친하게 대하는 의지적 선택과 행동은 함께 수반되는 심(心)의 활동이지, 심(心) 안의 이성과 욕구 두 기능이 신하와 군주의 관계로 역할이 분담되어 수행되는 것이 아니다.

삼비아시는 감각적 욕구[司欲]와 이성적 욕구[靈欲]를 구분한다. 감각적 욕구는 공통감각[公司]의 구상력[思司]이 작동하는 단계, 곧 각혼(覺魂)의 수준에서 이루어진다고 말한다. 감각 욕구의 활동은 외적 대상이 유도하는 것에 따르고 이성이 작동하기 이전이어서 욕구하는 내용의 가치[義]를 따지지 않는다. 삼비아시-서광계는 그러한 감각적 욕구의 외적 대상에 대한 분별과 선택을 '사(思)'라는 용어로 의미를 나타냈다. '사(思)'는 전통적 어법으로는 분별하고 사유한다는 뜻과 동시에 사모하고 좋아한다는 뜻을 동시에 담고 있다. 삼비아시-서광계는 이 두 측면을 포함하면서도, 후자의 측면에 주안점을 두고 감각욕구의 활동을 표현한 것으로 생각된다. 왜냐하면 감각욕구의 활동은 쾌락으로서의 좋은 것[樂美好]을 대상으로 삼아 그 대상에 무반성적으로 이끌리는 활동이기 때문이다.

정신적 활동을 이성과 욕구로 나누어 신하와 군주의 관계로 배치시켜 그 기능을 설명하는 방식에 맞서, 신후담과 안정복 등 동아시아 지식인들은 리학(理學)의 설명방식에 근거해 대응하고 있다. 신후담은 『시(詩)』「증민(烝民)」을 인용하여, 인간은 세계[天地]의 원리[正理]를 품수 받은 존재로 원리를 지향하는 본성을 지닌다고 설명한다. 정신적 활동은 본래적으로 원리를 좋아하는 본성의 발현이다. 그 원리는 형기(形氣)로 인한 신체적 욕구를 절제하면서 발휘하는 활동으로 전개된다. 신후담은 '사(思)'가 리(理) 곧 성명(性命)에서 나와 발휘될 수도 있고, 기(氣), 형기(形氣)에서 나와 발휘될 수 있는 심(心)의 지각(知覺)으로서 기능이라고 말한다.[13] 이 말은 삼비아시가 '사(思)'를 공통감각의 대상에 대한 분별과 선택을 지시하는 의미로 사용하는 것에 대하여 비판하기 위한 것이다. 신후담은 사(思)와 지각(知覺)이 심(心)의 기본 기능으로서, 형기와 같은 감각 내지 신체적 욕구와 더불어 가치판단에 대한 욕구를 동시에 담고 있는 의미로 사용해야 함을 주장한다. 이러

13) 신후담 서, 김선희 역, 『하빈 신후담의 돈와서학변』, 「부록. 서학변 원문」, 208쪽, 『河濱先生全集』 제7책, 『遯窩西學辨』, 51쪽: "夫思者, 心之官也, 而其思之發於理則爲道心, 其思也發於氣則爲人心, 朱子所謂'或原於性命之正, 或生於形氣之私, 所以爲知覺者不同', 是也."

한 주장에는 신체적 욕구에 대한 판단과 선택을 이성의 활동에 의해 통제받기 이전과 이후로 구분하는 문법 대신에, 가부에 대한 인식과 선택적 수행이 함께 결합된 형태의 정신활동으로서 사(思)와 지각(知覺)이 신체적 동기에 따른 것인지 아니면 인간에게 주어진 본성[性命]에 따른 것인지로 구분하는 문법이 담겨 있다. 곧 동서 사유의 접변은 이성과 욕구의 두 기능을 분리하여 최고선을 지향하는 욕구를 우위에 두는 문법과, 인식판단과 욕구선택을 동시에 수반되는 심(心)의 통합적 지각(知覺)활동으로 이해하면서 신체적 동기와 가치-성명(性命)적 동기를 구분하여, 전자를 후자의 지휘 아래 배치하는 문법이 서로 교착하는 계기를 형성하였다.

4. 성(性) 개념의 두 지평: 원리[理]와 욕구[欲]

욕구와 관련하여 삼비아시의 체계가 리학적 사유에 가져온 또 하나 새로운 점은 성(性) 개념에 변화를 가한 점이다. 삼비아시-서광계는 '성(性)'이라는 용어를 본성이 아닌 본능에 해당하는 개념으로 사용하고 있다. 삼비아시는 생혼(生魂), 각혼(覺魂), 영혼(靈魂)이 모두 공유하는 본능적 욕구[appetitus naturalis]를 '성욕(性欲)'이라는 용어로 나타내고 있다. 그는 이 성욕(性欲)의 대상이 이익으로서 좋은 것[利美好]이며, 지적 판단이 개입되지 않고 전적으로 대상에 나아가는 욕구라고 여긴다. 성(性)을 생리적 본능으로 이해한 것은 순자(荀子) 등 선진시기에 유행하였던 관점이다. 리학은 이 성(性)을 소당연(所當然)의 준칙을 의미하는 리(理)로 재정립하였다. 생리적 본능은 이 리(理)로서의 성(性)에 의거하여 조절해야 하는 기(氣)의 영역이다. 신후담은 삼비아시가 사용하는 '성(性)'과 '사(思)' 개념의 차이를 의식하면서 다음과 같이 반론한다.

> 게다가 심(心)은 한몸의 주재로서 사유[思慮]한다. 심(心)의 사유가 더러 외물에 의해 유도되는 때가 있지만, 그렇다고 해서 심의 사유하는 과정에서 하나의 대상이 있어서 심이 사유하는 것이 그 대상에 의해 유도되는 것은 아니다. 외물이 밖에서 들어와 마음을 유도하여 마음이 (외물을 향해) 나가는 경우에는 '유도한다'라고 말할 수 있다. 그러나 의리(義理)는 하늘이 부여하는 처음부터 주어져, 본성 가운데 갖추어진 것이어서, 군자는 오직 확대하여 충만하게 하고, 따라서 실행함이 있을 뿐이다. 이 신체의 밖에 리의(理義)가 그 자체로 한 대상이 되어 마치 사람이 말을 유도하면 말이 사람을 따르듯이 리의가 사람을 유도하면 사람이 리의에 따르는 것은 아니다. (삼비아시가) 리의가 유도하는 것에 따른다고 한 말은 또한 오류가 아니겠는가? 아래 문장에서 감각욕구의 실행에는 성(性)을 따르고 의(義)를 따르지 않는다는 설명에 이르면 탄로됨이 더욱 심하다. 리의(理義)가 성(性) 가운데 갖추어져 있음을 모르고 성(性)과 의(義)를 두 대상으로 나누고, 성(性)을 따라서 잘못을 저지른다고 말함에 이르니 이것은 삼비아시가 대본(大本)에 대하여 식견이 없음을 알 수 있다.[14)]

14) 신후담 저, 김선희 역, 『하빈 신후담의 돈와서학변』, 「부록: 서학변 원문」, 208-209쪽; 『河濱先生全集』 제7책, 『遯窩西學辨』, 51-52쪽. "且心爲一身之主而思慮焉, 心思或有爲外物所引

삼비아시가 '사(思)'를 공통감각에 외물의 상(像)이 들어오면 구상력[思司]이 분별하고 감각욕구[司欲]가 구상력[思司]의 인도에 따르는 과정에서의 '분별하는' 정신활동으로 설명하는 것에 대하여, 신후담은 몸을 주관하는 심(心)의 통합적 주재활동이 곧 사려(思慮)라고 맞선다. 또한 의리(義理)는 외부의 대상과 달리 본성으로 인간에게 주어져 있어 확충하면 되는 것이지, 외부에 존재하여 따르는 대상이 아니라고 말한다. 나아가 성(性)과 의(義)를 구분하여 성(性)을 따름으로써 의(義)를 위반한다는 주장에 대해서는 심성구조의 대본(大本)을 이해하지 못한 것으로 비판한다. 곧 성(性) 개념을 본성이 아닌 본능의 뜻으로 사용하는 새로운 설정을 거부한다.

신후담의 반론에서 의(義)가 외부의 대상이 아니라 본성에 갖추어져 있는 것이라고 말한 것은 정신활동에 대한 리학(理學)의 이해에 기반한 것이다. 삼비아시-서광계는 '리의(理義)'라고 하여 인식판단의 대상이 되는 리(理: 참[眞])와 욕구선택의 대상이 되는 의(義: 좋음[美好])를 구분하여 합성어로 사용한다. 반면, 신후담은 의리(義理)라는 용어를 중심에 두고 삼비아시-서광계의 '리의(理義)'도 같은 의미로 사용한다. 의리(義理)는 정신활동에서 보면, 심(心)이 그러그러하게 활동하지 않을 수 없는[所當然而不容已/所以然而不可易] 방식과 원리[則/故]이다. 곧 인의예지(仁義禮智)를 내용으로 하는 의리(義理)는 심(心)의 사려(思慮)가 지향하고 획득하려는 대상이 아니라 심이 그렇게 사려하도록 본래부터 주어

之時, 非心思之上有一物, 爲心思之所引也. 且外物由外而入, 引心而出, 則謂之引可也. 而義理者得於天賦之初, 具乎本性之中, 君子惟有擴而充之, 循而行之而已, 非此身之外理義自爲一物, 理義引人而人隨理義, 如人之引馬而馬之隨人. 其謂隨理義所引者, 不亦謬乎? 至於下文論司欲所行而有隨性不隨義之說, 則綻露益甚. 夫不識理義之具於性中, 而以性義分爲兩物, 至以隨性而爲非, 則此其無見於大本者, 固可知矣."

진 원리이다. 인(仁)은 친애함을 대상으로 삼아 사려하여 획득하는 것이 아니라, 친애하는 방식으로 본성적으로 사려하게 되어 있는 사려 활동의 프로그램화된 원리이다. 본성적으로 친애하게 되어 있는 방식에 따라 친애함을 행하여[循行] 확충(擴充)해나가는 것이 곧 '사려한다'의 실질적 의미가 된다. 신후담은 본성에 갖추어진 의리(義理)가 확충(擴充)과 순행(循行)의 과정으로 발현되는 것이라는 점을 강조하고 있다. 친애함 등 인의예지(仁義禮智)는 정신이 인식하고 욕구하는 대상이 아니라 그렇게 인식하고 욕구하는 방식으로 프로그램화되어 있어, 사려(思慮)는 획득하는 과정이 아니라 순행하고 확충하는 과정이 된다. 친애함을 행하는 방식로서의 사려는 인식하고 욕구하는 것이 함께 수반된 것으로서의 확충(擴充)과 순행(循行)이다. 친애함을 인식하고 난 뒤에 다시 친애함을 욕구하는 것으로서의 사려가 아니다. 따라서 신후담은 성(性)과 의(義)를 구분하는 삼비아시의 체계를 거부할 뿐 아니라, 성(性)을 인식이 수반되지 않는 본능으로 설정하는 맥락에 대하여 성(性) 개념을 잘못 이해한 것으로 치부한다.

그러나 리치와 삼비아시가 공(功)과 죄(罪)를 묻기 위해 설정한 자유의지로의 개념과 성(性)을 본능적 욕구의 개념으로 이해한 것은 17~19세기 동아시아 지식인들의 리학에 대한 재성찰에서 한 가지 방향과 호응하였다. 성(性)을 리(理)로 이해한 방식에서 성(性)을 호오(好惡), 기호(嗜好) 등 욕구 개념을 기반으로 이해하는 방향으로의 전환이다. 동시에 리(理)의 내용과 위상에 변화를 야기하였다. 리(理)로서 인의예지 개념은 호오의 욕구를 수행을 통해 도달한 결과를 지칭하는 것으로 그 의미맥락과 위상이 재설정되었다.[15] 이로써 선진시기 욕구

15) 이봉규, 「명청교체기 사상변동으로부터 본 다산학의 성격」(『다산학』 25, 다산학술문화

로서의 성(性) 개념을 사유하던 전통이 새롭게 복원되었고, 정신활동을 욕구의 측면에서 이해하는 시야가 확장되었다.

5. 인식의 두 지평: 형상[像]과 상징[象]

삼비아시는 상(像)과 상(象)의 의미를 구분해서 사용한다. 상(像)은 형상[imaginatio/eidos]의 번역어로, 상(象)은 하늘의 천체를 지칭하는 전통적 맥락에서 곧 천상(天象)의 의미로 사용한다. 가령 천주가 천하를 고루 윤택하게 하지만, 특별한 은택을 받는 것이 있다고 하면서, 삼비아시는 하늘에 드리워진 천체들[天之垂象]을 들고 있다.[16]

동아시아 전통적 어법에서 보면, 상(像)은 모방하고 본받는다는 뜻이 기본 의미가 되어 활용되고, 상(象)은 짐승의 명칭 이외에 밖으로 드러나고 나타난다는 뜻이 토대가 되어 활용된다. 가령 『주역』 「계사」에서는 "한번 닫히고 한번 열리는 것을 '변(變)'이라고 하고, 가고 오는 것이 끊임이 없음을 '통(通)'이라고 하고, (밖으로) 드러남을 '상(象)'이라고 한다"라고 하였고, 이 구절에 대하여 한강백(韓康伯)은 "징조가 (밖으로) 드러난 것을 상(象)이라고 한다"라고 주석하였다.[17] 따라서 상(象)이 명사로 사용될 때에는 어떤 징조를 담고 있거나, 나타내는 존

재단, 2014).

16) 『영언여작』 제79항.

17) 『周易』 「繫辭上」: "一闔一闢謂之變, 往來不窮謂之通, 見乃謂之象." 韓康伯注: "兆見曰象."

재를 지칭하는데, 하늘의 천체는 그 대표적 존재들이어서 '천상(天象)' 이라는 용어가 '천문(天文)'과 함께 널리 사용된다. 삼비아시가 형상의 의미로 상(像)을 사용하여 천상(天象)의 상(象)과 구분해서 사용하는 것은 상(像)과 상(象) 사이의 어법 차이를 반영한 것이다.

상(像)은 대상의 외적인 형상이 출발점이 된다. 상(像)은 오감을 통해 경험하는 대상에 대한 인상(印象/impressions)이 그 출발점이다. 삼비아시는 토미즘의 전형적 입장에 근거하여 대상을 질료와 상의 결합으로 이해하면서 이성의 인식과 기억을 유형(有形)의 대상 ⇒ 오감[五司] ⇒ 공통감각[公司/sensus communis] ⇒ 구상력[思司/imaginatio] ⇒ 능동이성[作明悟] ⇒ 수동이성[受明悟]의 단계를 거쳐 성립하는 것으로 설명한다. 대상으로부터 질료적 요소를 분리시킨 상(像)의 인식과 저장으로 이해하는 것이 중심에 있다. 유형(有形)의 대상이 오사(五司)에 상(像)으로 지각될 때에는 질료[體質]에 전적으로 종속[係]되어 있어 지극히 거친[粗] 상(像)의 형태이지만, 공통감각[公司/sensus communis]으로 들어오면, 상(像)은 개별적 상[專像]으로서 상(像)과 대상이 제각기 종속[係屬]되는 바가 있어, 정(精)과 조(粗)의 중간상태에 있게 된다고 말한다. 그리고 이 중간 상태의 상(像)이 구상력[思司/imaginatio]에 의해 분별하는 과정을 거치는데, 이때까지도 상(像)과 대상이 여전히 미세하게나마 종속[係屬]되는 바가 있어 보편적으로 인식될 수 있는 상태[大通]에 이르지 못한다고 한다. 이 상(像)이 능동이성[作明悟]으로 들어가는데, 이때 비로소 질료적 요소들에서 벗어나 개별적 대상들에게 모두 적용될 수 있는 보편자로서의 상(像)이 되어 수동이성이 이성의 빛을 가하여 밝히게 된다고 말한다. 이처럼 삼비아시가 설명하는 인식과정은 질료적 요소에 종속된 상(像)들을 질료적 요소들의 차이를 넘어서 보편자로서의 상으로 포섭한 뒤에 다시 개별적 대상들에 적용하는 과정으로 이해한다.

대상을 상(像)으로 이해하는 방식에는 개별적 대상의 감각인식으로부터 추상하여 보편적 형상/개념을 세워서 대상을 이해하는 문법이 작동한다. 여기에는 질료적인 것들의 일시성을 넘어서 항구적으로 존재하는 것을 찾아내 대상의 실재성을 설명하려는 관심이 깃들어 있다. 의존함이 없이 항구적으로 존재하는 것을 지향하는 관심이다. 이때 상(像)의 실재성 여부가 한 쟁점이 된다. 오감으로 경험하는 질료적 상(像)들의 일시성에도 불구하고, 상(像) 자체를 실재론의 층위에서 설명해내려는 집요한 노력이 고대에서부터 계속되었고, 토미즘은 그 핵심적 입장이라고 할 수 있다. 인간의 본질인 아니마(亞尼瑪)에 대하여 삼비아시는 천주의 상(像)으로서 그 의미를 부여한다. 곧 인간은 천주의 형상(形像) 또는 모상(模像)으로서 실재하고 존재한다.

반면에 유교 특히 『주역』의 상(象) 개념은 대상을 설명할 때 대상의 내부에 담겨 있는 어떤 특성들을 이해의 토대로 삼는다. 이때 대상의 형상은 이해의 1차적 요소 또는 중심적 요소가 아니다. 이를테면, 『주역』의 간(艮)괘는 산(山)을 상(象)으로 지닌다. 간(艮)괘의 형상은 '☶', 곧 음을 상징하는 두 개의 '⚋'와 양을 상징하는 한 개의 '⚊'을 아래에서 위로 쌓아 놓은 형태이다. 이 괘의 형상은 산(山)의 외형과 아무런 관련이 없다. 간(艮)괘는 8괘 안에서, 움직이지 않고 머물러 있다는 뜻을 중심적으로 나타낸다. 산은 이 "머물러 있다[止]"는 뜻을 대표적으로 나타내는 자연물이다. 간괘의 상(象)이 산(山)인 것은 "머물러 있다"는 것과 관련한 의미를 산(山)이라는 자연물을 통해 나타냄을 뜻한다. 이것이 확장되면 간괘의 상(象)으로서 산은 산의 외형적 모습과 상관없이 함부로 이동하거나 활동하지 않는다든가, 자신의 분수를 넘지 않는다는 의미로 발휘된다. 곧 산(山)이라는 대상은 '山'이라는 상형문자가 나타내는 형상으로서의 상(像)과 상관없이, "머물러 있다"는 의미를 상징하는 상(象)으로서 의미가 부여된다.

대상을 상(象/상징)으로서 이해하는 방식에는 상(象)으로 나타내는 중심 의미군이 미리 전제되어 있고, 그 의미군을 개별 대상들에 적용하는 문법이 작동한다. 이때 대상은 어떤 의미를 나타내는 상(象)이기 때문에, 대상 자체의 개별적, 독립적 존재성보다, 대상이 지니는 전체에서의 맥락적 의미 또는 역할이 더 관심의 주제가 된다. 이러한 사유는 송대에 이르러 대상을 리(理)의 담지자로 이해하는 문법으로 발전된다. 리학(理學)에서 개별적 대상들의 형상적 차이는 우연한 기질(氣質)의 차이로서 부수적인 것으로 간주되고, 그러한 형상(形像)의 차이를 넘어서 동일한 도리(道理)와 원리(原理)를 담지한 상(象)으로서 개별 대상의 의미가 재해석된다. 곧 개별 대상에 대한 인식에서 대상이 담고 있는 리(理)를 체회하는 것이 학문의 한 목표가 된다. 상(象)은 이 리(理)를 체회하여 실천하기 위한 과정에서 개별 대상이 리(理)와 관련하여 가지거나 수행하는 의미와 역할을 유형화한 개념이 된다. 천(天)과 상제(上帝)는 리(理) 자체로 또는 리의 핵심내용인 생의(生意)가 만물을 주재(主宰)함을 표현하는 개념으로, 인간은 그 리(理)를 가장 잘 실현할 수 있는 존재로 재해석된다. 삼비아시에게 인간은 천주가 자신의 상(像)으로 창조하여 천주를 향하는 본성을 지니게 된 존재라면, 신후담과 안정복 등 유학자들에게 천(天)은 리(理)의 상(象)으로 인간은 이 상을 보고 자신에게 주어진 리(理)를 실현하는 존재가 된다. 곧 삼비아시에세 천주는 인간이 닮아야 할 상(像)이지만, 신후담에게 천은 인간이 실현해야 하는 리(理)의 상(象)이 된다.

삼비아시가 상(像)의 용어로 설명하는 것은 곧 질료에 대한 형상의 개념을 가지고 현상을 설명하는 문법을 동아시아 사상계에 새롭게 제시하는 것이 된다. 반면 신후담은 삼비아시의 새로운 설명문법에 맞서, 『주역』에 중심 토대를 두고 상(象) 개념을 가지고 반론한다. 이것은 징조를 나타내는 존재로서의 상(象) 개념을 통해 현상을 이해하는 문법으로, 질료–형상의 문법과 맞서는 것을 보여준다. 곧 질료–형상의 문법이 새로 들어오면서 대상 이해에 대한 두 가지 다른 사유의 문법이 서로 접변하는 상황을 발생시키고 있다.

그렇다면, 상(像)과 상(象) 두 개념의 지평은 어떤 차이를 유발할까? 형상 또는 모상의 의미로서 상(像) 개념에는 어떤 대상이 실체로서 또는 대상 그 자체로서 자기독립성을 나타내주는 징표가 된다. 그 징표는 대상을 보편자와 개별자로서 존재를 규정하는 문법 속에서 의미를 발휘한다. 그러나 보편자이든 개별자이든 상(像)은 그 상(像)이 나타내는 대상 자체의, 곧 이 대상을 다른 대상과 구별지어주는 특징을 나타내는 데 초점이 있다. 반면 상(象)은 대상 자체의 특징보다, 그 대상이 세계 전체에서 담당하는 위상과 의미를 나타내는 데 중점이 있다. 곧 어떤 대상은 다른 대상들과의 관계 속에서 수행하는 어떤 역할의 담당자로서 우선적인 의미를 가지며, 상(象)은 어떤 대상이 수행하는 역할을 나타내는 징표이다. 서양의 개념으로 바꾸어 말하면, 상(象)은 대상의 자기독립적 특징을 드러내는 형상이 아니라, 전체 세계에서 역할을 드러내는 상징[symbol]이다. 한강백이 징조가 드러난 것을 상(象)이라고 주석하였을 때, 대상을 대상 자체의 형상이 아닌, 징조 곧 전체 세계에서 담당하는 어떤 역할의 상징으로 이해하는 문법이 작동하고 있다.

6. 자연(自然) 개념의 두 지평: 세속과 비작위

삼비아시-서광계는 천주(天主)의 특징을 서술하면서 "스스로 그러하다[自然]"는 용어를 사용한다. 이때 '자연(自然)'은 "스스로/다른 것에 의지하지 않고 그렇게 한다"는 뜻을 나타낸다. 가령 "천주는 스스로 그러해서 그렇게 되지만, 나는 은총에 의해 그렇게 된다[天主自然而然, 我依額辣濟亞而然]"라고 한다.[18] 동아시아 전통 어법, 특히 『노자』 이래 도가의 어법에서 '자연(自然)'은 "저절로/아무도 몰래 그렇게 한다"는 의미를 나타낸다. 둘 다 "강제와 타율에서 벗어나 있음"을 함축하고 있지만, 전자의 '자연(自然)'은 실체와 속성의 관계 곧 자기독립적 존재방식과 의존적 존재방식의 두 유형으로 존재자를 이해하는 문법 속에서 천주의 자기주체성을 드러내는 것에 초점이 있다. 반면 『노자』에서 "도는 자연을 본받는다[道法自然]"의 '자연'은 자기주체성을 인위와 작위로 이해하여 비판하는 관점에서, 주체가 드러나지 않게 하는 것, 곧 비작위성, 비주체성을 나타내는 것에 중점이 있다. '스스로/자신의 힘으로'와 '저절로/자신도 모르게'의 차이이다. 삼비아시의 영혼에 대한 설득은 곧 영혼의 자기주체성에 대한 설득이다. 이 과정에서 삼비아시-서광계는 동아시아에서 비주체성을 나타내는 것에 중점이 있던 '자연(自然)'의 개념을 자기주체성을 표현하는 개념으로 전환하여 사용하고, 영혼, 최고신, 천주 등 자기주체성을 대변하는 개념을 사용할

---

18) 『靈言蠡勺』 제93항.

때 활용하였다.

삼비아시에게는 자연을 주어진 세계 안에서 본래부터 주어진 것을 나타내는 의미로 사용하면서 동시에 천주와 구분하는 천주에 의해 창조된 세계를 의미하는 뜻으로도 사용한다. 가령 그는 최고선에 인간이 참여하는 방식을 두 가지 측면에서 설명한다. 하나는 인간에게 주어진 능력을 통해 추론을 통해서 참여하는데 이렇게 인간에게 주어진 능력을 '자연의 본래적인 빛[自然之本光]'이라고 말하고 있다. 그리고 추론할 수 있는 범위를 넘어서 오직 천주가 사여(賜與)하는 것을 통해서 참여하는 방식이 있는데, 이 경우를 '자연을 초월한 참된 빛[超於自然者之眞光]'이라고 말한다.[19] 곧 인간이 최고선에 참여하는 것을 인간의 영혼에 담긴 능력과 더불어 인간의 능력을 넘어서 천주가 하사하는 특별한 힘의 두 측면에서 설명하는 것이다. 이때 삼비아시가 말하는 자연(自然)은 천주에 의해 창조된 '세계 자체[自]'가 된다. 곧 천주가 창조한 세계로서의 '자연(自然)'이 되며, 이 자연을 초월한 것으로서 천주와 대비되는 피조물의 세계이다.

'자연(自然)'이라는 개념은 삼비아시-서광계에서 '초자연(超自然)'과 대비된 매락에서 그 의미가 부여된다. 동아시아 전통적 문법에서 '자연(自然)'은 작위(作爲), 인위(人爲), 인간(人間), 세속(世俗)과 대비된 맥락에서 그 의미가 부여되어 왔다. 삼비아시의 천주와 그가 창조한 세계의 관계에서 자연(自然)은 피조물의 세계를, 곧 천주(天主)와 구별되는, 천주가 창조하여, 천주에게 의지해서 존재하는 세계로서의 자연(自然)이다. 이 피조물의 세계가 지니는 특성으로서의 자연과 대비해서, 천주의 영역을 삼비아시-서광계는 '자연으로부터 초월한 것[超於自然]'이

19) 『靈言蠡勺』 제100항.

라고 문장 형태로[20] 그리고 '초자연(超自然)'이라는 단어화된 형태로[21] 기술하고 있다. 이제 피조물로서 한계를 지닌 세계와, 그 창조자로서 천주를 대비시키는 문법에서 '자연(自然)'은 세속, 세간, 피조물로서의 만물 등을 나타내는 개념으로 탈바꿈하여 나타난다. 자연을 물리적 세계라고 언급하는 데에까지 이르지 않았지만, 동아시아 도가적 문법에서 세속과 작위에 대비되는 무위(無爲)를 대변하던 개념이 갑작스럽게 피조물의 한계를 지닌 세속을 대변하는 개념으로 전환하여 나타난 것이다. 동시에 이 세속을 초월한 지평으로서, 세속으로서의 자연과 상반된 맥락에서 '초자연(超自然)'이라는 새로운 개념이 제시된다. 도가에서 자연은 인간⇒지(地)⇒천(天)⇒도(道) 등의 단계적으로 인간의 작위를 벗어난 지평에서, 도가 본받는 궁극의 지평으로 설정되었던 '자연(自然)'은 '초자연(超自然)'에게 지위를 양위해야 하는 세속으로 전락한다. 이로서 자연(自然)은 불완전한 지평이 되고, 인간이 본받아야 할 궁극적 지평은 천주의 영역인 초자연(超自然)이 된다.

그러나 이 초자연(超自然)은 인간이 이성으로 획득할 수 있는 지평이 아니라 천주로부터 사여(賜與)되는 은총을 통해서 획득하는 지평이다. 자연은 인간이 본래적으로 가지고 있는 것이라는 점에서 삼비아시-서광계는 '본광(本光)'이라고 표현하고, 초자연(超自然)은 사여되는 것이지만 궁극적인 것이라는 점에서 '진광(眞光)'이라고 표현한다. 도가적 문법에서 궁극적 지평이었던 '자연(自然)'은 인간에게 본래 주어진 것이기는 하지만 세속의 한계를 지닌 것으로 격하된다. 반면 '초자연'은 인간에게 본래적으로 주어져 있지 않지만, 오직 그것에 의지해서

20) 『靈言蠡勺』 제100항: "其一超於自然者之眞光, 在理之上, 惟天主賜與, 非人知見所及者是."

21) 『靈言蠡勺』 제111항: "能識此至美好之錄有七端: 因於自然之本光一; 因於自然之眞光二 …."

인간이 한계를 벗어날 수 있는 천주(天主)의 또는 궁극의 지평으로 동아시아에 들어온다.

동아시아에서 인간의 작위와 대비할 때 천(天)은 비작위 곧 자연을 대표하는 대상으로 설정된다. 이 설정은 인간과 천주를 대비시키는 문법과 유사한 문법을 이룬다. 그러나 삼비아시가 천주를 세속의 자연과 대비되는 초자연-신성(神聖)으로 특징지울 때, 동아시아에서는 천을 작위의 인간과 대비되는 비작위로서의 자연(自然)으로 특징지운다. 안정복은 자연(自然)으로서의 천(天)이 지니는 의미맥락을 리학의 관점에서 충실하게 드러낸다.

> 진실함[誠]은 천(天)에서는 실리(實理)가 되고, 인간에서는 실심(實心)이 된다. 천에서 작동하는 실리는 저절로 그러해서 그렇게 하고, 인간에서 작동하는 실심은 노력을 가해서 그렇게 한다. 문왕께서 순수하고 또한 그 순수함을 그치지 않아 천(天)과 덕이 합치되었으니, 어찌 사람마다 그렇게 할 수 있는 것이겠는가? 하늘의 실리(實理)는 속임이 없는 것이다. 사람의 실심 또한 속임이 없는 것이다. 노력을 가하는 도리는 생각에 속임이 없고 말에 속임이 없고 행동에 속임 없는 것일 뿐이다.[22)]

비작위의 자연(自然)을 안정복은 천(天)의 실리(實理)가 보여주는 특징으로 파악한다. 그것은 작위적 노력을 통해서 행하는 지평을 넘어서 있다. 인간으로서 그런 자연의 지평에 도달한 사람을 성인(聖人)이라고 부른다. 안정복은 문왕(文王)을 천(天)의 자연(自然)과 부합한 사례

22) 『順菴先生文集』 卷之八, 「答南宗伯漢朝書」(丙午): "誠在天爲實理, 在人爲實心. 在天之實理, 自然而然; 在人之實心, 用工而然. 文王之純亦不已, 與天合德, 豈可人人而能之乎? 天之實理, 只是無妄而已, 人之實心, 亦無妄而已. 其用工之道, 無過於無妄念無妄言無妄行而已矣."

로 삼는다. 그러나 문왕처럼 드물게 있기는 하지만, 그 자연이 보통 사람에게 원리적으로 불가능한 것이 아니다. 안정복은 생각과 말과 행동에 속임이 없는 것이 자연(自然)의 의미내용이라고 해석하면서 그 원리적 가능성을 드러낸다. 곧 '진실함[誠]' 또는 '속임이 없음[無妄]' 등으로 비작위로서의 '자연(自然)'이 담고 있는 의미내용을 설정한다.

자연(自然) 개념이 의미하는 실질적 내용을 성(誠), 무망(無妄) 등 보통의 인간이 수행가능한 도리로서 설명될 때, 거기에는 그 자체로 충분한 것으로 여기고 더 이상 별도의 대상을 필요로 삼지 않는 문법이 담겨 있다. 『맹자』에서 "자신을 돌이켜 진실하면[誠], 즐거움[樂]은 그것보다 더 큰 것이 없다"[23]라고 하였다. 맹자가 말하는 즐거움은 목표가 아니라 진실함에 수반되는 것이다. 곧 진실함 자체로 충분한 것이다. 따라서 비작위의 개념이 도리의 수행을 의미내용으로 가지면, 은총 등 외부적 수단이 필요 없어진다. 자연(自然)을 지렛대로 삼아 더 상위의 지평을 추구하는 사유와는 다른 문법이 성립한다. 안정복에게 있어 자연은 보통의 인간에게 원리적으로 가능한, 그리고 자체로 충족된 도리이기 때문에, 그 도리로서의 자연을 실현하기 위해 '은총'과 같은 외부의 또는 보다 상위의 개념이 도입될 필요가 없어진다. 따라서 안정복과 신후담은 생각과 말과 행동을 속이지 않는 것 자체로서 충분하다고 여기고, 상위의 개념으로서 초자연(超自然)을 도입하는 것은 곧 자연(自然)을 수단화하는 공리주의적 태도라고 비판한다. 이러한 비판은 안정복과 신후담 등, 리학에 기반한 유교 지식인들에게 공통적으로 발견된다.

---

23) 『孟子』「盡心上」. "反身而誠, 樂莫大焉."

7. 문화권적 사유 초기 접변의 성격

아니마(亞尼瑪) 개념과 심(心) 개념의 접변에는 인식의 궁극적 주체 설정에 대한 상이한 인식이 발견된다. 그 상이성의 근저에 질료, 실체, 정신[anima]으로 사물의 존재방식을 구분하는 문법과, 기(氣), 형(形), 신(神)으로 구분하는 문법 사이의 세계상에 대한 동이가, 그리고 창조자－피조물의 세계상과, 창조가 아닌 자연적 취산(聚散)으로서의 세계상 사이의 차이가 작동하고 있음이 발견된다. 아니마에는 정신활동을 실체로서 접근하면서 기능들을 분리하여 이해하는 문법이 중심을 이루고 있고, 심(心) 개념에는 정신활동을 양태로서 접근하면서 기능을 통합하여 이해하는 문법이 중심을 이루고 있다. 성(性) 개념과 관련해서는 욕구[欲]의 맥락에서 이해하는 문법과 원리[理]의 맥락에서 이해하는 문법이 서로 대립한다. 이 대립은 동아시아 지식인들에게 성(性)과 리(理) 개념을 새롭게 성찰하게 유도하는 계기를 형성하였다. 대상에 대한 이해방식의 측면에서 보면, 삼비아시의 토미즘 체계는 형상[像]을 매개로 대상 자체의 존재성 내지는 실재성을 드러내는 문법이 우선하고, 신후담 등이 기반한 리학의 체계에서는 상징[象] 개념을 매개로 전체 체계에서 대상이 수행하는 역할이나 의미를 드러내는 문법이 우선한다. 삼비아시는 상(象)과 구분하여 형상(形像)의 개념을 제시하고 있지만, 17세기 동아시아 지식인들은 그 맥락에 대하여 충분히 주의하지 않고 있는 것으로 생각된다. 세계상과 관련하여 삼비아시는 〈자연(自然)－세속〉과 〈초자연(超自然)－천주－신성〉의 두 영역으로 구분하는 문법을 제시하고 있는 반면, 안정복과 신후담은 리학의 관점에 기반하여 〈인간-작위〉와 〈자연-비작위-도리〉의 두 영역으로 구분하는 문법으로 맞서고 있다. 후자의 문법에서 보면 전자의 문법은 공리주의적 작위의 한 형태로 비쳐진다.

이들 세계를 설명하는 기본 개념들은 세계를 설명하는 이론적 틀에 해당한다. 이들 개념은 논증으로 타당성을 검증할 수 있는 주장들의 상위에 있으며, 세계에 대한 논증적 주장들을 배치하고 의미를 부여하는 설계방식의 기본 규정을 지시하는, 곧 세계상의 문법에 대한 공리적 전제의 역할을 하고 있다. 그 개념들 사이의 의미 차이는 하위의 주장들에서 발생하는 여러 가능한 논증방식의 상대적 차이를 유발할 뿐 아니라, 논증적 주장들에 대하여 어떻게 의미를 부여할 것인가에 대한 태도를 결정하게 유도한다.

설계방식을 규정하는 개념들은 게임의 규칙과 같아, 개념의 내용을 달리하면, 다른 설계방식이 되며, 다른 게임이 된다. 특정한 설계방식이나 특정한 게임의 규칙을 고수하면, 다른 설계방식이나 게임을 수용하는 형태로 융합하기 어렵다. 다만 특정한 설계방식에서 벗어나 여러 가능한 설계방식의 하나로 선택할 수 있을 때, 이들 규칙을 선택적으로 활용할 수 있게 된다. 그러나 그 규칙이 곧 자신의 존재 의미를 규정하는 신념일 경우, 규칙이 다른 게임을 서로 융합할 수 없듯이, 이들 개념은 한쪽이 다른 쪽을 대체하거나 전복하는 것은 가능하지만 서로 간에 융합하기 어려운 것이다. 17세기 새로운 동서 접변이 시작되었을 때, 양쪽의 접변자들은 자신의 규칙을 유일한 규칙으로 고수하는 닫힌 신념 속에 있었다. 그 때문에 17세기 동서접변의 과정들은 새로운 지적 융합의 과정이라기보다 저항과 전복의 과정으로 진행된 것이 아닌가 생각된다.

【참고문헌】

프란치스코 삼비아시 저, 김철범·신창석 공역, 『영언여작』, 서울: 일조각, 2007.

유건휴(柳健休: 1768~1834), 『이학집변(異學集辨)』(1833, 서문), 한국국학진흥원 편, 안동: 도서출판 성심, 2013.

안정복(安鼎福: 1712~1791), 『천학고(天學考)』(1785), 『천학문답(天學問答)』(1785?)(국역 순암집 수록본), 민족문화추진회, 1996.

신후담(愼後聃: 1702~1761), 『서학변(西學辨)』(1724/23세), 『기문편(紀聞編, 1724~1729)』, 『하빈선생전집』(7책), 하빈선생전집간행위원회, 성남: 아세아문화사, 2006.

이헌경(李獻慶: 1719~1791), 『天學問答』, 『艮翁集』(한국문집총간본).

김선희, 『하빈 신후담의 돈와서학변』, 서울: 성균관대학교 출판부, 2014.

최석기·정소이, 『하빈 신후담의 대학후설과 사칠동이변』, 서울: 성균관대학교 출판부, 2014.

이원순, 「직방외기와 신후담의 서양교육론」, 『역사교육』 11-12 합집, 역사교육연구회, 1969.

최동희, 「신후담의 서학변에 관한 연구」, 『아세아연구』 15(2), 고려대학교 아세아문제연구소, 1972.

최소자, 「서학 수용에 대한 문제: 중국과 한국의 비교시론」, 『한국문화연구원 논총』 36, 이화여자대학교 한국문화원, 1980.

김기협, 「18세기 조선에서 실학과 서학의 전개 (Development of Shilhak and Western Studies in Eighteenth Century Korea)」, 『한국과학사학회지』 11(1), 한국과학사학회, 1989.

안영상, 「성호학파의 우주론과 도덕 실천적 심성론의 분리」, 『민족문화연구』 32, 1999.

금장태, 「돈와 신후담의 서학비판이론과 쟁점」, 『종교학연구』 20, 서울대학교 종교학연구회, 2001.

강병수, 「하빈 신후담의 역학 연구와 이해」, 『한국사상사학』 16, 한국사상사학회, 2001.

서종태, 「이익과 신후담의 서학논쟁 －〈돈와서학변〉의 '기문편'을 중심으로」, 『교회사연구』 16, 한국교회사연구소, 2001.

강병수, 「성호 이익과 하빈 신후담의 서학담론 －腦囊에 대한 인식을 중심으로－」, 『한국실학연구』 6, 한국실학학회, 2003.

김경문, 「경전간 해석학의 관점에서 본 서학(西學)에 대한 조선 후기 지식인의 이해 : 신후담, 정약용, 최한기를 중심으로」, 성공회대학교 신학전문대학원 석사논문, 2007.

노대환, 「조선후기 실학자들의 서학서 읽기」, 『한국사 시민강좌』 37, 일조각, 2005.

한자경, 「18세기 조선 유학자들의 『천주실의』 비판: 성호 이익, 하빈 신후담, 순암 안정복을 중심으로」, 『철학연구』 69(1), 철학연구회, 2005.
황준연, 「조선후기 신유학과 서학의 세계관에 대한 차이점」, 『범한철학』 42, 범한철학회, 2006.
김성수, 「조선후기 서양의학의 수용과 인체관의 변화 : 성호학파를 중심으로」, 『민족문화』 31, 한국고전번역원, 2008.
도날드 베이커(Donald Baker), 「다산 철학에서 체·용의 변천: 유학도 서학도 아닌 것」, 『인간·환경·미래』 3, 인제대학교 인간환경미래연구원, 2009.
함영대, 「순암 안정복의 서학인식과 『천학문답』」, 『성호학보』 7, 성호학회, 2010.
안성호, 「17세기 초 마테오 리치의 『천주실의』와 19세기 제임스 레그의 중국유교경전 영어 번역본에서 사용된 용어 '상제(上帝)'간의 신학적 연속성」, 『한국기독교와 역사』 32, 한국기독교역사연구소, 2010.
오지석, 「조선 후기 지식인사회의 서학 윤리사상 수용과 이해: 영혼, 신, 윤리 개념을 중심으로」, 숭실대학교 대학원 철학과 박사논문, 2010.
이향만, 「혼백론에서 영혼론으로」, *Catholic Theology and Thought* 67, 신학과사상학회, 2011.
원재연, 「다산 정약용과 서학/천주교의 관계에 대한 연구사적 검토 : 다산의 천주교 신앙문제를 중심으로」, 『교회사연구』 39, 한국교회사연구소, 2012.
정인재, 「서학의 아니마론과 다산 심성론」, 『교회사연구』 39, 한국교회사연구소, 2012.
이동희, 「서학 수용의 두 가지 반응, 신후담과 정약용: 마테오 리치의 『천주실의』 수용을 중심으로」, 정신문화연구 36(1), 한국학중앙연구원, 2013.
정소이, 「다산 영체론의 유학적 배경: 성호학파를 중심으로」, 『유교사상문화연구』 51, 한국유교학회, 2013.
최영진·이선경, 「하빈 신후담의 『주역』 해석 일고찰」, 『정신문화연구』 37(2), 한국학중앙연구원, 2014.

홍대용의 경학사상과 자연과학의 만남

-접변을 통한 지평확대를 중심으로-

엄연석

1. 도덕과 과학의 병행과 지평확대

이 글에서는 홍대용(洪大容, 1731~1783)[1]이 제시한 리기심성론을 포함하는 경학사상과 서양 자연과학과의 만남에 따라 그의 철학체계에서의 도덕과 과학의 병행에 따라 도덕적 지평이 어떻게 확대되었으며 어떻게 귀결되었는가를 살펴보고자 한다. 지금까지 홍대용의 학문에 관한 많은 연구 성과들을 종합해 보면 대체로 첫째 북학파 실학자라는 측면에서, 둘째 서양과학 사상의 수용자의 입장에서, 그리고 셋째 기일원론적(氣一元論的) 철학을 제시한 학자로서의 의미가 부각되어 왔다. 이러한 연구 성과들은 각기 홍대용의 학문이 내포한 각각의 개별

1) 홍대용은 북학파 실학자의 한 사람으로서 지전설(地轉說)을 주장하는 등 조선 후기에 서양과학사상을 받아들여 소개 발전시키는 데 선구적인 역할을 했다. 1765년(영조 41) 서장관으로 청나라에 가서 3개월 동안 베이징에 체류하면서 중국학자들과 친교를 맺으면서 청나라 고증학을 접하고, 독일계 선교사들로부터 서양의 문물을 접하고 나서 사상체계에 큰 수정을 겪게 되었다. 그는 주자학적 질서에 인주하던 당시의 지식층을 비판하고 새로운 가치관의 수립을 주장하였고, 경험과 관찰에 기초하여 주술적인 믿음을 타파했던 계몽적 도구적 이성의 단초가 된 실학자로서의 면모를 가지고 있다.

적인 측면을 잘 설명해 주고 있다. 이들은 기본적으로 그의 학문 체계가 내포하고 있는 보다 입체적인 의미를 드러내는 데 각각의 구성 요소가 될 수 있는 반면, 그의 학문의 전체적 체계를 이해하는 데는 일정한 한계를 가지게 하는 것으로 판단된다.

홍대용의 중층적인 학문 체계를 이해하기 위해서는 그의 학문적 사승관계와 학습과정에 대한 선이해가 필요하다. 그의 학문은 조선 후기 호락론 가운데 인성(人性)과 물성(物性)을 동일한 것으로 간주하는 낙론(洛論)을 계승하였다. 그는 어린 나이에 당시 낙론계의 핵심 인물이었던 김원행(金元行, 1702~1772)으로부터 유가 경전을 공부하였다. 교우에게 보낸 그의 서신을 비롯한 다른 여러 자료를 통해 볼 때, 홍대용은 유가 경전뿐만 아니라 장재의 기론(氣論)과 이정(二程) 형제 및 주희 성리학의 기초 이론에 대해서도 학습한 것으로 이해된다.

그는 25세 무렵부터는 박지원과 사귄 이래, 이덕무, 박제가 등 북학파 학자들과 교유하였다. 이후 29세 때는 나주목사로 재직중이던 부친 홍력(洪櫟)을 뵈러 가서 나주에 머물면서 혼천의(渾天儀)와 자명종(自鳴鐘)을 제작하는 등 천문 기술에도 관심을 기울였다. 홍대용은 당시 나경적(羅景績)이라는 과학자와의 만남을 통하여 혼천의를 완성하였고, 이어서 고향 천원군의 수촌(壽村)에서는 사설 천문대인 농수각(籠水閣)을 완성하였다.[2] 그가 서양과학에 관심을 가지고 있던 상황에서 이루어진 연경(燕京)행은 그의 자연과학에 관한 관심을 증폭시켰을 것으로 생각된다. 곧 35세 때 그는 숙부 홍억(洪檍)의 군관으로 연경에 가서 항주에서 과거시험차 올라온 육비(陸飛), 엄성(嚴誠), 반정균(潘庭筠)을 만나 학문적으로 교유하였고, 귀국 후에도 서신을 통하여 이들

2) 김태준, 『홍대용평전』(민음사, 1987), 109-113쪽.

과 지속적으로 사귀었다. 이후 44세 때는 세자(正祖)의 시직(侍直)으로 발탁되어 사헌부 감찰, 영천군수 등을 역임하였다.[3] 이러한 관직 생활을 통해서 그는 경세론과 제도론에 대한 이해를 심화시켰을 것으로 생각된다. 이러한 학문적 탐색 과정을 거치면서 홍대용은 본말경중을 가지는 입체적이고 중층적인 학문체계를 완성하였다.

보다 구체적으로 그의 학문 체계의 저변에는 무엇보다도 도덕적 실천을 중심으로 하는 원시 유학사상 요소가 깔려 있다. 또한 그는 사서삼경(四書三經)을 공부하면서 이들 저술과 주석서들에서 의문점을 발췌하여 해명하는 형식의 글을 남겼다. 사서문변(四書問辨)과 삼경문변(三經問辨) 등은 홍대용의 경학에 관한 그의 견해를 드러내고 있는 대표적인 저술이다. 뿐만 아니라 편지글이나 기타 여러 자료에서는 성리학의 리기론과 경(敬)을 중심 개념으로 하는 수양론 등이 언급되고 있다. 나아가 그는 『의산문답(毉山問答)』을 중심으로 기(氣) 개념을 토대로 하는 자연과학사상을 제시하고 있다. 아울러 그의 「주해수용내편(籌解需用內編)」에는 수리적 계산법을 포함하는 천문학, 수학, 그리고 음악 이론 등이 제시되어 있다. 또한 일부의 글에서는 예학(禮學)과 역학(易學)과 함께 유학 사상의 여러 경세적 제도론에 관한 의견을 제시하기도 하였다.

이처럼 홍대용의 학문 체계는 평면적으로는 거의 이해할 수 없는 중층적인 체계를 가지고 있다. 이러한 학문적 특성을 고려하면서 이 글에서는 홍대용의 경학사상과 자연과학 사상이 만남으로써 동서철학 접변의 관점에서 도덕적 지평의 긴장과 동요가 어떤 양상으로 전개되었으며 어떻게 귀결되었는가를 살펴보고자 한다. 이것은 달리 말

---

3) 김대년, 「헌원진과 홍대용의 경학이단론」(『정신문화연구』 제32권, 2009), 33쪽.

하면 홍대용이 자연과학 사상 요소를 기존의 선진 유학과 성리학을 포괄하는 경학사상 개념 체계에 내포되어 있는 의미의 변용을 통하여 어떻게 수용하고 있는가를 검토하는 것이기도 하다.

이를 위하여 이 글에서는 홍대용의 학문 체계를 이루는 기본 명제를 세 가지로 제시하고자 한다. 첫째는 의리학은 경제학 또는 실용학의 토대이다. 둘째, 진실한 마음은 객관적 사실과 상황에서 실증된다. 셋째, 도덕적 당위와 경험적 사실은 분리되어 병행한다. 이들 명제는 홍대용의 학문 체계가 지니는 핵심적 특징을 드러내 준다. 이제 보다 구체적으로 이 글에서는 이러한 이론적 특징에 대한 해명과 함께 홍대용이 절대적 진리의 이념을 이론화하는 성리학에 대한 재해석과 전통적 화이관을 탈피하여 상대적 세계관을 피력하는 이론적 기초로서 그의 기철학의 특징을 해명하고자 한다. 특히 그가 기 개념에 어떻게 자연과학적 사고를 받아들였는가 하는 점과 기가 리와 어떠한 상관적 의미를 가지는가를 살펴보고자 한다. 이를 통하여 홍대용의 학문이 서양 과학사상을 수용함으로써 그의 기철학의 측면에서 도덕적 지평의 긴장과 동요를 낳기도 하였으나, 동시에 그의 철학 체계에는 도덕적 지향과 수양론이 여전히 병행하고 있음을 제시하고자 한다. 이런 분석과 해명을 통하여 홍대용이 서학과 서양과학사상을 수용하면서 겪는 사상적 변화가 동서철학의 지평융합과 접변을 어떻게 추동했는가에 대하여 종합적 시각을 가지고자 한다.

2. 기존의 연구성과 및 문제설정

이 장에서는 홍대용의 학문과 사상에 관한 기존 연구자들의 연구성과를 개관함으로써 이 글을 구성하는 토대로 삼고자 한다. 홍대용의 철학에 관해서는 그동안 비교적 많은 논문이 작성되었으나, 여기서는 리기심성론 및 과학사상과 연관된 연구를 중심으로 그 내용을 개관하고자 한다.

먼저 박성래는 홍대용의 과학사상을 물질관, 생명관, 우주관으로 나누어 고찰하였다. 그는 홍대용이 흡수한 서양과학의 내용과 그것이 어떻게 전통적 자연관과 섞여 있는가를 간파할 수 있다고 하면서, 이것은 유교적 자연관과 도교적 신비사상, 그리고 서양과학이 섞여 있는 모습이라고 보았다. 그에 따르면, 홍대용은 서양과학의 우수성을 발견하고 과학기술이 말지(末枝)가 아닌 '정신의 극치'임을 깨닫게 되었던 것이며, 이것이야말로 조선시대 유교적 전통을 뛰어넘는 가장 중요한 사상적 전환이라[4]고 보았다.

강춘화는 홍대용의 자연과학적 인식 이론 중에 실증설(實證說)을 중점적으로 검토하였다. 그는 홍대용은 인식과정에서 즉물(卽物)과 실견(實見), 관찰(觀察)과 관측(觀測), 실험(實驗)과 실천(實踐)을 통한 실증법을 그의 사물인식의 방법론적 토대로 삼았다고 보았다. 그는 이러한 실증설은 격치설, 추류설, 시물설 등 기타 인식방법과 함께 홍대용 철학을 내부적으로 변화시키는 계기를 마련해 주었고, 이러한 인식방법을 통해 그는 수자학에서 질적으로 변화된 실학적 세계관을 형성하게

4) 박성래, 「홍대용의 과학사상」(『교수아카데미총서』 7, 1994), 85-86쪽.

되었다[5]고 분석하였다.

김용헌은 홍대용의 리기론 또는 심성론 같은 철학이론이 그의 실학적 학문관이나 서양과학의 수용과 어떠한 관계가 있는가에 주목하였다. 그는 홍대용이 서양과학의 수용과 실학적 학문관을 정당화하기 위하여 낙론의 인물성동론을 끌어들여 자기 식으로 개조했다고 이해해야 할 것이라고 보았다. 또한 그는 인간과 자연을 동일한 차원으로 이해하는 홍대용의 인물균론은 도덕성이 매개되어 있다는 한계에도 불구하고, 자연과 인간을 보편법칙으로 설명하는 근대 자연과학의 방법론에 이르기 위해 거쳐야 할 단계라는 의미에서 한 단계 진전된 철학이론이었다[6]고 평가하였다.

조성을은 노론계 실학자에서 성리학을 해체하는 관점에서 홍대용의 학문적 특색을 검토하였다. 그는 홍대용의 학문은 『주관(周官)』에 근본하는 경세제민과 여러 실용적 학문에 통하고 육경(六經)에 회통하는 것이라고 보았다. 또한 그는 홍대용이 초기에는 인간성의 평등을 말하면서도 기에 의한 차별을 인정하였으나 『의산문답』 단계에서는 이런 기의 차별 관념을 완전히 극복하였다고 하였다. 그에 따르면, 홍대용의 사상은 인간과 자연의 합일 상태가 분해되지 않으면서도 주자학의 기에 의한 차별성이 부정됨으로써 인간 평등 관념에 도달하였다.[7]

허남진은 홍대용이 자연관학에 대한 관심에 따라 가치중심적인 성리학적 세계관으로부터 실증적이고 과학적인 세계관을 형성하게 했고, 이로부터 인물균이라는 몰가치적인 심성론으로 나아가게 된 것

---

5) 강춘화, 「홍대용의 실증설-주희설과의 비교를 중심으로-」(『철학』 66, 2001), 18-26쪽.
6) 김용헌, 「서양과학에 대한 홍대용의 이해와 그 철학적 기반」(『철학』 43, 1995), 33-35쪽.
7) 조성을, 「조선후기 성리학 해체의 제양상」(『국학연구』 5, 2004), 71-75쪽.

으로 추론하였다. 그에 따르면, 홍대용은 심성론에서 리(理), 성(性)의 도덕적 가치가 보편적임을 말하는 것이 아니라, 도덕이 배제된 보편성을 말하고 있다. 그리고 존재하는 모든 것은 기의 운동으로 설명되는데 홍대용의 기 개념은 어떤 기철학자보다 오늘날의 물질 개념에 가까이 접근해 있다. 그는 홍대용의 기철학을 도덕적 가치로 세계를 바라보는 유가적 형이상학에서 벗어나 보다 근대적인 세계관의 정립에 한걸음 다가선, 성리학적 형이상학과 과학의 접합으로서의 사상체계[8]로 평가하였다.

김정호는 조선의 홍대용(洪大容), 중국의 대진(戴震, 1724~1777), 일본의 미우라바이엔(三浦梅園, 1723~1789) 기사상의 정치사상적 의의와 특성을 비교하는 논문을 발표하였다. 그는 삼국의 기사상은 삶의 욕구 주체로서의 인간성 규정, 개체성 부각의 논리, 자연에 대한 객관적 이해 논리, 상대적 인식론의 활용 등을 포함하고 있다. 이런 이론적 논의들은 동등성과 개체성을 특징으로 하는 동아시아 평등의식의 사상적 발전과정에 있어서 중요한 위치를 차지하는 것으로 평가되었다. 이때 홍대용의 경우는 객관적 현실인식을 바탕으로 자신의 기철학을 현실개혁의 이론적 수단으로 활용하고 이를 개혁정책론으로 구체화함으로써 3국의 기(氣)사상가 중 가장 강한 개혁적 특성을 보여준 것으로 보았다.

이렇게 볼 때, 홍대용의 철학에 관한 여러 연구는 성리학으로부터 질적으로 탈피한 실학, 자연과학적 세계관을 담고 있는 기철학, 인간과 사물을 평등하게 바라보는 평등사상, 강력한 현실개혁론적 의미를 담고 있는 기철학 등으로 그 경향을 요약할 수 있을 것이다.

---

8) 허남진, 「홍대용(1731~1783)의 과학사상과 이기론」(『아시아문화』, 1993), 24쪽.

3. 리기 개념의 가치중립적 계기와 도덕적 계기

이 장에서는 홍대용이 성리학의 형이상학을 체계지우는 핵심 개념으로서 리기(理氣) 개념을 어떻게 자연과학적인 관점에서 이해하는가를 살펴보기로 한다. 그런데 홍대용의 철학에서는 리기 개념 중에서도 기(氣)가 보다 중심적인 위치에 놓여 있다고 할 수 있다. 따라서 그의 리기 개념에 대한 특색을 파악하고자 할 때 기(氣)를 중심으로 리기 사이의 관계를 살펴보기로 한다.

홍대용은 기존이 성리학의 형이상학 이론의 핵심을 이루는 태허(太虛), 리기(理氣) 개념과 함께 심성(心性), 인의예지(仁義禮智)와 같은 도덕적 개념을 그대로 쓰고 있다. 뿐만 아니라 그가 이들 개념을 쓰는 것을 살펴보면 성리학의 기본적인 틀을 유지하고 있기도 하다.[9] 그러나 홍대용의 리기심성에 관한 내용을 자세히 살펴보면 성리학의 관점에서 벗어난 논의를 하는 경우가 많다. 이제 그의 언급을 통하여 이러한 특징을 점검해보기로 한다.

홍대용은 리기 개념을 무엇보다도 구체적인 경험적 현상으로 드러나는 형체를 가진 사물의 관점에서 이해하고자 하였다. 그는 형체가 없는 상태에서 리를 말하는 것에 대하여 이해할 수 없다는 입장을 가지고 다음과 같이 언급하였다.

9) 허남진, 위의 논문, 16쪽.

> 무릇 리를 말하는 사람은 반드시 '형체는 없으나 리(理)는 있다'고 말한다. 이미 형체가 없다고 말했다면 '있다'는 것은 어떤 것인가? 이미 리(理)가 있다고 한다면 어찌 형체가 없으면서 그것에 대해 있다고 할 수 있는가?[10]

홍대용은 여기에서 현상적 사물의 형체를 떠난 리(理)의 존재성을 의심하고 있는 것이다. 이러한 관점에 따라서 그는 "천지에 가득 찬 것은 기(氣)일 뿐이고, 리(理)는 그 가운데에 있다"[11]고 하였다. 홍대용에 있어서 리는 기가 움직이는데 따라서 수동적으로 따라가는 존재이기 때문에 아무런 주재적 지위를 가지지 못하는 것으로 이해된다. 뿐만 아니라 리(理)는 그 선과 악 또한 기가 선한가 악한가에 그대로 따르는 것으로 기(氣)에 종속하는 지위에 있다.[12] 따라서 홍대용에 있어서 리는 성리학에서 그 자체의 선험적인 순선함으로 이해되는 리(理)와는 근본적으로 구별된다.

홍대용은 동이(同異)의 측면에서 리와 기를 구별하면서 모든 사물에 속해 있는 공통적인 것을 리(理)로 각각의 사물이 가지고 있는 고유한 개별성을 기(氣)로 보았다. 그는 주옥과 똥 및 흙의 귀천과 그렇게 만드는 까닭을 제시하면서 다음과 같이 리와 기를 구별하고 있다.

> 대개 같은 것은 리(理)이고 다른 것은 기(氣)이다. 주옥은 매우 보배로운 것이고, 똥과 흙은 매우 천한 것이니 이것은 기(氣)이다. 주옥의 보배

10) 『湛軒書』 內集, 卷1-1a, "凡言理者, 必曰無形而有理, 旣曰無形, 則有者是何物? 旣曰有理, 則豈有無形而謂之有者乎!"

11) 『湛軒書』 內集, 卷1-3b, 「答徐成之論心說」, "充塞于天地者, 只氣而已, 而理在其中."

12) 『湛軒書』 內集, 卷1-1a, "所謂理者, 氣善則亦善, 氣惡則亦惡. 是理無所主宰, 而隨氣之所爲而已."

로운 까닭과 똥과 흙의 천한 까닭은 인의(仁義)이니, 이것은 리(理)이다. 그래서 주옥의 리(理)는 바로 똥과 흙의 리(理)이고, 똥과 흙의 리(理)는 바로 주옥의 리(理)이다.[13]

대개 사람들은 다이아몬드나 금과 같이 순수하면서도 변하지 않는 것을 귀하게 생각하는 반면, 똥이나 흙과 같이 쉽게 형체를 바꾸는 물질을 천하게 여긴다. 하지만 주옥과 같은 귀한 보배나 똥이나 흙과 같은 천한 것이라도 그것들에는 똑같이 일정한 성질과 법칙, 그리고 속성이 있다. 곧 보주옥이든 똥이나 흙이든 모두 일정한 성질이나 속성을 가진다는 점에서는 모두 같으며, 이것이 리(理)라는 것이다.

특히 홍대용은 여기에서 인간의 도덕성을 뜻하는 인의(仁義)를 사물이 형성되는 소이연의 까닭으로 간주함으로써 사물의 성질이나 법칙으로서 보편적인 리(理)의 차원으로 그 의미를 확대하였다.[14] 그는 이처럼 인의(仁義)를 리(理)의 차원으로 확대하면서 리의 보편적인 근원을 하늘에 있는 것으로 규정하고 이것이 사물에 내재해 있을 때 성(性)이 된다고 보았다. 그에 따르면, "인이란 리이다. 사람에게는 사람의 리가 있고, 사물에는 사물의 리가 있다. 리(理)는 인(仁)일 뿐이다. 하늘에 있으면 리(理)라 하고, 사물에 있으면 성(性)이라 한다. 하늘에

13) 『湛軒書』 內集 卷1-1, 「心性問」, "夫同者理也, 不同者氣也, 珠玉至寶也. 糞壤至賤也, 此氣也. 珠玉之所以寶, 糞壤之所以賤, 仁義也, 此理也. 故曰珠玉之理, 卽糞壤之理. 糞壤之理, 卽珠玉之理也."

14) 허남진은 "理, 仁을 惻隱之心과 같은 도덕적인 마음으로 보지 않고 주옥의 보배로운 까닭, 똥과 흙의 천한 까닭으로 제한하여 해석하였다. 종래의 所以然之故와 所當然之則 두 측면을 동시에 지니는 것으로 해석되었던 理의 의미를 所以然之故만으로 제한해 버린 것이다"고 하였다. … 그는 홍대용의 理와 仁은 각 사물이 그것으로 성립할 수 있는 원리 내지는 각 사물의 속성과 법칙으로 상대화되는 것으로, 신유학이 가지고 있는 理의 뜻을 합리성의 理에 한걸음 더 접근시켜 주었다고 보았다.(허남진, 앞의 논문, 17쪽)

있으면 원형이정(元亨利貞)이라 하고, 사물에 있으면 인의예지(仁義禮智)라 하나 그 실상은 하나이다." 홍대용은 사람에게 있는 리(理)와 사물에 있는 리(理)를 모두 인의예지(仁義禮智)로 간주하고 하늘에 있는 리(理)를 원형이정으로 보았다. 이러한 시각은 기본적으로 성리학의 형이상학과 심성론의 틀을 계승하는 것이면서, 인의예지의 도덕성이 사물에도 동시에 내재해 있는 것으로 이해할 수 있다.

그러면 홍대용에 있어서 리와 관련하여 기(氣)는 어떻게 이해되는가? 홍대용은 송대 성리학의 기철학에서 구사했던 태허(太虛)와 개념을 사용하면서도 기(氣) 개념에 근대 자연과학적 의미를 투사하였다. 그는 "광대하게 텅비어[太虛] 고요한 우주에 가득 차 있는 것이 기이다. 안도 없고 밖도 없으며 시작도 끝도 없다. 기가 왕성하게 쌓이고 엉겨서 모여 질을 이루고 이것이 허공에 두루 퍼져서 돌기도 하고 멈추어 있기도 하는 데 이것이 이른바 지구, 달, 해, 별이다. 대지는 물과 흙을 바탕으로 삼고, 그 형체는 구형인데 쉬지 않고 돌면서 공간에 떠 있다. 만물은 그 표면에 의지해 있는 것이다"[15]라 하였다. 홍대용은 장재의 『정몽(正蒙)』에 나오는 태허(太虛)와 기(氣) 개념을 이용하여 지구와 해와 달, 별 등으로 대표되는 과학적 우주의 세계를 기술하고 있다. 여기에서 지구의 둥긂, 쉬지 않고 공중에 떠서 돌고 있는 것을 말하여 현대적 천문학에 대한 이해를 보여준다. 사용하는 개념은 태허와 기이지만, 기술하는 대상은 분명 성리학의 기철학적 관점이 아닌 서양의 자연과학에서 말하는 우주를 언급하고 있다.

15) 『湛軒書』「內集補遺」卷4-19, "太虛寥廓, 充塞者, 氣也. 無內無外, 無始無終, 積氣汪洋, 凝聚成質, 周布虛空, 旋轉停住, 所謂地月日星, 是也. 大地者, 水土之質也. 其體正圓, 旋轉不休, 渟浮空界, 萬物得以依附於其面也."

홍대용은 물질을 구성하는 근원을 기(氣)로 간주하면서도, 다른 한편으로는 기(氣) 속에 리(理)가 있다고 하기도 하고 기(氣)의 근본을 언급하면서 그 영명불측(靈明不測)한 특성을 말하기도 하였다. 그는 지극히 맑고 순수하고 신묘한 특성을 가진 것을 마음이라고 이해하였다.

> 천지(天地)에 가득 찬 것은 다만 기(氣)일 뿐이고, 리(理)는 그 가운데에 있다. 기의 근본을 논하면 고요하고 일정하며 텅 비어 있어서 맑고 흐림을 말할 수 없다. 그것이 오르내리며 날고 서로 부딪치고 밀쳐서 찌꺼기가 생기고 불타는 지경에 이르러 가지런하지 않은 것이 있게 된다. 이에 맑은 기를 얻어 변화되면 사람이 되고 흐린 기를 얻어 변하면 사물이 된다. 그 가운데 지극히 맑고 순수하며 신묘불측한 것은 마음이 된다.[16]

홍대용이 말하는 기에 관한 설명은 대체로 장재가 『정몽(正蒙)』에서 언급한 내용과 거의 일치한다. 그리고 기의 청탁수박(淸濁粹駁)을 말하면서 사람과 사물을 구별하고, 지극히 맑고 순수하여 신묘불측한 작용을 하는 것을 마음으로 규정하는 것도 성리학의 리기심성론을 그대로 따는 것이라고 할 수 있다. 하지만 홍대용은 이러한 기 개념에 자연과학적 함의를 새롭게 부여하고 있다. 요컨대, 홍대용은 성리학의 기 개념을 통하여 자신의 기철학의 토대를 구축하고 있으며, 이러한 토대에 보다 새로운 자연과학적 구조물을 세운 것으로 말할 수 있다.

---

16) 『湛軒書』「內集」卷1-3, 「答徐成之論心說」, “充塞于天地者, 只是氣而已而理在其中, 論氣之本, 則澹一冲虛, 無有淸濁之可言. 及其升降飛揚, 相激相蕩, 糟粕煨燼, 乃有不齊, 於是得淸之氣而化者爲人, 得濁之氣而化者爲物, 就其中至淸至粹神妙不測者爲心, 所以妙具衆理而宰制萬物, 是則人與物一也.”

나아가 홍대용은 신령함[靈]이 인간과 동식물에 동일하게 내재해 있음을 언급함으로써 인간과 사물을 구별하는 사고를 부정하고 있다. 그는 "기린의 어짊과 거북의 영명함, 그리고 나무의 이어진 결과 풀의 야합이 비가 오면 기뻐하고 서리가 오면 말라비틀어지니 이것에서 그 마음이 신령한가 신령하지 않은가? 신령하지 않다고 말하면 그만이지만, 신령하다고 말한다면 사람에게 견주어서 다르지 않을 뿐만 아니라, 때로 지나치기도 하다. 사람과 사물의 마음이 실로 같지 않는가?"[17]라고 하였다. 홍대용은 사람만이 아니라 동식물에도 영명함과 어짊의 능력이 있음을 강조하여 사람에게만 고유한 것으로 해석되는 도덕적 능력을 동식물에까지 연장시키고 있다. 물론 이러한 영명함과 인(仁)이 동식물에 있어서는 지기 보존을 위한 생명력 또는 본능으로 해석될 수도 있다. 이처럼 영명함과 인이 인간만이 아니라 동식물에게도 보편적으로 내재해 있다는 사고는 이미 정호(程顥)의 언급에서도 이미 발견된다. 그는 "하늘과 땅 사이에 사람만이 지극히 영명한 것이 아니니, 자기의 마음은 곧 풀과 나무, 새와 짐승의 마음이다"[18]고 하였다.

새나 짐승, 나무와 같은 동식물에도 인간과 같이 영명함이 내재해 있다는 생각은 인간과 동식물을 동등한 가치를 가지는 존재로 간주하는 사고로서 홍대용의 서학관에 대한 이해에도 영향을 미치고 있다. 그는 이러한 사고에 기반하여 서학의 영혼관이 사람과 사물을 수직적인 층차를 가지고 사람만 높이는 것에 대하여 비판적인 생각을 가지고 있다. 다시 말하면 그는 서학이 인간만이 동식물과 달리 영혼을

17) 『湛軒書』 「內集」 卷1-3, 「答徐成之論心說」, "麟之仁也, 龜之靈也, 樹之連理, 草之夜合, 雨而喜, 霜而憔悴, 此其心靈乎不靈乎? 謂之不靈則已, 謂之靈則方之於人, 非惟不異而或過之, 人物之心, 其果不同乎?"

18) 『二程遺書』 卷1-11, "天地之間, 非獨人爲至靈, 自家心便是草木鳥獸之心也."

가지는 보다 우월한 존재로 간주하는 것을 부정하고 있다.[19]

특히 인간과 동식물이 동등한 가치를 가지고 리와 영명함, 인을 내재해 가지고 있다는 사고는 홍대용에 있어서 사람과 사물이 균등하다는 인물균의 사고로 연역된다. 동시에 이러한 생각은 인간을 만물 중에 가장 높은 가치를 가지는 존재로 간주하는 '만물의 영장(靈長)'이라는 사고로부터 인간을 만물과 동등한 하나의 상대적 존재라고 하는 사고로 전환되고 있다. 홍대용의 이런 관점은 기본적으로 낙론의 인물성동론의 사고의 연장선상에 있다. 이러한 세계관에 입각할 때, "저들(物, 夷狄)과 우리(我, 中華)와의 분멸이 사라지거나, 저들에게도 보편이 적용되어 변화가 긍정된다면 그것은 국제적으로 화이관의 균열을, 국내적으로 신분관의 균열을 의미할 수도 있었다. 그리고 화이관에 기반해 조선을 지탱해 왔던 주자주의의 절대성이 무너질 수도 있었다"[20]라는 사고가 가능하다.

요컨대, 홍대용은 사람과 사물에 있어서 리가 동일하게 인(仁)으로 이해됨으로써 사람과 사물이 동등한 존재론적 지위를 가지고 있는 것으로 이해한다. 또한 그가 말하는 리기는 자연과학적 특성을 가지는 기에 의탁해 있는 조리와 법칙으로서의 리를 기본적 의미로 삼고 있다. 그리하여 그의 리기 개념은 기본적으로 자연현상과 법칙으로서의 특성을 가지고 있다. 그러나 인간 사회에서의 도덕적 문제와 연관하

---

19) 홍대용은 서교로서 천주교에 대하여, "하늘을 부처 섬기듯이 하여 조석으로 예배를 드리고 착한 일을 하여 복을 구하라 하니 중국 성인의 도가 아닌 이적의 것이라 논의할 만한 것이 없고, 유학의 상제 개념을 훔쳐다가 불교의 윤회설을 더한 것이라 가소롭다"(『湛軒書』「外集」卷2,「乾淨衕筆談」41쪽)고 하여, 천주교의 예배의식과 기복적 특성을 비판하였다.

20) 이경구, 『조선후기사상사의 미래를 위하여』(푸른역사, 2013), 49쪽.

여 리기는 인간과 사물에 공통되는 것으로 해석되기는 하지만 그대로 인의예지로 전환됨으로써 도덕적 의미를 동시에 가지고 있다. 이 점에서 리기 개념은 가치중립적 의미와 함께 도덕적 의미로서의 계기를 함께 가지고 있다.

4. 경학적 사유의 도덕적 지향과 실천적 목표

홍대용은 젊은 시절 낙론 계열의 학문을 계승하면서 선진 유가 경전에 대한 이해를 통하여 자신의 학문적 토대를 닦았다. 이로부터 기본적으로 선진 유학의 도덕실천론에 대한 경학적 견해를 제시하였다. 뿐만 아니라 그는 장재, 이정자, 그리고 주희를 중심으로 하는 송대 성리학적 경학에 대한 비판적 참조를 통하여 성리학에 대한 조예와 함께 경학에 있어서 실천적 사유를 구체화하였다. 이 장에서는 홍대용의 경학적 사유에 내포되어 있는 유학의 도덕적 지향과 목표가 어떻게 서양 자연과학과의 지평융합에 기여하는가를 살펴보고자 한다.

기 개념의 의미에 대한 자연과학적 재규정을 통하여 한편으로 자연사물과 물리현상 세계로 이론적 확산을 추구한 홍대용은 다른 한편으로 인도(人道)의 도덕적 세계에 대하여 여전히 확고하게 긍정하는 태도를 견지하고 있다. 그에 따르면, 인도는 공자 학파에서 육경(六經)

이 정리되면서 확립되고, 송대에 육경에 대한 주석이 이루어지면서 밝혀진 것으로 언급하였다.

> 육경(六經)이 공자(孔子)학파에서 정리되면서 인도(人道)가 확립되고, 전주(箋註)가 성리학에서 이루어지면서 인도가 밝혀졌다. 대개 저술의 공적은 여기에서 완성되어 더할 것이 없게 되었다. 그러나 공자와 주자 이래로 불행히도 불우한 시대가 되어 도가 서적에 실려 있어도 지식인 관료 선생들은 근본을 버리고 말단을 쫓으며 붓으로 글을 써서 층층이 각주를 달아 어지러이 책상 위에 쌓았다. 그러나 결코 공자와 주자가 공자 및 주자가 되는 이유가 도에 달려 있고 저서에 달려 있는 것이 아님을 몰랐다.[21]

이 글에서 홍대용은 공자가 육경(六經)을 정리하고 주자가 성리학을 종합하면서 육경에 주석을 붙임으로써 인도의 실천 준칙과 규칙이 세워지고, 인도의 실천원리가 밝혀졌다고 보았다. 하지만 주희 이후로부터 그가 활동하던 시대의 관료 지식인들은 근본이 되는 인도를 밝히고 실천하기보다는 말단적인 각주를 통하여 해설에만 힘쓰는 폐단이 일상화되었음을 비판하였다. 여기에서 홍대용이 '주희가 육경에 대한 전주를 통하여 인도의 실천 원리를 밝혀 놓고 있다'고 한 부분은 그가 주희의 성리학 이론을 긍정하는 의미를 가지는 것으로 주목할 만한 구절이다. 이러한 본말론적 관점에 따라 그는 도덕적 바탕으로서 내적 본원을 확립하는 것을 객관적으로 이루어지는 실제적인 실천

21) 『湛軒書』「內集」卷3-31,「與人書二首」, "六經定於孔門而人之道立矣. 箋註成於洛閩而人之道明矣. 蓋著書之功, 於是爲大而無以加矣. 雖然自孔朱以來, 不幸不遇, 道載於書, 搢紳先生, 捨本趨末, 摹畵皮毛, 層生註脚, 紛然疊床, 殊不知孔朱之所以爲孔朱在道而不在書也."

적 사업과 함께 강조하였다.

그에 따르면, 인생의 정신력에는 한계가 있으나 정밀하고 참된 의리는 한계가 없기 때문에 사물을 어떻게 처리할까를 숙고하는 것을 통하여 밖으로 실제적으로 힘써야 할 사업이 있게 되고, 고요하게 살펴서 기르는 데서 안으로 본원의 참된 능력을 갖추게 된다.[22] 이것은 의리를 목표로 하여 밖으로는 실제적 사업을 행하고 안으로 도덕적 본원을 기르는 것이 삶의 중요한 지향임을 보여준다. 이와 같은 도덕적 지향을 가지고 홍대용은 군자의 학문을 언급하면서 적절한 방법을 선택하는 것이 중요함을 다음과 같이 주장하였다.

> 내가 듣건대, 군자의 학문은 방법을 선택하는 것이 급선무이다. 방법을 선택하는 것이 정밀하지 않으면 인의를 배우는 것이 어긋나서 때로 부모를 무시하고[無父] 군주를 무시하는[無君] 데까지 이른다. 고인이 상세하게 묻고 밝게 분별한 것도 그런 것이 아니겠는가? 그래서 방법이 가려지고 나면, 상세하게 강론하고 행동하여 체화하는 것이 모두 그 학문을 이루는 길이 된다. 학문이 이루어지고 나서 뜻을 펼 수 있으면 천하에 시행하고 뜻을 펼 수 없으면 후대 사람들에게 전승한다. 대개 영재를 모아 기르고 저술로 입론하는 것이 모두 천리를 밝히고 인심을 바로 잡으며 이전 성인을 계승하고 후대 학문을 열어가는 길이다.[23]

---

22) 『湛軒書』「內集」卷3-21, 「與人書二首」, "且夫人生之心力有限, 義理之眞精無涯, 應物發慮, 外有事業之實務, 精觀息養, 內有本源之眞功."

23) 위의 책, 「內集」卷1-6, 「杭傳尺牘」「與鐵橋書」, "容聞君子之學, 擇術爲先, 擇術不精, 學仁義之差, 或至於無父無君, 古人之問之審而辨之明者, 不其然乎? 是以術旣擇矣, 講以詳之, 行以體之, 皆所以成其學也. 學旣成矣, 得志, 行于天下, 不得志, 傳諸後人, 夫收育英才, 著書立言, 皆所以明天理正人心, 繼往聖而開來學者也."

홍대용은 군자의 학문은 인의(仁義)를 행하는 것이면서 동시에 부자 및 군신 관계에서의 효와 충을 벗어나서는 안 되는 것으로 규정하였다. 그는 이러한 도덕 실천 덕목을 벗어날 때 맹자가 묵자와 양주를 비판하면서 사용한 용어로서 '무부무군(無父無君)'에 이르는 것으로 보면서 군자는 자신이 따라야 할 학설을 잘 가려서 천하에 행하거나 후대에 전해야 한다고 주장하였다.

홍대용은 이러한 도덕적 실천을 위한 매개로서 붕우(朋友)에 관한 견해 또한 유학의 도덕적 이념과 덕목과 연관하여 설명하고 있다. 그에 따르면, 붕우[友]는 선을 요구하고 인을 돕는 사람이다. 대개 선(善)과 인(仁)은 인간이 인간답게 되는 것으로서 하루도 없어서는 안 되는 것이다. 선과 인을 행하고자 하는 사람이 또한 책려함이 없으면 배움에 힘쓸 수 없고, 돕는 사람이 없으면 덕에 나아갈 수 없다. 이것이 붕우가 중시되면서 군신부자와 같은 인륜질서에 속하는 까닭이다.[24) 요컨대, 붕우는 선과 인을 친구에게 책려하고 권고하며 도와줌으로써 배움에 힘쓰고 덕에 나아갈 수 있게 하는 사람으로서 인륜질서의 구성요소가 된다는 것이다.

그래서 그에 따르면, 이러한 덕을 증진시키는 효율성을 가지는 붕우의 사귐은 하나는 두 사람의 의지에 달려 있고, 하나는 도에 달려 있어서 뜻이 같고 도가 합하면 천 년 이전의 고인과도 친구가 될 수 있다. 하물며 동시대에 함께 태어난 사람으로서 만리를 떨어져 있어도 마음이 하나가 되어 서로 인정하게 되면 이것이 도의를 따르는 사귐이고 성명에 따른 사귐이라고 보았다.[25) 곧 뜻이 같고 도가 합하는

---

24) 위의 책, 「內集」 卷1-3, 「杭傳尺牘」 「與篠飮書」, "容聞友者, 所以責善而輔仁也. 夫善與仁者, 人之所以爲人而不可一日而闕者也. 欲爲善與仁者, 又無責, 不可以强學, 無輔, 不可以進德. 此友之所以爲重而參之於君臣父子之倫也."

것은 고금원근(古今遠近)의 차이가 없이 사귀는 것이 가능하므로 이런 사귐이 바로 도의와 성명에 따르는 사귐이 된다. 그는 여기에서 유가적 도의(道義)와 성명(性命)이 가지는 시공간을 초월하는 보편적 통용가능성을 긍정하고 있다.

홍대용은 연경에 가는 기회에 중국에서 유가적 도덕 실천을 핵심으로 하는 뜻과 도를 함께 할 붕우를 사귐으로써 자신의 학문과 도덕을 발전시키는 계기로 삼았다. 그는 연경에 갔을 때 오팽(吳彭)을 만나서 이야기한 적이 있다. 여기에서 의리학과 경제학, 그리고 사장학을 구별하면서 세 가지 학문이 유기적으로 결합되어야 하며 그 가운데서도 의리학이 근본이 된다고 주장하였다.

> 오팽이 물었다. '귀국에서 학문이 가장 뛰어난 사람은 누구입니까?' 내가 대답하였다. '학문에는 세 등급이 있으니, 의리(義理)의 학이 있고, 경제(經濟)의 학이 있으며 사장(詞章)의 학이 있습니다.' …
>
> 나는 또 다시 웃으며 말했다. '세속의 유학자들이 고루한 의견을 가지고 의리를 버리면 경제는 공리(功利)에 빠지고 사장은 경박한 데 치우치니 어찌 학문을 말할 수 있겠습니까? 또 경제가 없으면 의리는 둘 곳이 없게 되고, 사장이 없으면 의리를 드러낼 곳이 없어집니다. 요컨대, 세 가지 가운데 하나만 버려도 학문을 말하기에 부족하지만, 의리는 그 근본이 아니겠습니까?'[26]

---

25) 『湛軒書』「內集」卷1-3, 「杭傳尺牘」「答朱朗齋文藻書」, "朋友之交, 一則在志, 一則在道. 其志同其道合, 尙或友古人於千載, 況生并此世, 萬里一心, 遙相印訂, 是道義之交也, 是性命之交也."

26) 『湛軒書』「外集」卷7-2, 「燕記」「吳彭問答」, "彭曰, 貴處學文極大者何人? 余曰, 學有三等, 有義理之學, 有經濟之學, 有詞章之學. … 余亦笑曰, 學分三等, 世儒之陋見, 舍義理則經濟淪於功利而詞章淫於浮藻, 何足以言學. 且無經濟則義理無所措. 無詞章則義理無所見. 要之三者舍一, 不足以言學. 而義理非其本乎?

오팽이 우리나라에서 가장 뛰어난 학자가 누구인가를 질문하자 홍대용은 반대로 학문을 의리, 경제, 사장 등 세 등급으로 나누면서 고루한 학자들이 이들을 각각 고립된 학문으로 인식함으로써 공리와 부박함에 빠지게 된다고 비판하였다. 특히 그는 의리를 근본으로 하여 경제와 사장이 모두 의리를 실천하고 드러내는 데 필요한 학문으로 상호 유기적으로 결합되어야 본연의 역할을 할 수 있을 것이라고 주장하였다. 여기에서 의리가 경제와 사장의 근본이 된다는 것에서 홍대용의 학문이 실용과 실학적 지향을 가지면서도 동시에 도덕적 지향이 그 토대에 놓여 있음을 알 수 있다.

요컨대, 홍대용은 인도의 실천 원칙을 세우고 그 원리를 밝히는 것을 통하여 유학의 도덕적 실천을 목표로 삼고 있다. 또한 그는 마음의 도덕적 본원을 확립함으로써 의리를 숙고하여 실천적 사업을 이루어야 한다고 강조하였다. 나아가 붕우와의 책려에 의한 사귐을 통하여 선과 인을 실천할 것을 주장하였다. 이러한 홍대용의 견해는 그의 철학체계가 유학의 도덕적 지평과 시야 안에 있음을 뜻한다.

홍대용의 저작 가운데는 사서와 삼경에 관한 「문변(問辨)」, 「문의(問疑)」가 있는데, 이들은 그의 경학적 사고의 특징을 보여주는 글이다. 여기에서 그는 주희가 성리학적 형이상학적 관점에서 행한 주석을 비평하면서 자신의 독자적인 해석을 제시하고 있다. 「중용문의」에는 『중용』 12장의 비은(費隱)에 관한 주희의 주석을 비판적으로 해석한 구절이 있다. 주희는 『중용장구』에서 비은에 대하여 '비'는 쓰임의 광대함을 뜻하는 것으로, '은'은 본체의 은미함으로 해석하여 도의 체용으로 이해하였다. 여기에 대하여 그는 이를 비판하면서 비은(費隱)을 경험적 현상의 부분과 전체로서의 분합(分合)의 관점에서 설명하였다.

> 내가 생각건대, 알 수 있고 행할 수 있는 것이 '은(隱)'이니, 은은 미미한 것이자 작은 것이다. 성인도 알지 못하고 할 수 없는 것과 천지가 감응하는 것이 '비(費)'이니, 비는 넓고 큰 것이다. 이른바 '크다'고 하고 '작다'고 하는 것은 비은의 뜻을 다시 해석하는 것이니, 이른바 '부부에서 실마리를 짓는다'고 하는 것이 은이고, 이른바 '천지에 드러난다'고 하는 것이 비이다. 이것으로 다시 군자의 도리를 말하여 장의 첫머리에 비은 두 글자의 뜻을 결론지었다. 대개 합하여 그 넓고 큰 것을 말할 때 '비'라 하고, 나누어서 그 미미하고 작은 것을 말할 때 '은'이라 한다. 그 말이 다른 것은 합해서 보느냐 나누어서 보느냐[分合]에 달려 있으며 체용(體用)에 달려 있지 않다.[27]

비와 은을 주희는 주로 형이상학적 상하 또는 이치와 현상, 체와 용의 관점에서 해석하였다. 반면 홍대용은 이를 경험적 현상의 영역 안에서 부분과 전체 즉 미미하고 작은 부분과 크고 넓은 전체의 시각에서 이해하였다. 어떤 경험적 현상 또는 사태를 예로 들어보자. 일정한 경험적 현상의 국면에는 대부분 전체적인 것이 있고 부분적인 것이 있다. 이때 일정한 현상의 체계를 전체적으로 조망할 때 이것은 '비'라 하는 반면, 전체 가운데 속해 있는 부분적인 것을 볼 때, 이것을 '은'이라 한다는 것이다. 여기에서 현상의 전체적 국면 가운데 한 부분에 치우치면, 그 부분은 전체로 볼 때 숨어 있는 것이고 그 부분을 중심으로 볼 때 나머지 부분은 덮이고 가려져서 보이지 않게 되므로 은미한 것이 된다. 반면 전체적 체계와 국면을 조망하는 것은 넓

---

27) 『湛軒書』「內集」 卷1-28a, 「中庸問疑」, "妄意, 可知可能者, 隱也. 隱者, 微也, 小也. 聖人之不知不能與天地之所憾者, 費也. 費者, 廣也, 大也. 所謂語大語小者, 所以重釋費隱之義. 其曰, 造端乎夫婦者, 隱也, 其曰察乎天地者, 費也. 所以申言君子之道而結章首費隱二字之義也. 蓋合而言, 其廣且大則曰費也. 分而言, 其微且小則曰隱也. 其言之異, 在於分合而不在於體用也."

고 크게 펼쳐져 있으므로 비가 된다고 할 수 있다. 홍대용이 비은을 분합의 관점에서 해석하는 것은 수평적으로 자연사물의 현상적 크기를 나누거나 합하여 이해하는 것으로 감각적 경험의 차원 또는 자연과학적 관점에서 이를 바라보는 것이다.

주희는 『중용』 20장에서 26장까지, 그리고 대덕소덕론(大德小德論)에 속하는 27장에서 32장까지의 각 장을 모두 천도와 인도로 나누어 설명하였다. 여기에 대하여 홍대용은 21장에서 천도와 인도를 나누는 것은 모두 그렇다고 할 수 없을 것 같으며 인도로 말미암아 변화할 수 있음[能化]에 이르면 이것 또한 천도가 된다[28]고 하였다. 이것은 인간의 주체적인 인도의 실천을 통하여 천도에 이름으로써 양자가 합해지는 것이 가능하다고 본 것이다. 천도와 인도의 합일에 관해서는 다음과 같은 내용의 분석이 이어진다.

> 『중용』 21장 이하는 모두가 성인의 위대한 도를 찬미하면서 천하의 표준을 세우고, 닦고 성찰하는 방법을 말하면서 배우는 자의 노력을 보여주는 것이다. 그 말이 크던 작든 얕든 깊든 간에 시원하게 거침이 없어서 인위적인 노력 없이 자연스럽게 행하는 듯하다. 그런데 이제 경계를 나누고 구절마다 안배하여 그것을 읽는 자로 하여금 지엽적인 것에 마음을 쏟고 뜻을 원만하고 융통성 있게 하지 못하니, 이해할 수 없다.[29]

여기에서 홍대용은 『중용』 21장에서 32장까지를 주희가 장별로 천

28) 『湛軒書』 「內集」 卷1-27a, 「中庸問疑」, "二十一章天道人道之分屬, 亦恐未必盡然, 由人道而至於能化, 則是亦天道也."

29) 위의 책, 같은 곳, 「中庸問疑」, "蓋二十一章以下, 皆所以讚聖道之大而立天下之準. 言修省之方而示學者之功. 其言或大或小或淺或深, 沛然若行其所無事. 今乃分裂間架, 節節排定, 使讀之者, 玩心枝葉, 意不圓活, 是不可曉也."

도와 인도를 구별하여 분속시킨 것에 대해 이 장들은 성인의 도, 천하의 표준을 세워서 닦고 성찰하는 방법과 배우는 자의 노력을 보여주는 것으로서 천도와 인도가 함께 융합되어 있는 것으로 보아 경험을 통한 인간의 실천적 노력과 능동성을 강조하고 있다. 이처럼 도덕적 목표로서 인도를 경험적 지평에서의 주체적 능동적 실천을 통하여 실현하는 것을 강조함으로써 그의 경학사상 체계에는 도덕적 실천으로 수렴하는 노력과 함께 경험적 지평으로 확산하는 쌍방향의 힘이 균형을 이루고 있다고 할 수 있다. 이러한 홍대용의 철학체계는 널리 배워 익혀서 예로 요약하여 실천한다는 박문약례(博文約禮)의 전통적 실천원칙을 여전히 유지하는 것이다.

홍대용이 구체적 일상에서의 경험적 실천을 통한 실제적인 노력을 강조하면서 도덕적 실천을 언급하는 것은 경의 의미를 설명하는 데서도 시사하고 있다. 그는 주일무적으로 경을 이해하였던 송대 정이의 해석은 경의 뜻을 다 설명하기에 충분하지 않으며 학문이 의거할 수 없을 것 같다고 보았다. 또한 그는 엄숙함과 공경함과 두려워함으로 먼저 하지 않고 주일무적만 일삼으면 치우쳐서 보고 잘못 대응하는 결과를 가지게 될 것이라고 경계하였다. 요컨대, 경할 수 있으면 실로 주일무적하게 되지만, 주일무적한다고 해서 곧 경을 한다고 말할 수는 없다[30]고 하였다. 이러한 시각은 구체적인 일에 나라가 엄숙하고 공경하며 두려움을 가지는 것에 중점을 두는 것으로 경을 보다 실천적인 상황에 나아가 행해야 할 것으로 이해하는 것이라 할 수 있다.

---

30) 위의 책, 같은 곳, 1-16a, 「論語問疑」, "敬者主一無適之謂. ○竊意主一無適, 恐不足以盡敬之義, 而學之無可依據, 且不先之以嚴恭寅畏, 而徒事乎主一無適, 則不幾於耽看錯應之歸乎. 妄意能敬者固主一無適, 而主一無適, 不足以言敬也."

5. 기철학의 자연과학과의 만남과 그 영향

이 장에서는 홍대용이 서양 자연과학사상을 접하면서 그의 철학 체계 가운데 기 개념이 어떠한 의미의 함축과 변용을 기하는가 하는 점과 서양 천문학을 통한 전통 천문학에 대한 수정된 이해 내용에 대하여 고찰하고자 한다. 『의산문답(毉山問答)』은 홍대용이 서양 자연과학을 수용하여 입론한 저작이다. 이 밖에 「주해수용내편(籌解需用內編)」 속에는 천문의 원리와 현상을 수리적 연산의 측면에서 세밀하게 정리한 내용이 담겨져 있다. 이 가운데 『의산문답』에는 전통적 천문학을 고수하는 허자(虛子)와 새로운 서양과학 사상에 대한 조예를 가지고 있는 실옹(實翁)을 등장시켜 토론하게 하면서, 실옹이 허자를 계몽하는 형식으로 글을 구성하였다. 이 장에서는 『의산문답』에서 논의되는 실옹과 허자의 천문과학에 관한 토론을 중점적으로 살펴보기로 한다.

먼저 홍대용은 장재의 기철학의 개념을 가지고 천지에 가득 차 있고 지구를 둘러싸고 있는 자연세계에서 기의 특성과 상태를 설명하고 있다.

> 천공은 텅 비어 있고[太虛] 가득 차 있는 것은 기(氣)뿐이다. 안과 밖이 없고 시작과 끝도 없다. 기운이 쌓여 왕성하게 넘치면 엉기어 모여서 형체가 이루어진다. 허공에 두루 퍼져 있으면서 한 곳에서 회전만하는 것이 이른바 지구, 달, 해와 별이 이것이다.[31]

---

31) 「毉山問答」, "太虛寥廓, 充塞者, 氣也. 無內無外, 無始無終, 積氣汪洋, 凝聚成質, 周布虛空, 旋轉停住, 所謂地月日星, 是也."

여기에서 홍대용은 장재와 달리 태허(太虛)를 우주의 질료적 근원으로서 기의 본체로 보기보다는 단순히 천지 사이의 빈 공간으로 인식하고 있다. 또한 천지 사이에 가득 차 있던 기가 엉기고 모여서 천체를 이루는 것으로 보았다. 이러한 시각은 결국 경험적 현상의 관점에서 기를 단순한 물리적 현상을 이루는 질료적 존재로 바라보는 것이다. 홍대용이 사용한 적기(積氣), 허기(虛氣), 운기(雲氣), 후폐지기(喉肺之氣) 등은 이러한 측면을 강조하는 기 개념의 목록이라고 할 수 있다.

그는 또한 일식과 월식 현상을 설명하면서 지구와 달 표면이 원형임을 논증하고 있다. 그는 다음과 같이 언급하였다.

> 달이 해를 가리면 일식이 생기는데 해가 가려진 모습이 반드시 둥근 것은 달이 둥글기 때문이다. 지구가 해를 가리면 월식이 생기는데, 달의 가려진 모양이 둥근 것은 지구의 형체가 둥글기 때문이다. 그러니 월식은 지구 형체를 비춘 것이다. 월식을 보고도 지구가 둥긂을 모르는 것은 마치 거울을 당겨 스스로 비추고도 자기 얼굴을 모르는 것과 같으니, 또한 어리석지 않은가? 옛날 증자는 '하늘은 둥글고 땅은 네모지다면 땅의 네 모서리가 서로 맞물릴 수 없다고 하였으니, 이 말은 유래가 있다.[32]

홍대용은 이 구절에서 일식과 월식은 지구와 달이 태양의 빛을 받아 서로 거울과 같이 비추어주는 데서 생기는 것으로 말하고 있다. 이어서 증자(曾子)가 땅이 둥근 하늘과 어울리려면 네모져서는 안 될 것이라는 말을 한 것도 그러한 까닭이 있었기 때문이라고 하여, 공자

32) 『湛軒書』「內集」卷4-19b,「毉山問答」, “月掩日而蝕於日, 蝕體必圜, 月體之圜也. 地掩日而蝕於月, 蝕體亦圜, 地體之圜也. 然則月蝕者, 地之鑑也. 見月蝕而不識地圜, 是猶引鑑自照而不辨其面目也, 不亦愚乎. 昔者曾子有言曰, 天圓而地方, 是四角之不相掩也. 此其言有自來矣.”

당시 증자가 말하는 천지에 대한 이해를 인용하고 있다. 또한 그는 지구의 구만리라는 둘레와 12시간이라는 하루의 길이를 가지고 지구의 자전 속도가 얼마나 빠른지를 설명하고 있다. 아울러 지구의 자전 속도가 기운이 땅쪽으로 모이게 되는 이유를 설명하고 있다.[33] 이처럼 홍대용은 지구의 물리적인 속도와 거리를 통한 계산으로 지구와 관련한 자연과학적 추론을 행하고 있다.

나아가 홍대용은 경도와 위도, 남북극 개념에 대한 해설을 통하여 지구에 대한 측량과 거리 기준을 설명하고 있다. 그에 따르면, '지구를 측량하는 것은 하늘을 측량하는 것을 준칙으로 삼고, 하늘을 측량하는 것은 남북 양극에 근본을 둔다. 하늘을 관측하는 방법에는 날줄과 씨줄이 있다. 그래서 줄을 드리우고 올려 보아 그 직선이 되는 도수를 살펴서 이를 천정이라고 명명한다. 극으로부터 거리의 원근에 따라서 위도가 얼마라고 말한다.'[34] 홍대용은 여기에서 지구에 대한 측량을 언급하면서 경도와 위도, 그리고 남극과 북극의 극 개념을 도입하고 있다. 구체적으로 홍대용은 하늘에 대한 관측이 지구에 대한 관측의 기준이 되는 점에서 그 상호관계를 설명하고 있다.

이어서 그는 여러 가지 구체적인 사례를 비유적으로 표현하면서 지구 자전과 운동력을 낳는 힘으로써 기 개념을 다음과 같이 설명하였다.

> 새가 빙빙 돌면서 하늘을 날고 구름이 펼쳐지고 말리는 것은 마치 물

---

33) 위의 책, 같은 곳, 卷4-20b, 「毉山問答」, "夫地塊旋轉, 一日一周, 地周九萬里, 一日十二時, 以九萬之濶. 趍十二之限, 其行之疾, 亟於震電, 急於炮丸. 地旣疾轉, 虛氣激薄, 閡於空而湊於地, 於是有上下之勢, 此地面之勢也. 遠於地則無是勢也."

34) 위의 책, 같은 곳, 卷4-21a, 「毉山問答」, "量地準於測天, 測天本於兩極, 測天之術, 有經有緯. 是以垂線而仰測其直線之度, 命之曰天頂, 距極近遠, 命之曰幾何緯度."

고기와 용이 물에 있고 두더지가 땅 속을 다니듯이 모이는 기에서 움직이는 것으로 기울거나 넘어질 염려가 없으니, 하물며 지표면에 붙어 있는 사람과 사물은 어떠하겠는가? 그대는 또 생각이 너무 없도다! 지구가 도는 것과 하늘이 도는 것은 그 형세가 같다. 만약 쌓인 기운이 빠르게 움직여서 회오리바람보다 사나우면 사람과 사물이 쓰러지고 넘어지는 것이 필시 배나 심할 것이다. 마치 개미가 맷돌에 붙어 있으면 빨리 돌아도 느끼지만 못하지만 바람을 만나면 쓰러지는 것과 같다. 하늘의 운행은 이상하게 생각지 않으면서 지구의 회전을 의심한다면 생각이 너무 없는 것이다.[35]

홍대용은 곧 지구 주위를 돌고 있는 기운으로 중력의 법칙을 이야기하고 있다. 또 구체적으로 지구 자전과 그 운동력이 기에 말미암는 것으로 설명하고 있다. 이러한 설명은 홍대용이 수리로 계산할 수 있는 물리학적 의미의 기 개념을 받아들이고 있다고 추론할 수 있는 근거가 된다.

홍대용은 또한 기의 취산을 통하여 형성되고 소멸하는 것으로서 지구와 우주의 생멸과 나이를 해설하였다. 그에 따르면, 사물에 형체와 바탕이 있는 것은 결국 반드시 무너진다. 엉기어 체질을 이루었다가 녹으면 기로 돌아간다. 지구가 열리고 닫힘이 있는 것은 그 이치가 분명하다. 다만 하늘은 텅빈 기가 끝없이 널리 퍼져 있는 것으로 형체도 없고 조짐도 없으니, 열려서 어떤 사물이 되고 닫혀서 어떤 사물이 된다고 하는 것은 생각이 너무 짧은 것이다. 내가 세상에 난

35) 위의 책, 같은 곳, 卷4-21a, 「毉山問答」, "若飛鳥之迴翔, 雲氣之舒卷, 如魚龍在水. 如土鼠行地, 涵泳於湊氣. 無慮其靡仆. 況人物之附於地面乎. 且爾不思甚矣. 地轉天運, 其勢一也. 若積氣驅走, 猛於颮颶, 人物靡仆, 必將倍甚. 譬如蟻附磨輪, 疾轉而不悟, 遇風而靡, 無怪於天運, 而疑之於地轉, 不思甚矣."

것을 일원(一元)이라는 주기로 계산하더라도 몇천만 억이나 되는지 알 수 없고 우주의 각 세계를 돌면서 엉기고 녹는 것을 본다고 해도 그 몇 천만억 년인지를 알지 못한다.36) 홍대용은 여기에서 우주와 지구가 생멸하는 시간은 그 크기가 거대하여 알 수 없다고 하였다. 우주의 물리학적 시간의 연장과 생멸의 문제를 기 개념을 통하여 설명하고 있다.

전통시대에는 역법가들이 책력과 달력을 제작했다. 홍대용에 따르면, 책력과 달력을 이용하여 술수가들이 별자리에 배당하여 길흉의 형세를 판단하는 것으로 견강부회하는 폐단을 드러냈다고 보았다. 곧 책력과 달력을 제작하는 것은 역법가들이 수리적인 계산에 따라 천구를 일정하게 나눈 각도를 기준으로 하는 것이다.37) 홍대용은 여기에서 술가들이 중국의 전 지역을 이십팔수에 배당하여 그 형세를 판단하고 길흉을 보는 것은 견강부회하는 일이며 망령된 일이라고 비판하였다.

36) 위의 책, 같은 곳, 卷4-23b, 「毉山問答」, "實翁曰然, 物之有體質者, 終必有壞, 凝以成質, 融以反氣. 地之有閉闢, 其理固也. 惟天者虛氣, 蕩蕩灝灝, 無形無眹, 開成何物, 閉成何物, 不思甚矣. 夫吾之出世, 計以一元, 不知其爲幾千萬億, 周遊各界, 閱其凝融, 又不知其爲幾千萬億."

37) 위의 책, 같은 곳, 卷4-26a, 「毉山問答」, "惟曆象推步, 資於宮度, 星之有名, 曆家之權定也. 乃若繁衍牽合, 參以俗事, 轉作術家之欛柄, 支離乖妄, 極於分野. 夫地界之於太虛, 不啻微塵爾, 中國之於地界, 十數分之一爾. 以周地之界, 分屬宿度, 猶或有說. 以九州之偏, 硬配衆界, 分合傅會, 窺覘灾瑞, 妄而又妄, 不足道也."

6. 기 개념의 중층적 지평확대

이 글에서는 홍대용(洪大容)이 제시한 리기심성론을 포함하는 경학사상과 자연과학과의 만남에 따라 그의 철학체계에서의 도덕과 과학의 병행에 따라 도덕적 지평이 어떻게 확대되었으며 어떻게 귀결되었는가를 살펴보았다. 특히 이 글에서는 홍대용의 학문 체계를 이루는 기본 명제를 세 가지로 제시하고자 하였다. 첫째는 의리학은 경제학 또는 실용학의 토대이다. 둘째, 진실한 마음은 개관적 사실과 상황에서 실증된다. 셋째, 도덕적 당위와 경험적 사실은 분리되어 병행한다. 이들 명제는 홍대용의 학문 체계가 지니는 핵심적 특징을 드러내준다. 이러한 이론적 특징에 대한 해명과 함께 홍대용이 절대적 진리의 이념을 이론화하는 성리학에 대한 재해석과 전통적 화이관을 탈피하여 상대적 세계관을 피력하는 이론적 기초로서 그의 기철학의 특징을 해명하고자 하였다. 특히 그가 기 개념에 어떻게 자연과학적 사고를 받아들였는가 하는 점과 기가 리와 어떠한 상관적 의미를 가지는가를 살펴보고자 하였다. 이를 통하여 홍대용의 학문이 서양 과학사상을 수용함으로써 그의 기철학의 측면에서 도덕과 과학이 병행하면서 지평이 확대되었으며, 동시에 그의 철학 체계에는 도덕적 지향과 수양론이 여전히 병행하고 있음을 제시하고자 하였다.

먼저 홍대용은 사람과 사물에 있어서 리가 동일하게 인(仁)으로 이해됨으로써 사람과 사물이 동등한 존재론적 지위를 가지고 있는 것으로 이해한다. 또한 그가 말하는 리기는 자연과학적 특성을 가지는 기에 의탁해 있는 조리와 법칙으로서의 리를 기본적 의미로 삼고 있다. 그리하여 그의 리기 개념은 기본적으로 자연현상과 법칙으로서의 특성을 가지고 있다. 그러나 인간 사회에서의 도덕적 문제와 연관하여 리기는 인간과 사물에 공통되는 것으로 해석되기는 하지만 그대로 인의예지로 전환됨으로써 도덕적 의미를 동시에 가지고 있다. 이 점에서 리기 개념은 가치중립적 의미와 함께 도덕적 의미로서의 계기를 함께 가지고 있다.

홍대용은 젊은 시절 낙론 계열의 학문을 계승하면서 선진 유가 경전에 대한 이해를 통하여 자신의 학문적 토대를 닦았다. 이로부터 기본적으로 선진 유학의 도덕실천론에 대한 경학적 견해를 제시하였다. 뿐만 아니라 그는 장재, 이정자, 그리고 주희를 중심으로 하는 송대 성리학적 경학에 대한 비판적 참조를 통하여 성리학에 대한 조예와 함께 경학에 있어서 실천적 사유를 구체화하였다. 홍대용의 철학체계는 널리 배워 익혀서 예로 요약하여 실천한다는 박문약례(博文約禮)의 전통적 실천원칙을 여전히 유지하고 있다.

요컨대, 홍대용은 성리학의 기철학에서의 기 개념을 활용하여 서양 자연과학 특히 천문학의 여러 과학적 현상을 설명하는 의미를 포용하여 기 개념을 변용하였다. 이러한 기 개념의 의미 확장은 전통적 의미의 호연지기와 같은 도덕적 기운을 뜻하는 의미와 함께 물리적인 현상을 가리키는 자연과학적 개념이 같은 기의 의미 속에 병존하는 것을 의미한다. 이러한 개념적 지평의 확대는 홍대용의 철학 체계가 목적론적인 도덕적 지향과 함께 경험적 사실과 그 법칙에 대한 개념적 토대를 동시에 가지고 있음을 뜻한다. 이러한 관점은 정치 사회적 질서를 지향하는 목적을 가지고 구성되는 규범체계와 자연과학과 기술을 바탕으로 인간 삶의 조건을 충족시켜 주는 실용적 수단에 대한 필요성을 홍대용이 기론적 철학 체계에 담아내고자 한 데 그 이유가 있다고 할 수 있다. 이렇게 볼 때, 홍대용의 철학이 자연과학과의 만남을 통해 드러낸 도덕적 지평의 확대는 자연과학적 세계관의 개념적 수용을 통하여 도덕적 지평과 경험 사실적 세계를 대립적 차원이 아니라 상보적 차원으로 설정하는 것으로 조정되고 있다고 할 수 있다.

【참고문헌】

홍대용, 『담헌서(湛軒書)』, 『담헌연기湛軒燕記』, 『의산문답醫山問答』, 『주해수용籌解需用』.

이경구, 『조선후기 사상사의 미래를 위하여』, 서울: 푸른역사, 2013.

강춘화, 「홍대용의 실증설-朱熹說과의 比較를 中心으로」, 『철학』 66, 한국철학회, 2003.

구만옥, 「동서의 만남과 실학: 동아시아 지식세계와 마테오 리치 : 마테오 리치(利瑪竇) 이후 서양 수학에 대한 조선 지식인의 반응」, 『한국실학연구』 20, 한국실학학회, 2010.

김선희, 「서학을 만난 조선 유학의 인간 이해 –홍대용과 정약용을 중심으로」, 『동양철학연구』 68, 동양철학연구회, 2011.

김용헌, 「서양 과학에 대한 홍대용의 이해와 그 철학적 기반」, 『철학』 43, 한국철학회, 1995.

금장태, 「북학파의 실학사상-洪大容의 科學精神과 朴趾源의 實用精神」, 『정신문화연구』 4, 한국정신문화연구원, 1981.

김정호, 「홍대용 『의산문답(醫山問答)』의 정치사상적 특성과 의의」, 『동양정치사상사』 6, 한국동양청치사상사학회, 2006.

김지영, 「홍대용의 「의산문답」을 통해 살펴본 한국 생태 사상의 가능성」, 『어문연구』 33, 한국어문교육연구회, 2005.

김현철, 「19세기 전반기 연행사절의 중국관」, 『한국정치외교사논총』 36, 한국정치외교사학회, 2014.

문중양, 「조선후기 실학자들의 과학담론, 그 연속과 단절의 역사 –기론(氣論)적 우주론 논의를 중심으로」, 『정신문화연구』 26, 한국정신문화연구원, 2003.

배수찬, 「조선 후기 인성론(人性論) 논쟁의 이해 방식에 대한 연구 –윤리학적 관심과 과학적 관심의 대립을 중심으로」, 『한문교육연구』 23, 한국한문교육학회, 2004.

진예숙, 「담헌 홍대용(湛軒洪大容)의 성리학적 견해 소고」, 『한문고전연구』 24, 한국한문고전학회, 2012.

이경구, 「조선 후기 주변 인식의 변화와 소통의 가능성 –18세기 연행록과 북학파를 중심으로」, 『개념과 소통』 2, 한림대 한림과학원, 2009.

이봉호, 「홍대용, 전통적 세계관을 쏘다」, 『인문과학연구』 16, 덕성여대 인문과학연구소, 2011.

허남진, 「홍대용(1731~1783)의 과학사상과 이기론」, 『아시아문화』 9, 한림대 아시아문화연구소, 1993

『만물진원(萬物眞源)』과 『벽사록변(闢邪錄辨)』

- 성리학-서학의 갈등과 '도(道)-기(器)' 구도의 출현 -

이원석

* 이 글은 『대동철학』 제79집(2017. 9), 263-294쪽에 수록되었던 「이항로의 천주교 비판과 그 존재론적 기초」를 수정 · 보완한 것임.

1. 서교의 중심지 양근과 이항로의 주변

이항로가 태어난 경기도 양근(오늘날의 남양주 일부 및 양평)은 19세기 조선 사상사에서 극히 의미심장한 곳이다. 왜냐하면 조선의 천주교가 양근에서 자생하여 전국으로 퍼져 나갔고, 그와 상극인 위정척사 사상도 약 30~40년 후 이항로에 의해 그곳에서 성립했기 때문이다. 따라서 우리는 양근이라는 지역의 특수성을 배경으로 이항로의 위정척사 사상을 검토해야 하고, 그러려면 먼저 양근 지역 내 천주교의 전파 상황을 일별할 필요가 있다.

양근 지방에 천주교를 전파한 인물은 이벽(李檗, 1754~1785)이었다. 그는 1784년 양근 땅 감산[鑑湖]에 사는 권철신(權哲身, 1736~1801)을 찾아가 전도 활동을 하고 끝내 그를 기독교로 개종시켰다. 권철신은 그 전부터 일종의 철리(哲理) 연구회를 주어사(走魚寺)와 천진암(天眞庵)에서 개최하면서 대안적 사상을 모색했고 그 추종자들도 상당히 많았기 때문에 이벽의 전도 대상이 되었던 것이다.

권철신과 더불어 그 동생 권일신(權日身, ?~1791)도 입신하였고, 이들에 의해 천주교가 전파되기 시작했으니, 가까이는 양근의 정약전(丁若銓, 1758~1816), 정약종(丁若鍾, 1760~1801), 정약용(丁若鏞) 3형제가 그에게 배웠고, 멀리는 충청도 아산 땅 내포(內浦)의 이단원(李端源, ?~1801)이 권일신에게 교리를 배웠다.[1] 이렇듯 양근 지방은 조선 천주교의 요람이었고 그런 만큼 1801년 신유교옥(辛酉敎獄) 당시 수많은 순교자가 배출되었다.

양근은 적어도 19세기 전반기까지는 조선 천주교의 핵심 근거지 중 하나였던 것으로 보인다. 중국인 신부 주문모 이후 처음으로 조선에 들어온 프랑스인 선교사 모방(Pierre-Philibert Maubant, 1803~1839)은 동료 신부 샤스땅(Jacques-Honoré Chastan, 1803~1839)이 1837년 조선에 입국하자, 본인은 양근 땅 정약종의 둘째 아들인 정하상(丁夏祥, 1795~1839)의 집으로 숨어들어 조선말을 배웠고, 그후 양근을 방문한 샤스땅 신부와 함께 부활절 예배를 드렸다.[2] 1837년은 인근의 이항로가 「논양교지화(論洋敎之禍)」를 저술한 바로 이듬해이기도 했다.

이항로가 이들 천주교도들과 더불어 인적 교류가 있었는지 여부는 아직 확인되지 않았다. 그러나 그의 부친 이회장(李晦章)은 당시 양근에서 천주교가 확산되고 있음을 잘 알았고, 1800년에는 서교(西敎)의 확산을 우려하여 거주지 인근의 사민(士民)들을 대상으로 반천주교 논설을 펼쳤다. 그의 노력으로 인해 1801년 신유교옥 때 그의 주변에서 연루자가 나오지 않았다고 그의 「유사(遺事)」는 전한다.[3] 하지만 그런 이회장도 척속의 아들이 천주교에 연루되어 끝내 처형당했던 일은 막지 못하

1) 柳洪烈, 『증보 한국천주교회사』 상권(서울: 가톨릭출판사, 1975(재판)), 88-89면.

2) 柳洪烈, 위의 책, 301면.

3) 『華西集』 卷28, 「皇考友鹿軒府君遺事」, "正宗庚申, 西洋天主之說, 廣行一國, 鄉曲婦孺, 亦多浸染. 府君大爲之懼, 闢之甚嚴. 聞其緖論者, 皆知正學之可尊異說之可斥. 翌年辛酉, 大行天討, 死者相續, 而旁近士民, 無一連累, 識者以爲府君之力也."

였다. 그는 노론계 유일의 천주교도인 김건순(金健淳, 1776~1801)에 의해 천주교에 입신했던 인물이었다.

> 부군께서는 척속 한 사람에 대해 항상 그가 굶주리고 추위에 떠는 것을 불쌍히 여겨서 매우 도탑게 부양해 주었다. 하루는 그 아들이 갑자기 가벼운 갖옷을 입고 살진 말을 타고서 찾아왔다. 부군께서는 놀라서 연유를 물었다. 그는 "모인(某人) 건순이라는 자와 더불어 마음을 허락하고 같이 배웠고 재화를 통하고 있습니다"라고 답했다. 부군은 "배우는 것이 사악한지 바른지 여부는 일단 놔두고 얘기하지 말자. 네 아버지는 평생 구걸하며 살아왔는데 너는 갑자기 부귀한 모양을 내고 있구나. 이 일만으로도 벌써 매우 합당하지 않다. 너는 가거라. 동지와 생사를 같이 하고, 다시는 나를 찾아오지 말라"라고 말했다. 그 사람은 원한을 품고 떠나갔고 한 달여 만에 사로잡혀 처형당했다. 그 동지들이 같이 중형을 받아서 조금이라도 알고 지낸 사람들 상당수가 조사를 받았으나, 부군만은 혐의가 전혀 없었다.[4)]

김건순은 청음 김상헌의 후손으로서 노론계 가문에서 태어났지만 권철신과 이가환에 의해 천주교에 입신했던 인물이다. 그는 학문적 수준도 높고 인품도 뛰어났으며 특히 남을 위해 희사(喜捨)를 많이 했다고 전해진다. 이런 김건순과 교류한 이회장의 척속 아들이 누구인지는 분명하지 않지만 우리는 그가 김백순(金伯淳, ?~1801)일 것으로 추정한다.

『황사영백서(黃嗣永帛書)』에 따르면, 김백순은 김건순의 족형(族兄)으

4) 上同, "府君於戚屬一人, 常憐其飢寒, 撫養甚摯. 一日其子忽衣輕裘乘肥馬, 突如而來. 府君驚詰其故, 答曰, 與某人健淳, 許心同學, 與通貨財. 府君曰, 所學邪正, 置之勿說. 子之父平生寒丐, 而子忽有富貴樣. 只此一事, 已甚乖當. 子其去矣, 與同好者, 死生與同, 不復見我也. 其人銜恨而去, 居月餘被誅. 黨與並底重刑, 稍與相識, 亦多收司, 而府君獨脫灑."

로 서울에 살며 집안이 매우 가난하였다고 한다. 김백순은 성리학에 만족하지 못하고 노자(老子)를 연구하다가 자신의 학문이 서교(西教)와 유사하다는 주변인들의 지적을 받고 비로소 서교를 접했으며 이내 그 신앙을 받아들였고, 먼저 자신의 모친을 개종시키기에 이르렀다. 그러자 그의 외삼촌이 그를 달래고 타일렀으나 끝내 설득에 실패하자, "네가 내 말을 듣지 않으면 너와 절교하겠다"고 말했다. 이에 대해 김백순은 "차라리 아저씨와 절교를 할지언정 우리 주님과는 절교할 수는 없습니다"라고 말했다고 한다.

김백순의 외삼촌 입장에서 김백순은 척속의 아들에 해당된다. 그리고 그 외삼촌이 했던 말 "네가 내 말을 듣지 않으면 너와 절교하겠다"는 말은 위 「유사」의 "너는 가거라. …다시는 나를 찾아오지 마라"는 말과 더불어 의미가 합치한다. 이런 우리의 추정이 사실과 부합한다면, 김백순은 이항로의 고종사촌이 되는 셈이다. 설사 이런 추정이 사실과 들어맞지 않는다고 하더라도, 이회장의 척속의 아들이라고 한다면 그는 이항로와 매우 가까운 관계인 것만은 틀림이 없으며, 「유사」를 직접 저술한 이항로가 그런 사실을 몰랐을 리도 없다.

양근에서 천주교 박해가 한창이던 1800~1801년 경 이항로는 9~10세의 어린이였다. 김평묵(金平默, 1819~1891)이 지은 이항로의 「행장(行狀)」을 보면, 이항로의 유년기에서 주목할 만한 두 가지 내용이 수록되어 있다. 첫 번째는, 이회장이 이항로에게 소식(蘇軾, 1037~1101)의 글을 읽지 말도록 훈계했다는 내용이다. 「행장」에 따르면, "신은 평소 정모(程某)의 간사함을 미워하여 그에게 좋은 태도를 취한 적이 없다"는 소식의 상주문 내 한 구절을 이회장이 읽고서 그런 금지조치를 내렸다고 한다.[5] 이 일화가 중요한 까닭은, 이후 이항로가 『벽사록변』을 지을 때 바로 부친의 이 훈계를 머리말로 수록했기 때문이다.

북송대에 왕안석의 신학(新學) 세력이 잠시 약화되고 구법당 영수였던 사마광이 죽자, 그 틈을 타고 소식의 촉학(蜀學)과 정이(程頤, 1033~1107)의 낙학(洛學)이 주도권을 다투는 이른바 낙촉당의(洛蜀黨議)가 발생했는데, 그 과정에서 소식은 정이를 위와 같이 비난한 바 있다.[6] 촉학은 유·불·도 절충론의 성격을 띠고 있어[7] 후대의 도학자들 특히 주희는 그런 촉학을 사이비 학문으로 여기면서 극히 부정적 태도를 취했다.

이런 사상사적 배경을 시야에 놓고 보았을 때, 강한 당파의식과 유교독존주의를 갖고 있던 이회장이 비판하고자 했던 것은, 유학과 서학을 종합하려 했던 당시 일부 유학자들이었을 가능성이 크다. 유학과 서학을 종합하려는 경향은 권철신 등 양근의 선비들에게 잘 알려져 있었을 것이고, 무엇보다 정약용은 상제설(上帝說)과 성기호설(性嗜好說) 등을 통해 유교와 기독교의 종합을 모색한 바 있다. 그런 학문적 시도는 소식의 절충론과 유사하게 보였을 것이고, 이회장은 소식에 대한 비판을 통해 그런 경향을 비판하려 했으리라 추론할 수 있다. 다시 말해 그는 오염되지 않은 순정(純正)한 성리학을 보호하려 했고, 아들 이항로는 부친의 그러한 지향을 평생토록 마음에 되새겼을 가능성이 매우 높다.

이항로의 유년기에서 주목해 볼 만한 또 하나의 기사는, 부친 이회장의 벗 남기제(南紀濟)와 아홉 살 소년 이항로 사이에 있었던 논쟁

5) 『華西集』, 「附錄」, 卷8, 「行狀」, "嘗看東坡奏藁, 至曰臣素疾程某之奸, 未嘗假以辭色, 大惡之. 戒先生無得誦習蘇氏書. 其教之義方, 大抵皆此類也." *蘇軾의 「再乞郡劄子」를 보면, 본래 표현은 "只因臣素疾程頤之奸, 形于言色"이다.

6) 이와 관련하여 吾妻重二, 『宋代思想の研究』(大阪: 關西大學出版部, 2009), 43-46면을 참조.

7) 이원석, 「북송대 인성론 연구」(서울대 박사학위논문, 2011)

이다. 『연보』를 보면, 남기제는 이회장 및 동료들과 모인 자리에서 기철학적 견해를 개진한다. 이때 옆에서 시좌하고 있던 이항로는 세계가 일리(一理)일 뿐이라고 반박하면서, 만약 기론(氣論)을 견지할 경우 사회 규범이 정립되기 불가능할 것이라고 주장했다.[8)]

이 사건에서 눈에 띄는 것은 남기제의 견해이다. 리기론(理氣論)이 주류이던 당시 조선에서 세계의 근원이 일기(一氣)라고 주장하는 것은 상당한 파격이다. 비록 동인들 간의 사적 회합에서 이런 주장이 나왔다 하더라도, 일기설(一氣說)이 공공연하게 운위되었다는 것은 19세기 초 조선 성리학 영역 내에서 무언가 큰 변화의 조짐이 있었다는 추정을 가능케 한다. 소년 이항로는 일리설(一理說)이라고 불릴 만한 이견을 남기제에게 표명했다. 문인 김평묵은 이항로의 주리설이 이때에 연원을 둔다고 보아 적극 평가하고 있다.[9)] 오늘날의 우리는 이 사건을 문자 그대로 믿을 이유는 없으나, 남기제가 주기설 쪽에 있었고 이항로가 초년 시절부터 거기에 대해 문제의식을 갖고 있었다는 정도로 추정하는 것은 큰 무리가 없을 듯하다.

여기서 우리는 상상력을 발휘해 보고자 한다. 10대 시절 이항로의 이웃마을에서는 조선 천주교의 핵심 인물들이 활동했고 또 처형도 당하는 상황이었다. 부친 이회장의 척속은 그 아들이 처형을 당하기까지 했다. 그런데 천주교는 만물의 근원을 천주(天主)라고 하면서 리(理)를 일개 속성으로 격하시켜 버림으로써 성리학을 전면 부정해 버렸

---

8) 『華西集』, 「附錄」 卷9, 「年譜」, "庚申 - 先生九歲", "先生知識稍進. 參判公爲先生, 博延當世文學有識之士, 如華玉辛公耆寧雪下南公紀濟, 白石李公正儒, 華蓋李公正仁來會, 輒置酒談論經史, 令先生侍坐參聽. 時年甫八九歲. 一日南公忽曰, 吾近日得一新見, 天地間萬事, 只是一箇氣而已. 先生進前曰, 以小子觀之, 天地間萬事, 只是一箇理而已. 南公笑曰, 此非爾所及也, 畢竟一箇氣而已. 先生曰, 長者一向力主此說, 則將來長者脚下, 必有當街打人之人, 將何以禁之."

9) 上同, "盖先生平生主理之論, 實出於天成定見也."

다. 이에 대한 성리학 측의 즉각적 반응은 당연히 리의 복권일 것이다. 당시 사대부들 사이에서 이런 방향으로 담론이 형성되어 있었고, 이항로는 부친으로부터 그것을 전해 듣지 않았을까?

2. 이항로의 『논양교지화』와 '도덕(道德)—공장(工匠)' 구도

이항로의 『논양교지화』는 1836년(45세) 작품으로 그의 주요 저술들이 나오기 이전에 지어진 글이므로, 우리는 이 글을 통해 그의 초·중반기 문제의식이 무엇이었는지를 가늠할 수 있다. 『논양교지화』는 현재 실전(失傳)되었고 그 일부만 『연보』에 남아 있을 뿐이지만 그 핵심 논지를 파악해내는 데 큰 어려움은 없다.

그는 글 서두에서 '이단사설'을 독화살로 비유하고 있다. 독화살이 사람에게 적중하면 독이 피부, 살, 근육, 뼈, 그리고 혈맥 속으로 차차 파고들어 치료불가 상태로 만들어버린다.[10] 그러므로 독화살에 한번이라도 맞으면 생명을 잃어버리듯이, 이단사설을 한번이라도 받아들이면 다시는 그 영향에서 벗어나 이전 상태로 돌아올 수 없다. 또한 독화살이 치명적 공격 무기이듯이 '이단사설'도 공격적인 것이므로 그

10) 『華西集』, 「附錄」 卷9, 「年譜」, "丙申－先生四十五歲", "著說論洋敎之禍. 略曰, 異端邪說之禍人家國, 如毒箭之中人, 雖卽拔去, 而毒烈已深入肌膚腠理筋骨血脉之間, 遂旋爛毁迸裂, 不可復救,豈不可哀."

것을 막고 자신의 몸을 보호하는 일이 무엇보다도 시급하다고 한다.

이항로가 염두에 두고 있던 '이단사설'은 당연히 서학이었다. 그는 서학의 핵심을 두 가지로 파악한다. 첫 번째는 "죽음을 즐기는 것을 극치로 여기는" 것, 두 번째는 "무역[通貨]과 남녀교제[通色]를 마땅히 그러해야 할 것으로 여기는 것"이다.[11] 이 중 이항로의 핵심 비판 대상이 되는 것은 후자였다. 그는 '남녀교제'를 '간색(奸色)'으로, '무역'를 '재화의 탈취[盜貨]'로 각각 바꾸어 부른다.

'간색'의 본래 뜻은 정색(正色)인 청(靑), 황(黃), 적(赤), 백(白), 흑(黑) 이외의 잡색인데(『禮記·王制』), 어째서 이항로가 남녀교제를 '간색'으로 규정했는지는 명확하지 않다. 아마도 그는 '간색'을 경전적 의미가 아니라, 예법에 어긋나는 남녀 관계라는 의미로 사용한 것 같다. 또, 이항로는 '무역'을 '재화의 탈취'로 규정하고 있는데 오늘날의 시점에서 보면 명백한 왜곡으로 보이지만, 상업이 가치의 창출에 기여하지 않는다고 보고 그것을 직업 위계의 최하위에 자리매김했던 유학자들이 보기에, 상업은 기껏해야 부당 이익을 편취하는 활동으로 보였을 것이다.

한 걸음 더 나아가 그는 예법에 어긋나는 남녀 교제와 무역이 상해·살인의 죄와 동등하다고 보았다. 비록 그 두 행위가 상해·살인을 목표로 삼지 않는다 하더라도 필연적으로 그 두 가지를 초래하기 때문이라고 그는 생각하기 때문이다.[12] 논리적으로 보면 이것은 전형적인 '미끄러운 비탈길의 오류'에 해당되지만, 이항로가 그 정도로 심각하게 그 두 가지를 바라보았다는 것을 우리는 여기서 확인하는 것만으로 족하다.

11) 上同, "西洋之學, 以樂死爲極致, 以通貨通色爲當然."

12) 上同, "夫聖人設敎立法, 凡奸色盜貨之罪, 與殺人傷人者同科. 彼奸色盜貨, 雖非本欲殺傷人物, 而其禍必至於害生戕生."

앞서, 이항로가 "죽음을 즐기는 것을 극치로 여김"을 서학의 첫 번째 특징으로 파악했다는 것을 우리는 보았다. 그런데 그는 이에 대해서는 비판을 가하지 않고 있다. 그 까닭은, 이 글을 쓸 당시 그러니까 1836년 경 서학도들의 행태가 바뀌었기 때문이라고 한다. 곧, "예전에 그 설에 따라 행했던 자들은 죽음을 즐기는 일을 꺼리지 않았기 때문에 잡아서 처형하기 쉬웠지만, 오늘날은 [서학에] 깊이 빠진 자들이 이름과 모습을 숨기기 때문에, 사람들이 그들을 구분해 낼 수 없다"[13]고 한다. 이항로가 어렸을 때에는 천주교도들의 순교가 잇따랐다. 하지만 1836년 당시에는 천주교도들이 박해를 피해 지하로 숨어들었다는 것이다.

그렇다면 어떻게 천주교도들을 색출할 것인가? 이항로에 따르면, 과거 선학자(禪學者)들을 색출·처벌할 때, 삭발한 사람들만 지목하여 색출하는 데서 그치지 않고, 윤리를 외면하고 일상사를 폐하는 자들은 모두 선학도로 간주하여 처벌했다고 한다. 마찬가지로, 천주교도들이 지하로 숨어든 상황에서 그들을 색출하려면, 무슨 책을 보는지 어떤 수행을 하는지를 기준으로 한 사람 한 사람 조사하기보다, 분한도 무시하고 의(義)도 경시하는 자들은 모두 서양에 속하는 자들로 취급되어야 한다. 그런 자들은 서학을 흠모하면서 본받는 것은 아니지만, 자기도 모르는 사이에 서학을 돕는 행위를 하기 때문이다.[14]

이상과 같은 극단적 배척론을 개진한 후, 이항로는 두 가지 중요한 주장을 개진한다. 첫 번째는 서양 기술 우위론에 대한 반박이고 두 번째는 서학의 리(理) 격하에 대한 비판이다. 먼저 그의 첫 번째 반

13) 上同, "然古之爲是說者, 不諱樂死, 故易得以誅之. 今之沉淫陷溺者, 掩其名而匿其形, 故人不得以辨之."

14) 上同, "後世之誅禪學者, 不必問其剃頭淨髮, 凡爲外倫理廢事務之說者皆禪也. 誅洋學者, 不必問渠讀何書, 渠修何行, 陰主通貨通色無分無義之說者皆西洋也, 此非其人慕悅其學而効法之也."

박을 살펴보자. 이항로에 따르면 당시 서학 비판론자들은 "그 설이 극히 흉악하고 패륜적인 것이라는 점은 본래 속일 수 없는 것이지만, 우리의 학설과 다른 점은 그들의 역산, 의약, 기물제조의 정교함이 중국도 따라갈 수 없는 데 있다"고 말하면서, 마침내 서학에 감복하고 그것을 스승으로 삼기에 이르렀다.[15]

이항로가 비판의 칼끝을 겨눴던 대상은 이익(李瀷, 1681~1763)의 서학관이었다. 안정복(安鼎福, 1712~1791)은 『천학문답(天學問答)』에서 스승 이익을 옹호하기 위해 이익의 발언을 인용하고 있다. 그에 따르면 이익은 "서양 사람들은 대체로 이인(異人)이 많아서 예로부터 천문의 관측, 기기의 제조, 산수 등의 기술은 중국이 미치지 못한다"[16]고 말했다고 한다. 이것은 이항로가 비판 대상으로 삼았던 발언과 정확히 일치한다. 실제로 이익은 서학에 대해 실용적 태도를 취하여, 서학서인 『칠극(七克)』에 대해서도 "그 황탄한 말을 제거하고 경계하는 말만을 요약한다면 우리 유학자의 극기 공부에 얼마간 도움이 없지는 않을 것이니, 이단의 글이라 하더라도 그 말이 옳으면 취할 뿐"이라고 말했다.[17]

심지어 서학 비판자였던 안정복 역시 서양 기술의 우수성을 소극적으로나마 인정하고 있었다. 곧, "지식과 이해가 뛰어나서 하늘의 도수를 관측하고 역법을 계산하며 기계와 기구를 만들기까지 하는데, 아홉 겹의 하늘을 환히 꿰뚫어보는 기구와 80리까지 날아가는 화포

---

15) 上同, "又嘗曰, 彼說之極凶絶悖, 自是瞞不得人, 但歧異於吾學之說者, 以爲其曆算醫藥器物製造精巧, 非中國所及, 慕嚮歆服, 並與其說而師之."

16) 『順菴集』 卷17, 「天學問答」, "先生曰, 西洋之人, 大抵多異人, 自古天文推步, 製造器皿, 筭數等術, 非中夏之所及也."

17) 上同, "又曰, 七克之書, 是四勿之註脚. 其言盖多刺骨之語, 是不過如文人之才談, 小兒之警語. 然而削其荒誕之語而節略警語, 於吾儒克己之功, 未必無少補. 異端之書, 其言是則取之而已."

따위는 어찌 신비스럽고 놀라지 않겠습니까?"라는 질문에 대해 "그것은 과연 그렇다"고 수긍한다.[18] 서양의 역산이 중국의 그것에 비해 훨씬 정확하다는 것은 이미 명나라 때 아담 샬에 의해 증명된 바 있고, 명말에는 예수회 선교사의 도움으로 제작된 홍이포(紅夷砲)가 후금군에 대항해 맹위를 떨친 사례가 있었다. 이익과 안정복은 그런 사실만큼은 부인할 수 없는 것으로 여기고 받아들였던 것이다.

이항로는 그런 논리를 간단히 부정해 버린다. 그는 역산·의약·기물제조의 정교함은 금수와 곤충의 편벽된 지혜[偏智]이자 사소한 기술[曲技]에 불과하다고 주장한다. 예컨대 꿀벌이 꿀을 만들어내는 기술, 조개가 진주를 만들어내는 기술은 인간이 흉내낼 수 없는 것이기는 하다.[19] 하지만 그는 곧이어 "금수는 금수이고, 인간은 인간이며, 공장(工匠)은 공장이고, 도덕(道德)은 도덕"이라는 명제를 제기한다. 이 명제는 이후 그의 『벽사록변』을 관통하는 핵심 주장이 된다.

이 명제에서 눈에 띄는 것은 '공장'과 '도덕'을 상호대립적 개념으로 짝지었다는 점이다. '도덕-공장'의 구도는 이후 그의 '도덕-형기' 구도의 선구가 된다. '공장(工匠)'의 사전적 정의는 '기술자' 또는 '기술'이다. 그는 기술과 대립되는 개념이 '도덕'이라고 본다. 사실 도가(道家) 철학의 전통에서는 기술과 도덕이 대립되지 않는다. 대립되기는커녕 기술은 도덕으로 나아가기 위한 필수적 경로이다. 예컨대 『장자』「양생주(養生主)」의 포정해우(庖丁解牛) 고사를 보면, 포정의 기술은 도덕을 체득하기 위한 방법이자 동시에 그 실현이기도 하다.

---

18) 上同, "或曰, 彼西士之童身制行, 非中國篤行之士所能及也. 且其知解絶人, 至於天度推步, 曆法籌數, 制造器皿, 若洞貫九重之天, 八十里火炮之類, 豈不神異. 曰, 是果然矣."

19) 『華西集』, 「附錄」 卷9, 「年譜」, "丙申 - 先生四十五歲", "然其所長, 亦不過禽虫之偏智曲技耳. 如蜜子造甘, 非易牙所及, 鮫魚産珠, 非魯般所能, 豈其智不若耶."

사실 도가 철학, 특히 장자 철학에서 도(道)와 기(技)의 관련에 대해서는 이미 조셉 니담을 필두로 여러 연구자들이 관심을 기울여 왔으나[20] 양자 사이의 내적 관련에 대해서는 아직 연구가 이루어지지 않은 듯하다. 장자는 기술의 숙달을 통해 도를 체험한다는 구도를 보여주고 있는데, 기술의 숙달이란 그 기술이 습관화된 것을 뜻한다. 습관 개념에 대해서는 19세기 프랑스의 철학자 펠릭스 라베송(Fèlix Ravaisson)이 밝힌 바 있다.

사람이 어떤 기술을 처음으로 익힐 때 평소와 다르게 몸을 움직여야 하고 쓰지 않던 감각을 사용해야 한다. 기술의 숙달 과정에서 곧 습관화의 과정에서 몸의 움직임과 감각은 중요한 변화를 겪는다. 먼저, 감각을 오래 지속하거나 반복해서 사용한다면 감각은 차차 약해지고 마침내 무감각하게 될 것이다. 한편 몸의 움직임, 곧 운동은 오래 지속되거나 반복됨에 따라 점차 쉬워지고 빨라지며 확실해진다.

중요한 점은, 감각이 고통의 감각이 아닌 한에서는, 감각이 오래 지속되거나 반복되어 무감각해짐에 따라 그 감각은 점차 욕구가 되어 간다는 사실이다. 그래서 감각을 일으킬 때 필요했던 어떤 인상이 이제 다시 보이지 않게 되면 사람은 점차 불안과 불쾌감을 느끼게 된다. 이는 이루지 못한 욕망이 감수성 속에 있다는 증거이다. 다른 한편, 운동의 경우 노력이 줄어들어서 더욱 자유로우며 신속하게 됨에 따라, 그 운동은 의지적 활동이 아니라 점차 무의지적 경향성을 띤 움직임으로 화해 간다. 그 무의지적 경향의 움직임은 이제 의식 내 의지의 지도를 받지 않게 된다. 이렇게 습관이 형성된다. 그런데 이 무

20) 이에 대해서는 김경일, 「동양사상에서의 대안적 노동 개념」(한국사회사학회 편, 『사회와 역사』 제96집, 2012) 중 제3장 "도(道)와 기(技)"(14-17면)를 참조할 것.

의지적 경향의 움직임은 그 행위자로서는 매우 자연스러운 활동, 곧 본성에 따른 활동으로 여겨질 것이다.

따라서 라베송은 습관이 우리를 무의식적 생명 현상이나 본능 또는 본성의 영역으로까지 인도한다고 말한다. 달리 말하여 습관은 우리로 하여금 우리 안에 내재한 본성을 깨닫도록 한다는 것이다. 더욱 중요하게는, 그에 따르면 그때 깨닫게 되는 본성이란 오성에 의해 규정되는 관념적인 것이 아니라, 관념을 용해시켜 버리는 유동적 실재이다. 이 유동적 실재는 오성 또는 추론적 지성에 의해 온전히 파악될 수 없는 것으로서, 관념적인 것이 아니라 구체적인 것이며, 제반 관념들로 구획되어 있는 것이 아니라 하나로 연속되어 있는 것이다. 이런 면에서 유동적 실재는 도가의 도(道), 곧 무(無)와 동일한 존재론적 특성을 갖는다. 그리고 이상과 같은 방식으로 기술의 숙달과 도(道)는 내적 관련을 맺는다고 할 수 있다.[21)]

『장자』에는 나무를 깎아 악기를 만드는 목공인 자경(梓慶)의 이야기가 나온다. 그는 "자신에게 사지와 육체가 있는 것도 잊어버리고" 자신의 "천성을 나무의 천성과 합치시키는" 무아의 경지에서 "신기가 아닌가 의심할 정도"의 "귀신같은 솜씨"를 발휘한다고 한다.[22)] 자경이 신기(神技)를 갖고 있다는 것은 그가 악기 제조 기술에 숙달되어 있다는 것, 곧 거기에 습관화되어 있다는 것이다. 그래서 그가 그 기술을 행사하는 것은 더 이상 의지적 노력에 의한 것이 아니라 마치 본성에서 발한 것과 같이 여겨지게 된다. 본성적 행위 혹은 본능적 행위 속에서 '나'는 강하게 의식되

21) 이상의 내용은 야스다 지로(安田二郎) 저/이원석 역, 『주자와 양명의 철학』(서울: 논형, 2012), 105 106면과 황수영, 「라베송(Ravaisson)에 있어서 존재의 일원성의 문제」(『哲學』 제52집, 1997), 330면과 336면을 참조한 것임.

22) 김경일, 앞의 글, 15면에서 재인용.

지 않을 것이다. 그러므로 자신에게 사지와 육체가 있는지를 의식하지 못한다. 더 나아가 악기 제조 행위가 무아의 경지에서 이루어질 때 경험되는 실재는 유동적·구체적·연속적 실재이며 그곳에서 '나'와 '나무' 사이에 더 이상 엄격한 구분은 없을 것이다. 더구나 그러한 신기를 발휘하는 장인은 욕구 불만 또는 불안 대신 만족감을 느낀다. 곧, 포정은 "칼을 들고 일어서서 사방을 둘러보며 천천히 만족스러운 기분을 느끼면서 칼을 닦아 챙겨 넣는다"[23]고 말하고 있다.

하지만 당나라 말기의 한유는 도덕 개념으로부터 도가적 가치를 탈각시키고, 다시 그것과 유가적 가치를 결합시킴으로써 후자에 초월성을 부여하고자 했다.

> 널리 고르게 은혜 베푸는 것을 어짊이라고 하고, 행동하되 마땅하게 하는 것을 의로움이라고 하며, 이로부터 말미암아 가는 것을 도(道)라고 하며, 자기 충족적이어서 밖에서 의지할 필요가 없는 것을 덕(德)이라고 한다. 어짊과 의로움은 정해진 명칭이고, 도와 덕은 비어있는 자리이다. 그러므로 도(道)에는 군자와 소인이 있고, 덕에는 길과 흉이 있다. …무릇 우리가 말하는 도, 덕이라는 것은 어짊과 의로움을 합하여 말한 것으로 천하의 공언(公言)이다. 노자가 말하는 도, 덕이라는 것은 어짊과 의로움을 제거하고 말한 것으로 한 사람의 사언(私言)이다.[24]

물론 도(道)와 덕(德) 개념은 『노자』 이전의 유가 전적에도 쓰이던 것이었으므로 노자가 창안해낸 것이라고 말할 수 없으나, 도와 덕의

---

23) 上同.

24) 韓愈, 『韓昌黎集』 卷11, 「原道」, "博愛之謂仁, 行而宜之之謂義, 由是而之焉之謂道, 足乎己無待於外之謂德. 仁與義, 爲定名, 道與德, 爲虛位. 故道有君子有小人, 而德有凶有吉. … 凡吾謂道德云者, 合仁與義言之也, 天下之公言也. 老子之所謂道德云者, 去仁與義言之也, 一人之私言也."

내적 연관성을 철학적으로 설명해냈던 것은 노자와 장자였다고 봐야 할 것이다. 그리고 도와 덕은 한유의 말처럼 결코 '비어있는 자리'가 아니라 무(無)의 존재론과 인간론을 각각 표현하는 중요 개념이었다. 그럼에도 한유는 '군자의 도(道)'니 '소인의 도'니 하는 일상적 용례가 있고, '길한 덕'이니 '흉한 덕'이니 하는 용례가 있는 만큼, 도와 덕 개념은 가치중립적인 것이라고 주장한다. 따라서 유가적 가치와 도·덕 개념이 어우러지는 것은 자연스러운 일로 간주된다. 한 걸음 더 나아가 그는 유가적 가치와 도·덕 개념을 함께 사용하는 것이야말로 공언(公言)이라고 주장한다.[25] 한유 이래 '도덕'은 그 자체로 유가적 가치를 지닌 것으로서 관용되었을 것이고 이런 일련의 과정을 거치면서 "도덕"은 점차 기술과 대립되는 것으로 여겨졌을 것이다.

흥미로운 점은 이항로 역시 한유가 제기한 논제를 중시했다는 사실이다.

맹자는 "『시경』은 '이미 덕으로 채웠다'고 말했는데 이는 인(仁)과 의(義)로 채웠다는 말이다"(『맹자』「告子上」)라고 말했다. 한유는 "도덕은

25) 주희는 한유의 주장을 받아들이면서도 그의 논법이 노자에서 유래한 것이라는 균형잡힌 시각을 보여준다: 「도부가 물었다. "한유는 '정해진 명칭[定名]', '비어있는 자리[虛位]'를 말했는데 어떻습니까?" "후대인들이 그에 대해 많이들 비판했다. 하지만 나는 그렇게 말해도 무해하다고 말한 적이 있다. 왜냐하면 이 어짊이나 의로움은 곧 정해진 명칭이고, 이 어짊의 도, 어짊의 덕, 이 의로움의 도, 의로움의 덕에서 '도'와 '덕'은 총명(總名)으로 곧 비어있는 자리이기 때문이다. 다만 그의 이 말은 『노자』에 입각해 나온 것이라는 점을 알아야 좋다. 왜냐하면 노자는 '도를 잃어버린 후 덕이 나왔고, 덕을 잃어버린 후 어짊이 나왔으며, 어짊을 잃어버린 후 의로움이 나왔고, 의로움을 잃어버린 후 예가 나왔으며, 예를 잃어버린 후 지혜로움이 나왔다'고 말했기 때문이다. 그러므로 『원도』의 뒷부분이 '우리가 말하는 도덕이란 어짊과 의로움을 합하여 말한 것이다'라고 하더라도, 그가 노자에 의해 그렇게 말했다는 것은 먼저 알아야 비로소 알 수 있다."」(『朱子語類』 卷96, 第77조)

> 인과 의를 합해서 말한 것이다"라고 했다. 주자는 "인의예지(仁義禮智)가 바로 명덕(明德)이다"라고 말했다. 이것들은 모두 형이상의 측면에서 덕을 말한 것이다.[26]

이항로는 한유의 견해를 그대로 인용하면서 맹자와 주희의 견해를 부가하여 그 정당성을 강화하고 있다. 그는 한 걸음 더 나아가 한유의 견해를 더욱 정밀하게 만든다.

> 도, 덕, 그리고 어짊은 하나이다. 하지만 조금 분석해서 가까운 데부터 말하자면, 도가 마음에 얻어진 것을 덕이라고 하고, 덕의 이면에 있는 실질이 어짊이다.[27]

한유는 단지 도덕이 인과 의를 내포한다고 말한 데서 그쳤지만, 이항로는 도, 덕, 그리고 어짊의 동일성을 말한 뒤 덕과 인(仁)의 관계를 더 구체적으로 말한다. 곧, 도가 각 개인에게 내재하여 마음의 본질이 되었을 때 그것을 덕(德)이라고 부르는데, 그러한 덕의 실제 내용은 어짊이라는 것이다. 아울러 한유는 도와 덕의 구도를 갖고서 인간의 존재 방식을 설명한다. 그는 1846년 최홍석(崔鴻錫)에게 보냈던 답장에서 이렇게 말한다.

> 하지만 사람은 태어남에 반드시 이 기(氣)를 얻고 덕을 얻습니다. 기는 형이하의 기(器)이고 덕은 형이상의 리(理)입니다. 덕은 존귀하고 기

26) 『華西先生文集』 卷16, 「溪上隨錄三」, "…孟子曰, 詩云既飽以德, 言飽乎仁義也. 韓子曰, 道德, 合仁與義言之也. 朱子曰, 仁義禮智, 便是明德. 此皆以形而上者說德也."

27) 『華西先生文集』 卷15, 「溪上隨錄二」, "…道德仁一也. 但漸鞭辟近裏說, 道之得於心謂之德, 德之裏面骨子是仁."

는 비천하며, 덕은 공(公)이고 기는 사(私)입니다. 무릇 그것들을 기르는 방법은 역시 각각에 따라 다릅니다. 의복과 음식 같은 부류는 형기를 기르는 것입니다. 예의충효 같은 것은 덕성을 기르는 길입니다.[28]

사람이 태어날 때 기(氣)를 얻는다는 것은 성리학의 관점에서 충분히 수긍할 수 있는 말이다. 하지만 사람이 태어날 때 기와 더불어 '덕'을 얻는다는 이항로의 발언은 검토를 요한다. 왜냐하면 주희를 필두로 한 대부분의 성리학자들은 사람이 태어날 때 리를 부여받는다고 하기 때문이다. 하지만 "도가 개인에게 내재되었을 때 덕이라고 불린다"는 앞의 이해를 놓고 본다면, "사람은 태어남에 반드시 이 기(氣)를 얻고 덕을 얻는다"는 이항로의 말은 자연스럽게 이해가 된다. 그에게는 리가 만인에게 내재하여 본성이 된다는 구도보다, 도가 만인에게 내재하여 덕이 된다는 구도를 더 선호했을 가능성이 있다.

그리고 이항로는 "기(氣)는 형이하의 기(器)이고 덕은 형이상의 리(理)"라고 덧붙인다. 여기서 "기(氣)는 형이하의 기(器)이다"라는 규정을 우리는 따져 보아야 한다. '기(氣)'와 '기(器)'는 엄밀히 구분되어야 한다. '기(器)'는 한정적인 개별 사물을 가리키는 데 사용되는 반면, '기(氣)'는 그런 한정적인 개별 사물을 포괄하면서 더욱 근원적으로는 사물을 이루는 근본 질료로서 연속성을 지닌 것이기 때문이다. 주희는 연속성을 지닌 '기(氣)'로써, 그리고 그것의 규제 원리인 '리(理)'로써 세계를 설명하려고 하였다. '도(道)-기(器)'의 구도는 그의 이론이 아직 충분하게 무르익지 않았을 때 사용되던 것이었다.[29] 그런데 이항로의 위 편

28) 『華西先生文集』 卷6, 「答崔用九-鴻錫-丙午九月八日」, "…然人之生也, 必得是氣, 必得是德. 氣者形而下之器也, 德者形而上之理也. 此尊而彼卑, 此公而彼私, 凡所以養之之方, 亦隨而不同, 衣服飮食之類, 養形氣之物也, 禮義忠孝之類, 養德性之道也."

지글은 그가 이 '도(道)-기(器)'의 구도를 택하였음을 보여준다.

그렇다면 '리(理)-기(氣)'의 구도로 세계를 이해하는 것과 '도(道)-기(器)'의 구도로 세계를 이해하는 것 사이에는 어떤 차이가 있을까? 단적으로 말해 그것은 이원론과 일원론의 차이라 할 수 있다. 먼저 '도-기'의 구도를 보자. 여기서 도는 무소부재하고 영원불변의 초월적 실재이고, 기(器)는 구체적 개물(個物)이다. 도는 무소부재하므로 구체적 개물들에 편재하여 그 본성이 된다.

그 다음 '리-기'의 구도를 보자. 리 역시 무소부재하고 영원불변한 것이라는 점에서 도(道)와 더불어 본질적 차이는 없다. 다만 기(氣)는 기(器)와 달리 구체적 세계 속의 구체적 개물에 머물지 않고, 구체적 개물들을 포괄하는 연속적·근원적 실재이다. 좀 더 부연 설명이 필요한데, 본래의 기에는 단절이 없고 하나로 연속이 되어 있다. 따라서 이것과 저것이 엄격하게 구분되지 않는다. 하지만 기는 그 상태대로 머물러 있지 않고 그 내부로부터 새로운 개체들[器]을 창출해 낸다. 새로운 개체들이 창출되었다고 해서 본래의 기가 사라져 버리는 것은 아니다. 그것은 개체들을 포괄하면서 우주를 가득 채우고 있다. 오해의 여지가 있지만, 기란 구체적 개체 및 그 개체들 사이의 공기를 포함한 전체로서 끊임없이 새로운 개체들을 창출해 내는 주체라고 할 수 있겠다. 물론 성리학에 따르면 기(氣)는 리(理)가 있어야만 음양의 국면을 만들어내어 새로운 개체들을 창출할 수 있다. 그렇다 하더라

---

29) Chung Tsai-chun[鍾彩鈞], *The development of the Concepts of Heaven and of Man in the Philosophy of Chu Hsi*, Taiwan: Institute of Chinese Literature and Philosophy, Academia Sinica, 74-75면; 한편 평유란은 "구체적 세계 속의 구체적 사물"을 기(器)로 보고, 그 기(器)의 물질적 기초를 기(氣)로 보아 양자를 구별한다.(평유란 저/김시천 외 역, 『평유란 자서전』, 서울: 웅진출판사, 2012, 385-386쪽)

도 기(氣)의 존재론적 위상은 결코 리(理)에 뒤지지 않는다. 왜냐하면 그것은 때로 리(理)를 제약할 수 있기 때문이다. 이 점에서 '리－기'의 구도는 이원론적 성격을 지닌다고 할 수 있다.

물론, '도－기'적 사유가 주희의 리기론과 대립되는 것은 아니다. 왜냐하면 주희의 경우에도 초월적·보편적 리는 개개 사물에 편재하는 것으로 여겨지기 때문이다. 다만 주희에게서는 개별 사물과 사물이 각기 개성을 유지하면서도 상호 조화를 이루는 까닭은 직접적으로는 기(氣)의 연속성 때문이고, 근원적으로는 리(理)의 원칙성 때문이었다. 이에 비해 '도－기'설은 개별 사물의 개성을 넘어서는 곳에 초월적 존재를 상정한다.

이러한 추론이 타당하다면 이항로가 '도(道)－기(器)'의 구도를 굳이 채택한 까닭을 유추할 수 있다. 그것은 그가 일원론적 구도를 확보하고자 했기 때문이다. 앞서 보았던 '도－덕'의 인간론도 일원론에 잘 부합하는 것이었다. 그리고 그가 일원론을 채택하려 했던 까닭은 당연하게도 현실의 물질적 문물에 대한 도덕의 우위를 주장하고 싶었기 때문이다. 그는 서양의 기술을 비판하면서 "공장은 공장이고 도덕은 도덕"이라고 말한 바 있는데, 이처럼 서양의 기술과 유교의 가치를 분명히 구분하고서 후자의 우위를 주장하였다. 이런 구도가 그의 머릿속에 자리잡고 있었기 때문에 그는 '공장'을 일단 '기(器)'로 규정한 후, 그것과 대립하면서 넘어서는 개념인 '도(道)'를 이용해 유교적 가치의 우위를 말하고 싶었을 것이다. 이러한 유추의 타당성은 다음의 편지글로부터 어느 정도 확보할 수 있다.

하지만 '소요' 두 글자는 본래 칠원옹(인용자 주: 장자莊子)에게서 나온

> 것인데, 칠원옹이 본 것은 형기의 크고 작음에 불과하며 인의와 도덕이 무엇인지 알지 못하였습니다. 구구하게 [거대한] 곤새·붕새와 [작은] 까치·비둘기 사이의 크고 작음과 높고 낮음을 비교하였으니 이미 도를 아는 말이 아닌데, 심지어 도적에게도 인의가 있다는 설까지 말하여서 도에 해가 되는 것이 이보다 심한 것이 없습니다. 그러므로 구별하지 않을 수 없습니다.[30]

칠원옹, 곧 장자는 도둑에게도 인의(仁義)가 있을 수 있다고 비판하면서 인의(仁義)의 가치를 절하시켜 버렸다.[31] 평가절하된 인의는 더 이상 만인을 이끄는 덕목이 될 수 없다. 그래서 그 대안으로 제시했던 것이 도덕(道德)이었다. 이항로에 따르면 장자는 "형기의 크고 작음"만을 보았기 때문에 인의와 도덕이 무엇인지 몰랐다고 한다. 주지하다시피 장자는 일정한 기준에 의거하여 개체를 구분하고서 가치판단을 하는 태도를 비판했다. 곤새와 붕새는 거대하고 또 높이 나는 반면 까치와 비둘기는 작고 낮게 날기 때문에, 보통 사람들은 곤새와 붕새가 더 높은 가치를 갖는다고 판단한다.

장자는 바로 그러한 판단에 이의를 제기한다. 거대한 새와 작은 새를 나누는 '크기'라는 기준은 절대적인 것처럼 보이지만, 사실 그것은 인간적 기준에 불과하다. '지대무외(至大無外)'[32]의 존재가 보자면 거대한 새나 작은 새나 작기는 매일반일 수 있기 때문이다. 이처럼 장자는 이것과 저것을 나누는 기준을 거부하기 때문에, 그에게서 세계란 개

---

30) 上同, "…然逍遙二字, 本出漆園翁, 是翁所見者, 不過於形氣大小之間, 而不知仁義道德之爲何事. 區區較絜大小高下於鯤鵬鷽鳩之上, 已非知道之言, 而至有盜賊亦有仁義之說, 其爲禍道莫此之甚, 此不可不辨也."

31) 『莊子』, 「胠篋」.

32) 『莊子』, 「天下」.

체들이 자신의 개성을 그대로 인정받으면서도 서로 조화를 이루는 곳으로 여겨진다. 유가의 인의(仁義)란 절대적 기준으로서 작동하고 있었다. 인의의 덕목을 지닌 자는 참된 인간으로, 그렇지 않은 자는 인간 같지 않은 인간으로 여겨진다. 장자는 그런 기준을 인정하지 않으므로 인의는 이제 더 이상 절대적 기준의 자리에 있을 수 없게 된다. 따라서 도적에게도 인의가 있을 수 있다는 역설적 주장이 성립한다.

이항로는 이와 같은 장자의 상대적 세계관을 받아들일 수 없었다. 도(道)라는 절대적 존재는 영원불변하고 무소부재한 참된 실재이다. 따라서 절대적 기준은 명백히 존재하는 것이다. 더구나 그런 도(道)는 구체적 세계 어디에나 편재하여 본질이 된다. 이항로의 부친 이회상은 어린 이항로에게 절대로 촉학(蜀學)을 공부하지 말라고 엄명을 내린 적이 있다. 주지하다시피 소씨 부자의 학문은 유가, 불학, 그리고 도가철학을 절충한 것으로 유명하다. 이항로의 뇌리에는 아마도 부친의 엄명이 유훈으로서 남아 있었을 것이고, '도(道)－기(器)' 구도를 택함으로써 촉학을 넘어설 수 있다고 생각했으리라.

3. 『벽사록변』에 나타난 서학과의 접변 양상

1) 남숙관의 『원서애유략만물진원변』에 대한 평가

『벽사록변』을 보면, 이항로는 1839년에 제자 이정관(李正觀)이 보내온 그의 저서 『벽사변증(闢邪辨證)』을 읽고 첨삭을 해주었다고 한다. 이정관의 『벽사변증』는 현재 전해지지 않지만, 이항로의 제자 김평묵이 1847년 『벽사변증기의(闢邪辨證起疑)』를 썼기 때문에[33] 우리는 그 대략의 내용을 확인할 수 있다. 『벽사변증기의』는 『벽사변증』의 각 조목에 대한 김평묵 자신의 견해를 적시하고 있는데, 그 조목들이란 거개가 안정복의 『천학고(天學考)』와 『천학문답』에 수록되어 있으므로, 이정관의 『벽사변증』은 안정복의 두 글에 대한 비판적 검토였음을 미루어 짐작할 수 있다. 물론 그는 스승 이항로로부터 서학 절대 수용 불가의 훈도를 받고서 성호 계열의 실용적 태도를 비판했을 것이다.

이항로는 이정관의 『벽사변증』을 교정해 주는 기회를 이용하여 이정관으로부터 남숙관(南肅寬, 1704~1781)의 『원서애유략만물진원변(遠西艾儒略萬物眞源辨)』을 빌려 읽고 『벽사록변』 초고를 짓는다.(『벽사록변』은 1863년에 수정·증보되어 발표된다) 이정관이 남숙관의 책을 참고하여 『벽사변증』을 지었기 때문인 듯하다. 남숙관의 글은 현재 남아 있지 않지만 다행히도 이항로는 1851년 5월에 「간팔탄남공만물진원변소지(看八灘南公萬物眞源辨小識)」를 지어 그 내용의 얼개를 우리에게 알려주고 있다.

이 글은 먼저 남숙관의 글을 인용하고 그에 대한 이항로 자신의 입장을 표명하는 형식을 취하므로, 우리는 그곳에 인용된 남숙관 글 전문을 먼저 소개하고자 한다.

> 먼 서쪽 지방의 알레니는 숭정(崇禎) 때 사람으로 이치에 통달한 자로서 마테오 리치와 병칭되며, 『만물진원』 11편을 지어 "천지의 창조와 만물의 탄생에는 모두 '스스로 있는' 근원이 있으니, 천지의 주재자는 마치 나무에 뿌리가 있고 숫자에 1이 있는 것과 같으나, 뿌리의 뿌리, 1의 1

---

33) 금장태, 『조선 후기 유교와 서학』(서울대 출판부, 2003), 271면.

에 대해서는 묻지 말아야 함"을 미루어 밝혔다. 이 설은 옛 말을 답습하지 않고 다만 천주(天主)는 천지, 인물, 귀신, 도, 리, 성, 기가 아니라고 여길 뿐으로, 그렇다면 천주를 허무(虛無)로 귀착시키는 것이며 은연 중 노장(老莊)의 맛이 있다. 또한 하늘에는 천당이 있고 땅에는 지옥이 있다고 주장하는데 이것은 또한 불교의 비천하고 누추한 설에 빠진 것이다. 아! 노장과 불교의 언설이 바른 이치를 막아 버리고 사람들을 사악한 마귀와 외도(外道)에 빠뜨린 것이 이처럼 심하구나! 무릇 중원의 문명에서, 고원한 것을 좋아하는 군자들은 어떤 학설에서 취하지 말아야 할 것을 부당하게 취하여 종종 깊이 미혹되었으면서도 돌이킬 줄 모르곤 하는데, 하물며 서쪽의 먼 지역인데다가 기풍도 중원보다 하등한 경우 어찌 미혹된 곳으로부터 벗어날 수 있겠는가?[34)]

남숙관은 『만물진원』 중 제11절 결론 부분 중 하나의 논변만을 문제 삼았다. 『만물진원』의 해당 부분은 다음과 같다.

아! 천주는 모든 존재들 중 [그보다 앞서 있는] 근원이 없는 근원이니 어찌 그 생성 근원을 묻겠는가? 천주에게 [천주를] 낳은 곳이 있다면 천주가 아닐 것이다. … 비근하나마 수목에 비유하자면 그 잎, 꽃, 열매는 가지에서 나왔고 가지는 줄기에서 나왔으며 줄기는 뿌리에서 나왔다. 뿌리에 이르렀다면 [뿌리는] 꽃, 열매, 가지, 잎의 본원이 되니, 어찌 또

34) 『華西集』 卷22, 「看八灘南公萬物眞源辨小識－辛亥五月」, "遠西艾儒畧, 崇禎時人也. 與利瑪竇並稱爲達理, 作萬物眞源十一篇. 推明天地之造成萬物之化生者, 皆有其自有之源, 而爲天地之主宰. 如木之有根, 數之有一, 然根之根一之一, 不須問也. 其說不襲古語, 第以天主爲非天地人物鬼神道理性氣, 此歸天主於虛無也, 隱然有老莊氣味. 又稱天有天堂, 地有地獄, 此則又陷於釋氏淺陋之說. 噫. 老莊釋氏之言, 充塞正理, 陷人於邪魔外道者, 若是之甚矣. 夫以中原之文明, 好高之君子, 未嘗不染指於其說, 往往惑之深而不知反, 況乎天西之絕域, 風氣又下於中原, 而亦安能免有所惑者哉. 吾恐後之窮理之人, 愛其方言微旨, 不墮塵詮, 並以其不經之語, 爲理之眞是也, 則其爲世道之害, 不下於老莊釋氏, 故就其不合於理者, 畧有所辨云云."

다시 뿌리의 뿌리를 묻겠는가? 또한 수에 비유하면, 억은 만에서 나왔고 만은 천에서 나왔으며 천은 백에서 나왔고 백은 10에서 나왔으며, 10은 1에서 나왔는데, 1은 억, 만, 천, 백의 근원으로 모든 수의 시작이니, 어찌 다시 1의 1을 묻겠는가?[35]

이항로는 위와 같이 남숙관의 설을 인용한 후 『만물진원』에 대한 자신의 비판을 덧붙이고 있다.

내가 보건대 그 설은 이렇다: '천지가 조성(造成)되고 만물의 화생(化生)됨에 모두 근원이 있고 [그 근원이] 천지만물의 주재가 되니, 예를 들어 나무에 뿌리가 있고 숫자에 1이 있는 것과 같다.' 그렇다면 이는 가장 되새기고 마음 깊이 생각해야 할 것이니, 질의·응답과 토론이 정당하고 명백해야 하며, 조금이라도 알지 못하는 것을 허용하지 않고, 알지 못한다면 질문하는 것도 허용되지 말아야 한다고 한다. 그러면서 "뿌리의 뿌리, 하나의 하나에 대해 묻지 말아야 한다"고 말한다. 아! 이게 무슨 말인가? "묻지 말아야 한다"고 이미 말해버린다면, 더 이상 그에 대해 말하지 말아야 하고 의문점은 그냥 넘어가도 될 것이다. 그러면서 오히려 사의(私意)로써 거짓되게 보고 더듬더듬 상상하면서 장황하게 멋대로 말한다. 알지도 못하고 묻지도 못하는 일을 갖고서 스스로 자만하고 남을 멸시하며, 스스로 잘못되고 남을 오도한다. 그러니 또 다시 어찌할 것인가? 무릇 이단의 설은 이치를 명확히 알 수 없기 때문에 [그것을] 미루어 나가보면 설이 들어맞지 않고 [그에 따른] 행위도 통하지 않는 곳이 있게 된다. 다만 알 수도 없고 말할 수도 없으며 물을 수도 없는 것을 갖

35) 알레니, 『萬物眞原』(北京: 北京大學宗教研究所, 2000, 26면), "噫. 天主爲萬有無原之原, 胡詢其所從生乎. 天主有所從生, 則非天主矣. … 淺譬之樹木焉, 其葉花實必出于枝, 枝出于干, 干出于根. 至于根, 則爲花實枝葉本原, 又何復問根之根也哉. 又譬之數焉, 億出于萬, 萬出于千, 千出于百, 百出于十, 十出于一. 一也者, 億萬千百之原, 諸數之始者也, 又何復問一之一者哉."

고서 결말을 가려 버리고서 곧바로 그만두며, 더 이상 의문을 제기하거나 사려하고 묻지 않는다. 이것이 바로 미혹되기 쉽고 해석하기 어려운 까닭이다. "물어서는 안 된다"는 구절은 이 한 편의 병의 뿌리가 있는 곳이기 때문에 특별히 그 점을 말한다.[36)]

2) 『벽사록변』 ―상제의 인격성과 도기설(道器說)적 구도

이항로는 이정관의 『벽사변증』과 남숙관의 『원서애유략만물진원변』을 참고하여 마침내 1839년 그의 나이 마흔여덟 살 때 『벽사록변』 초고를 저술한다. 『벽사록변』은 모두 열다섯 소목에 걸쳐 서학을 비판하고 있는데, 그 가운데서 가장 중요한 것은 첫 번째 조목인 "상제와 천주의 상반됨에 관한 논변"이다. 따라서 우리는 이 조목을 중심으로 『벽사록변』에 담긴 이항로의 의도를 추적해 보고자 한다.

이항로는 먼저 "우리 유학자들이 섬기는 대상은 상제이고, 서양의 섬기는 대상은 천주"[37)]라고 규정한다. 그런데 이렇게 규정한다면 '상제와 천주는 실질적으로 동일하지 않은가?'라는 반문이 있을 수 있다. 그래서 이항로는 "우리가 말한 상제는 무엇을 가리키는지 지금 따져야 한다"[38)]고 말한다. 반면 "저들이 말하는 천주라는 잘못된 것은 말

---

36) 『華西集』 卷22, 「看八灘南公萬物眞源辨小識－辛亥五月」, "愚按其說旣謂天地造成, 萬物化生, 皆有其源, 而爲天地萬物之主宰, 如木之有根, 數之有一云爾. 則此最正好玩索體認, 問質討論, 要得正當明白, 不容不知, 不知則不容不問, 乃曰根之根一之一不須問. 噫. 此何說也. 旣曰不須問, 則亦不須言而闕其所疑, 可也. 乃反以私意妄見, 揣摩想像, 張皇杜撰, 其所不知所不問之事, 自謾而謾人, 自誤而誤人, 抑又何也. 蓋異端之說, 旣不能明見其理, 故推到說不去, 行不通處. 但以不可知不可言不可問, 掩諱結末便休, 更不致疑不思問, 是所以易惑而難解也. 不須問二字, 是一篇病根所托, 故特言之. 辛亥仲夏錄."

37) 『華西集』 卷25, 「闢邪錄辨」, "吾儒之所事者, 上帝也. 西洋之所事者, 天主也."

해도 그만이고 말하지 않아도 그만"[39]이라고 치부한다.

서학을 비판하려면 그 핵심 개념인 천주에 대해서 집중 분석하고 논의해야 할 것이다. 그럼에도 "말해도 그만 안 해도 그만"이라면서 그것을 무시하는 까닭은 유학의 상제 개념이 잘 밝혀진다면, 천주 개념의 오류가 저절로 드러나리라고 믿고 있기 때문이다. 이런 태도는 『벽사록변』 전체에서 일관되게 나타난다. 곧, 서학의 내용을 세밀하게 분석하는 대신 성리학의 바른 이해를 위해 그는 노력한다. 아마도 그는 「논양교지화」에서 말했던 대로, 서학은 독화살과 같기 때문에 절대로 직접 접촉하면 안 된다는 믿음도 갖고 있었을 것이고, 당시 국가가 한역서학서를 금서로 지목하여 그것들을 직접 입수할 수 없었기 때문에 서학서의 직접적 분석까지는 나아가지 못한 듯하다.[40]

이항로는 유학의 상제는 바로 '태극의 도'라고 규정한다.[41] 서학도들이 말하듯이 상제는 감정을 가진 인격적 존재가 아니라 태극이라는 최고의 원리라는 것이다. 그는 이어서 '태극의 도'가 무엇인지 설명한다. 이항로는 "지성으로 낳고 또 낳는 것이 상제의 마음"이라고 하고, "인의예지가 상제의 본성"이라고 하며, "사랑함, 경건함, 마땅함, 지혜로움을 상제의 감정"이라고 한다. 더 나아가 "부자유친, 군신유의, 부부유별, 장유유서, 붕우유신은 상제의 윤리"이며, "덕이 있으면 상을 주되 상에 후박(厚薄)이 있으며, 죄가 있으면 벌을 내리되 벌에 경중이 있는 것은 상제의 명령"이라고 말한다.[42]

---

38) 上同, "今當論吾所謂上帝指如何."

39) 上同, "彼所謂天主之誤, 言之亦可, 不言亦可也."

40) 上同, "異說雜書在國設禁者, 尤安敢購䂻經眼乎."

41) 上同, "吾所謂上帝者, 指太極之道也."

42) 上同, "至誠生生, 上帝之心也, 仁義禮智, 上帝之性也. 愛敬宜知, 上帝之情也. 父子有親, 君臣有義,

'태극의 도', 곧 태극이라는 최고의 원리는 다시 마음, 본성, 감정, 윤리, 그리고 명령으로 설명되고 있다. 마음, 본성, 감정, 윤리, 명령은 인격적 존재를 구성하는 제요소이다. 그러므로 이항로는 추상적 원리를 인격적 요소로서 재해석하고 있는 것이다. 그런데 우리는 여기서 의아함을 느끼게 된다. 마음, 본성, 그리고 감정 등을 지닌 존재가 인간적 면모를 갖췄다면, 유학의 상제와 서학의 천주가 무엇이 다르냐는 의문이 다시 제기될 수 있기 때문이다.

하지만 상제의 마음을 "지성으로 낳고 또 낳는 것"으로 '규정'하고, 본성을 인·의·예·지로 '규정'하며, 사랑함, 경건함, 마땅함, 지혜로움을 상제의 감정으로 '규정'하는 데서 이미 차이가 있다고 필자는 생각한다. 기독교의 천주는 그렇게 인간에 의해 시시콜콜 규정될 수 없는 존재이다. 고대 이스라엘인들은 '야훼'라는 어휘를 입에 담을 생각조차 하지 않았고, 야훼의 얼굴을 보는 사람은 그 자리에서 죽는다는 믿음을 갖고 있었다.

이에 비해 이항로는 인간적 마음, 본성, 감정 등으로써 상제의 마음, 본성, 감정을 규정하는 것을 마다하지 않고 있다. 그리고 그는 최종적으로 이 모든 것을 리(理) 아래로 귀속시킨다. 그리고 이 리는 "조금이라도 사람의 힘에 의해 얻어져 사사로운 것이 되는 것이 아니라"고 한다[43] 그러므로 이항로가 설령 상제의 인격성을 어느 정도 인정했다손 치더라도 그것은 궁극적으로 리를 벗어날 수는 없는 것이었다. 이리하여 논점은 자연스럽게 상제에서 리(理)로 넘어가게 된다.

夫婦有別, 長幼有序, 朋友有信, 上帝之倫也. 有德則賞, 賞有厚薄, 有罪則罰, 罰有輕重, 是皆上帝之命也."

43) 上同, "一非一毫人力所得而私也. 是所謂理也."

예수회 선교사들은 리가 무위이므로 천지의 주재자가 될 수 없다고 비판한 바 있다. 이항로는 이에 대해 답해야 할 필요성을 느낀다. 그는 "리는 원래 소리도 없고 냄새도 없는데 어떻게 그것을 체험하고서 그것이 필연적이라는 것을 인식할 수 있겠는가?"[44]라고 자문(自問)한다. 사실 리는 추상적 존재로서 경험을 넘어서 있는 것이므로 인간 측에서는 그것을 도저히 체험할 방도가 없다. 이것은 주희가 중화신설을 정립하기 이전까지 씨름했던 문제이기도 했다.

이런 자문에 대해 이항로는 "소리도 없고 냄새도 없는 천리를 깊고 어두운 데에서 추구하는 것"은 바른 방법이 아니라고 말한다. "깊고 어두운 데에서 추구한다"는 것은 일상으로부터 물러나 정좌 수행을 하면서 리의 직접적 체험을 도모하는 것을 가리킨다. 이항로에 따르면 리는 그런 식으로 체험되는 것이 아니다. 그는 『시경』 "문왕(文王)"편의 "하늘 위에 있는 것은 냄새도 없고 소리도 없다. 문왕을 본받으니 만방이 신뢰한다"는 구절을 들어, 성인(聖人)은 천지의 효자로서 성인의 마음이 상제의 마음이고, 성인의 말씀이 상제의 말씀이며, 성인의 행동이 상제의 행동이므로, 성인이 되려고 노력하는 것이 곧 리(理)를 추구하는 것이라고 대답한다.[45]

일단 여기까지 보았을 때, 우리는 이항로가 그리는 구도가 자못 특이함을 발견하게 된다. 태극의 도는 상제의 마음, 상제의 본성, 상제의 감정 등으로 구체화되었고, 상제의 마음, 본성, 감정은 다시 성인의 인격 속에서 구체화된다. 다시 말하면 태극의 도는 상제라는 인

---

44) 上同, "理本無聲無臭, 將何以驗之而認取其必然乎."

45) 上同, "聖人者, 天地之孝子也. 是故, 知上帝之心者, 莫如聖人. 聖人之言, 卽上帝之言也. 聖人之行, 卽上帝之行也. 故上天之載, 無聲無臭, 儀刑文王, 萬邦作孚. 今捨有形有質之文王, 而更求無聲無臭之天理於窈冥幽暗之中, 烏可得乎."

격적 존재로 구체화되고, 상제라는 인격적 존재는 다시 성인이라는 인격적 존재로 구체화된다. 이러한 인격적 구체화 속에서 특히 우리의 시선을 사로잡는 것은, 이항로가 성인을 천지의 효자, 곧 상제의 효자로 상정하고 있다는 점이다. 이것은 예수와 천주의 관계를 연상시키며 성리학과는 사뭇 다른 분위기를 보여준다.[46] 천주교는 예수에 대한 신앙을 통해 구원을 받을 수 있다고 말하고, 이항로는 성인을 모범으로 삼아 배움으로써 리를 체험할 수 있다는 것이다.[47]

문제는 천주교에서 예수야말로 상제의 아들로서 진정한 성인이라고 주장하는 것이었다. 따라서 이항로는 기독교의 성인과 유교의 성인을 구분할 기준을 제시해야 했다.[48] 그가 제시하는 기준은 바로 도덕과 형기(形氣)였다.[49] 도덕은 의(義)와 선(善)을 가리키는 것이고 형기는 리(利)를 가리킨다고 한다. 그리고 그는 도덕·형기의 기준으로 기독교와 유교를 나눠야지 신령하냐[神], 지성스럽느냐[誠]를 갖고서 양자를 구분하면 안 된다고 주장한다.[50] 왜냐하면 기독교도들이야말로 자신들의 성인이 신령하고 지성스럽다고 말할 것이기 때문이다.

---

46) 물론 장재가 「서명」에서 그와 유사한 구도를 보여주었으나 이항로처럼 구체적으로 말하지는 않았다.

47) 그러나 '천주－예수'의 관계와 '상제－성인'의 관계 사이에는 중요한 차이점이 있음을 간과하면 안 되겠다. 앞서 지적했다시피, '천주－예수'의 관계에서는 천주 위에 더 근원적 존재가 없으나, '상제－성인'의 관계에서는 그 위에 리라는 더 근원적 존재가 상정되기 때문이다.

48) 『華西集』 卷25, 「闢邪錄辨」, "曰, 中國所稱聖人, 伏羲, 神農, 黃帝, 堯, 舜, 禹, 湯, 文, 武, 周公, 孔, 孟, 程, 朱也. 釋氏所稱聖人, 釋迦如來也. 老氏所稱聖人, 老子也. 西洋所稱聖人, 耶穌也. 子思曰, 詩曰具曰予聖, 誰知烏之雌雄, 正謂此也. 將何以辨別而定其眞僞乎哉."

49) 上同, "於義理一邊, 深知而篤好者君子也. 於形氣一邊, 深知而篤好者小人也."

50) 上同, "不問其所爲者是善是利, 而但以神與不神誠與不誠, 欲爲觀聖人之斷案, 不亦大錯乎."

4. 화서학파 도(道)－기(器) 구도의 동서접변적 의의

19세기 이항로와 화서학파의 활동을 동서접변의 시야에서 재조명할 때 먼저 양근의 지역적 특성에 대하여 고려할 필요가 있다. 이항로와 화서학파가 활동하였던 양근과 주변 근기 지역은 곧 이벽과 권철신을 비롯하여 정약용의 형제와 조카들에 이르기까지 성호학파 계열의 남인 학자들이 주동이 되어 서학을 넘어 서교를 새로운 신념으로 받아들이고 확산시키는 근거지였다. 이항로는 바로 그 서학 확산의 근거지에서 대응하는 논지를 재정립하였고, 그 논지에 입각하여 서학에 학문적으로 맞섰고 나아가 외세의 약탈적 동진에 실천 운동으로 대항하였다. 이항로의 위정척사론은 곧 동서접변의 긴박한 현장에서 그의 부친 때부터 피부로 체험하였던 절실한 위기의식을 바탕으로 수립된 것이다. 그런 점에서 이항로의 벽사론에는 이익과 안정복이 느꼈던 위기의식과는 또 다른 현실적 절실함이 담겨 있다.

또한, 이항로가 도(道)－기(器)의 구도에 입각하여 서학에 대응하였던 것은 기술과 기술 습득에 대한 동아시아 사상사의 인식 변화와 관련해서 이해할 필요가 있다. 선진 제자백가의 단계에서는 기술을 도(道)로 기술의 습득을 덕(德)으로 구분하여 가치중립적 시야에서 기술의 획득을 중시하는 의미 지평이 유행하였다. 그러나 송대 리학에서는 도와 덕을 리(理)－기(氣) 구도 속에서 모두 인의(仁義) 등 유교적 가치를 담고 있는 리(理)와 연관해서 그 의미를 부여하고 기술은 도와 덕이 아닌 기(氣)의 범주에 재배치하는 새로운 의미 지평이 유행한다.

이항로가 도(道)-기(器) 구도 속에서 기술을 기(器)로 재배치한 것은 리학의 관점의 연장이자 한 단계 더 나아간 것이다.

리(理)-기(氣) 구도에 대비할 때 이항로의 도(道)-기(器) 구도에서는 유교적 가치의 일원성과 보편성이 더 강하게 발휘된다. 사물의 존재를 리와 기로 나누어 배치할 때에는 이원성이 전제된다. 개별 사물들은 기의 취산에 따르는 객형에 불과하지만, 취산하는 기 자체는 근본적이고 보편적 존재로서의 위상을 가진다. 반면 기(器)의 개념은 여러 기술을 포함하는 개별적 존재를 가치인 도(道)에 대하여 수단으로서의 위상에 배치한다. 도는 일원적이고 보편적인 것이 된다. 이항로는 유교적 가치를 도(道)로 서학의 기술을 기(器)로 그 위상을 부여하여, 리(理)-기(氣) 구도보다 한 걸음 더 나아가 유교적 가치의 보편성을 확립하고 있다.

『벽사록변』에서 이항로는 서학에서 리(理)의 무위(無爲)에 의거하여 리가 주재자가 될 수 없다는 주장에 맞서 성인-상제-리를 일치시켜 성인의 인격을 자신 속에 체인하는 것이 리를 체험하고 구체화하는 것이 된다는 반론을 제시한다. 또한 유교의 성인이 실현한 인격을 도(道)로 기독교의 성인이 보여준 인격을 형기(形氣)로 대별하여 반론한다. 곧 이항로는 서학을 기(器)와 형기(形氣)의 범주에 배치하고 유교적 가치를 도(道)에 배치하여 유교적 가치가 서학의 기술과 가치에 비하여 근본적이고 보편적인 위상에 있음을 확립하고 있다. 이와 같은 도(道)-기(器)/형기(形氣) 구도는 기술과 유교적 가치 사이의 관계를 설정하는 의미지평의 역사 속에서 창출된 한 유형으로, 서학과의 접변 속에서 리학의 의미지평을 새롭게 재구축한 것으로서 그 학술사적 의미를 읽을 수 있다.

【참고문헌】

1. 원전류

安鼎福, 『順菴集』(영인본), 서울: 景仁文化社, 1999.

알레니, 『萬物眞原』, 北京: 北京大學宗教硏究所, 2000.

李恒老, 『華西集』(영인본), 서울: 景仁文化社, 2003.

朱熹, 『朱子語類』, 北京: 中華書局, 1994.

韓愈, 『韓昌黎集』, 臺北: 臺灣商務印書館, 1967.

2. 연구논저

강필선, 「화서 이항로의 심성론」, 『유교사상문화연구』 제27집, 한국유교학회, 2006.

권오영, 「화서 이항로의 척사이념과 그 전승 양상」, 『화서학논총』 제3권, 2008.

금장태, 「화서 이항로의 철학과 시대정신」, 사회과학원 편, 『사상』 통권 제34호, 1997.

금장태, 『조선 후기 유교와 서학』, 서울: 서울대 출판부, 2003

김경일, 「동양사상에서의 대안적 노동 개념」, 『사회와 역사』 제96집, 한국사회사학회, 2012.

김근호, 「화서 이항로 성리설의 심학적 특징에 관한 시론」, 『율곡사상연구』 제26집, 2013.

유홍렬, 『증보 한국천주교회사』 상권, 서울: 가톨릭출판사, 1975(재판).

박성순, 『조선후기 화서 이항로의 위정척사사상』, 서울: 경인문화사, 2003.

이상익, 「화서 이항로의 주리론과 퇴계학」, 『퇴계학보』 제117집, 2005.

황수영, 「라베송(Ravaisson)에 있어서 존재의 일원성의 문제」, 『철학』 제52집, 1997.

야스다 지로[安田二郎] 저, 이원석 역, 『주자와 양명의 철학』, 서울: 논형, 2012.

Chung Tsai-chun[鍾彩鈞], *The development of the Concepts of Heaven and of Man in the Philosophy of Chu Hsi*, Taiwan: Institute of Chinese Literature and Philosophy, Academia Sinica, 1993.

펑유란 저/김시천 외 역, 『펑유란 자서전』, 서울: 웅진출판사, 2012

미조구치 유조 외 저/조영렬 역, 『중국제국을 움직인 네 가지 힘』, 파주: 글항아리, 2012.

【부록 1】

『만물진원』 요약

제1절 만물에는 모두 시작이 있음을 논증하다.

一. 천지에는 시작이 있다.

천지에 시점이 있다는 것을 뒷받침하는 다섯 가지 증거가 있다.

1. 제작(制作)과 양생(養生)에는 시작이 있다.

• 천지의 시작은 복희, 신농, 황제 시기 직전에 있었다.
• 복희, 신농, 황제가 양생(養生)의 기술을 제작한 시점이 역사적으로 기록되어 있다.
• 양생의 기술이 없다면 사람은 살 수 없다.
• 따라서 양생의 기술 창안 시점 이전에는 사람이 살 수 없었다. 곧, 무인지경이었다.
• 무인지경은 천지의 시작 지점과 가깝다.
• 따라서 천지의 시작은 복희, 신농, 황제 시기 직전에 있었다.

2. 인류의 출현에는 시작이 있다.

• 현재의 수많은 사람들은 소수의 사람들로부터 생겨났다.
• 소수 중 가장 작은 수는 둘이다.
• 따라서 현재의 인류는 두 사람(아담과 하와)으로부터 생겨났다.

3. 인류의 시조는 그 출현 시점에 기록되어 있다.

- 중국의 경우 반고(盤古) 이전에 인류가 없었다.
- 서양의 경우 아담 이전에 인류가 없었다.
- 따라서 반고와 아담의 출현 시점이 천지의 시작점이다.

4. 천지의 운동에는 시작점이 있다.

- 물리적 하늘에는 시작점이 있다.
- 하늘의 운동에도 시작점이 있다.
- 하루에도 시작점이 있다.
- 오늘 하루로부터 계속 소급해 올라가다보면 하늘의 운동, 천지, 만물의 생(生)이 없는 시점이 있다.

5. 경전은 천지에 시작점이 있다고 기록하고 있다.

- 천지 창조 이래 현재까지 7,000년이 지나지 않았다.
- 반고씨로부터 요·순임금 사이의 세월이 수천만 년이라는 주장은 경전에도 없는 황당무계한 이야기이다.
- 신농 시대 직전에 천지창조가 있었다.

二. 시작이 있는 것은 반드시 시작이 없는 것으로부터 나온다.

- 시작이 있는 것에는 반드시 시작이 없는 것이 있다.
- 천지보다 앞선 것이 천지를 창조할 수 있다.

제2절 만물은 스스로 생겨날 수 없음을 논증하다.

一. 만물은 스스로 생겨날 수 없다.

1. 만물은 조성(造成) 아니면 생성(生成)된 존재이다.

- 만물에는 생성되는 것이 있으니, 소나 말이 그 예이다.
- 사람과 말은 스스로를 낳을 수 없다.
- 만물에는 조성되는 것이 있으니, 집이나 그릇이 그 예이다.
- 집이나 그릇은 스스로를 만들 수 없다.
- 천지인물(天地人物) 모두 스스로를 낳을 수 없다.

2. 만물은 스스로를 보호할 수 없다.

- 만물은 창조 같은 어려운 일을 할 수 없다.

3. 만물은 다른 존재에게 의존한다.

- 어떤 것은 다른 것에 의지해 살아가는데 어찌 스스로 자기를 낳을 수 있겠는가?

4. 만물은 자신의 삶을 스스로 주관할 수 없다.

- 천지인물(天地人物)이 스스로를 낳을 수 있다면 어찌 현재에만 생겨나고 천만 년 전에는 생겨나지 않았는가?
- 어찌 여기서는 생겨나되 저기서는 생겨나지 않는가?
- 어찌 처음부터 완전하지 않고, 작았다가 커지는가?

5. 하늘은 스스로 만물을 움직일 수 없다.

- 운동은 어떤 것이 스스로에게 부족한 것을 추구하는 데서 발생한다.
- 부족한 것을 추구하는 것은 살아있는 것이다.
- 하늘은 살아있는 것이 아니므로 본래 운동하지 않는 것이다.
- 따라서 하늘은 무엇에 의지해야만 운동할 수 있다.
- 그 무엇이란 천신(天神)이다.

二. 물은 스스로 있는 것이 아니다.

• 하늘은 스스로 있는 것이 아니다. 왜냐하면 하늘은 무(無)이었다가 유(有)가 된 것이기 때문이다.

三. 오직 천주만이 저절로 그러하고 스스로 있는 것이다.

• 천주만이 실체이다.

제3절 천지는 사람과 사물을 스스로 낳을 수 없음을 논한다.

一. 천지는 사람과 사물을 스스로 낳을 수 없다.

1. 천지는 스스로 초목을 낳을 수 없다.

2. 천지는 사람과 사물을 낳을 수 없다.

• 천지가 사람과 사물을 낳는 능력을 갖고 있다면, 왜 지금은 새로운 사람과 사물을 낳지 않는가?

3. 천지는 어린아이를 기를 수 없다.

• 어린아이를 광야에 갖다 놓으면 천지가 길러주는가?

4. 천지는 사람과 가축을 낳을 수 없다.

• 땅에서 생겨난 것(초목)은 땅에 의거해 양육된다.
• 사람과 짐승은 땅에 의거해 양육되지 않으므로 땅에서 생겨난 것이 아니다.

5. 땅은 영명한 것을 낳을 수 없다.

• 땅에는 영명이 없는데 사람에게는 영명이 있으므로, 땅이 사람을 낳은

것이 아니다.

二. 땅은 품성이 완전한 것을 낳을 수 없다.

- 질문 : 사람과 사물은 천지로부터 생겨나지 않는다 할지라도 풀들은 종류를 막론하고 땅에서 생장하지 않는가?
- 대답 : 땅에는 본래 무엇을 낳는 능력이 없다. 대신 하늘의 빛, 비, 해, 달, 추위, 더위에 의거해 품성이 완전하지 않은 것들이 씨앗을 만들어 낸다.

三. 만물을 생장하는 것은 천지의 공만이 아니다.

- 질문 : 만물이 하늘의 빛을 받아야 생육한다면, 생육은 하늘의 공이 아닌가?
- 대답 :

  ① 하늘이 없다면 생육되지 않는 것은 맞지만, 그렇다고 하늘이 만물을 낳는 것은 아니다.

  ② 땅이 없다면 사람이 나고 자랄 수 없지만, 그렇다고 해서 땅이 사람을 직접 낳고 길러내는 것은 아니다.

  ③ 따라서 천지가 없으면 안 되지만, 만물을 생장시키는 것은 천지만은 아니다.

四. 만물을 생장한 천주에게 감사해야 한다.

- 천지가 스스로 사람과 사물을 낳을 수 없고 따로 천주가 있는 것이므로, 천지를 숭배할 것이 아니라 천주에게 감사해야 한다.

제4절 원기(元氣)가 스스로 하늘과 땅으로 분화할 수 없음을 논증한다.

一. 원기는 스스로 만물을 만들 수 없다.

- 질문 : 천지에 앞서 일원(一元)이 있어, 맑은 것은 분화하여 하늘이 되고 탁한 것은 분화하여 땅이 되므로 조물주가 없어도 된다.
- 대답 : 기(氣)는 만물을 만들 때 사용되는 재료에 불과할 뿐, 기가 스스로 만물을 만들 수는 없다.

1. 만물은 반드시 네 가지 원인을 갖는다.

- 질(質: 질료인), 모(模: 형상인), 조(造: 목적인), 위(爲: 작용인)의 네 가지 원인이 있다.
- 원기가 이미 분화했다면 그것은 더 이상 원기가 아니다.

2. 만물을 만들 때는 반드시 그 형상을 명각(明覺)한다.

- 조물주는 명각 속의 상(象: 이데아)에 따라 만물을 만든다.
- 원기에는 명각도 없고 상도 없다.

3. 원기는 목적인과 작용인이 될 수 없다.

- 조물자는 만물의 외부에 있다.
- 원기는 만물의 외부에 있지 않으므로 겨우 질료인이나 형상인만 될 수 있을 뿐, 목적인이나 작용인이 될 수 없다.

二. 원기는 스스로 만물을 낳을 수 없다.

- 질문 : 씨앗은 저절로 생장하니, 어찌 외부자가 필요한가?
- 대답 :

① 씨앗의 발생은 목적인으로부터 벗어나 있지 않다.
  - 씨앗을 낳는 나무가 미리 있다.
  - 인력에 의한 재배, 땅의 영향도 있어야 씨앗이 생장한다.

② 원기는 목적인[造者]에 의해 만들어진다.
  - 원기에는 근원이 있다.

③ 원기의 분산은 스스로로부터 말미암지 않는다.

- 원기를 분화시키는 다른 원리가 있어야 한다.

④ 원기는 자신의 본성을 스스로 정할 수 없다.

- 각 사물에는 본연의 본성이 앞서 있다.
- 원기가 하늘과 땅으로 분화하려면 그러한 본성이 먼저 있어야 한다.

제5절 리가 만물을 만들 수 없음을 논증한다.

- 질문 : 기는 자기분화할 수 없지만 리는 기를 분화시켜 천지만물을 만들 수 있지 않은가?

一. 리는 만물을 만들 수 있는 지각이 없다.

- 리에는 지각이 없으므로 경영부석(經營剖析)할 수 없다.
- 선기(璇機), 옥형(玉衡) 같은 정밀기계를 만들려면 명각이 있어야 한다.

二. 리는 사물에 의지하며 만물을 낳을 수 없다.

- 리는 자립자(自立者)가 아니라 의뢰자이다.

三. 만물을 만드는 것은 조물주가 리를 밝힌 공로 덕분이다.

- 질문 : 리가 만물에 의존한다는 것을 인정한다고 하더라도, 리는 만물 이전에 있었던 것이 아닌가?
- 논박 : 리는 만물 이전에 자립해 있던 것이 아니라, 조물자의 지능에 부속해 있던 것이다.

四. 조물자는 만물에 리를 부여한다.

- 리는 법도로서, 조물자가 만물을 만들 때 각 만물에 부여하는 것이다.

五. 이치로써 그렇게 된 까닭을 추론해야 한다.

• 리는 만물을 낳을 수 없고, 그저 '이치'라는 의미를 지닐 뿐이다.

제6절 모든 사태의 파악은 리에 의존해야지 눈에 의존하면 안 됨을 논한다.

一. 눈으로 볼 수 없다고 해서 '없다'고 할 수는 없다.

• 질문 : 천주는 눈으로 볼 수 없지 않은가?
• 논박 : 도(道), 성(性), 법칙[則]도 눈으로 볼 수 없지만 그 존재를 믿지 않는가?

二. 의리의 눈에 의거하여 천주를 볼 수 있다.

• 육체의 눈(外目)으로 보지 말고 의리의 눈(內目)으로 봐야 한다.

三. 눈으로 보지 못한다고 해서, 그것이 없다고 여기는 자는 마음의 소경이다.

제7절 천지만물에는 그것을 만든 대주재자가 있음을 논한다.

1. 조화의 오묘함은 사람으로 하여금 천지의 주재자를 알게끔 한다.
• 일상적으로 바라보던 세상을 다른 눈으로 바라보면 주재자가 있음을 알게 된다.
2. 피조물로부터 천지가 피조되었음을 유추한다.
• 정교한 기계와 같은 것들이 저절로 생겨났을 리는 없다.

제8절 천지만물은 주재자가 통치한다는 것을 논한다.

一. 천지만물의 운행에 오차가 없는 것은 천주가 입법(立法)했다는 것을 증명한다.

二. 천지만물의 운행에 오차가 없다는 것은 천주가 운행시킨다는 것을 증명한다.

三. 만물에게 각각 본성이 있다는 것은 천주가 그것들의 본성을 정했음을 증명한다

- 질문 : 만물에 각각 본성이 있는 것은 저절로 그러한 것이다.
- 대답 : 본성은 어디에서 유래하였는가? 본성을 정한 조물주가 반드시 먼저 있었다.

四. 사람에게 형체와 정신이 있다는 것은 천지에 천주가 있음을 증명한다.

- 사람에게 정신이 없다면 형체는 제 역할을 못하고 무너져 내릴 것이다.
- 세상에 영명한 주재자가 없다면 천지만물은 무너져 내릴 것이다.

五. 만국의 사람들은 모두들 천주가 있다는 것을 안다.

제9절 조물주는 인간의 헤아림으로는 다 파악될 수 없는 존재임을 논증한다.

一. 천주의 이치는 인간이 규정할 수 없다.

- 천주는 전지전능의 초월적 존재이므로 개념으로 파악되거나 이미지화할 수 없고 이성적 사유를 넘어서 있다.

二. 천주는 '~이 아니다'라는 소극적 규정으로만 이야기될 수 있지, '~이다'라는 적극적 규정으로는 이야기될 수 없다.

三. 천주의 본성과 본체는 다 궁구될 수 없다.

四. 임시로 조물주를 천주로 칭하는 것이다.

제10절 천주가 천지를 창조했음을 논증한다

一. 천주의 창조는 사람과 다르다.

- 사람은 사물을 만들 때 재료에 의지하나 천주는 그렇지 않다.
- 사람은 도구를 필요로 하나 천주는 그렇지 않다.
- 사람은 시간이 걸리나 천주는 그렇지 않다.
- 사람은 수고를 해야 하나 천주는 그렇지 않다.

二. 천주는 천지만물을 차례에 따라 창조했다.

1. 천당이 있는 하늘을 창조했다.
2. 천지의 몸을 창조했다.
3. 순일한 물을 창조했다.
4. 아홉 품급의 천신을 만들어냈다.
5. 수(水), 기(氣), 화(火), 지(地)의 4원소를 만들었다.

• 물이 기가 되고, 기가 위로 올라가 화가 되며, 아울러 지가 있다.

6. 천상의 해와 달과 다섯 행성을 창조했다.

7. 물속에 물고기 등이 있도록 명령했다.

8. 땅에 짐승이 있도록 명령했다.

9. 가장 마지막으로 사람을 창조했다.

三. 천주가 거대한 천지를 만들 때 강령이 있었다.

• 질문 : 천주는 어째서 무궁한 세월 이전에 천지를 창조하지 않고 하필 이면 이때(7,000년 전) 천지를 창조했는가?

• 대답 : 그 뜻은 알 수 없다. 다만 핵심은 인간의 구원이다.

제11절 천주는 모든 존재 중 그보다 근원적인 것이 없는 근원임을 논증한다.

一. 천주는 모든 존재 중 가장 근원적 존재이다.

• 천주는 모든 존재 중 그보다 근원적이 없는 근원이다.

• 천주는 만물이 아직 시작되기 이전의 시작이다.

• 천주는 수에 비유하면 1이다. 1보다 앞선 수를 묻는 것은 무의미하다.

二. 천주는 시작도 없고 끝도 없다.

三. 천주의 은택에 감사해야 한다.

【부록 2】

『벽사록변(闢邪錄辨)』

恒老先君子性度嚴正, 嘗觀東坡書, 至曰素疾程某之奸, 命恒老勿讀蘇文, 好惡得正, 蓋如此. 異說雜書在國設禁者, 尤安敢購䋺經眼乎. 往在己亥(1839), 李禮山正觀作闢邪辨證, 以草本寄余, 使之删潤, 故仍請於南睡翁啓來氏, 借其大父八灘公肅寬所著『遠西艾儒畧萬物眞源辨』, 略聞其梗槩矣. 混入故紙堆中, 收拾不上. 雨村金友平默勸余作一文字, 而以未得眞贓, 不可輕下拳踢, 辭謝矣. 壬戌(1862), 翻動書厨, 偶得舊蹟, 仍錄出肯綮數段, 塡補其踈略. 年條國名, 此不復錄. 覽者詳之. 癸亥(1863)元月七日, 李恒老書.

나의 부친은 성격이 엄정하여 일찍이 소동파의 글을 보고서 "평소 정모(程某: 정이천)를 미워한 간신(←라는 간신을 미워한 자)"[51)]이라고 말하면서 내게 소동파의 글을 읽지 말라고 명령했다. 호오가 올바름을 얻었던 것이 이와 같았다. 이단의 설과 잡다한 책은 나라에서 엄금하는 것이니 어떻게 감히 구해서 볼 수 있었겠는가? 과거 기해년, 예산 이정관이 『벽사변증』을 지어 초본(草本)을 내게 보내어서 윤삭을

51) 朱熹 編, 『伊川先生年譜』.

부탁했기 때문에 나는 수옹 남계래씨에게 청하여 그의 대부(大父) 팔탄공 남숙관[52]의 저서 『서양인 알레니의 『만물진원』에 관한 변론[遠西艾儒畧萬物眞源辨]』을 빌려 대략 그 얼개를 알았다. [그러나] 옛 원고 더미에 던져 놓아 정리하지 못하였다. 우촌(雨村) 김평묵이 내게 글을 하나 지으라고 권하였으나 아직 진정한 이해를 얻지 못하였기 때문에 경솔하게 행동할 수 없어 사양했다. 임술(1862)년, 서가를 뒤적이다가 우연히 옛 글을 찾았기 때문에 요점 몇 단락을 써서 그 소략함을 보충했다. 연조(年條)와 국명은 다시 기록하지 않으니 읽는 이들이 찾아보기 바란다.

계해년(1863) 1월 7일 이항로 씀.

상제와 천주의 상반됨에 관한 논변[上帝與天主相反辨]

吾儒之所事者, 上帝也. 西洋之所事者, 天主也. 今當論吾所謂上帝指如何. 彼所謂天主之誤, 言之亦可, 不言亦可也. 吾所謂上帝者, 指太極之道也. 太極之道, 何也. 至誠生生, 上帝之心也, 仁義禮智, 上帝之性也. 愛敬宜知, 上帝之情也. 父子有親, 君臣有義, 夫婦有別, 長幼有序, 朋友有信, 上帝之倫也. 有德則賞, 賞有厚薄, 有罪則罰, 罰有輕重, 是皆上帝之命也, 非一毫人力所得而私也. 是所謂理也.

우리 유학자들이 섬기는 대상은 상제이다. 서양이 섬기는 대상은 천주이다. 우리가 말한 상제는 무엇을 기리키는지 지금 따져야 한다.

52) 남숙관(1704~1781).

[반면] 저들이 말하는 천주라는 잘못된 것은 말해도 그만이고 말하지 않아도 그만이다. 우리가 말하는 상제란 태극의 도를 가리킨다. 태극의 도란 무엇인가? 지성으로써 낳고 또 낳는 것이 상제의 마음이다. 인의예지는 상제의 본성이다. 사랑함, 경건함, 마땅함, 지혜로움은 상제의 감정이다. 부자유친, 군신유의, 부부유별, 장유유서, 붕우유신은 상제의 윤리이다. 덕이 있으면 상을 주되 상에는 큰 것과 작은 것이 있으며, 죄가 있으면 벌을 내리되 벌에 경중이 있는 것이 모두 상제의 명령이니, 조금도 인위적으로 사사롭게 할 수 있는 것이 아니다. 이것이 이른바 리(理)이다.

理本無聲無臭, 將何以驗之而認取其必然乎. 曰, 否, 不然. 聖人者, 天地之孝子也. 是故, 知上帝之心者, 莫如聖人. 聖人之言, 卽上帝之言也. 聖人之行, 卽上帝之行也. 故上天之載, 無聲無臭, 儀刑文王, 萬邦作孚. 今捨有形有質之文王, 而更求無聲無臭之天理於窈冥幽暗之中, 烏可得乎.

"리는 원래 소리도 없고 냄새도 없는데 어떻게 그것을 체험하고서 그것이 필연적이라는 것을 인식할 수 있겠습니까?" "아니다. 그렇지 않다. 성인이란 천지의 효자이다. 때문에 상제의 마음을 아는 자들 중 성인만한 사람이 없다. 성인의 말씀은 곧 상제의 말씀이다. 성인의 행동은 곧 상제의 행동이다. 그러므로 '하늘이 행하는 일은 냄새도 없고 소리도 없다. 문왕을 본받으니 만방이 신뢰한다'[53]고 한다. 지금 형질이 있는 문왕을 버려두고 다시 '소리도 없고 냄새도 없는' 천리를 깊고 어두운 가운데에서 추구하는 것이 어찌 가능하겠는가?"

53) 『詩』, 「國風」, 「大雅 · 文王之什 · 文王」.

曰, 中國所稱聖人, 伏羲, 神農, 黃帝, 堯, 舜, 禹, 湯, 文, 武, 周公, 孔, 孟, 程, 朱也. 釋氏所稱聖人, 釋迦如來也. 老氏所稱聖人, 老子也. 西洋所稱聖人, 耶蘇也. 子思曰, 詩曰具曰予聖, 誰知烏之雌雄, 正謂此也. 將何以辨別而定其眞僞乎哉.

"중국이 칭송하는 성인은 복희, 신농, 황제, 요, 순, 우, 탕, 문, 무, 주공, 공자, 맹자, 정자, 주자입니다. 불교도들이 칭송하는 성인은 석가여래입니다. 노자학파가 칭송하는 성인은 노자입니다. 서양이 칭송하는 성인은 예수입니다. '자사는, 『시』에서 모두들 내가 성인이라고 하는데 누가 새의 자웅을 변별하겠는가라고 하였다고 말했다'[54]고 했는데, 바로 이 말입니다. 장차 무엇을 기준으로 변별하여 진위를 확정하겠습니까?"

曰, 否不然. 有大界分於此而人自不察耳. 孔子曰, 君子上達, 小人下達. 按上達謂達於道德, 下達謂達於形氣也. 又曰, 君子喩於義, 小人喩於利. 按喩之爲言, 深知而篤好也. 於義理一邊, 深知而篤好者君子也. 於形氣一邊, 深知而篤好者小人也. 孟子曰, 鷄鳴而起, 孳孳爲善者, 舜之徒也. 鷄鳴而起, 孳孳爲利者, 蹠之徒也. 按鷄鳴而起, 孳孳爲之者, 寤寐不忘, 亹亹不倦之義也. 不問其所爲者是善是利, 而但以神與不神誠與不誠, 欲爲觀聖人之斷案, 不亦大錯乎.

"아니다, 그렇지 않다. 여기에는 큰 차이가 있지만 사람들이 스스로 살피지 못할 뿐이다. 공자는 '군자는 위로 통달하고 소인은 아래로

54) 『孔叢子』, 「抗志」.

통달한다'[55]고 말했다. 생각건대, '위로 통달한다'는 것은 도덕(道德)에 통달하는 것을 말하고, '아래로 통달한다'는 것은 형기(形氣)에 통달하는 것을 말한다. [공자는] 또한 '군자는 의를 환히 알고 소인은 이익을 환히 한다'고 말했다. '환히 안다'[喩]는 말을 살펴보자면 그것은 깊이 알고 독실하게 좋아한다는 것이다. 의리의 측면에서 깊이 알고 독실하게 좋아하는 자가 군자이다. 형기의 측면에서 깊이 알고 독실하게 좋아하는 자가 소인이다. 맹자는 '닭이 울면 일어나서 부지런히 선한 일을 하는 자들이 순임금의 무리이다. 새벽같이 일어나기만 하면 열심히 이득만 챙기는 사람들은 도척의 무리이다'[56]라고 말했다. '닭이 울면 일어나서 부지런히 행했다'는 말을 살펴보건대 그것은 자나 깨나 잊지 못하고 부지런하여 게을리 하지 않았다는 뜻이다. [그런데] 행한 일이 선인지 이익인지 따지지 않고 다만 신령하냐 그렇지 않냐, 성(誠)이냐 그렇지 않냐를 기준으로 [누가 진짜] 성인인지 판단을 하려는 것은 큰 잘못이 아닌가!

太宰以多能認孔子之爲聖, 故子貢曰, 夫子天縱之將聖, 又多能也, 所以明孔子之聖, 非以多能之故而名之也. 孔子聞之, 又慮多能之混於稱聖也, 故曰某少也賤, 故多能鄙事, 君子多乎哉, 不多也. 所以明人雖多能於陪奉形氣之事, 而不以道德義理爲主, 則不免爲小人. 以道德義理爲主, 則雖無他技能, 亦不害爲君子也.

태재(太宰)는 재능이 많다는 것을 근거로 공자를 성인이라고 생각

55) 『論語』, 「憲問」.

56) 『孟子』, 「盡心上」.

했다. 때문에 자공은 '우리 선생님께서는 하늘이 허락하신 성인이실 텐데 어찌 재능이 많겠습니까?'[57]라고 말했다. 이로써, 재능이 많다는 이유로 공자에게 성인 칭호를 붙인 것이 아님을 밝힌 것이다. 공자가 그 얘기를 듣고 또 다시, 재능 많음이 성인 칭호의 조건이 될 것을 걱정했기 때문에 '나는 어려서 천했기 때문에 비천한 일을 할 수 있는 기회가 많았다. 군자에게 재능이 많겠는가? 많지 않다'(上同)고 말했다. 이로써 비록 형기 기르는 일에서 재능이 많다 하더라도 도덕과 의리를 위주로 하지 않는다면 소인을 면치 못하고, [반대로] 도덕과 의리를 위주로 한다면 여타 기예와 재능이 없더라도 군자 됨에 방해될 것 없다는 점을 밝힌 것이다."

是以秦誓曰, 若有一介臣, 斷斷倚無他技, 其心休休焉. 其如有容焉. 人之有技, 若己有之, 人之彦聖, 其心好之, 不啻若自其口出, 寔能容之, 以能保我子孫黎民, 尙亦有利哉. 人之有技, 娼嫉以惡之, 人之彦聖, 而違之, 俾不通, 寔不能容, 以不能保我子孫黎民, 亦曰殆哉. 雖無所能, 而苟有其德, 則天下之善皆歸焉. 雖有所能, 而苟無其德, 則天下之惡皆歸焉. 此乃形氣道德之大界分也. 形氣分上, 亦有淺深生熟, 道德分上, 亦有淺深生熟. 若不問其所主者是君子是小人, 但論其淺深生熟, 則舜蹠堯桀, 從何以辨乎. 此爲觀聖之大界分如之何, 其可誣也.

그러므로 『서(書)』 『진서(秦誓)』에서 말하였다. "만약 한 신하가 있어 정말로 다른 재주는 없으나 그의 마음이 선하면 그와 같은 사람은 받아들이겠다. 남이 가진 재주를 자기가 가진 듯이 여기고 남의

---

57) 『論語』 「子罕」.

뛰어남과 성스러움을 마음으로 좋아하여 자기 입으로 말한 것처럼 여길 뿐만이 아니라면 이런 사람은 받아들일 수 있을 것이다. 이들로써 우리 자손과 백성들을 보호케 한다면 실로 매우 이로운 일이다. 남이 재주 있는 것을 시샘하여 싫어하고, 남의 뛰어남과 성스러움을 거슬러 그들로 하여금 목적을 달성하지 못하도록 한다면, 이들은 받아들일 수 없다. 이들로서는 우리 자손과 백성들을 보호케 하지 못하리니 위태롭게 될 것이다." 비록 능한 곳이 없더라도 만약 덕이 있다면 천하의 선이 모두 그에게 귀속될 것이다. 비록 능한 곳이 있더라도 만약 덕이 없다면 천하의 악이 모두 그에게 귀속될 것이다. 이것이 바로 형기와 도덕의 중요 구분이다. 형기의 영역에서도 깊거나 얕음, 혹은 성숙과 미성숙의 [구분이] 있다. 도덕의 영역에서도 깊거나 얕음, 혹은 성숙과 미성숙의 [구분이] 있다. 만약 주가 되는 것이 군자인지 소인인지 따지지 않고 다만 깊고 얕음, 성숙과 미성숙만을 따진다면, 순임금과 도척, 그리고 요임금과 걸임금을 어떤 방법으로 변별하겠는가? 이것은 성스러움의 중요 경계가 어떠한지 관찰하는 방법이니 속일 수 있겠는가?

서양의 하늘 섬김이 우리 유학의 하늘 섬김과 상반됨에 관한 논변[西洋事天, 與吾儒事天相反辨]

孟子曰, 存其心, 養其性, 所以事天也. 心者指惻隱之心辭讓之心羞惡之心是非之心也. 性者指仁也禮也義也智也. 此心此性, 非我之所得私也, 乃天之所命, 故存此心養此性, 則不待外求而所以事天者, 卽在乎此也. 是故父子而盡愛敬之道則是乃事天也. 君臣而盡忠禮之道則是乃事天也. 長幼之序也, 夫婦之別也, 朋友之信也, 是皆所以事天也. 西洋則不然. 不問天所以命我者是何事, 只以拜天祈福爲事天, 此無他焉, 吾儒所謂事天之天, 專以道理言也, 洋人所謂事天之天, 專以形氣情欲言也. 二者之不同, 實分於此.

맹자는 "마음을 보존하고 본성을 기르는 것은 하늘을 섬기는 방법이다"[58]라고 말한다. 마음은 측은지심, 사양지심, 수오지심, 시비지심을 가리킨다. 본성은 인, 의, 예, 지를 가리킨다. 이 마음과 이 본성은 내가 사사로이 얻은 것이 아니라 바로 하늘이 명령한 것이다. 그러므로 이 마음을 보존하고 이 본성을 기른다면, 밖에서 구할 필요 없이 하늘을 섬기는 방법이 바로 여기 있게 된다. 그러므로 부모와 자식 사이에서 사랑과 공경의 도(道)를 다한다면 그것이 바로 하늘을 섬기는 것이다.임금과 신하 사이에서 충성과 예의의 도를 다한다면 이것이 바로 하늘을 섬기는 것이다. 장유의 순서와 부부의 유별과 붕우의 신뢰가 모두 하늘을 섬기는 방법이다. 서양은 그렇지 않다. 하늘이 내게 명령한 것이 무엇인지 따지지 않고, 다만 하늘을 숭배하면서 복을 기원하는 것을 하늘 섬김으로 여긴다. 이것은 다른 이유 때문이 아니라, 우리 유학이 "하늘 섬긴다"고 할 때의 '하늘'은 오로지 도리(道理)로써 말한 것이고, 서양 사람들이 "하늘 섬긴다"고 할 때의 '하늘'은 오로지 형기(形氣)와 정욕(情欲)으로써 말한 것이기 때문이다. 이 둘의 차이가 실로 여기서 나뉜다.

---

58) 『孟子』, 「盡心上」.

삼물망과 사물이 상반됨에 관한 논변[三勿妄與四勿相反辨]

吾儒所謂四勿者, 揭出一禮字, 使爲標準. 禮也者, 以恭敬辭遜爲本, 而有節文度數之詳. 自伏羲以來, 百聖百王, 相因損益而爲之者也, 乃天下萬世之所共由也. 是故孔子之教顏淵也, 使之考諸禮而合乎此則視之, 不合乎此則勿視之, 合乎此則聽之, 不合乎此則勿聽之, 合乎此則言之, 不合乎此則勿言之, 合乎此則動之, 不合乎此則勿動之. 使一身之表裏體用, 無一不由禮而行焉, 一點形氣之私, 不着於其間. 然則孔子之所以教, 顏子之所以學者, 不出於天理節文人事儀則之外矣. 洋人所謂勿妄念勿妄言勿妄動三者, 不論其何者是妄何者是眞, 而遽加虛喝, 不免爲隱頭說話. 且其所謂妄者, 指拜君拜父祭神許多人道而言耳. 此果眞乎妄乎. 三勿妄之說, 與吾儒四勿之訓, 正相反也. 而乃反曰三勿妄, 是四勿之註脚, 噫.

우리 유학이 말하는 네 가지 금지사항은 예(禮) 한 글자를 들어 표준으로 삼는다. 예란 공손, 경건, 사양, 겸손을 근본으로 삼으면서 절문(節文)과 도수(度數)의 상세함을 갖고 있다. 복희 이래 모든 성인과 왕이 서로 덜고 더하면서 행하는 것으로 천하 만세가 함께 말미암는 것이다. 그러므로 공자가 안연을 가르칠 때, 안연으로 하여금 예를 살펴서 그것에 맞으면 보게 하였고 맞지 않으면 보지 말라고 하였으며 예에 맞으면 듣게 하고 맞지 않으면 듣지 말게 하였으며 예에 맞으면 말하게 하였고 맞지 않으면 말하지 않게 하였으며 예에 맞으면 움직이게 하였고 맞지 않으면 움직이지 않게 하였다. 한 몸의 표리와 체용으로 하여금 하나라도 예에 따라서 행하지 않는 것이 없게끔 하여, 한 점 사사로운 형기라도 그 사이에 들어붙지 않도록 하였다. 그러니 공자가 가르친 내용과 안자가 배운 내용은 천리의 절문(節文), 인사의 의칙(儀則)을 벗어나지 않는다. 서양인들이 말하는 "망령되게 생각하지 말라", "망령되게 말하지 말라", "망령되게 행동하지 말라"는 세 가지는, 무엇이 망령된 것이고 무엇이 진실한 것인지를 따지지 않으면서 허장성세만 가한 것이니, 알맹이 없는 얘기를 면치 못한다. 게다가 그들이 말하는 '망령됨'이란 임금 숭배, 부모 숭배, 신에게의 제사 등 숱한 인도(人道)만 가리켜서 말했을 뿐이다. 이것이 과연 진실한 것인가, 아니면 망령된 것인가? "세 가지 망령되지 말 것"에 관한 설과 우리 유학의 "네 가지 금지" 교훈은 정확히 반대된다. 그런데도 반대로 "세 가지 망령되지 말 것"은 "네 가지 금지"의 구체적 시행 방안이 된다고 하니 한심하구나!

서양인의 칠극과 우리 유학의 팔형이 상반됨에 관한 논변[洋人七克, 與吾儒八刑相反辨]

凡爵以勸善, 刑以禁惡, 天理之本然也, 人事之當然也. 教人爲善而人不從善, 禁人爲惡而人不去惡, 則不得已刑之. 是故觀其所禁之目, 則知其所教之本. 如三綱六行之教, 卽天經地義民彝之不可已者也. 故曰五刑之屬三千, 而罪莫大於不孝. 先王以鄕八刑糾萬民, 而八刑之目, 觀其六行之教, 而定其先後輕重之律. 書所謂明于五刑, 以弼五教, 正指此也. 今夫七克之云, 止說貨利一邊而不及道理一邊. 觀此七克之目, 則可徵其綱常倫紀之全闕, 而辨不及此何哉.

벼슬로써 선을 권면하고 형벌을 내려 악을 금하는 것은 천리의 본연이자 인사의 당연함이다. 사람들에게 선을 행하라고 가르쳤는데도 사람들이 선을 따르지 않거나, 사람들이 악을 행하는 것을 금지했는데도 사람들이 악을 제거하지 못한다면 부득이하게 형벌을 내린다. 그러므로 금하는 항목을 자세히 본다면 가르침의 근본을 알게 된다. 예컨대 삼강과 육행(六行)[59]의 가르침은 바로 천지간의 바뀔 수 없는 도리이자 법칙이다. 그러므로 "다섯 가지 형벌에 속하는 행위는 3,000가지이지만 죄로는 불효만큼 큰 것이 없다"[60]고 한다. 선왕들은 향팔형(鄉八刑)으로 만민을 규찰했는데[61], 여덟 가지 형벌의 목록은 육행의 가르침을 보고서 선후경중을 정한 법률이었다. 『서』에서 말하는 "다섯 가지 형벌을 명확히 하여 다섯 가지 가르침을 돕도록 하라"[62]는 것이 바로 이를 가리킨다. 지금 저 칠극이라는 것은 다만 재화와 이익 한쪽만을 말할 뿐 도리 쪽은 언급하지 않는다. 이 칠극의 목록을 보면 강상과 윤리가 완전히 빠져 있음을 징험할 수 있는데도 그 점에 대해 변론하지 않는 것은 무엇 때문인가?

우리 유학의 살신성인과 서양의 '죽음을 즐거워하고 정욕에 따름'이 상반됨에 관한 논변[吾儒殺身成仁, 與西洋樂死殉欲相反辨]

59) 여섯 가지 선행, 『周禮』, 「地官 · 大司徒」, "六行, 孝, 友, 睦, 婣, 任, 恤."

60) 『孝經』, 「五刑」.

61) 『周禮』, 「地官 · 大司徒」, "以鄉八刑糾万民. 一日不孝之刑, 二日不睦之刑, 三日不婣之刑, 四日不弟之刑, 五日不任之刑, 六日不恤之刑, 七日造言之刑, 八日亂民之刑."

62) 『書』, 「大禹謨」.

孔子曰, 志士仁人, 有殺身以成仁, 無求生以害仁. 孟子曰, 生亦我所欲也, 義亦我所欲也, 二者不可得兼, 捨生而取義. 程子曰, 失節事極大, 餓死事極小. 此則所以明形氣輕且小而道德重且大也. 是以董子曰, 明其道不計其功, 正其義不謀其利. 此則所以明立心之本在道義而不在功利也. 今洋人之輕生樂死, 專在陷溺於天堂地獄之誑言, 此出於形氣之私乎, 出於道德之公乎. 昏惑如此, 不亦哀乎.

공자는 "뜻 있는 선비와 어진 사람은 제 몸을 죽여 어짊을 이루는 경우가 있을 뿐, 제 목숨 구하느라 어짊을 해치는 경우는 없다"[63]고 말했다. 맹자는 "사는 것도 내가 바라는 것이고 의로움도 내가 바라는 것이지만, 두 가지를 겸비할 수 없다면 삶을 버리고 의를 취하겠다"[64]고 말했다. 정자(程子)는 "절의를 잃는 일은 극히 중요하고 굶어 죽는 일은 극히 사소하다"고 말했다. 이런 말씀들은 형기가 가볍고 중요치 않은 반면 도덕은 무겁고 중요하다는 것을 밝힌 것들이다. 그러므로 동자(董子; 동중서)는 "도를 밝힐 뿐 공로를 계산하지 않고, 의를 바르게 할 뿐 이익을 도모하지 않는다"[65]고 말했다. 이것은 마음을 정립하는 근본이 도의에 있지 공리에 있지 않음을 밝힌 말이다. 지금 서양인들이 삶을 가볍게 여기고 죽음을 즐기는 것은 오로지 천당지옥의 거짓된 말에 빠져 있기 때문인데, 이는 형기의 사사로움에서 비롯한 것인가, 아니면 도의의 공정함에서 비롯된 것인가? 이처럼 어둡고 미혹되어 있으니 참으로 안타깝지 않은가?

---

63) 『論語』, 「衛靈公」.

64) 『孟子』, 「告子上」.

65) 『漢書』, 「董仲舒傳」.

생극설 변증[生克說辨]

天地之間, 一生一克而已. 然非克則無以成其生, 故克亦生之道也. 孔子曰, 生生之謂易, 程子曰, 天地以生物爲心是也. 按河圖一六水生三八木, 三八木生二七火, 二七火生五「十土, 五十土生四九金, 四九金生一六水, 此則相生順行之序也. 洛書一六水克二七火, 二七火克四九金, 四九金克三八木, 三八木克五十土, 五十土克一六水, 此則相克逆行之序也. 一生一克, 互相體用, 而其本則生而已.

하늘과 땅 사이에는 한 번 상생하고 한 번 상극하는 것만 있을 뿐이다. 그런데 상극이 없다면 상생을 이룰 수 없기 때문에, 상극 역시 상생의 길이다. 공자는 "낳고 또 낳는 것을 역이라고 한다"고 말했고, 정자는 "하늘과 땅은 만물 낳는 것을 마음으로 삼는다"고 말했는데 바로 이것이다. 「하도」를 살펴보건대, 일육수가 삼팔목을 낳고, 삼팔목이 이칠화를 낳으며, 이칠화가 오십토를 낳고, 오십토는 사구금을 낳으며, 사구금은 일육수를 낳는다. 이는 상생의 순차적 진행 순서이다. 「낙서」는 일육수가 이칠화를 이기고, 이칠화가 사구금을 이기며, 사구금이 삼팔목을 이기고, 사구금은 일육수를 이긴다. 이것이 상극 역행의 순서이다. 상생과 상극은 서로 체용이지만 그 근본은 상생일 뿐이다.

何以明之. 天道下行, 地道上行, 下行之氣, 爲地濁之氣所克, 透漏不過. 上行之氣, 爲天淸之氣所克, 停畜倒回. 於是乎上蟠下疊, 逼擦氤氳, 生出許多物事, 此所謂相克所以相生也. 兒生之初, 必經解腹之厄, 木生之始, 必被甲坼之艱. 金之入用, 必閱煅鍊鎔汁之苦, 玉之成器, 必遭雕琢磨礱之困. 物物同然, 事事皆是.

어떻게 그것을 증명하겠는가? 하늘의 길은 아래로 가고 땅의 길은 위로 가는데, 아래로 가는 기는 땅의 탁한 기운에 의해 막혀서[克] 투과할 수 없다. 위로 가는 기는 하늘의 맑은 기에 의해 막혀서 머무르다가 되돌아온다. 그리하여 위에서는 서리고 아래에서는 쌓여서 서로 마찰하여 혼일하게 섞여 있다가 수많은 만물을 낳는다. 이것이 '상극은 상생의 수단이다'라는 말이다. 갓난아기는 처음 태어날 때 반드시 [산모의] 배를 열고 나와야 하는 위험을 겪고, 나무가 처음 자라날 때 반드시 껍질을 깨야 하는 어려움을 겪어야 한다. 쇠가 사용되려면 반드시 단련과 용융의 고통을 겪어야 하고, 옥이 그릇으로 완성되려면 반드시 쪼고 가는 어려움을 겪어야 한다. 모든 사물이 똑같이 그러하고, 모든 일이 다 그렇다.

君子之敬天也, 樂則不敢萌滿溢之心, 憂則不敢形怨尤之色. 孝子之愛親也, 喜則不敢起慢忽之思, 怒則不敢含嫉惱之意. 人臣之事君也, 賞則思報德之誠, 罰則思改愆之勇. 夫婦之相待也, 朋友之相交也, 莫不如此.

군자가 하늘을 공경하는 것은, 즐겁더라도 감히 자만에 넘치는 마음을 싹틔우지 않고, 걱정되더라도 감히 원망하는 기색을 드러내지 않는 것이다. 효자가 부모를 사랑하는 것은, 즐겁더라도 감히 오만하고 소홀히 여기는 생각을 일으키지 않고, 화가 나더라도 감히 미워하고 화내는 마음을 품지 않는 것이다. 신하가 임금을 섬기는 것은, 상을 내려주면 그 덕에 보답할 진실함을 생각하고, 벌을 내리면 잘못을 고칠 용기를 생각하는 것이다. 부부가 서로 짝을 짓는 것, 벗들이 서로 교제하는 것이 모두 그렇지 않음이 없다.

蓋不克制則無以畜止約束而達其生. 是以古之成德者, 未有不自窮阨中做得來. 遏制人欲, 乃所以存養天理, 禁絶罪惡, 乃所以保活良善. 不惟不敢生怨尤, 本無可怨可尤之事. 不念天地君父生養之大德畜止之至誠, 均爲於我罔極之恩也, 而乃反出不敬無恩之語, 至有三仇之云. 雖不欲染筆, 而其原則昧相克爲相生之道故也. 不得不一言以辨之.

무릇 극복과 제약[克制]이 없다면, 기르고 구속함으로써 그 생명을 완성시키는 일이 있을 수 없다. 그러므로 옛날에 덕을 완성한 사람들은 궁핍과 환난 속에서 해내지 않은 경우가 없었다. 인욕을 막고 통제하는 것이 바로 천리를 기르는 방법이고, 죄악을 근절하는 것이 바로 선량함을 보호하고 살리는 방법이다. 감히 원망하고 탓하는 마음을 갖지 않을 뿐만 아니라, 본래부터 원망하고 탓할 일이 없다. 천지와 군부의 길러주는 대덕과 막아주는 지성이 모두 내게 망극의 은혜가 되는 것은 생각하지 못하고, 반대로 공경하지도 않고 은혜를 생각하지도 않는 말을 내뱉으며 심지어 "삼구(三仇)"[66]라고 말하고 있다. 비

66) 삼구(三仇, tres inimici/trois ennemis): 가톨릭 교리에서 말하는 인간 영혼의 세 가지 원수가 되는 육신·세속·마귀. 인간 내면에 있는 일곱 가지 죄원(罪源)으로서의 칠죄종(七罪宗)과 함께 영혼의 구원을 막는 철학적 속성으로 이해된다. 이 용어는 17세기에 중국에 파견된 예수회 선교사들이 중세 스콜라 철학에서 설명하는 세 가지 원수를 한문으로 번역한 것으로, 이후 한역서학서(漢譯西學書)를 통해 조선에도 전달되어 당시의 지식인들에게 영향을 주었다. 본래 서양철학에서는 아리스토텔레스 이래로 "인간의 영혼과 육

록 붓을 더럽히고 싶지 않았지만 [그렇게 말한] 근원은 상극이 상생의 길이 된다는 것에 어두웠기 때문이므로, 부득불 한 마디 변론해 본다.

성현과 공장의 명칭 획득이 다름에 대한 변론[聖賢工匠得名不同辨]

明於道德, 名以聖賢, 能於術業, 名以工匠. 斯二者卽孟子所謂大人小人之分也. 中庸九經之序, 尊賢居親親之先, 來百工居子庶民之後, 其尊如此, 其卑如彼何也. 聖賢之所養, 養心志也, 工匠之所養, 養形體也. 心志何謂也, 仁義禮智好善惡惡之類是已. 形體何謂也, 耳目口鼻四肢百骸之屬是已. 二者

신은 결합되어 있다"고 설명해 왔고, 이러한 철학의 근본 원리가 중세 철학으로 이어지면서 가톨릭 교회의 가르침에도 그대로 반영되었다. 그러나 여기에서 말하는 영혼의 원수는 육신이 아니라 육신의 속성으로 인해 일어나는 사욕편정(邪慾偏情)을 말하며, 세속 또한 그 자체가 아니라 세속의 허망함이 원수가 된다는 뜻이다. 왜냐하면 본래 육신과 세속은 하느님께서 창조하신 것으로 영혼과 인간에 필요한 아름다운 피조물이지만, 그 속성으로 인해 악에 물들거나 그릇됨에 빠지기 때문이다. 반면 마귀 즉 악마는 성서의 가르침대로 육신과 세속을 그릇됨으로 인도하는 사탄이며 영혼 구원의 원수가 된다. 교리에 따르면, 천주교 신자들은 세상 여정 안에서 올바르게 교리를 실천함으로써 삼구에 대적하고 칠극(七克)을 통해 칠죄종에서 벗어나는 자로 설명되고 있다. 그러므로 삼구는 하느님께서 창조하신 육신이 부활하는 영광을 얻기 위해서는 반드시 이겨내야 할 원수인 것으로, 훗날 중국의 예수회 선교사들은 "이 세 가지 원수가 동맹하여 인간을 해한다"고 가르쳤다. 이와 같은 삼구설(三仇說)은 한역서학서를 통해 조선에 전해졌으며, 안정복(安鼎福)은 『천학문답(天學問答)』에서 영혼설과 함께 그 이론이 잘못되었다고 비판했다. 뿐만 아니라 1801년의 책롱사건(冊籠事件) 때는 박해자들이 책롱안의 서한에 삼구설의 내용이 들어 있음을 직시하여 정약용(丁若鏞)의 집안 형제들을 천주교 신자로 배척하기도 하였다. 이후 신사들은 삼구를 칠죄종과 더불어 영혼 구원의 가장 큰 적으로 여겨 사추덕(四樞德)과 삼덕(三德), 그리고 칠극을 통해 물리침으로써 천당의 영복(永福)을 얻도록 노력해야 한다고 생각하였다.(『두산백과』)

俱不可不養, 而此尊彼卑, 此大彼小, 又不可不辨也.

도덕에 밝아서 성현이라고 이름붙이고 기술에 능하여 장인이라고 이름붙인다. 이 두 가지는 바로 맹자가 말한바 대인과 소인의 구분이다. 『중용』의 '구경(九經)'의 순서에서 '현인을 존경하는 것[尊賢]'은 '친족을 친히 여김[親親]' 앞에 오고, '백공(百工)을 오게 함'은 '서민을 자식으로 여김' 뒤에 오니, 이처럼 존경하고 그처럼 비하하는 것은 어째서인가? 성현이 기르는 것은 의지(意志)를 기르는 것이고, 장인이 기르는 것은 형체(形體)를 기르는 것이다. 의지는 무엇인가? 인의예지와 선을 좋아하고 악을 싫어하는 부류일 뿐이다. 형체는 무엇을 말하는가? 이목구비, 사지백해(四肢百骸) 등속일 뿐이다. 이 두 가지는 모두 기르지 않을 수 없지만 이것이 존경받고 저것이 비하되며, 이것이 크게 여겨지고 저것이 작게 여겨지니 또한 변론하지 않을 수 없다.

先其尊者大者, 則卑者小者, 同受其福. 先其小者卑者, 則尊者大者, 反受其敝. 何以明之. 共工非不神於工也, 未免象恭之罪. 易牙非不神於味也, 未免殘忍之誅. 后羿非不神於射也, 未免簒弑之逆, 吳起非不神於兵也, 未免薄行之誚, 由其無德以將之也.

존경받는 자와 중요하게 여겨지는 자를 앞세운다면, 비하되는 자와 작게 여겨지는 자가 같이 복을 받는다. 작게 여겨지는 자와 비하되는 자를 앞세운다면, 존경받는 자와 중요하게 여겨지는 자가 반대로 폐해를 입는다. 그것을 어떻게 증명할 것인가? 공공(共工)은 기술에서 신묘하지 않은 것은 아니었지만, 공손함의 측면에서 죄를 짓는 데서 벗어나지 못했다. 역아(易牙)는 맛에서 신묘하지 않은 것은 아니었지만, 제 아들을 잔인하게 주살하는 데서 벗어나지 못했다. 후예(后羿)는 궁술에서 신묘하지 않은 것은 아니었지만 시역을 일으키는 데서 벗어나지 못했다. 오기는 전쟁술에서 신묘하지 않은 것은 아니었지만, [나라를 옮기는 경박한 행동에 따른 비난에서 벗어나지 못했으니, 덕이 없으면서도 장차 [다른 나라로] 가려고 했기 때문이다.

非獨百工爲然, 物各有神, 蜜子造甘, 非儀狄之所及也, 鮫人織, 非魯般之所至也, 而名不離於蟲魚. 若以伎倆才能, 爲稱人之斷案, 則豈不大錯矣乎. 明於道德, 聖賢之心也, 能於術業, 工匠之事也. 霄壤龍豕, 高低貴賤, 昭然不揜, 不此之辨, 而強欲取給於言議之末, 但較其巧拙生熟而已. 則吾見其挫折陷敗而往遺之擒也, 豈不可悶也歟. 曷若早辨之於道器之界義利之判, 定其大小輕重之所在, 則事甚易而理實是, 吾將免冠屨倒置之禍, 而渠亦受出谷遷木之福矣. 吾則拭目而等之.

백공(百工)만 그러한 것이 아니라, 만물에는 각각 신(神)이 있어서, 꿀벌이 단 것을 만들어내는 것은 의협(儀狄)[67]이 미칠 바가 아니고, 교인(鮫人)[68]이 직물을 짜는 것은 노반(魯般)[69]이 미칠 바가 아니지만, 그들의 명칭은 곤충이나 물고기에서 벗어나지 않는다. 만약 기량과 재

67) 하우(夏禹) 시대에 술을 잘 빚던 사람.

68) 전설 속의 인어. 張華, 『博物志』 卷九, “南海外有鮫人, 水居如魚, 不廢織績…從水出, 寓人家, 積日賣絹. 將去, 從主人索一器, 泣而成珠滿盤, 以與主人.”

69) 고대의 뛰어난 건축 기술자. 춘추 시대의 노나라 출신이라고 하고, 성은 공수이며 이름은 반(班, 또는 般)이었다. 『孟子』 「離婁上」, “孟子曰, 離婁之明, 公輸子之巧, 不以規矩, 不能成方員”에 대해 趙岐는 “公輸子, 魯班, 魯之巧人也”라고 주석한다.

능으로써 타인을 평가하는 판단기준으로 삼는다면 어찌 큰 잘못을 저지르는 것이 아니겠는가? 도덕에 밝은 것은 성현의 마음이고, 기술에 능한 것은 공장의 일이다. 하늘과 땅, 용과 돼지, 높고 낮음, 귀하고 천함이 분명하여 덮을 수 없는데도, 이것을 분변하지 않고서 억지로 지엽적인 논의만 취급하여 단지 그 기교와 서툶, 생소함과 익숙함만 비교할 뿐이다. 그리하여 나는 그런 논변이 좌절되고 실패하며 "과거에 얽매임"을 보게 되니 어찌 안타깝지 않겠는가? 도(道)와 기(器), 의(義)와 리(利)의 차이에 대하여 조속히 분별하여 중대한 것과 가벼운 것이 어디에 있는지 확립하면, 일이 매우 쉬워지고 이치는 실로 분명해져서 나는 위와 아래가 전도되는 화란을 벗어나고 그대도 곤경에서 벗어나 안전한 곳으로 옮기는 복을 받을 것이니, 어느 것이 이만하겠는가? 나는 눈을 닦고 기다린다.

중화로써 오랑캐를 변화시킴에 관한 설[用夏變夷說]

中華之教化夷狄, 夷狄之慕悅中華, 亦出於天理之本然人心之當然. 如根柢之滋枝葉, 手足之衛腹心, 不容已者也. 是以夏書曰, 祗台德先, 不距朕行, 東漸于海, 西被于流沙, 朔南暨, 聲教訖于四海, 此則中華教化夷狄之心, 無有限極, 而博施濟衆, 其猶病諸者, 烏可已也. 子思子曰, 舟車所至, 人力所通, 天之所覆, 地之所載, 日月所照, 霜露所墜, 凡有血氣者, 莫不尊親, 此則夷狄慕悅中華之心, 出於天性而不能自已者, 亦何可誣也.

중화가 오랑캐를 교화하고 오랑캐가 중화를 기뻐 사모하는 것은 역시 천리의 본연과 인심의 당연으로부터 나오는 것이다. 마치 뿌리에서 가지와 꽃이 무성하게 자라나고 팔과 다리가 배와 심장을 보호하는 것처럼 그만둘 수 없는 필연적인 것이다. 그러므로 「하서」는 "삼가 덕으로 우선을 삼으니, [온 세상이] 내가 하는 일을 거역하지 않으니", "동쪽으로는 바다에 다다랐고, 서쪽으로는 유사에 미쳤으며, 북쪽부터 남쪽까지 명성과 교화가 온 세상에 퍼졌다"[70]고 말한다. 그러하니 중화가 오랑캐를 교화하는 마음이 끝이 없고, "널리 베풀어 뭇 사람들을 구제하는 것을 걱정거리로 여겼던" [마음을] 어떻게 그칠 수 있었겠는가? 자사자(子思子)는 "배와 수레가 가는 곳, 사람의 힘이 통하는 곳, 하늘이 덮은 곳, 땅이 실은 곳, 해와 달이 비추는 곳, 서리와 이슬이 내리는 곳에서 모든 혈기 있는 것들을 다 존중하고 친히 여기지 않음이 없다"[71]고 말하였으니, 오랑캐가 중화를 사모하는 마음은 천성에서 나온 것으로 그칠 수 있는 것이 아니라는 점을 어떻게 속일 수 있겠는가?

越裳氏曰, 天無烈風淫雨, 海不揚波三年, 意者中國有聖人乎, 遂獻白雉, 周越絶遠而感應如影響, 此非天理而何哉. 堯舜之平治天下也, 悶有苗之梗化, 師旅以征之, 干羽以來之, 又分北其不𨐲教者于三危, 考其革化而終至丕叙乃已. 堯舜之心, 廣大溥博, 初無內外遠近之限隔者, 已可見矣. 孟子曰, 舜東夷之人也, 文王西夷之人也, 得志行乎中國, 若合符節. 孔子稱小連大連之善居喪也曰, 東夷之子也, 又發欲居九夷之歎焉, 則其用夏變夷之心, 如青天白日者, 人得以見之矣.

70) 『尙書』, 「夏書」.

71) 『中庸章句』 제31장.

월상씨[72]는 말한다. "하늘에는 질풍과 홍수가 없고, 바다에는 큰 파도가 일지 않은 지 3년이 되었다." 그 뜻은 중국에 성인이 있으니 마침내 흰 꿩을 헌상하였다는 것이니, 주나라가 먼 변경을 넘어 마치 그림자와 메아리처럼 감응했던 것은 천리가 아니고 무엇이겠는가? 요순이 천하를 공평하게 통치함에, 묘족이 완고하여 복종하지 않는 것을 고민하다가 군대를 동원하여 정벌할 때 간우(干羽)의 춤을 추어서 그들을 오게 했고, 또한 삼위에서 교화되지 않는 자들을 따로 분류해 내어, 그 변화를 살펴서 마침내 [삼위에] 안치하게끔 하는 데서 그쳤다. 요순의 마음은 광대하고 넓어서 처음부터 내외·원근의 격차가 없었음을 알 수 있다. 맹자는 "순은 동이 사람이고, 문왕은 서이 사람이다. …중국에서 뜻을 실행한 것이 마치 부절을 합치는 것과 같았다"[73] 고 말했다. 공자는 소련(小連)과 대련(大連)이 상례를 잘 행하는 것을 칭송하면서 "동이의 자손이구나"라고 말했고, 또한 구이(九夷)에서 살고 싶다는 한탄을 발했으니, 중화로써 오랑캐를 변화시키려는 마음이 마치 맑은 하늘의 빛나는 태양과 같았다는 것을 사람들은 알 수 있을 것이다.

---

72) 월상(越裳)은 중국 고대 전설 속의 한 국가로서 교지(交趾)의 남쪽에 있다고 한다. '월상'이라는 명칭은 『상서대전(尙書大傳)』에 처음으로 나온다. 주공(周公)이 섭정한 지 6년째에, 월상국이 서주(西周)에게 흰 꿩을 헌상했다. 주공은 월상국의 사신에게 사남거(司南車) 5량을 주어 그들로 하여금 자신들의 나라로 돌아가게끔 했다고 한다. 『尙書大傳』「歸禾」, "交趾之南, 有越裳國. 周公居幅六年, 制禮作樂, 天下和平, 越裳以三象重九譯而獻白雉曰 : 道路悠遠, 山川阻深恐使之不通, 故九譯而朝." 『古今注』 : "周公致太平, 越裳氏重譯來獻, 使者迷其歸路, 周公賜軿車五乘, 皆爲司南之制."

73) 『孟子』, 「離婁下」, "孟子曰, 舜生於諸馮, 遷於負夏, 卒於鳴條, 東夷之人也. 文王生於岐周, 卒於畢郢, 西夷之人也. 地之相去也, 千有餘里; 世之相後也, 千有餘歲. 得志行乎中國, 若合符節."

且以西洋言之, 則絶遠於中國, 宜其風俗頓異, 然而學習中國六義文字, 默德那所藏經, 至於三千八百之多, 而屬文絶句略有次第, 至被中國之所眩惑矣. 夫農家子弟學爲儒家文字, 雖百培用力, 尙不能通曉其體勢格例, 如累世業文者, 况生異風殊音之地. 雖其伶俐機警, 絶異他人, 若無誠心學習, 安能致此.

또한 서양을 들어 말하자면 중국으로부터 매우 멀리 있어 의당 그 풍속이 전혀 다를 테지만, 중국의 육의(六義) 문자를 학습하였고, 묵덕나(默德那)[74]에 소장된 경전이 삼천팔백여권의 많은 수량에 이르고, 문장도 제법 체제를 갖추고 있어 중국인들이 그것에 미혹되는 데 이르렀다. 농부의 자제들이 유가의 글을 배울 때 비록 수백 배 더 힘을 기울여 노력해도 문장의 체제와 격식에 능통하는 것이 여러 대에 걸쳐 문장을 업으로 삼는 이만 할 수 없거늘, 하물며 풍속과 언어가 전혀 다른 곳에서 태어난 이야 어떠하겠는가! 비록 영리하고 기민한 것이 타의 추종을 불허하는 이라 할지라도 성심으로 학습하지 않았다면 어떻게 그 경지에 도달하였겠는가?

惜乎地勢太遠, 與中國相通者, 進不及乎暴秦焚坑之前, 退不及乎程朱講明之旹, 不幸而未得聞大道之要, 不幸而未得見至德之化. 耳濡目染, 喙喙齗齗, 無非詆毁洙泗譏貶閩洛之說, 已不足以感發其本心, 訛革其謬習. 又其伎倆器械, 反有中國人所不及之巧焉, 則斷斷自信, 遂以其說思以易天下, 其亦不思之甚也.

---

74) 고대 아랍의 한 국가.

안타깝구나! 지리가 너무 멀어 중국과 서로 교통하는 자들은 앞으로 나아가서는 저 포악한 진나라가 분서갱유하기 이전에 [중국에] 미치지 못했고, 그 뒤로 물러서서는 정자와 주자가 명확히 강학할 때에 미치지 못하여, 불행하게도 대도(大道)의 요체를 듣지 못하고 불행하게도 지덕(至德)에 의한 교화를 입지 못하였다. 눈이나 귀로 보고 들은 것은 많아 시끄럽게 지껄이면서 수사(洙泗)의 학설을 비방·왜곡하고 민락(閩洛)의 학설을 비난·폄훼하지 않음이 없으니, 이미 그들의 본심(本心)을 감동시켜 계발하거나 그들의 잘못된 풍습을 바꿀 수 없다. 또한 그들의 기량과 기계는 반대로 중국인들이 미치지 못하는 교묘한 점이 있으므로, 확고한 자부심을 갖다가 마침내 그 설로써 천하를 바꾸려고 생각하니, 심히 잘못 생각하고 있는 것이다.

天體至大, 雖若無窮, 然苟求其居中而爲其主者則一北辰也. 地勢至廣, 雖若無窮, 然苟求其居內而爲之主者則一土中也. 人道至衆, 雖若無窮, 然苟求其居上而爲之主者則一太極也. 北辰統衆星而衆星拱北辰, 土中統萬方而萬方歸土中, 太極統萬物而萬物會太極, 卽一理也. 孔子曰, 太極生兩儀, 周子曰, 太極本無極, 朱子曰, 心爲太極, 栗谷曰, 明德本心也, 尤菴曰, 在人則心爲道, 其實一理也. 聖賢相傳之訣, 如日中天, 天下萬國有目者所同見也.

천체는 지극히 커서 비록 끝이 없는 것 같다 하더라도 그 한가운데 있어서 주인 되기를 추구하는 것은 북극성이다. 지세가 지극히 넓어 비록 끝이 없는 것 같다 하더라도 그 안에 있으면서 주인 되기를 추구하는 것은 토중(土中)이다. 인도(人道)가 지극히 많아 비록 무궁한 것 같더라도 가장 윗자리에 있으면서 주인 되기를 추구하는 것은 태극이다. 북극성은 여러 별들을 통어하고 여러 별들은 북극성을 둘러싸며, 토중은 만방을 통어하고 만방은 토중으로 귀일하며, 태극은 만물을 통어하고 만물은 태극에서 모이니 곧 일리(一理)이다. 공자는 "태극이 양의(兩儀)를 낳는다"고 말했고, 주자(周子)는 "태극은 본래 무극이다"라고 말했으며, 주자(朱子)는 "마음이 태극이다"라고 말했고, 율곡은 "명덕이 본심이다"라고 말했으며, 우암은 "사람에게서 마음이 도이다"라고 말했는데, 사실은 일리(一理)이다. 성현이 전해준 비결은 마치 하늘에 떠 있는 해와 같으니, 천하만국에서 눈으로 똑같이 보는 것이다.

서양의 역법이 요 시대의 역법과 다름에 관한 변론[西洋曆法, 與堯時曆法不同辨]

百工技藝, 後出愈巧, 非前愚而後智, 前拙而後巧也, 其勢則然也. 譬如飮食, 充飢養生本也, 淳熬熊蹯末也, 反害其本. 譬如宮室, 庇雨避風本也, 瓊宮瑤臺末也, 反害其本. 推此類則可見西洋曆法, 非不精細詳密, 但大本不立. 何也. 堯時曆法, 專以敬天之心明人之倫爲本, 故所行之令, 無非五倫五常之典, 觀於夏小正月令之屬則可見. 如祭祀社蜡婚姻禮樂之類. 日課月讀, 亹亹不倦, 皆此事也. 今夫西洋則於天叙天秩天命天討之大綱細目, 全不擧論, 惟以仰天祈懇滅罪資福, 爲終日事業而止焉, 則烏用是天時月令爲哉. 堯時曆法, 專以敬天心明人倫爲本, 西洋曆法, 專以慢天心廢人倫爲主, 其本不同. 其法之加密與否, 又當別論也.

백공의 기예는 뒤에 나올수록 더욱 정교한데, 이것은 앞선 공인들이 멍청하고 뒤에 나오는 공인들이 지혜로워서가 아니며, 앞선 공인들이 졸렬하고 뒤에 나오는 공인들이 정교해서가 아니다. 그 형세가 그런 것이다. 비유하자면 음식에서 빈 배를 채우고 생명을 기르는 것이 근본임에 비해, 곰발바닥을 찌거나 볶는 것은 말단으로서 반대로 근본을 해치는 것이다. 궁실에 비유하자면 비바람을 막는 것이 근본임에 비해 궁실과 누대를 옥으로 장식하는 것은 말단으로서 오히려 근본을 해치는 것이다. 이런 부류를 유추해 보면 서양의 역법이 정밀하고 상세한 것이긴 하지만, 중요한 근본이 서있지 않다는 것을 알 수 있다. 어째서인가? 요임금 당시의 역법은 오로지 하늘을 공경하는 마음과 사람을 밝히는 인륜을 근본으로 삼았기 때문에 행해지는 명령은 오륜과 오상의 전범 아닌 것이 없었다. 이는 『하소정(夏小正)』, 『월령(月令)』 등속을 보면 알 수 있다. 예를 들어 제사, 사사(社蜡), 혼인(婚姻), 예악(禮樂)의 부류를 날마다 부과하고 달마다 읽게 하여 게으르지 않도록 한 것이 모두 이런 일이다. 지금 저 서양은 천서(天叙), 천질(天秩), 천명(天命), 천토(天討)의 핵심과 세목에 대해 전혀 거론하지 않고, 오로지 하늘 숭앙, 기원, 죄의 소멸, 복의 의지만을 하루 종일 해야 할 일로 삼는 데 그칠 뿐이니, 어찌 천시(天時), 월령(月令)을 행하겠는가? 요임금 당시의 역법은 오로지 하늘을 공경하고 인륜을 밝히는 것을 근본으로 삼은 반면, 서양의 역법은 오로지 하늘 공경하는 마음을 게을리 하고 인륜을 폐지하는 것을 위주로 삼았으니 근본이 다르다. 역법의 정밀도 여부는 따로 논해야 한다.

서양의 의약이 염제의 의약과 다름에 관한 변론[西洋醫藥, 與炎帝醫藥不同辨]

程子曰, 天地以生物爲心, 天地之間, 萬物得天地生物之心以爲一身之主, 故物物皆以生物爲心. 此則不易之理也. 是以爲之醫藥, 以濟其疾病夭札之憂, 而參贊天地生物之心, 此其好生之一端也. 今聞洋人以速死爲福, 則其醫藥濟生, 適爲害人傷物之魔障, 烏用是鍼灸藥石溫凉補瀉爲哉. 其本一差, 萬事瓦裂, 豈不可悶.

정자는 "천지는 만물을 낳는 것을 마음으로 삼는다"고 말했다. 하늘과 땅 사이에서 만물들은 '만물을 낳는 천지의 마음'을 일신의 주인으로 삼기 때문에, 개체 하나하나가 모두 '만물 낳음'을 마음으로 여긴다는 것은 영원불변의 이치이다. 그러므로 그들을 치료하고 약을 처방하는 것은 질병과 요찰(夭札)의 걱정을 없애 줌으로써 '만물을 낳는 천지의 마음'에 참여하는 것이다. 이것은 생명을 좋아하는 한 단서이다. 지금 듣건대 서양인들은 빨리 죽는 것을 복으로 여긴다고 하니, 의약을 통해 생명을 구하는 것은 사람을 해치고 만물을 상하게 하는 마장(魔障)이 될 것이다. 어찌 침자(鍼灸), 약석(藥石), 온량(溫凉), 보사(補瀉)를 하겠는가? 근본에서 하나라도 차이가 나면 만사가 와해되어 버리니 어찌 안타깝지 않은가?

천도경위설(天道經緯說)

天道有經有緯, 南北爲經, 東西爲緯, 南不爲北, 北不爲南, 萬古不易. 東轉而西, 西轉而東, 瞬息不駐, 是以南北風俗漸染忒遲, 西東氣習感應最敏. 觀於果苽花草之屬, 羽毛齒革之類, 亦可驗也. 葱嶺去崑崙絶遠, 而釋氏之害, 莫深於東海. 西洋去葱嶺絶遠, 而天主之惑, 莫甚於東方. 受害莫深, 故防患宜密, 漸染莫甚, 故慮患宜詳. 海草生長獰風, 故有防風之才, 澤瀉托根淤泥, 故有去濕之功, 此皆保生之良能也. 孟子曰, 人之有四德也, 猶其有四體也. 愚以爲四體器也, 近支百年, 四德道也, 遠貫萬古. 鴻毛泰山, 不可誣也. 人孰無四體乎. 旣有此器, 必有此道, 明如日月. 信如山嶽, 吾則恃之而不恐.

천도에는 경도와 위도가 있으니 남북은 경도가 되고 동서는 위도가 된다. 남쪽이 북쪽이 되지 않고 북쪽이 남쪽이 되지 않아 영원히 바뀜이 없다. 동쪽이 돌아서 서가 되고 서쪽이 돌아서 동이 되는 것은 잠시도 멈춤이 없다. 그러므로 남북의 풍속은 점차 오염되어 어그러지고, 서와 동의 기질과 관습은 감응이 매우 빠르다. 과일이나 화초 등속, 우모치혁(羽毛齒革)의 부류를 관찰해 보면 증험할 수 없다. 파미르 고원은 곤륜으로부터 매우 멀리 떨어져 있으나 불교의 폐해는 동쪽 바다에서 가장 심하다. 서양은 파미르 고원으로부터 매우 멀리 떨어져 있으나, 천주의 미혹은 동방에서 가장 심하다. 폐해가 막심하기 때문에 방어가 엄밀해야 하고, 점진적 오염이 막심하기 때문에 후환에 대한 사려가 세밀해야 한다. 바닷가 나무는 모진 바람 속에서 생장하므로 바람 막는 재목이 되고, 택사(澤瀉)는 진흙에 뿌리를 내리고 있기 때문에 습기를 없애는 효과가 있다. 이것은 모두 생명을 보호하는 선천적 능력이다. 맹자는 "사람에게 네 가지 덕이 있으니 마치 사지가 있는 것과 같다"고 말했다. 내 생각에 '사지'는 기(器)로서 겨우 100년만 지탱될 뿐이다. 네 가지 덕은 도로서 멀리 영원히 관통한다. 기러기 털과 태산은 헛갈릴 수 없다. 사지가 없는 사람이 누가 있겠는가? 이미 이 기(器)를 갖고 있다면 반드시 이 도(道)가 있음이 마치 해와 달처럼 분명하고, 산악처럼 실상이 있다. 나는 여기에 의존하니 두렵지 않다.

지세순역설(地勢順逆說)

天道左旋, 地道右旋, 一左一右, 交生萬物, 此則不易之理也. 蓋天下之山, 來自崑崙, 惟東出一枝右旋, 與左旋之天相交, 觀於黃河江漢之東入于海, 則送水之山, 斯可以見也. 崑崙四出其西行者, 皆左旋, 而與左旋之天順行同歸, 故不能鍾氣生聖主教萬方. 惟東出一枝右旋, 而與左旋之天相交, 此則天地之大勢也.

하늘 길은 왼쪽으로 돌고 땅 길은 오른쪽으로 돌아, 하나는 왼쪽으로 하나는 오른쪽으로 돌면서 교차하며 만물을 생성하니, 이것은 영원불변의 이치이다. 대체로 천하의 산은 곤륜으로부터 말미암는데 오직 동쪽으로 한 지맥이 나와서 오른쪽으로 돌아, 왼쪽으로 도는 하늘과 서로 교차하니, 황하강한(黃河江漢)이 동쪽으로 가서 바다로 들어가는 것을 본다면 물을 보내는 산을 그로써 볼 수 있다. 곤륜은 사방으로 뻗는데 서쪽으로 가는 것은 모두 왼쪽으로 돌아서, 왼쪽으로 도는 하늘과 더불어 같은 방향으로 가서 같은 곳으로 귀결하기 때문에, 수려한 기를 응축하여 성인을 낳은 후 만방에서 가르침을 주관하도록 할 수 없다. 오직 동쪽으로 나가는 한 지맥만이 오른쪽으로 돌아서 왼쪽으로 도는 하늘과 서로 교차하니, 이것은 천지의 대세이다.

사해대통설(四海大統說)

天一生水, 海爲水宗, 有是物則必有御是物之理. 黃帝刱造舟之教, 魯聖發桴海之歎, 以木浮水, 以飃御風, 無脛而趨, 無翼而翔, 一席行萬國, 一柁開八方, 天下利器, 莫神於此, 於是乎周流左右, 翺翔內外, 異方謠俗, 無不諳識, 水土伎倆, 無不淹貫, 則此亦天地重新之機會也. 天地鴻濛, 庖羲立卦, 以明其德, 洪水滔天, 大舜命禹, 以宣其德. 禽獸害人, 周公制禮, 以彰其德. 列國亂倫, 孔子作史, 以辨其德. 五季陸沉, 程朱註脚, 以釋其德. 北虜僭號, 我東守義, 以綴其德. 其德何也. 孟子曰, 惻隱之心仁也, 羞惡之心義也, 辭讓之心禮也, 是非之心智也. 又曰, 父子有親, 君臣有義, 夫婦有別, 長幼有序, 朋友有信, 中夏所以教夷狄, 夷狄所以慕中夏者, 無他說也. 吾將見孔子之德配天而一新也. 此則無疑.

하늘이 첫 번째로 물을 낳았고 바다는 물의 종장이다. 어떤 것이 있다면 반드시 이것을 제어하는 이치가 있다. 황제가 배를 만드는 가르침을 만들었고, 노나라 성인(공자)은 바다에 뗏목을 띄우고 싶다는 한탄을 발했다. 나무로 물에 뜨고 돛으로 바람을 제어하니, 정강이가 없어도 달리고 날개가 없어도 비상하여, 한번 앉으면 만국을 가고 한번 키를 잡으면 팔방으로 통한다. 천하의 이로운 기물 중 이것보다 신묘한 것은 없다. 그래서 사방으로 흘러 다니고 안팎으로 날아다니니 이방의 풍속을 다 알게 되고 물과 땅의 본령을 다 꿰뚫게 된다. 그러니 이것 역시 천지가 거듭 새롭게 되는 기회이다. 천지가 혼돈이니 복희가 괘를 세움으로써 그 덕을 밝혔고, 홍수가 하늘에 닿으니 순임금이 우에게 명령하여 그 덕을 펼치도록 했다. 금수가 사람을 해치니 주공이 예를 제정함으로써 그 덕을 현창했다. 열국이 인륜을 어지럽히니 공자가 『춘추』를 지어 그 덕을 변별하게 했다. 오대(五代)가 침몰하니 정자와 주자가 주석을 달아 그 덕을 풀이했다. 북쪽 오랑캐가 참칭하니 우리 동방이 의를 지킴으로써 그 덕을 이었다. 그 덕이란 무엇인가? 맹자는 말한다. "측은지심이 인이고, 수오지심은 의이며 사양지심은 예이고 시비지심은 지이다." 또 말한다. "부자유친, 군신유의, 부부유별, 장유유서, 붕우유신은 중원이 오랑캐를 가르친 수단이고 오랑캐가 중원을 연모한 까닭이라는 것은, 다른 얘기가 아니라 우리가 장차 공자의 덕이 하늘에 짝함을 보고서 이를 일신하려는 것이다." 이 말은 의심의 여지가 없다.

천당지옥변(天堂地獄辨)

天堂地獄之有無眞妄, 前人已言之矣, 不須更贅. 愚以爲其壞敗心術, 召致禍亂不祥之大者有三. 慢天侮聖一也, 滅性殉欲二也, 惑世誣民三也.

천당 지옥의 유무와 참·거짓에 대해 이전 사람들이 이미 말하여 더 덧붙일 필요는 없다. 내 생각으로 그것이 인심을 무너뜨려, 매우 상서롭지 못한 재앙과 혼란을 초래한 것으로 세 가지가 있다. 하늘과 성인을 모멸한 것이 첫 번째이고, 본성을 소멸하고 욕망을 추구한 것이 두 번째이며, 혹세무민한 것이 세 번째이다.

蓋有陽則有陰, 有始則有終, 生存死亡之說, 明如晝夜, 雖三尺童子, 不可欺也. 今曰爾從我說則死而還生, 獲生天堂, 不從我說則死而復生, 必入地獄, 張皇天理所無之事, 以爲自誣誣人之一大欛柄. 慢天侮聖, 孰大於是.

무릇 양이 있으면 음이 있고 시작이 있으면 끝이 있는 것이니, 생존과 사망의 설은 주야처럼 분명하여 비록 삼척동자라도 속일 수 없다. 이제 "네가 나의 설을 따른다면 죽어도 다시 살아나 천당에서 태어나지만, 나의 설을 따르지 않는다면 죽어서 다시 살아나 반드시 지옥에 들어간다"고 하여, 이치에도 없는 일을 장황하게 말함으로써 자신과 타인을 속이는 일대 수단으로 삼고 있다. 그러니 하늘과 성인을 모멸하는 것 중 이것보다 더 큰 것이 어디 있겠는가?

愛親敬君, 好善疾惡, 根於天性之本然, 出於人情之當然, 卽其所在, 充滿流行, 不容遏絶, 不此之求, 而行險徼倖, 求福於身死命盡之後, 滅性殉欲, 孰大於是.

친족에게 베풀고 임금을 공경하며, 선을 좋아하고 악을 미워하는 것은 본연의 천성에 근거를 두고, 마땅히 그러한 인지상정으로부터 나오는 것으로, 바로 그런 구체적 행위 속에 [천리가] 충만하여 흐르고 있어 조그마한 단절도 없는데, 이것을 구하지 않고 반대로 몸이 죽어 명이 다한 후에 복을 구한다. 본성을 소멸하고 욕구를 추구하는 것 중 이것보다 큰 것이 무엇인가?

命德討罪, 五章五服, 五庸五刑, 使天下之人, 榮爵畏威, 感發善心, 懲創逸志, 治世安民之道, 此爲要法. 而今曰顯不足榮, 威不足畏, 廢爾人倫, 去爾禮樂, 從我祈懇則可以滅罪資福, 受無量快樂. 夫愚夫愚婦, 奚知擇善, 奔波逐風, 捐軀隕生, 如蹈樂地. 惑世誣民, 孰急於是.

덕이 있는 이에게 천명을 내리고 죄 있는 이를 토벌하는 것, 오장(五章), 오복(五服), 오용(五庸), 오형(五刑)은 천하 사람들로 하여금 벼슬을 영예롭게 여기고 권위를 두려워하게 함으로써 선한 마음을 발하게 하고 방탕한 마음을 경계하도록 하는 것으로, 세상을 다스리고 백성을 편안하게 하는 도이다. 이것이 핵심 법도인데, 오늘날 "현달해도 영예롭다 할 수 없고, 권위도 두려워할 만하지 않으니 당신들의 인륜을 폐지하고 예악을 없애고, 우리들의 간절한 기도에 따른다면 죄를 소멸시키고 복을 구할 수 있으며, 무한한 쾌락을 얻는다"고 말한다. 저 우부우부(愚夫愚婦)들이 어떻게 선을 택할 줄을 알겠는가? 물결과 바람을 좇듯 따라가고 몸과 생명을 던져버리는 것을 마치 쾌락의 땅을 밟는 것처럼 한다. 혹세무민 중 이보다 위급한 것이 어디 있겠는가?

仁人君子坐視其必然之禍, 不一言以辨之乎. 辨之如何, 福善禍惡, 天道也, 其原在天. 明善懲惡, 聖敎也, 其說在方册. 喜善怒惡, 人情也, 體驗在身. 熟複此三者, 必無不得之理.

어진 사람과 군자가 그 필연적 재앙을 좌시하고 있으니 한 마디 변론하지 않을 수 있겠는가? 어떻게 변론할 것인가? 선한 사람에게 복을 내리고 악한 사람에게 화를 내리는 것은 천도이고 그 근원은 하늘에 있다. 선을 표장하고 악을 징벌하는 것은 성인의 가르침으로 그 설은 전적에 있다. 선을 좋아하고 악에 노여워하는 것이 인지상정으로 몸으로 체험하는 것이다. 이 세 가지에 익숙한 것은 그러지 않을 수 없는 이치이다.

孟子曰, 作於其心, 害於其政, 發於其政, 害於其事, 聖人復起, 必從吾言矣. 夫豈無理而聖人言之. 又曰, 王如用予, 則豈徒齊民安, 天下之民擧安. 愚以爲聖人之道復明, 則豈徒中國安, 海外萬國擧安, 吾言無疑.

맹자는 "[사설(邪說)이] 그 마음에서 일어나면 정사에 해를 입히고, 정사에서 일어나면 사업에 해를 미칠 것이니, 성인이 다시 일어나도 반드시 내 말을 따를 것이다"[75]라고 말했다. 어찌 이치 없이 성인이 그렇게 말했겠는가? 또 "왕이 만일 저를 등용한다면 어찌 제나라 백성만 평안하겠습니까? 천하 백성이 모두 편안할 것입니다"[76]라고 말했다. 내 생각으로 성인의 도가 다시 밝혀진다면 어찌 중국만 편안하겠는가? 해외 만국이 모두 편안할 것이다. 이런 내 말은 의심할 곳이 없다.

---

75) 『孟子』, 「등문공하」.

76) 『孟子』, 「공손추하」.

○堂獄之源, 出自葱嶺, 汎濫四流, 近西諸國, 受毒尤深, 其勢固然. 但葱嶺之害, 猶有限節, 絶男女禁魚肉, 戒麴糵削髭髮, 見行許多受戒然後, 始名爲比丘, 其害尙淺. 洋說不然. 男女不必絶, 魚肉不必禁, 麴糵不必戒, 髭髮不必削. 惟心之邪正勿問, 人之恩讐兩忘, 般樂怠傲, 人欲不期滋而日滋, 天理不期消而日消. 其浸淫薄蝕, 充塞仁義之禍, 反有甚於薙髮燒臂之流, 爲吾學者當如何. 猛省而疾治之也. 苟求所差之時, 則其來甚遠.

○천당지옥의 근원은 불교에서 나온 것으로, 사방으로 흘러넘치다가 근래 서양 여러 나라들이 그 해독을 더욱 심하게 입었으니 그 형세가 실로 이와 같다. 다만 불교의 해악은 오히려 세한직이다. 남녀 관계를 끊고 육식을 금지하며 음주를 경계하고 삭발을 하니, 수많은 수계(受戒)를 알고 행한 다음에야 비로소 '비구'라는 명칭을 얻으므로, 그 해악이 오히려 적다. 서양의 학설은 그렇지 않다. 남녀 관계를 반드시 끊는 것도 아니고 육식을 반드시 금하는 것도 아니며 음주를 반드시 경계하는 것도 아니고 모발을 반드시 삭발하는 것도 아니다. 마음의 사악함과 바름을 따지지 않고 타인에 대한 은혜와 복수 두 가지를 다 잊어버리며 게을리 놀고 있으니, 인욕이 자라나길 기약하지 않더라도 날마다 자라나고, 천리가 소멸되기를 기약하지 않더라도 날마다 소멸한다. 침해하여 가려버리고, 인의를 막아 버리는 재앙이 오히려 삭발하거나 팔뚝을 태워버리는 부류들보다 심하니, 우리 학문을 하는 사람들은 어떻게 해야 할까? 맹렬히 성찰하고 재빨리 다스려야 한다. 만약 [그들이] 잘못될 때를 기다린다면 [그들이 이쪽으로] 오는 길은 더욱 멀어질 것이다.

道家養生, 參同鍊氣, 莊列匿名之類, 皆因緣人物好生惡死之情, 弄假成眞, 想無爲有, 遂作千古正學無窮之病, 豈不可悶然. 病劇則必生已病之藥, 害切則必有去害之道, 此則天地生物之心也.

도가의 양생술, 참동계의 연기(鍊氣), 장주와 열자 등 숨어사는 부류들은, 모두 삶을 좋아하고 죽음을 싫어하는 사람과 사물의 실정에 따라서 거짓된 것을 조작하여 진짜로 만들고, 없는 것을 있는 것으로 생각함으로써, 마침내 오랜 세월 동안 올바른 학문에 대해 무궁한 병악이 되었으니 어찌 안타깝지 않은가? 병이 극렬해지면 반드시 병을 그치는 약을 만들어야 하고, 해악이 절실해지면 반드시 해악을 없앨 도가 있어야 하니, 이것이 천지가 만물을 낳는 마음이다.

우리 유학의 궁신지화(窮神知化)와 이단의 설이 상반됨에 관한 논변[吾儒窮神知化, 與異端說相反辨]

張子曰, 一故神, 兩故化. 愚竊以爲天下之理, 有速有遲, 遲不可使之速, 如速不可使之遲也. 當速而遲焉, 則有等待因循之病, 所謂需者事之賊也. 當遲而速焉, 則有躁進妄求之病, 所謂欲速則不達也.

장자는 "하나이기 때문에 신묘하고 둘이기 때문에 변화한다"고 말한다. 내 생각에 천하의 이치는 빠른 것이 있고 느린 것이 있는데, 느린 것을 빠르게 하면 안 되는 것은 빠른 것을 느리게 하면 안 되는 것과 같다. 빨라야 하는데 느리게 한다면, 마냥 기다리거나 생각 없이 이전 것을 답습하는 폐단이 생기니, 이른바 "기다림은 일의 적이다"[77] 라는 것이다. 느려야 하는데 빠르게 한다면 조급하게 나가려 하고 망령되기를 추구하는 폐단이 있게 되니, 이른바 "빨리 하려 하면 도달하지 못한다"는 것이다.

君子之學, 知太極之神貫古今遠近而不可間斷也, 知陰陽之化有始終本末而不可倒序也. 是以洞洞屬屬, 猶恐頃刻之失墜, 亭亭當當, 猶恐纖芥之牽累. 從事於斯, 無所間斷, 則遲速各得其時, 而神化兩無所失矣.

군자의 학문은 태극의 신묘함이 고금과 원근을 관통하며 끊임이 없다는 것을 알고, 음양의 변화에는 시종과 본말이 있고 순서를 거꾸로 할 수 없다는 것을 안다. 그러므로 조심하고 집중하면서도 오히려 경각의 실수를 두려워하고, 합당하게 행동하면서도 오히려 조금이라도 [인욕에] 연루될지 두려워한다. 이것에 종사하되 쉼이 없다면, 느림과 빠름이 각각 올바른 때를 얻고 신묘함과 변화에서 잘못이 없을 것이다.

至若釋氏蔽於因果之說而全闕倫常之當務, 洋人謎於幻戲之習而專力利欲之[缺缺]. 請有以反詰之. 前身之所因者, 是無父無子之說也, 後身之所果者, 亦是無父無子之願歟. 若不如此, 烏在因果之說也. 幻戲惑人, 專在貨利, 而若非盜天, 必是盜人. 盜天盜人, 等一大灾也. 甘犯終身大灾, 而僥倖斯須小利, 此豈人心之所甘乎哉. 由其不思之甚也. 如立成借力鵝片烟盡地利之類, 不過朝四暮三之術而同歸慢天欺人之律, 不亦可哀乎哉.

77) 『春秋左傳』, 「哀公十四年」

불교는 인과설에 의해 어두워져 인륜강상의 의무를 완전히 빼먹었고, 서양인들은 유희의 습관에 미혹되어 오로지 이욕(利欲)에 전력을 기울인다. [결락] 바라건대 반문해 보라. 전신(前身)이 원인으로 삼는 것도 무부무자의 설이고, 후신이 초래한 결과 역시 무부무자의 소원인가? 만약 그렇지 않다면 어째서 인과의 설을 취하는가? 유희로 사람들을 미혹하면서 오로지 이익 증식에 관심 기울이지만, 하늘로부터 도둑질하지 않으면 필연적으로 타인에게 도둑질하는 것이다. 하늘로부터 도둑질하고 타인으로부터 도둑질하는 것은 일대 재난과 같다. 일생의 대재난을 기꺼이 범하면서도 요행으로 작은 이익을 기다리는 것이 어찌 인심이 달게 여기는 것이겠는가? 매우 잘못 생각하기 때문이다. 예를 들어서, 아편 연기로부터 즉각 힘을 빌리는 것, 풍수지리를 끝까지 이용하는 부류는 조삼모사의 술수를 부리면서 하늘을 모멸하고 사람을 속이는 데로 함께 귀일하는 데 불과하니 참으로 슬프지 않은가?

동학과 서학, 리기와 천주의 접변과 지평교착

엄연석

* 이 글은 『태동고전연구』 제34집(2015.06)에 게재된 「天主와 理氣의 관점에서 본 동학과 서학의 사상적 접변 양상」을 일부 수정 보완하여 재수록한 것임.

1. 개념의 종교적 해석과 지평교착

이 장에서는 동학과 서학의 천주(天主)와 리기(理氣) 개념에 대한 인식을 중심으로 이들의 사상적 종교적 만남을 통한 접변과 지평교착을 고찰하고자 한다. 이 장에서 동학과 서학의 사상적 만남과 접변 양상을 검토하고자 하는 이유는 동학이 서학(천주교)으로부터 많은 영향을 받았다는 역사적 기록이 있기 때문이다.[1] 동학은 전통적인 유불도

1) 김희영은 동학에 대한 기독교의 영향과 관련하여 개화기 서양인들의 동학인식이란 주제로 전킨(William M. Junkin)의 *The Tong Hak*, 그리피스(William Elliott Griffis)의 『꼬레아:은둔의 나라』, 그리고 메켄지의 『동학농민전쟁 체험수기』를 고찰하였다. 이 중에 전킨의 견해에 따라 동학이 서학에 영향을 받은 측면에 대하여 다음과 같이 기술하고 있다. "동학에 채택된 기독교적 원리란 윤회설을 부정하는 것과 유일신 개념이라는 것이다. 유일신 개념을 차용하여 동학의 유일신을 '천주(天主)'로 칭하였다는 것이다. 전킨은 기도문을 채택한 주문 역시 서학 즉 기독교의 영향이라고 설명하고 있다"라고 하였다. 또 메켄지는 수기에서 "서경조(徐景祚, 1852~1938)가 어떤 동학 지도자를 면담했는데 그 지도자가 소지한 서적 중에 『신약성서』가 있는 것을 보고 놀랐다는 것이다. 더욱 놀라운 것은 그 지도자가 동학 교리를 가르칠 때 『신약성서』의 가르침을 기본으로 하고 있다는 것이다"라고 적었다.(김희영, 「개화기 서양인들의 동학 인식」(『동학연구』 30, 한국동학학회, 2011), 56-61쪽) 이러한 사실들은 동학에 대한 기독교의 사상적 영향을 설명해 주는 사례

(儒佛道) 이론에 대한 수용과 함께 서학까지 수용하여 회통함으로써 주체적인 동도(東道)를 제시[2]한 것으로 해석되고 있다. 이러한 관점에서 볼 때, 이 글에서 동학과 서학이 서로 영향을 주고받은 사상적 접변 양상을 고찰하는 것은 19세기 후반 역사적 격동기 속에서 근대 지식인, 종교인들의 사상적 노선과 실천적 방향, 그리고 정치 사회적 이상을 이해하는 데 중요한 시야를 제공해 줄 것이다.

17세기 초반부터 천주교는 조선사회에 전래하기 시작하여 서양의 과학기술과 함께 유학자들에게 미미하지만 상당한 관심을 불러일으키면서 수용되었다. 이후 18, 19세기를 통하여 여러 박해 사건과 지식인들의 신앙과 비판을 거치면서 전파되었다. 반면 동학은 1860년을 전후하여 서학의 영향을 받은 최제우가 '보국안민(輔國安民)'과 '광제창생(廣濟蒼生)'이라는 슬로건을 내걸면서 특정시기에 창도하였다. 이처럼 형성 발전 시기에 있어서 서학은 동학보다 이른 시기에 조선사회에 종교적 사상적으로 전파되어 오히려 동학에 영향을 주었다. 두 종교사상을 둘러싼 이러한 시대적 선후와 영향 관계 속에서 천주와 리기 개념은 이들 사상 속에서 특수한 의미와 위치를 점하고 있다. 뿐만 아니라 동학에서의 천주와 리기는 서학에서 말하는 천주와 리기 개념에 의미상 커다란 영향을 받았다고 할 수 있다. 이러한 점에서 이 글에서 서학과 동학에서 핵심적인 개념으로서 천주와 리기를 둘러싸고 있는 의미의 연관관계와 접변과 지평교착 양상을 고찰하는 것은 근현대 한국의 철학과 종교사상의 흐름과 특성을 이해하는 데 매우 의미있는 주제가 될 것이다.

라고 할 수 있다.

2) 김정인, 『천도교 근대민족운동연구』(한울, 2009), 28쪽.

이글에서 동학과 서학의 천주와 리기 사이에 내포되어 있는 의미 지평의 상관관계를 고찰하고자 할 때 주목하고자 하는 핵심 논점은 서학이 최고의 창조주로서 천주(天主)에 중점을 두면서 위로 올라가는 상달(上達)에 중점을 두고 있다면, 동학은 천주(天主)가 하생(下生)하여 기화(氣化)를 통하여 현현하며 인간에 신령스럽게 내재하여 인간을 적극적으로 교화시키는 하달(下達)에 중점을 두고 있다는 점이다. 이처럼 천주교(서학)와 동학의 이론상 상달과 하달 사이의 방향 차이는 천주와 리기 개념상의 접변과 교착을 초래하는 것이었다. 이글의 목표는 이러한 동학과 서학의 천주와 리기를 둘러싸고 전개되는 접변과 교착 양상을 살피고자 한다. 그러면 동학과 서학의 사상적 집변과 교착 양상을 살펴보기 위해서 기존의 연관되는 몇몇 연구 성과를 개관함으로써 이 글의 주제를 환기하고자 한다.

손은석은 천주존재를 증명하는 것을 중심으로 하여 「동서사상의 융합의 측면에서 『천주실의』의 존재론적 한계와 극복방안」이라는 주제로 논문을 발표하였다.[3] 정현수는 마테오 리치의 천학(天學)과 성리

3) 손은석, 「동·서 사상의 융합의 측면에서 『천주실의』의 존재론적 한계와 극복방안」(대전가톨릭대학교 신학대학원 석사논문, 2006), 104-105쪽. 이 논문에서 필자는 『천주실의』의 존재론을 주제로 하여 마테오 리치가 주장한 입장과 동서사상의 만남이라는 관점에서 제시한 적응주의적 관점을 제시하고 있다. 나아가 마테오 리치가 존재론적 근거는 '외위자(外爲者)'로서 초월적이고, 영적존주자(靈的尊主者)로서 인격적이어야 한다는 기본전제를 가지고 있었다고 보았다. 또한 그가 초월성과 인격성 및 스콜라철학의 존재론적 원리라는 원칙에 입각하여 적응주의적 관점에서 중국 사상과의 연속성을 찾고자 한 대표적 개념이 상제(上帝)이고, 이러한 관점에서 비판의 대상이 된 것이 성리학의 리(理) 개념이 된다고 보았다. 요컨대, 손은석은 적응주의에 입각한 '천주'개념은 그리스도교의 DEUS와 옛 유교경전의 천, 상제가 서로 존재론적 주체성을 확보하는 가운데 연속 가능하도록 융합된 것이라고 보았다. 본 논문에서 손은석은 천주교와 유학의 존재론적인 적응과 융합이 이루어지기 위해서는 양자의 주체성이 손상되지 않는 범위에서 천주교에서 비판

학의 인성론을 비교하면서 동서사상의 접합에서 마테오 리치의 한계를 주로 강조하였다.[4] 정현수는 마테오 리치의 『천주실의』에서 제기하는 존재론과 인성론의 전제는 성리학과 거리를 가지며 이론적 접합에서 한계를 가지는 것으로 평가하였다. 권진관은 동학의 천주가 서학의 천주와 그 의미에서 매우 다르다는 것을 강조하면서 그 다른 점을 기화(氣化), 기화지신, 21자 주문 등으로 밝혔다.[5] 허수는 동학 천도교에서 천 개념의 전개를 주제로 하는 논문에서 동학이 천도교로 발전하면서 천 개념이 어떤 의미상의 변화양상을 보여주고 있는가 하는

의 대상으로 삼았던 리(理)가 자리매김 되어야 한다고 보았다. 이를 위한 방법으로 손은석은 '천주'의 '상제' 개념으로의 적응과 같이 유교경전을 바탕으로 선진유학의 관점에서 본체 개념을 포함하지 않은 리를 확인한 후에 그리스도교의 '하느님, 섭리·통치'와 선진유학의 '리(理)'를 연결하는 것이 필요하다고 보았다.(105쪽)

4) 정현수, 「마테오 리치의 천학과 성리학의 인성론 연구—『천주실의』를 중심으로」(『유교사상문화연구』 54, 한국유교학회, 2013), 441-442쪽. 그는 리치의 보유론은 유학사 전체를 성찰하지 못하여 의미의 접합에서 아직 미완의 상태로 보았다. 리치는 천주를 인격적 초월적 주재의 존재로 정의하여 리(理)와의 접합을 외면했지만, 리에는 천(天)의 의미가 포함되어 있다. 원시 유학의 천상제 개념이 (성리학에서) 완전히 부정되었다기보다는 다른 형태로 내재화되었다고 볼 수 있다는 것이다. 그는 인성론에 있어서도 천학은 유학에서와 달리 인간을 주체적 존재로 인식할 여지가 별로 없다고 보았다. 영혼이 도덕의 주체라고 하는 것은 도덕의 본체적 측면이 아니라 도덕의 실천적 의지적 측면을 강조한 제한적 의미에서 사용되고 있을 뿐이며, 인간의 본성은 천주로부터 품부되었다는 리치의 언급은 인성의 주체가 인간 자신이 아니라 엄연히 천주라는 사실을 직시하게 한다고 하였다.

5) 권진관, 「동학의 신관과 서학의 신관: 민중신학적인 관점에서」(『신학사상』 67, 한국신학연구소, 2004), 35-37쪽. 그에 따르면, 동학의 신관이 토미즘적 서학의 신관과 다른 것을 요약하자면, 동학은 신인합일의 신관인 데 반하여, 토미즘적 서학의 신관은 신인이분법적 신관이다. 서학의 신 관념에는 절대적 초월성의 신과 피조물인 인간 사이에 합일의 가능성이 없다. 동학의 신관에서는 인간의 참여를 요청하는 신, 나아가서는 인간의 참여를 필수적인 조건으로 하는 신의 행위를 상정하고 있다. 동학의 기화지신은 일하는 신인데, 이 신은 인간과 더불어 일하시는 한울님이다.

점을 해명하였다.[6] 최종성은 동학의 신관과 인간학이라는 주제로 한국종교사의 맥락에서 동학이 어떤 종교문화적 위상과 의미를 지니는지를 평가하고, 신과 인간에 대한 특유의 탐색과 실천체계를 점검하고자 하였다.[7] 이 연구에서 최종성은 동학의 천주를 활력 없는 한가한 신으로서 데우스 오티오수스(Deus Otiosus)와 대비하여 활력이 넘치는 부지런한 신으로서의 데우스 인두스트리우스(Deus Industrius)로 특징지웠다. 이러한 몇몇 연구들은 동학과 서학 각각의 이론적 특징들을 드러내줌으로써 이 두 종교사상적 의미 지평이 어떻게 교착되는가를 해명하는 시야를 확보하는 데 도움이 될 것이다.

6) 허수, 「동학천도교에서 천 개념의 전개－천에서 신으로, 신에서 생명으로－」(『개념과 소통』 제10호, 2012), 166-167쪽. 그는 천 개념이 변화되는 양상을 동학의 제1기, 천도교의 제2기, 천도교가 사회운동으로 확산되면서 이돈화가 활동하던 제3기로 구별하여 그 의미의 변화를 살피고 있다. 그에 따르면, 제1기에는 천주 ᄒᆞᄂᆞᆯ님 상제 등이 사용되면서 종교체험에 머물러 천에 대한 개념화가 이루어지지 않았다고 보았다. 제2기에는 서구의 근대적 신관이 수용되면서 천은 신으로 바뀌게 되었으며, 제3기에는 천과 신 개념이 세속화되면서 생명(生命)과 지상천국(地上天國) 개념이 강조되었다고 보았다.

7) 최종성, 「동학의 신학과 인간학」(『종교연구』, 2006), 165-166쪽. 그에 따르면, 동학은 교조의 신비체험을 통해 한가롭게 잠자던 하느님을 일깨우고 활력있게 권능을 행사하는 하느님을 역사의 전면에 맞이했다고 보았다. 또한 시천주(侍天主)는 신의 초월과 내재의 양명성을 함축하고 있으나 수운시대에는 내면화된 하느님에 대한 강조보다는 역사의 현장에 초대된 데우스 인두스트리우스(Deus Industrius)의 현존을 확신하는 경향이 강했다. 또 최종성은 인내천에 대응되는 의암(義菴)의 의례학의 주제였던 '자심자배(自心自拜)'는 인내천으로 결정지은 신성스런 인간의 존엄과 가치를 경배와 기원의 대상으로 구체화시켰다는 데 의의를 지니는 것으로 보았다.

2. 동학과 서학의 만남과 그 시대적 배경

이 장에서는 동학과 서학이 상호간 영향을 주고받으면서 사상적 지평교착을 이루고 접변했던 양상을 살피기 위하여 이들 종교사상이 만났던 역사적 배경과 상황을 요약해 보기로 한다. 동학과 서학의 만남은 기본적으로 동학의 서학에 대한 반응으로 요약할 수 있는데, 이것은 한편으로 긍정적 수용의 측면과 비판적 지양이라는 양면적 특성을 가지는 것으로 해석할 수 있다. 이 장에서는 이러한 만남에 대한 이해를 통하여 동학이 서학과 어떻게 구별되고 어떤 측면에 중점을 두고 있는가를 유추하고자 한다.

동학은 최제우가 종교적 체험을 했던 1860년을 기점으로 창도되었다. 이 시기는 1801년 신유박해 이후 약 60년 사이에 조선에서 점차로 전교의 발판을 굳혀가던 시기였다. 하지만 조선의 정치경제 사회적 상황은 그렇게 녹록한 것이 아니었다. 이 시기는 안동 김씨와 풍양 조씨의 세도정치가 이어지던 시기로 어느 파가 정권을 잡는가에 따라, 천주교에 대한 관용과 적대의 태도가 바뀌었다. 이 시기는 정치경제적으로 과거제도가 무너지고 탐관오리가 속출하며 중세(重稅)에 대한 부담 및 중세에 대한 착취 등이 자행되면서 민란이 빈발하던 때였다.[8)]

또한 종교적으로 천주교는 신유박해 이후 약 40년 동안 소강기를 거쳐서 1839년에 기해박해의 참화를 입었다. 기해박해(己亥迫害)는 1839

8) 최제우 저, 최천식 풀어씀, 『동경대전-보통사람의 양심에서 찾은 개벽의 길』(풀빛, 2010), 188-191쪽.

년 헌종(憲宗) 5년에 일어난 제2차 천주교 대박해로서 1801년에 일어난 신유박해(辛酉迫害) 뒤에 사학(邪學)인 천주교를 배척하기 위해서였으나, 내적으로는 시파(時派)인 안동(安東) 김씨와 벽파(僻派) 풍양(豊壤) 조씨의 세도정치의 파생물이었다고 할 수 있다. 이때 헌종 임금은 서교를 배척하기 위하여 국민에게 척사윤음(斥邪綸音)을 내렸다. 본래 시파인 안동 김씨는 천주교를 원수처럼 증오하는 벽파와는 달리 천주교에 대하여 비교적 너그러웠다. 그러나 정권이 풍양 조씨 세력에 넘어가자 우의정(右議政)인 이지연(李止淵)은 풍양 조씨의 권세를 이용하여 천주교를 적대적으로 대했을 뿐만 아니라, 대왕대비가 천주교도를 처형하지 않는 데 불만을 제기하였다. 이지연은 1839년 3월 5일(음)에 천주교인을 '무부무군(無父無君)'의 '역적(逆賊)'으로 몰아 천주교를 일소하고자 하는 방책을 대왕대비에게 상주하기도 하였다.[9]

이후 1866년(고종 3년) 러시아는 천진조약(天津條約) 이후 연해주를 차지하면서, 자주 두만강을 건너와 통상을 요구하였다. 대원군은 이에 당황하였고 위기를 느낀데다가, 1866년 1월 북경의 사신이 도착하여 보낸 편지에서 영불연합군의 북경함락 이후 시작되었던 양인살육(良人殺戮)의 사실이 보고되고 나서 천주교가 신앙을 말하면서도 뒤로는 영토를 빼앗고 살육을 일삼는 사교(邪敎)로 생각하게 되었다. 이에 홍선대원군은 천주교에 대하여 대규모의 탄압을 가하였으니, 이것이 병인박해이다. 이 사건은 당시 6천여 명의 평신도와 프랑스 파리 외방전교회 출신의 선교사 등이 처형된 사건이다.

이처럼 천주교는 박해를 당하며 선교사와 신도들이 순교하는 와중에도 전교 노력을 계속하였다. 바로 이 시기 최제우는 1824년 10월

9) 샤를르 달레 著, 안응렬·최석우 譯, 『한국천주교회사』(상·중·하)(분도출판사, 1979~1980).

경주군 현곡면 가정리에서 태어났는데, 이후 21세에서 31세까지 10년간 전국을 누비며, 혼란이 가중되어 가는 시대에 도참신앙과 서학이 민중들의 이목을 모으려고 하면서도 시대의 혼란을 이끌어갈 사상이나 종교가 부재함을 목도하였다. 이후 1860년 4월 5일 그는 계시적 특성을 지니는 신비한 종교체험을 통하여 천주 또는 ᄒᆞ늘님으로 일컬어지는 존재를 접함으로써 동학을 창도하여 1861년 6월 이를 민중들에게 전파하기 시작하였다.

미국인 선교사였던 전킨(William M. Junkin)은 *The Korean Repository*에 "The Tong Hak"이란 글을 게재하여 동학의 창도과정, 교리 및 불가사의한 기적, 동학교도들의 참형, 그리고 동학의 사회적 영향력에 대하여 비교적 자세히 설명하였다. 그에 따르면, 최제우는 서양의 천주교도들이 이곳 조선까지 와서 선교에 많은 비용이 들어가는 것을 볼 때, 천주교가 진정한 종교가 아닐까 반문했다고 한다. 그는 동학의 종교사상은 유불도 3교의 종교적 요소로 구성되었고, 여기에 일부 기독교적 요소가 첨가된 것으로 언급하였다. 곧 동학에 채택된 기독교적 원리란 윤회설을 부정하는 것과 유일신 개념이라는 것으로, 유일신 개념을 차용하여 동학교의 유일신을 '천주'로 칭하였다고 하였다. 그는 기도문을 채택한 주문 역시, 서학, 즉 기독교의 영향이라고 보았다.[10)]

신비한 종교체험을 하던 시기에 최제우는 혼수상태에서 신(神)을 만났는데 신이 "나를 숭배하면 너는 사람들에 대해 권세를 갖게 될 것이다"라고 했는데, 이때 최제우는 "천주교가 진정한 종교이니까?"라고 질문했다고 한다.[11)] 이러한 일화는 최제우가 시대를 구제하기 위

10) 김희영, 「개화기 서양인들의 동학 인식 –기독교의 영향과 관련하여–」(『동학연구』 30, 한국동학학회, 2011), 55-56쪽.

한 구세책을 강구하던 시절에 천주교에 대한 상당한 관심과 영향을 엿볼 수 있게 한다. 그가 동학을 창도한 후 3년 만에 정부로부터 서학을 모방했다는 혐의를 받고 체포되어 처형된 것은 그의 천주교에 대한 영향을 추론할 수 있는 역사적 사실이다. 이러한 의심에 대한 위기의식을 느낌에 따라 그는 신유년(1861년)에 자신이 세운 새로운 종교를 서학과 구별하여 '동학(東學)'이라고 명명했던 것이다.[12]

이후 최제우는 동학의 독자성을 강조하기 위하여 『동경대전(東經大全)』 「포덕문(布德文)」과 「논학문(論學文)」 등에서 동학이 서학과 크게 구별되는 것으로 강조하였다. 「포덕문」 중에서 그는 "경신년(庚申年)에 이르러 전해 듣건대, '서양인들은 천주의 뜻은 부귀를 취하지 않는 것으로 생각하면서도 천하를 공격하여 빼앗고, 그곳에 교당을 세우고 그들의 도를 행한다'고 하니 나는 또한 그러한 사실에 대해 어찌 그럴 수 있을까에 의구심을 가졌다"[13]고 하였다. 이 구절에서 최제우는 천주교의 천주가 부귀를 추구하지 않는다고 하면서도 천하를 공격하여 빼앗으면서 교당을 세우고 그 도를 행하는 것에 대하여 의혹의 눈길을 보내고 있다. 최제우는 좀 더 구체적으로 서양인들의 도덕과 천주교의 가르침에 대하여 경외(敬畏)와 의혹의 대상으로 삼으면서 늦게 태어난 것을 한탄하고 있다.

> 서양 사람들은 도를 이루고 덕을 세우고서 그 변화에 비쳐서는 이루

11) 김희영, 위의 논문, 56쪽.

12) 채영희, 「동학의 형성과정에 있어서의 타종교와의 관계 －서학(천주교)을 중심으로－」 (『신학전망』 47, 1979), 98쪽.

13) 『東經大全』, 「布德文」, "至於庚申, 傳聞, 西洋之人, 以爲天主之意, 不取富貴, 攻取天下, 立其堂, 行其道, 故吾亦有其然豈其然之疑."

지 못하는 일이 없으며, 전쟁을 하면 앞서는 사람이 없다. 중국이 망해서 없어지는 것에 어찌 순망치한의 근심이 없을 수 있겠는가? 이것은 모두 다른 까닭이 있는 것이 아니라, 이 사람들의 도는 서도(西道)로 일컬어지고, 학문은 천주(天主)를 일컬으며, 가르침은 성교(聖教)이니, 이것은 천시를 알고 천명을 받은 것이 아니겠는가? 이 같은 소문은 일일이 들어서 그치지 않는다. 그래서 나는 두려운 마음으로 다만 늦은 시대에 태어난 것을 한스럽게 생각할 뿐이다.[14)]

최제우는 서양이 서도(西道), 천주(天主), 성교(聖教)로 도와 덕을 확립함으로써 모든 일을 이루며 전쟁능력도 뛰어나 중국을 망하게 할 정도로, 이것은 천시(天時)를 알고 천명(天命)을 얻은 것이 아닐까 생각하였다. 이처럼 그는 서도와 천주교, 그리고 성교를 한편으로 시비판단(是非判斷)을 넘어서는 경외감과 다른 한편 의혹의 대상으로 바라보았다. 동학의 서학에 대한 이러한 인식은 상당히 객관적이고 현실주의적 관찰에 의거했음을 나타내는 것이라고 할 수 있다.[15)] 「논학문」의 이어지는 글들로 추론할 때, 그는 전통의 유불도 사상에 근거를 두면서 서양 천주교를 대신할 수 있는 새로운 학문을 창도하는 것의 필요성을 언급하였다.[16)]

---

14) 『東經大全』, 「論學文」, "西洋之人, 道成德立, 及其造化, 無事不成, 攻鬪干戈, 無人在前. 中國燒滅, 豈可無脣亡之患耶. 都緣無他, 斯人, 道稱西道, 學稱天主, 教則聖教. 此, 非知天時而受天命耶. 擧此一一不已, 故吾亦悚然, 只有恨生晚之際."

15) 김신재, 「동학에서의 대외 인식과 그 성격」(『동학연구』 창간호, 1997), 180쪽.

16) 수운 최제우의 서학에 대한 태도는 처음에 모방하는 것으로부터 점차 소극적인 부정으로 나아가고 계속하여 적극적으로 배척하는 방향으로 격화되다가 마침내 서학의 소멸을 외치기에 이르렀다. 서학절멸의 목표가 동학란에 이르러 그의 제자들에 의해 행동화하였다. 동학란 중 동학교도에 의하여 천주교가 입은 피해는 막대하였다. 동학군의 사주로 불국인 선교사 1명이 청군에 의해 학살된 것을 위시하여 동학교도들은 호남일대에서

최제우가 동학을 포교하기 시작하면서부터 서학(천주교)에 대한 태도는 비판적 관점이 강화되어 갔다. 그는 무엇보다도 유가적 관점에서 서학이 부모가 돌아가신 후에 신이 없다고 하면서 제사를 지내지 않는 것에 대하여 비판하였다. 그는 "우습다 저 사람은 자기 부모가 돌아가신 후에 신(神)이 없다고 말하면서 제사조차 지내지 않네. 오륜도 지키지 않으면서 오직 일찍 죽기를 바라는 것은 무슨 일인가? 돌아가신 부모 혼령과 혼백은 없다고 하면서, 어찌 유독 자기 혼령과 혼백은 있어서 하늘로 올라간다고 하는가?"[17]라고 하였다. 최제우는 유가적 제례와 인륜을 무시하는 것과 부모와 자신의 영혼에 대한 이중적 기준을 문제삼아 천주교를 비판하고 있다.

뿐만 아니라 최제우는 "거룩한 우리집 부녀들이여! 이 글을 보고 안심하라. 이른바 서학을 하는 사람들은 아무리 보아도 뛰어난 사람을 보지 못했다. 그런데도 서학이라고 일컬으면서 어찌 나만 세상에 드러내려고 하겠는가!"라고 하여 서학이 자신의 몸만 구원되기를 바라는 종교임을 비판하기도 하였다. 그는 이처럼 천주교를 이기주의를 견지하고 있는 종교로 간주하였다. 그는 「논학문」에서 서양인들이 말과 글에 조리와 진위가 없고 천주의 뜻을 받들지 못하고 있음을 다음과 같이 비판하였다.

> 서양 사람은 말에 조리가 없고 글에는 진위가 없어서 도무지 천주(天主)를 위하는 실마리가 없이 단지 자기 몸만 위하는 일을 축원한다. 몸에는 기화의 신명이 없고 학문에는 천주의 가르침이 없으며, 겉모습은

천주교인을 약탈하고 고문하고 배교를 강요하였다.(채영희, 앞의 논문, 99쪽)

17) 『龍潭遺詞』, 「勸學文」 13

> 있으나 자취가 없고, 생각함이 있으나 비는 것이 없다. 서학의 도는 허무에 뿌리를 박고, 배우는 것은 천주가 아니니, 어찌 동학과 서학이 다름이 없다고 할 수 있겠는가?[18]

최제우는 여기에서 서양인들은 동학에서 말하는 천주의 가르침, 기화의 신명함, 주문의 영험 등이 없고 도는 허무하여 실질이 없다고 비판하였다. 이러한 그의 문제제기는 천주교의 이론적 틀이 동학과 다른 것에 유의하는 비판이라 할 수 있다.

전체적으로 볼 때, 적어도 동학의 성립기에 있어서 서학은 일방적 부정과 차별화의 대상이 아니었으며, 따라서 동학의 서학관에는 동일화와 차별화, 긍정과 부정의 논리가 공존하고 있었음을 알 수 있다.[19] 하지만, 최제우는 포교를 시작하면서 천주교가 가지는 천주로 회귀하고자 하는 종교성과 함께 천하를 취하려는 이기주의라고 하는 이중성을 함께 가지는 것으로 의혹의 눈초리를 보내면서 비판의 강도를 높여갔다고 할 수 있다. 이러한 상황은 동학과 서학이 만나면서 근본적인 교리와 이념, 목표가 달랐음을 시사(示唆)하는 것이라고 할 수 있다. 이러한 관점에서 다음 장에서는 동학과 서학의 만남에서 그 이론적 지평이 교착하는 지점이 어디에 있는가를 천주(天主)와 리기(理氣) 개념에 대한 이해를 통하여 살펴보고자 한다.

---

18) 『東經大全』, 「論學文」, "西人, 言無次第, 書無皂白, 而頓無爲天主之端. 只祝自爲身之謀. 身無氣化之神, 學無天主之敎, 有形無迹, 如思無呪, 道根虛無, 學非天主, 豈可謂無異者乎!"

19) 고건호, 「개항기 천주교와 동학-천도교」(『교회사연구』 17집, 한국교회사연구소, 2001), 38쪽.

3. 『천주실의』에서 천주와 리기의 상호 연관

이 장에서는 구체적으로 마테오 리치의 『천주실의』에서 천주와 리기가 동학에서 설명하는 천주 및 기 개념과 비교하여 어떻게 의미가 교착되는가를 고찰하고자 한다. 특히 이 장에서는 천주와 사물의 구성 질료 및 성질 또는 속성을 뜻하는 리기 사이의 존재론적 지위와 상관관계를 해명하는 데 초점을 맞추기로 한다.

『천주실의』는 천주와 리기에 대해서뿐만 아니라, 사원인설, 실체와 속성, 영혼불멸설, 천당지옥설, 선악 등에 관한 여러 이론이 상호 결합되어 매우 폭넓은 의미 지평이 언급되고 있다. 마테오 리치는 『천주실의』에서 만물의 생성 근원으로서 토마스 아퀴나스가 계승한 아리스토텔레스의 사원인설(四原因說)을 제시하였다. 사물이 생성되고 길러지는 데는 운동인, 형상인, 질료인, 그리고 목적인의 네 가지 원인이 작용한다는 것이다. 여기에서 마테오 리치는 "천주가 사물의 소이연이 된다고 하는 것은 단지 운동인과 목적인을 말하는 것이고 형상인과 질료인을 말하는 것이 아니라"[20]고 하였다. 그는 "운동인과 목적인 두 가지는 사물 앞에서 초월하여 그 사물의 본질이 될 수 없다는 것이고, … 천주(天主)는 혼융하여 둘로 나누어짐이 없기 때문에 어찌 사물의 몫이 될 수 있겠는가!"[21]라고 하였다. 이렇게 볼 때 천주(天主)는 형체를 이루는 사물을 초월하여 그 사물의 움직임을 가능케 하

---

20) 『天主實義』 上卷, "吾按, 天主爲物之所以然, 但云作者爲者, 不云模者質者."

21) 위의 책, 같은 곳, "作者爲者, 此二者在物之外, 超於物之先者也. 不能爲物之本分. … 蓋天主渾全無一, 胡能爲物之分乎!"

되 특정한 방향성을 가지게 하는 역할을 하며 혼연하여 나누어지지 않는 유일자(唯一者)를 뜻한다.[22] 이렇게 유일자로서의 최고 지위에 있는 천주는 천지와 인간, 사물들을 처음 만들고 그것들을 주재하며 편안하게 기를 수 있는 능력을 가진다.[23]

또한 마테오 리치에서 천주는 만물의 본성을 자기 속에 가지고 있으면서 그 본성은 가장 완전하고 성대하며 또한 지극히 돈독하여 사람이 그것을 헤아릴 수 없고 만물로 비교될 수 없다. 곧 정밀하고 신묘한 덕성 안에는 만 가지 이치를 내포하고 모든 성질을 가지고 있음으로써 온갖 능력을 갖추지 않음이 없다.[24] 그는 천주는 또한 사물 속에 있다는 것으로 그 사물의 성분이 된다고 보았다. 이것은 달리 말하면 원인(소이연)이 그 결과 속에 있는 것과 같은 것이다.[25]

마테오 리치는 사람이 행하는 선악에 대하여 천주가 내리는 상벌(賞罰)이라는 응보의 연속성을 확보해주는 근거를 영혼불멸설로 정당화하였다. 그에 따르면, 사람은 혼과 백이 있는데, 사람이 죽으면 백은 흩어져서 땅으로 돌아가지만, 혼은 없어지지 않고 존재한다고 하였다. 세상의 혼에는 생혼(生魂), 각혼(覺魂), 영혼(靈魂)의 세 가지가 있으며 이들은 각각 식물, 동물, 사람이 가지는 것이다. 또 식물과 동물의 혼인 생혼과 각혼은 식물과 동물이 죽으면 소멸하지만 상품(上品)

---

22) 마테오 리치는 "더욱 깊이 생각해 보면, 만약 천(天)으로 상제를 해석하면 좋습니다. 천(天)은 하나이며 큰 것일 뿐입니다."(마테오 리치, 송영배 외 옮김(『천주실의』, 서울대학교출판문화원, 2013), 104쪽)라고 말하여 천(天)을 유일함과 위대함으로 설명하였다.

23) 마테오 리치, 앞의 책, 40쪽, "但貴國惟崇奉天主, 謂其始制乾坤人物, 而主宰安養之者."

24) 송영배 외 역, 『천주실의』 상권, 96쪽, "夫天主之性, 最爲全盛, 而且穆穆焉, 非人心可測, 非萬物可非倫也. … 天主性, 雖未嘗截然有萬物之情, 而以其精德, 包萬般之理, 含衆物之性, 其能無所不備也."

25) 위의 책, 같은 곳, "或在物, 如在其所, 若人在家在庭焉. 或在物, 爲其分, 若手足在身, 陰陽在人焉."

인 영혼은 소멸하지 않는다. 마테오 리치는 이 영혼의 존재론적 특성을 다음과 같이 설명하였다.

> 상품(上品)의 명칭은 영혼이라고 하니, 바로 사람의 영혼입니다. 이것은 생혼과 각혼을 겸하여 가집니다. 사람의 성장과 발육을 돕고 사람이 사물의 본모습을 지각하게 하며, 또 사람들이 사물들을 추론하게 하며 이치와 의리를 밝게 분석할 수 있게 합니다. 사람의 몸이 비록 죽는다고 해도 영혼은 죽지 않습니다. 대개 항구적으로 존재하여 소멸하지 않습니다.[26]

그는 추론하고 밝게 분별하는 일은 결코 몸이 할 수 없으며, 그 영명함은 독립적으로 존재하는 것으로 이해하였다. 따라서 몸은 비록 죽어서 형체가 흩어지더라도 영혼은 다시 움직일 수 있다고 보았다. 이와 관련하여 마테오 리치는 "만약 영혼이 몸의 마침으로 인하여 사라진다면 천주께서 어떻게 이들에게 상이나 벌을 주실 수 있겠습니까?"[27]라고 하여, 천주가 내리는 상벌이 실효성을 가지기 위해서는 반드시 영혼이 사후에도 소멸하지 않고 남아 있어야 한다는 전제조건이 필요한 것으로 보았다.

천주교에서는 악에 빠지는 것을 경계하고 기도와 선행을 하도록 권장하기 위해 천당지옥의 존재를 강조하였다. 마테오 리치는 사람들을 이끌어 덕행으로 인도하려고 하면서 덕성의 장점만 열거해서는 별 효과가 없고, "지옥의 고통과 천당의 즐거움을 극적으로 대비시켜 이

---

26) 위의 책, 같은 곳, 124쪽, "上品名曰, 靈魂, 卽人魂也. 此兼生魂覺魂. 能扶人長養, 及使人知覺物情, 而又使之能推論事物, 明辨理義."

27) 위의 책, 146쪽, "若魂因身終而滅, 天主安得而賞罰之哉?"

들을 유도해야 귀를 기울일 것이다"[28]라고 하였다. 요컨대, 마테오 리치는 영혼불멸설과 천당지옥설을 사후에 사람에게 상벌을 통하여 천주가 살아 있는 사람들이 덕과 선을 행하기를 권장하는 수단으로 이해하였다.

마테오 리치는 『천주실의』에서 천주와 긴밀하게 연관된 의미를 가지는 태극과 리기(理氣)에 대하여 천주보다 낮은 존재론적 위상을 가지는 것으로 평가하였다. 그는 성리학의 형이상학적 본체로서 태극(太極)에 대해서 천주와 같은 지위를 결코 가지지 못하는 것으로 보았다. 또 "주돈이(周敦頤)의 '무극(無極)이면서 태극(太極)'이라는 구절로 시작되는 「태극도」는 단지 짝수와 홀수의 형상을 취한 것이고, 이러한 형상은 개체에 존재하는 것이며, 태극은 하늘과 땅의 실체를 창조하지 못하는 것을 알 수 있다"[29]고 하였다. 뿐만 아니라 사물을 실체와 속성으로 구별할 때, 태극과 리는 실체로서의 자립자가 아니라 속성으로서의 의뢰자라고 주장하였다. 이러한 관점에서 그는 "태극이 단지 리로 해석된다면 천지만물의 근원이 될 수 없으며, 리 역시 속성이기 때문에 스스로 자립할 수 없는데 어떻게 다른 사물을 존재케 할 수 있는 근원이 될 수 있겠습니까?"[30]라고 반문하였다. 여기에서는 리는 속성이며 의뢰자로 이성과 지각능력을 가지지 않기 때문에 이성과 지각을 낳을 수 없다. 여기에서 그가 바라보는 리는 사물의 속성이자 성질로서 조리(條理)에 지나지 않는 것이다.

---

28) 위의 책, 305쪽, "惟先怵惕之以地獄之苦, 誘導之以天堂之樂, 將必傾耳欲聽."

29) 송영배 외 역, 『천주실의』 상권, 83쪽, "吾視夫無極而太極之圖, 不過取奇偶之象言, 而其象何在? 太極非生天地之實, 可知已."

30) 위의 책, 같은 곳, 87쪽, "若太極者, 止解之以所謂理, 則不能爲天地萬物之原矣. 蓋理亦依賴之類, 自不能立, 曷立他物哉!"

마테오 리치는 “리에는 영(靈)도 없고 각(覺)도 없어 영과 각을 낳을 수 없습니다. 천지 사이에서 살펴보면 오직 영자(靈者)만이 영을 낳고 각자(覺者)만이 각을 낳을 뿐으로, 영각(靈覺)으로부터 영각이 없는 자를 낳을 수는 있지만, 영각이 없는 자로부터 영각이 있는 자를 낳는다는 말은 들을 수 없습니다. 또 말하기를, 리(理)라는 것은 그것과 크게 달라서, 의존적인 것으로서 스스로 설 수가 없으니, 어찌 영각을 포함하여 자립하는 부류가 될 수 있겠습니까?”[31]라고 하였다. 그는 리는 영(靈)과 각(覺)이 없는 것으로 자립하는 실체가 될 수 없고 의존적인 것이라고 보았다. 하지만 이렇게 마테오 리치가 리를 속성이자 의존자로 보는 것은 성리학에서 리가 사물의 법칙 또는 조리로서 분수리(分殊理)와 만물의 근원으로서 일리(一理)를 모두 의미하는 것임을 이해하지 못하는 것이라 할 수 있다.[32]

그러면 마테오 리치는 성리학의 기(氣)에 대해서는 어떻게 이해하고 있는가? 그는 기본적으로 성리학에서 말하는 기를 아리스토텔레스의 사원소설에서 공기에 해당하는 것으로 이해하였다. 그는 “만약 기(氣)가 하나의 원소에 지나지 않음을 알게 된다면 그 본체와 작용을 설명해 드리기가 어렵지 않습니다. 또한 저 공기[氣]는 물, 불, 흙의 세 원소들과 함께 만물의 형체가 되는 것입니다. 그러나 영혼은 인간의 내적인 본질로서 한몸의 주인이 되어 호흡으로 그 기를 들이쉬고 내쉬는 자입니다”[33]라고 하였다. 여기에서 기(氣)는 물, 불, 흙과 함께 사

---

31) 『天主實義』 2-6, “理無靈無覺, 則不能生靈生覺, 請了察乾坤之內! 惟是靈者生靈, 覺者生覺耳. 自靈覺而出不靈覺者, 則有之矣. 未聞有自不靈覺而生有靈覺者也. 又云, 理也者則大異焉. 是乃依賴之類, 自不能立, 何能包含靈覺, 爲自立之類乎! 理卑於人, 理爲物而非物爲理也.”

32) 안종수, 「마테오 리치의 리기관」(『철학논총』 60, 새한철학회, 2010), 45쪽.

33) 마테오 리치, 송영배 옮김, 『천주실의』(서울대출판문화원, 2013), 188쪽, “若知其爲一行, 則

원소가 되는 공기로서 인간의 내적 본질인 영혼과 그 존재 위상이 구별된다. 그는 사원소가 세상의 모든 사물을 낳는 질료적 의미를 가지면서도 동시에 상호간의 상대적인 성질의 대립으로 인하여 필연적으로 소멸될 수밖에 없다는 것을 다음과 같이 설명하였다.

> 세상의 모든 사물은 불, 공기, 물, 흙이라는 네 원소가 서로 결합하여 생성되지 않는 것이 없습니다. 하지만 불의 성질은 뜨겁고 건조하여 물과 배치하니, 물의 성질은 차고 습합니다. 공기의 성질은 습하면서 뜨거워서 흙과 배치되니, 흙의 성질은 건조하면서도 차갑습니다. 두 가지 사이에 서로 대립하고 적대하면 필연적으로 서로를 해치게 됩니다. … 그 사이에 때로 경쟁하고 싸우는 것을 피하지 못하여 단지 한쪽의 승리로 치우치면 진 사물은 반드시 무너져 없어집니다. 그래서 이 네 가지 사물은 소멸되지 않을 수가 없습니다.[34]

마테오 리치는 위에서 사원소의 성질들이 서로 상대적으로 대립하면서 서로를 해치기 때문에 필연적으로 소멸되지 않을 수 없음을 말함으로써 기(氣)가 소멸되는 것으로 이해하였다. 이런 관점에서, 마테오 리치에서 생멸(生滅)을 기준으로 삼을 때 필연적으로 소멸될 수밖에 없는 기는 불멸의 영혼과 극명하게 구별된다. 그는 기를 영혼과 같은 것으로 보아 혼동하는 것을 이름을 어지럽히는 것이라고 비판하였다. 곧 그는 "기(氣)를 귀신 및 영혼으로 삼는 것은 사물을 분류하는

不難說其體用矣. 且夫氣者, 和水火土三行, 而爲萬物之形者也. 而靈魂者, 爲人之內分, 一身之主, 以呼吸出入其氣者也."

34) 『天主實義』 上卷-3, "凡天下之物, 莫不以火氣水土, 四行相結以成. 然火性熱乾, 則背于水. 水性冷濕也. 氣性濕熱, 則背于土, 土性乾冷也. 兩者相對相敵, 自必相賊. … 其間未免時相伐競, 但有一者偏勝, 其物必致壞亡, 故此有四行之物, 無有不泯滅者."

참된 이름을 어지럽히는 것입니다. 가르침을 세우려면 모든 종류의 리는 마땅히 각각 본래의 이름에 따라 분류되어야 합니다. 옛날 경서에서 기를 말하고 귀신을 말하는 글자가 같지 않았다면 그 이치 또한 다른 것입니다"[35]라고 하였다. 기는 귀신이나 영혼과는 근본적으로 구별되는 부류라는 것이다. 이처럼 그는 천주 및 불멸의 영혼과 비교할 때 기의 존재 위상을 이들에 비해 생성소멸에 종속되는 열등한 존재로 간주하였다.

요컨대, 마테오 리치에서 천주는 사물의 최고 소이연으로서 시공간의 한계를 초월한 무한성을 가지는 존재로 이해되었다. 또한 천주는 유일신의 의미와 함께 사물을 제작 안양(安養)하는 근원적 존재로 이해된다. 동시에 이것은 자립적인 존재로 의존적인 리를 그 속성으로 가지고 있다고 할 수 있다. 뿐만 아니라 천주는 사물에 성분으로 내재해 있기도 하다. 나아가 천당과 지옥, 영혼불멸과 같은 수단을 통하여 사람들을 제어하여 덕행을 실천하도록 하는 권능을 가진 자이기도 하다. 천주는 사람들에게 상벌을 통하여 권면하고 경계하기도 하고, 때로는 분노를 표출하기도 하는 인격성을 가지고 있는 존재이기도 하다. 반면에 마테오 리치에서 태극과 리, 그리고 기는 천주와 비교하여 만물 생성의 근원의 지위를 가지지 못하는 의존자이며 생성소멸의 변화를 겪는 대상으로서의 위상에 머물러 있는 것으로 평가된다.

35) 『天主實義』 上卷-4, "以氣爲鬼神靈魂者, 紊物類之寔名者也. 立教者, 萬類之理, 當各類以本名. 古經書云, 氣云, 鬼神, 文字不同, 則其理亦異"

4. 동학에서 천주와 리기의 상호연관

윗 장에서는 『천주실의』에서 마테오 리치가 말하는 천주와 리기의 상호간 의미 연관관계를 제시하였다. 이 장에서는 동학에서는 천주와 리기 사이의 상호 의미 연관을 어떻게 해석하며, 이러한 해석이 서학의 천주 및 리기와는 어떻게 차이가 나는가를 고찰하고자 한다.[36] 동학의 천주관과 리기 사이의 상호연관을 살피고자 할 때 그 체계를 이루는 핵심 개념은 시천주(侍天主), 기화(氣化), 지기(至氣), 수심정기(修心正氣) 등이 있다. 따라서 동학에서 천주 및 리기가 어떠한 의미 지평을 가지는가를 고찰하고자 할 때 이들 개념에 대한 해명은 필수적이다.

수운 최제우는 「교훈가(敎訓歌)」에서 "천(天)이 만민(萬民)을 생겨나게 한 것은 필수적인 직분이라고 할 것이고, 운명이 하늘에 달려 있으니 어찌 죽을 염려가 있겠는가? 한울님이 사람을 태어나게 할 때 공적을 도모함이 없이는 내지 않는다"[37]라고 하였다. 이것은 천주가

36) 최제우는 동학을 열면서 한울님[天主]과 기(氣)를 중심으로 말하는 반면, 단지 리(理)는 부수적인 의미로 쓰고 있다. 그는 리를 "성인이 일월성진의 도수에 따라 불변의 천도를 정하는 것을 천명을 공경하고 천리에 순응한다"(聖人以生日月星辰, 天地度數…敬天命而順天理者也: 「布德文」)고 하였고, "동정변역의 리가 없겠는가?"(無動靜變易之理!: 「論學文」)라고 하였으며, "내 몇 년에 이르도록 닦아서 헤아려보니 또한 자연의 리(理)가 없지 않다"(吾亦幾至一歲, 修而度之, 則亦不無自然之理: 「論學文」)라고 말하였고, 또한 "변치 않는 사리"(事理之常然: 「修德文」)라고 하였다. 이는 대체로 음양의 변역과 소식영허하는 천지자연의 변치 않는 법칙으로서 자연적인 리(理)를 말하는 것이 많다. 하지만 그는 "밝고 밝은 천지의 운명"(明明天地運數: 「夢中老少問答歌」)이라고 하여 리를 운명으로서 이수(理數)로 이해하기도 하였다.

37) 『龍潭遺詞』. 「敎訓歌」.

사람을 태어나게 하고 목숨을 유지시키며 삶을 유지하는 권능을 가진 존재라고 말하는 것이다. 그는 나아가 "네 몸에 모셨으니 사근취원(捨近取遠) 하단말가"라고 하여 천주는 멀리서 찾을 것이 아니라 사람의 마음 안에 있다고 보았다. 이처럼 동학에서 천주는 한편으로는 우주만물을 생성시키는 초월적 존재로 그려지고 있으며 다른 한편으로는 우주만물 안에 내재된 존재로서 이해되고 있다. 그러나 내 몸 안에서 천주를 모시라는 것을 강조하는 점에서 동학의 천주관은 '초월적 내재론'으로 말할 수 있을 것이다. 두 시각이 아무런 충돌 없이 융합되고 있는 점이 동학 천주관의 특성이라 할 수 있다.[38] 이 점은 천주가 사람에게 일정한 속성으로 내재해 있으면서도 완전한 천상의 초월적 천주에 참여하기를 추구하는 천주교의 '내재적 초월론'과 구별되는 해석이다.

최제우는 천주는 자연현상의 순환조화가 밝게 드러나는 자취를 뜻하는 것으로 보기도 하였다. 그는 "대개 상고이래로 봄가을이 갈마들고 네 계절이 성하고 쇠하면서 순환하여 옮겨서 바뀌지 않음이 없으니, 이 또한 천주가 조화를 이루는 자취가 세상에 밝게 드러난 것이로다"[39]라고 말하였다. 천주는 조화로운 자연의 변화가 질서 있게 드러나는 현상인 것이다. 그러나 천주는 다산이 말하는 상제(上帝)와 같이 영명성을 가지고 어떤 일에나 간여하고 명령하는 존재이기도 하다. 최제우가 말하는 천주가 영명함을 가지고 사물에 간여하면서 명령하는 것은 지기(至氣)를 매개로 한다.

또한 최제우는 '시천주(侍天主)'의 의미를 설명하면서 천주의 역할

38) 오문환, 「동학의 '천주'관－영성과 창조성」(『한국문화연구』 1, 이화여대 한국문화연구원, 2001), 99-103쪽.

39) 『天道教經典』, 「布德文」, "蓋自上古以來, 春秋迭代, 四時盛衰, 不遷不易, 是亦天主造化之迹, 昭然于天下也."

을 분명히 설명하고 있다. 그에 따르면, '시(侍)'는 안에 신령함이 있고 밖에 기의 변화가 있어서 온 세상 사람이 각각 변치 않는 것을 아는 것이요, '주(主)'는 그 존귀함을 찬송하면서 부모와 같이 섬기는 것을 말한다.[40] '시(侍)'는 『대학』의 '지어지선(止於至善)'의 '지(止)'처럼 그곳에 머무를 것을 아는 것으로, 주(主)는 근본으로 삼는다는 의미로 이해될 수 있다. 말하자면, 시천주는 한울님인 천주와 인간이 신인합일(神人合一)하여 일체가 된 경지이며, 그 조화의 능력 또한 인간이 무한히 발휘할 수 있음을 뜻한다.[41] 최제우의 이러한 천주관은 천인분리를 강조하는 마테오 리치의 천주 및 리기에 관한 해석과 다른 의미의 천주 개념을 제시하는 것이다.

그가 말하는 천주의 특성을 좀 더 이해하기 위해서는 기(氣)에 관한 다음과 같은 설명을 살펴볼 필요가 있다.

> 말하기를, 영명함이 강림한다는 문장은 어떻게 그렇습니까? 말하기를, '지(至)'는 지극히 한다는 뜻이다. 기는 허령하고 창창하여 관여하지 않는 일이 없고 명하지 않는 이 없으나, 형상이 있는 듯하나 형용하기 힘들고 듣는 듯하나 보기 어려우니, 이것은 또한 혼융한 근원적인 일기(一氣)이다. '금지(今至)'는 이제 도에 들어와서 그 기(氣)가 나에게 접함을 아는 것이다. '원위(願爲)'는 간청하여 빈다는 뜻이고, '대강(大降)'은 기에 감화되기를 바라는 것이다. … '조화(造化)'는 의도함 없이 조화를 이루는 것이고, '정(定)'은 나의 덕을 하늘에 합하고 나의 마음을 하늘에 안정시키는 것이다.[42]

---

40) 『天道教經典』, 東經大全 「論學文」, "侍者, 內有神靈, 外有氣化, 一世之人, 各知不移者也. 主者, 稱其尊而與父母同事者也."

41) 李京源, 앞의 논문, 321쪽.

42) 『東經大全』, 「論學文」, "至者, 極焉之爲至. 氣者, 虛靈蒼蒼, 無事不涉, 無事不命. 然而如形而難狀,

천주는 지기(至氣)의 영명함을 가지고 도에 들어가며, 이를 통하여 모든 일을 명하고 이에 관여한다. 최제우에서 지기(至氣)는 하나의 근원적인 기로서 허령하면서도 두루 창창하여 감각적인 형상으로 보려고 해도 볼 수 없는 초월적 특성을 가진 존재로 묘사되고 있다. 그가 혼융된 하나의 근원적인 기라고 규정하는 지기(至氣)는 다자로서 만물을 이루는 근원이 되는 것을 뜻한다. 그러나 이 지기는 영명(靈明)하면서 창창하여 밝은 지각능력을 가지고 생생하게 사물을 주재하면서 그에 명령하는 성질을 내포하고 있다. 뿐만 아니라 최제우는 이 기를 초목이 무성하게 자라는 모습처럼 창창하여 만물에 관여하여 활발하게 살아 움직이는 생동하는 실재라고 보았다.

특히 모든 일에 간여하고 명령하지 않음이 없다는 것은 모든 사물이 자기의 본질을 실현해 가는 방향을 규정해 주고 움직이게 한다는 것이다. 나아가 지기는 '무위이화(無爲而化)'라고 하여 의식적 노력을 하지 않고 사물을 조화 생성시키는데 이것은 기 자체 안에 이미 사물의 운동인과 목적인을 내재하고 있음을 의미한다. 천주교에서 천주가 사물과 근본적으로 본성을 달리하면서 초월적인 위치에서 사물의 능동인과 목적인이 되는 것에 비하여 동학에서 천주는 기론적 의미에서 기화에 따라 작용하는 사물 자체 안에 능동인과 목적인을 가지고 있다는 점에서 구별된다.[43]

如聞而難見, 是亦渾元之氣也. 今至者, 於斯入道, 知其氣接者也. 願爲者, 請祝之意也. 大降者, 氣化之願也. 侍者, 內有神靈, 外有氣化, 一世之人, 各知不移者也. 主者, 稱其尊而與父母同事者也. 造化者, 無爲而化也. 定者, 合其德, 定其心也."

43) 이원희는 기가 모든 사물을 이루는 데 간여하고 명령하여 규정해 주는 역할을 하는 것을 예를 들어 씨앗 안에 그 씨앗의 프로그램대로 조직화해 성장해 나가는 그 자체가 곧 기의 작용이라고 보았다.(이원희, 「동학의 한울님 연구」(『동학연구』 22, 한국동학학

이렇게 볼 때, 최제우는 지기(至氣)는 허령함을 갖추고 있으면서 두루 사물에 근간이 되면서도 존재론적으로 사물을 초월하여 밖에 있는 것이지만, 그것이 사물에 내면화된 것을 천주라고 보았다. 이러한 기일원론의 연장선에서 최제우는 유학의 음양론을 받아들여 인간과 만물은 기본적으로 음양의 분화를 통하여 생겨나는 것으로 보았다.

> 음양이 서로 균형을 유지하며 작용하여 비록 수만 가지의 사물이 그 가운데서 변화되어 생겨나더라도 그 중에서도 오직 사람만이 가장 영명하다. 그래서 삼재(천지인)의 리를 정하고 오행의 수를 냈다. 오행은 무엇인가? 하늘에는 오행의 강기(綱紀)가 있고, 땅은 오행의 재료가 되며, 사람은 오행의 기(氣)가 되니, 천지인 삼재의 수를 여기에서 볼 수 있다.[44]

최제우에 따르면 사람은 일원(一元)의 기(氣)로부터 분화되는 음양의 기 가운데 가장 영명한 기를 타고났다. 이러한 관점은 성리학의 리기론을 수용한 것이라 할 수 있다. 하지만 최제우에게서 기는 성리학적인 기의 의미를 넘어서 천주의 본질이 되어 마음에 내재하는 것으로 부모처럼 높여야 할 존재로 이해된다. 달리 말하면, 기(氣)는 만물을 생하게 하는 근원적 질료이자 만물을 생성 변화하게 하는 에너지이기도 하다. 여기서 동학의 기 개념은 한 걸음 더 나아가 이 '기가 곧 영(靈)'이라고 한다. 기는 모든 생명의 근원이기도 하지만 동시에 영적 실재이기도 하다는 점이 동학의 특징이다.[45]

회, 2007), 92쪽)

44) 위의 책, 같은 곳, "陰陽相均, 雖百千萬物, 化出於其中, 獨惟人, 最靈者也. 故定三才之理, 出五行之數. 五行者, 何也. 天爲五行之綱, 地爲五行之質, 人爲五行之氣, 天地人三才之數, 於此可見矣."

45) 김용휘·김한상, 「東學의 사유에 드러난 새로운 형이상학의 가능성 검토」(『한국학연구』

최제우가 말하고 있는 기는 영명하고 생생하게 살아서 사물에 간여하고 명령하는 지기(至氣)뿐만 아니라 수양의 대상이 되는 의미를 내포하기도 한다. 그는 "인의예지는 옛 성인이 가르친 것이지만, 수심정기(守心正氣)는 오직 자신이 새롭게 정한 가르침이다"[46]라고 하였다. 또한 "군자의 덕은 기가 바르고 마음이 안정되어 있기 때문에 천지와 덕을 합한다. 반면 소인의 덕은 기가 바르지 못함에 따라 마음이 사물에 이끌려 옮겨짐으로써 천지의 명(命)을 어긴다"[47]고 하였다. 천지자연은 만물을 생성시키는 것을 중요한 덕으로 삼는데, 바른 기와 안정된 마음을 가지기 때문에 군자는 천지와 같은 덕을 가지게 된다는 것이다. 반면 소인은 기가 바르지 못하여 사물에 이끌려 천명을 어기게 된다고 보았다. 최제우는 소인의 존재에서 기를 바르게 하는 수양의 노력이 필요한 이유를 이끌어내고 있다. 그는 수심정기(守心正氣)를 통하여 인간이 덕을 쌓아 실천하는 노력을 해야 본래 몸으로 받은 지기(至氣)를 온전하게 할 수 있다고 본 것이다.

그러면 최제우는 수심정기를 통한 실천의 노력 속에서 쌓아가는 덕의 실제 내용을 무엇으로 말하였는가? 그는 『용담유사』에서 "守心正氣하여 仁義禮智 지켜 두고 君子말씀 본받아서 誠敬 二字 지켜내어, 先王古禮 잃잖으니 그 어찌 嫌疑되며, 世間五倫 밝은 법은 人性之綱이로세"[48]라고 하여 유가적인 덕목을 수심정기를 통하여 쌓아가는 덕의 실제 내용이라고 하였다. 인의예지를 행하고 성경(誠敬)으로 고례

31, 2013), 653-654쪽.

46) 『東經大全』, 「論學文」, "仁義禮智, 先聖之所教, 守心正氣 惟我之更定"

47) 『東經大全』, 「論學文」, "君子之德, 氣有正而心有定, 故與天地合其德. 小人之德, 氣不正而心有移, 故與天地違其命."

48) 『龍潭遺詞』, 「道德歌」.

(古禮)를 실천하며 오륜의 강령을 지키는 것이 마음을 지키고 기를 바르게 하는 수양의 방법이며 목표가 되는 것이다.

이러한 노력의 결과를 최제우는 "진리는 얻기도 어렵고 구하기도 어렵지만, 실제는 어려운 것이 아니니 마음을 화평하게 하고 기를 조화롭게 하여 봄의 화기를 기다리는 데서 진리를 얻을 수 있다"[49]고 하였다. 그는 이처럼 수양의 노력으로 내적인 마음과 기를 화평하게 하는 것을 통하여 외부의 기운으로서 봄의 화기를 기다려 내의의 조화로운 기운이 합일하는 단계에서 진리를 얻을 수 있는 것으로 보았다. 이렇게 볼 때, 그에게서 지기(至氣)가 몸에 본래 갖추어져 있는 것으로 영명하게 사물에 간여하는 생명력이라고 한다면, 화기(和氣)는 마음의 수양의 노력을 통하여 이루는 내외의 기운이 조화롭게 합하는 기라고 할 수 있다.

요컨대, 최제우에서 기는 그 영명한 성질을 가지고 사물에 명령을 한다는 점에서는 초월성을 가지면서도, 사물에 간여하면서 그 본질을 이룸으로써 사물에 내재하는 것으로 이해된다. 이것은 하늘님으로서 천주가 인간과 사물에 내재하는 것으로 이해된다. 또한 그에 있어서 기는 그 작용의 대상이 되는 사물 자체 안에서 사물이 그 자신의 본질을 실현하도록 능동인과 목적인이 된다. 이 점은 내재성초월적 위상이 강조되는 서학에서의 천주와 크게 구별되는 점이다. 하지만, 최제우에 있어서 기 개념에는 수양을 통하여 바르게 해야 하는 기(氣) 또한 있다. 이처럼 바르게 한 결과로 나타나는 기를 최제우는 화평한 기[和氣]라고 말하였다.

49) 崔濟愚, 『東經大全』「題書」, "得難求難, 實是非難, 心和氣和, 以待春和."

5. 동학과 서학의 천주와 리기의 지평교착과 그 상관적 특성

윗 장에서는 동학에서 말하는 천주와 리기 중에 기를 중심으로 그 의미와 상관적인 의미 지평을 서학에서의 천주 리기 개념과 연관하여 살펴보았다. 이 장에서는 앞의 두 장에서 논의한 서학에서의 천주 및 리기와 최제우가 말하는 천주와 리기를 상호비교하면서 그 의미 지평이 교착하는 양상과 특성을 재점검해 보기로 한다. 특히 이 장에서는 서학에서 천주와 리기 사이를 불완전하고 의존적인 존재로서의 리기가 초월적 위상을 가지는 천주의 온전한 선함에 참여하는 방향으로서 상달(上達)의 측면에서, 그리고 동학에서 천주와 지기(至氣) 사이의 내적 연관성을 수양의 노력을 통하여 천주가 화기(和氣)로 실현되는 하달(下達)의 측면에 초점을 맞추어 그 상대적 의미를 해명하고자 한다.

앞서 제시한 내용 가운데 서학에서 천주와 리기 사이의 상관적 의미 맥락을 다시 한 번 되새겨 보려면, 아리스토텔레스의 사원인설이 이들 의미연관성에 어떤 계기로 작용하는가를 살펴볼 필요가 있다. 마테오 리치에서 천주는 사물에 앞서서 초월적인 위치에서 그것을 낳는 창조의 근원으로 운동인과 목적인이 된다. 특히 천주는 나눌 수 없는 일자(一者)이므로 사물화될 수 없기 때문에 초월성을 갖는다. 그것은 또한 만물의 본성을 자신 안에 내포하고 있지만, 만물은 그 본성에 천주를 내포하지 못한다. 이런 점에서 마테오 리치에서 천주는 자신에 의해 창조된 만물에 대해 초월적 존재임이 강조된다. 그에게서 능동인과 목적인이 되어 사물 밖에서 작용하는 것으로 사물을 낳고 기르며 그것에 명령하는 점에서 초월적 지위를 가지는 것이 천주의 의미이다.

반면 아리스토텔레스 논리학 용어로서 사물을 실체와 속성으로 구별할 때 마테오 리치가 말하는 태극과 리는 자립적인 실체가 아니라 이 실체에 의존해 있는 속성이 된다. 그는 리에 영명함과 지각능력이 없기 때문에 영명하고 지각을 가진 사물을 낳을 수 없다고 하였다. 리를 이처럼 이해하는 것은 리가 이성적 자각을 가능케 할 수 없는 사물의 단순한 성질 또는 조리에 불과한 것으로 판단하는 것이다. 기(氣)의 경우도 인간의 영혼과 달리 4원소의 하나로 천주에 의해 창조되는 만물의 질료가 되어 상대적이고 대립적인 성질로 인하여 필연적으로 소멸하는 존재로 간주되었다. 이처럼 마테오 리치에서 리와 기는 천주와 비교하여 속성으로서 의뢰자이며, 상대적이고 대립적인 성질을 가지고 만물의 질료가 되어 생멸하는 불완전한 존재로서 열등한 지위에 머물러 있다. 요컨대, 그에게서 불멸의 완전성을 가지는 천주와, 사물의 속성으로 의지하거나 질료가 되는 리와 기는 존재론적으로 수직적인 위상의 고하를 가지는 것으로 해석되고 있다.

아퀴나스는 "사물이 하느님에게서 멀리 떨어져 있다고 하는 것은 본성과 은총의 비유사성 때문에 그렇다. 그것은 하느님 자신이 그 본성의 탁월함 때문에 만물 위에 있는 것과 같다"[50]고 하였다. 또한 "하

50) 양명수, 「천주실의의 천주와 성리학의 리의 차이」(『철학사상』 31, 서울대철학사상연구소, 2009), 237쪽(『신학대전1』, 18,1.) 양명수는 "천주는 오직 한 분으로서 모든 사물의 본성이 아니며, 사물의 본성과 별개의 본성을 가진다. 다만 사물들이 천주의 본성에 참여할 뿐이다. 그 본성으로 말하면 하느님은 만물 안에 있다고 할 수 없다"(236쪽)고 하여 아퀴나스에 있어서 천주가 본성에 있어서 사물과 구별되어 만물 안에 존재하지 않는다

느님은 피조물의 원형이며, 존재 자체는 모든 존재의 형상이다. 그처럼 피조물이 하느님의 완전함에 참여하고 있으며 피조물이 하느님을 모방한다는 점에서 하느님과 비슷하다"[51]고 하였다. 이처럼 피조물은 은총을 매개로 천주의 완전함에 참여한다는 점에서 기독교에서는 피조물이 천주의 완전함을 모방하고 거기에 참여하는 방식으로 아래에서 올라가는 상달(上達)의 방향을 강조하였다.

그러면 최제우에서 천주와 리기 사이는 어떤 상관적 의미를 가지는가? 먼저 그에 있어서 천주는 영명성과 만물의 혼일한 근원이 되는 지기(至氣)가 사물에 내재하여 그것에 간여하고 그것이 일정한 방향으로 움직이도록 명령하는 존재로 파악된다. 뿐만 아니라 천주는 지기(至氣)의 영명함을 본질로 삼음으로써 사물에 내재하여 그것의 능동인과 목적인이 된다. 특히 이 능동인과 목적인이 사물 밖에서 작용하는 것이 아니라 사물 자체에 내재하여 작용하기 때문에 천주는 초월성보다는 내재성이 강조된다. 그는 또한 '시천주(侍天主)'라는 말을 강조하여 안에 있는 신령함과 밖에 있는 기의 변화가 변치 않는 진리임을 알아서 부모와 같이 하늘의 주인[天主]으로 섬기는 것으로 해석하였다.

하지만 최제우는 기가 영명하고 생생하게 살아 움직이면서 사물의 능동인과 목적인이 되어 그것에 간여하고 명령만 하는 것이 아니라, 바르게 다스려야만 하는 대상[正氣]이 되기도 하는 것으로 보았다. 수양의 노력으로 다스려야 하는 바르지 못한 기는 영명한 지기로부터 떨어져 나와 사물에 이끌리는 기라고 할 수 있다. 최제우에 있어서 이러한 바르지 못한 기는 수양의 결과로 화기(和氣)로 바뀌게 된다. 이

고 보았다.

51) 양명수, 위의 논문, 238쪽(『신학대전1』, 1,4,3,).

것은 내적인 마음의 기와 외부 사물의 기가 조화롭게 합일하는 것을 의미한다. 여기에서 유가에서 언급하는 인의예지(仁義禮智)와 고례(古禮), 오륜(五倫) 등의 덕목들은 화기에 이르도록 하는 수양의 실제 내용이 된다.

화기에 이르는 수양은 시천주를 지속적으로 행하는 것이라 할 수 있다. 그 결과는 "사람이 곧 하늘이고, 하늘이 곧 사람이며, 내가 곧 너이고, 너가 곧 나인 것이다. 이미 존재하는 이러한 진리를 인식한다는 것은 자신의 존재를 지각하는 것과도 같다. 이러한 지각의 방향은 영적 실체인 지기에로 상승하는 것이고, 인간 주체가 지기인 실체로 화하는 것이다."[52] 이러한 상태는 인간 스스로가 지기(至氣)로 상승하고, 지기의 실체로 화하는 것으로 천주로서 지기가 지상(地上)에 화현(化現)하는 것을 의미한다고 할 수 있다.

반면 최제우는 리에 대해서는 주도적인 관심을 가지고 말하지 않았다. 다만 그는 동정변역지리(動靜變易之理), 자연지리(自然之理), 사리지상연(事理之常然), 도지무극지리(道之無極之理)라고 하여 음양의 변역과 소식영허(消息盈虛)하는 천지자연의 변치 않는 법칙으로서 자연적인 리(理)를 말하는 것이 대부분이다. 드물게 그는 "사람을 귀하고 천하게 하는 차이를 운명지우고, 사람을 괴롭게 하고 즐겁게 하는 이치를 정했다"[53]고 하여 운명적인 리를 말하기도 하였다. 이러한 리는 도덕적 의미를 넘어선 운명적이면서도 자연법칙적 의미를 가진다는 점에서 도가에서 말하는 도(道)와 유사한 의미를 갖는다고 하겠다. 이 점에서

52) 조극훈, 「동학의 신 개념에 대한 변증법적 해석」(『동학연구』 31, 한국동학학회, 2011), 55쪽.

53) 『東經大全』, 「論學文」, "命其人貴賤之殊, 定其人苦樂之理."

최제우에 있어서 천주의 실체로서 지기(至氣)와 연관해서 볼 때 리는 다소 우연적 특성을 가진다고 할 수 있다.

이렇게 볼 때, 최제우의 천주관은 영명성과 주재성을 가지고 사물에 내재하여 그것에 간여하고 명령하는 권능을 가진 실체로서 지기(至氣)를 본질로 하는 천주를 잘 받들고 모심으로서 기화(氣化)와 화기(和氣)를 실현하는 것에 특징이 있다. 이것은 지기가 아래로 현실세계에 실현되는 것으로서 하달(下達)을 의미한다. 이 점에서 동학의 천주관은 서학의 천주관과 반대로 일부 초월적 특성을 가지는 지기가 인간 마음에 내재된 천주를 모심으로써 수심정기(守心正氣)하는 노력을 통하여 천주의 덕성을 아래로 실현하는 하달(下達)을 강조하고 있다.

6. 동학과 서학의 배분적 지평교착

위에서 마테오 리치와 최제우의 사상에 내포되어 있는 사상적 연관관계를 동서사상의 만남과 충돌, 그리고 교착하는 양상의 관점에서 살펴보았다. 본 결론에서는 마테오 리치가 말하는 천주 및 리기 개념과 최제우가 언급하는 천주 및 지기(至氣), 리의 의미 사이의 교착하는 양상을 분석함으로써 논문의 핵심 주제를 요약해 보기로 한다.

먼저 마테오 리치에서 천주는 사물의 궁극적 원인이 되는 존재로서 만물을 창조하면서 사물에 앞서는 능동인과 목적인으로서 사물을 초월하는 특성을 가지는 것으로 이해된다. 또한 의존적 속성으로 해석되는 태극과 리, 그리고 피조물과 달리 영명성과 주재성을 가지고 명령하는 자립자이다. 반면에 최제우가 말하는 천주는 마테오 리치에서처럼 사물과 분리된 초월적이고 자립적인 존재가 아니라 지기(至氣)의 영명성을 본질로 가지고 생동하는 능동인이며 목적인으로서 사물에 내재함으로써 기(氣)와 필연적인 내적 연관성을 가지는 것으로 이해된다.

또한 마테오 리치는 리(理)에 대해서 영명한 지각능력과 주재력을 가지지 못하는 단순한 속성으로서 실체로서 사물에 의지해 있는 의뢰자로 간주하였다. 또한 기에 대해서는 사물을 이루는 질료적 특성을 가지고 상대적 대립적 성질을 가진 리와 마찬가지의 의미를 가지는 속성으로서 의존적으로 생멸하는 존재라고 보았다. 이렇게 볼 때, 마테오 리치에서 천주와 리기 사이의 실체 속성 간의 관계는 어떤 필연적인 연관을 가지지 못하는 우연적인 관계에 지나지 않는다. 반면 최제우는 리기 중에 먼저 리에 대해서는 인간의 도덕적 세계를 넘어서는 자연의 음양동정, 소식영허와 같은 자연세계에서의 법칙으로서 강조하였다. 그러나 그에게서 지기(至氣)는 영명성과 함께 능동인 목적인으로서의 자율적인 운동성과 주재성을 가지는 것으로 천주의 내재적인 실체가 됨으로써 천주와는 내적이고 필연적인 연관관계를 갖는다. 또한 최제우에 있어서 지기를 실현하는 수심정기를 통한 수양의 핵심내용은 유가적인 덕목이다. 이렇게 볼 때, 천주와 지기가 필연적인 의미 연관성을 가지고 논의되는 것이라면, 리는 음양변역을 이루는 자연법칙으로서 이들과는 다소 우연적인 연관관계를 이루는 것으로 이해할 수 있다.

요컨대, 마테오 리치의 천주와 리기관은 불완전하고 우연적인 사물 세계가 은총을 매개로 하여 완전한 선의 이데아로서 천주의 세계를 지향하여 그것을 모방하고 닮음으로써 천상 세계의 완전성에 참여하는 상달(上達)에 초점을 두고 있다고 할 수 있다. 반면 최제우의 천주 및 리기관은 지기가 영명성을 가지고, 능동인과 목적인이 되어 창창하게[초목의 생장과 같이 무성하게] 사물에 내재함으로써 천주가 되는데, 인간이 이를 모시는 '시천주(侍天主)'를 통하여 지기(至氣)를 화기(和氣)로 지상의 현실에 화현하고자 한다. 이 점에서 그의 천주리기관은 지기를 시천주를 통하여 아래로 실현한다는 의미에서 하달(下達)에 초점을 맞추는 세계관이라고 할 수 있다. 이렇게 볼 때, 마테오 리치와 최제우의 천주리기관은 천주와 리기 개념을 중심으로 초월성과 내재성, 우연과 필연, 실체와 속성, 자립적 존재와 의존적 존재, 인격성과 비인격성 등의 관점에서 이해될 수 있으며 이런 기준에서 상호 의미 지평이 엇갈리면서 교착하고 있다고 할 수 있다.

【참고문헌】

김정인, 『천도교 근대민족운동연구』, 파주: 한울, 2009.
옥계산인 역, 『현대인의 동학경전』, 서울: 책과나무, 2013.
최제우 저, 최천식 번역, 『동경대전』, 서울: 풀빛, 2010.
이동초, 『천도교 민족운동의 새로운 이해』, 서울: 모시는 사람들, 2010.
샤를르 달레 著, 안응렬·최석우 譯, 『한국천주교회사』(상·중·하), 분도출판사, 1979~1980.
利瑪竇 지음, 송영배 외 옮김, 『천주실의』, 서울: 서울대 출판문화원, 2013.
최제우 저, 최천식 풀어씀, 『동경대전 –보통사람의 양심에서 찾은 개벽의 길』, 풀빛, 2010.
고건호, 「개항기 천주교와 동학 –천도교」, 『교회사연구』 17집, 한국교회사연구소, 2001.
권진관, 「동학의 신관과 서학의 신관: 민중신학적인 관점에서」, 『신학사상』 67, 한국시학연구소, 2004.
김용휘·김한상, 「동학의 사유에 드러난 새로운 형이상학의 가능성 검토」, 『한국학연구』 31, 인하대학교 한국학연구소, 2013.
손은석, 「동서사상융합의 측면에서 천주실의의 존재론적 한계와 극본방안」, 대전가톨릭대학원 석사논문, 2001.
김선희, 「천학의 지평과 지향」, 『시대와 철학』 20, 한국철학사상연구회, 2009.
김신재, 「동학에서의 대외 인식과 그 성격」, 『동학연구』 창간호, 한국동학학회, 1997.
김희영, 「개화기 서양인들의 동학 인식」, 『동학연구』 30, 한국동학학회, 2011.
서종태, 「이익과 신후담의 서학논쟁 –「遯窩西學辨」의 '紀聞編'을 중심으로」, 『교회사연구』 16, 교회사연구소, 2001.
안성호, 「17세기 초 마테오 리치의 『천주실의』와 19세기 제임스 레그의 중국유교경전 영어 번역에서 사용된 용어 '상제(上帝)'간의 신학적 연속성」, 『한국기독교와 역사』 32, 2010.
안종수, 「마테오 리치의 리기관」, 『철학논총』 60, 새한철학회, 2010.
양명수, 「천주실의의 천주와 성리학의 리의 차이」, 『철학사상』 31, 서울대철학사상연구소, 2009.
오문환, 「동학의 '천주'관 –영성과 창조성」, 『한국문화연구』 1, 이화여대 한국문화연구원, 2001.
이경원, 「한국 근대종교에 나타난 天의 인격성 고찰」, 『한국교회사연구』 7, 한국교회사연구소, 1996.
이원희, 「동학의 한울님 연구」, 『동학연구』 22, 한국동학학회, 2007.
정백수, 「한중일 언어권의 Deus, God의 수용과 크리스트교의 전개」, 『아시아문화연구』 20,

가천대학교 아시아문화연구소, 2010.

정현수, 「마테오 리치의 천학과 성리학의 인성론 연구 –『천주실의』를 중심으로」, 『유교사상문화연구』 54, 한국유교학회, 2013.

조극훈, 「동학의 신 개념에 대한 변증법적 해석」, 『동학연구』 31, 한국동학학회, 2011.

채영희, 「동학의 형성과정에 있어서의 타종교와의 관계 –서학(천주교)을 중심으로–」, 『신학전망』 47, 광주가톨릭대학교 신학연구소, 1979.

최기복, 「천주교회의 유교제례 금령과 다산의 상제례관」, 『교회사연구』 39, 한국교회사연구소, 2012.

최동희, 「하빈 신후담의 서학비판에 나타난 상제와 천주」, 『아카데미논총』 14, 세계평화교수협의회, 1986.

최종성, 「동학의 신학과 인간학」, 『종교연구』, 서울대 종교문제연구소, 2006.

허수, 「동학천도교에서 천 개념의 전개 –천에서 신으로, 신에서 생명으로–」, 『개념과 소통』 10, 한림대 한림과학원, 2012

[부록]

「『만물진원(萬物眞源)』의 의문점에 대한 논증(萬物眞源證疑)」 역주

이봉규, 양일모, 엄연석, 이원석

〈해제〉

본 자료는 『대동정로(大東正路)』 권5에 실려 있는 홍정하(洪正河)의 「만물진원증의(萬物眞源證疑)」[1]를 우리말로 옮긴 것이다. 『대동정로』는 최익현 계열의 위정척사론자였던 허칙(許侙)과 곽한일(郭漢一) 등이 주도하여 태학과 향학의 의례, 고려와 조선시대 유학자들의 언행, 조선 후기 척사론 등을 휘집(彙集)하여 1903년 5책 6권의 목판본으로 통영에서 간행한 것이다. 홍정하의 인적 사항은 자세히 알려져 있지 않지만 대체로 이익(李瀷)의 다음 세대로 17세기 후반과 18세기 전반에 활동한 공서파 계열 유학자로 추정된다.[2] 홍정하의 글은 『대동정로』에 "증의요지(證疑要旨)"라는 제목 아래 「실의증의(實義證疑)」, 「만물진원증의(萬物眞源證疑)」(이상 제5책 권5), 「진도자증증의(眞道自證證疑)」, 「성세추요증의(盛世芻蕘證疑)」(이상 제6책 권6) 등이 실려 있다.

「만물진원(萬物眞原)」은 천주교의 교리를 옹호하기 위하여 예수회 선교사 율리오 알레니(Giulio Aleni, 艾儒略, 1582~1631)가 1628년에 지은

---

1) 홍정하(洪正河): 호 염재(髥齋). 정조 때 활동한 처사(處士)로 전해진다.

2) 원재연, 「정조대 처사 홍정하의 천주교리서 비판과 천주교 인식」(『동국사학』 64, 동국사학회, 2018) ; 금장태, 「염재 홍정하의 서학 비판론과 쟁점」(『종교와 문화』 7, 서울대학교 종교문제연구소, 2001) 참조.

것이다. 예수회 선교사 프란치스코 푸르타도(Francisco Furtado, 傅泛際, 1589~1653)[3], 니콜로 롱고바르도(Niccoló Longobardo, 龍華民, 1565~1655)[4] 그리고 루이 드 피구에이레도(Rui de Figueiredo, 費樂德, 1594~1642)[5]가 함께 교정하고, 알레니가 세례를 준 제자 장경(張賡)[6]이 1718년 북경(北京)에서 판각하였다. 율리오 알레니는 이탈리아 출신으로 1610년 마카오로 와서 광주(廣州)와 북경(北京) 등 여러 지역을 거쳐 민(閩) 지역에서 25년 전교활동을 하다 사망하였다. 민 지역에서 알레니는 '서양에서 온 공자'로 추앙을 받았으며, 그리스도교를 반대한 지식인들에게서도 '총명하고 지혜로운 사람'으로 칭송되었다고 한다.[7]

「만물진원」은 만물의 본원에 대하여 천주교의 입장에서 보편적 이치를 빌어서 문답식으로 설명한 글이다. 전체 내용은 만물은 천주에 의해 창조된 것으로 만물 스스로 태어날 수 없다는 것, 천지와 만물에는 주재자가 존재한다는 것, 천주는 무시무종의 그리고 인간의 사유로 설명할 수 있는 범위를 벗어난 존재라는 것 등 천주의 특성과 더불어 천지창조의 목적을 설명하는 것이 중심을 이룬다.

「만물진원증의」에서 홍정하는 무로부터 세계를 단번에 창조하였다는 창조설, 4원소설, 구중천(九重天)설에 대하여 리학(理學)의 관점에

---

3) 字 體齋. 포르투갈 출신. 1619년 마카오로 와서 嘉定, 杭州, 陝西, 北京, 山西 蒲州 등 지역에서 활동하다, 1653년 마카오에서 사망하였다.

4) 字 精華. 이탈리아 출신. 1597년 마카오로 와서 韶州, 北京, 陝西, 杭州, 濟南 등에서 활동하다, 1655년 北京에서 사망하였다.

5) 字 心銘. 포르투갈 출신. 1622년 마카오로 와서 杭州, 寧波, 開封, 湖廣 등 지역에서 활동하다가, 1642년 開封에서 사망하였다.

6) 字 夏詹. 號 明皋 또는 昭事生. 溫陵 출신. 1621년 세례명 마테오로 율리오 알레니로부터 세례를 받았다. 율리오 알레니의 제자로 활동하였다.

7) 黃問道. 「辟邪解」, 『破邪集』 권5, 266쪽(香港: 宣道出版社, 1996).

서 기의 취산설과 오행설을 근간으로 삼아 비판하고, 아담과 이브의 창조, 선악과와 루시퍼의 존재, 천주를 부모로 부르는 것, 해외에 와서 선교하는 것, 교황의 제도 등에 대하여 인륜의 관점에서 비판하였다. 또한 선의 근원을 천주에 두는 것에 대하여 리(理)를 본래적인 것으로 이해하는 리학의 관점에서 비판하고, 기독교의 교리가 유학의 설을 일부 빌려서 구성한 것이라는, 곧 서학의 주장이 중국에서 기원한 것이라는 견해도 제시하였다. 홍정하의 견해는 안정복 등 성호학파의 서교에 대한 비판과 많은 부분에서 서로 상통하여, 홍정하의 글들은 17~18세기 조선 유학자들의 서교에 대한 비판 논리를 이해하는 데 유용한 자료가 된다.

『대동정로』는 서울대 규장각(奎5744-v.1-5)과 고려대 도서관(신암 C1A135 1~5) 등에 소장되어 있고, 1985년 여강출판사에서 영인본을 간행하였는데, 모두 동일본이다. 본 부록은 규장본을 저본으로 삼았다. 「만물진원증의」의 체제는 「만물진원」의 주장을 먼저 제시하고 그에 대하여 의문과 반증을 제기하는 형태로 구성되어 있다. 번역에서는 『대동정로』 원문의 단락마다 번호를 붙여 몇 번째 단락인지 표기하였다.

여강출판사 영인본 원문의 페이지가 바뀌는 곳에서는 페이지를 [ ] 형태로 표기하였다. 만물진원의 주장 부분을 『대동정로』에서는 한 칸을 낮추어 기술하는 방식으로 제시하였다. 번역문에서는 원문과 번역문 모두 【 】 형태로 표기하였다.

(해제: 이봉규)

〈본문〉

1.

【「論天主造成天地」[8]曰, 天主造天地, 絶不資物料, 以無物化成萬有; 絶不藉器具, 出自全能, 欲生卽生; 絶不待時候[9], 瞬息卽立; 絶不費心力, 隨意而變. 旣造之後, 未常[10]壞損, 永保持之. 欲詳知造天地之功, 必須按天主『古經』·諸聖所傳. 天主造天地, 雖不費時候, 但萬有繁多, 其中更有次第深意, 故先造成四件.

其一, 造成天堂之天, 以外無物. 此天爲萬物之界, 內圓外方, 相靜不動, 以待立功上升, 以享其樂.

其二, 造成天地之體, 形圓而德方. 其中[439]分別四層. 地獄最下地, 中心爲永苦獄, 以待邪魔惡人, 永不赦除. 次外一層爲煉罪獄, 凡善人或有過愆, 生前解報未盡者, 至此, 受其苦罰, 必煉精, 乃得昇天. 又外一層爲靈薄獄, 嬰孩無知未有善惡無賞罰可加, 處此非有所苦, 第無昇天之日. 又外一層爲暫候獄, 絶無苦惱有安樂, 耶穌未降生之前, 天路未開有德者, 暫處于此,

---

8) 이하 부분은 『만물진원 제10절 「논천주조성천지(論天主造成天地)」에 나오는 내용들을 축약하여 인용한 것이다.

9) 候: 『萬物眞源』 원문에는 '刻'으로 되어 있다.

10) 常: 『萬物眞源』 원문에는 '嘗'으로 되어 있다.

後耶穌挈而同升, 今爲空獄.

其三, 從地至天堂之天, 純一希微之水以爲萬物之質.

其四, 化生九品天神.

次以希微之水在地上化成氣, 氣之上化成火, 竝地水共成四元行. 地水火氣層層包裹如葱頭. 火上分成重重天[440], 以爲七政.

又一層衆星辰. 各天以其本星爲名. 今依中華所名名之: 一月天, 二水星天, 三金星天, 四日輪天, 五火星天, 六木星天, 七土星天, 八列星天, 九宗動天. 然此天地諸星非靈覺之物, 諸星麗天如木節之在板. 其體比天要堅硬, 能發光輝, 詳見曆書.

次命水中生水族惡[11]龍之類, 復命生氣族飛禽之類. 次命地生走獸牛馬之類. 此三族但有知覺而無靈明, 天主賦之本性, 各能生養, 各傳其類.

已備, 方造一男一女, 男曰亞黨, 女曰厄襪. 與之權能, 主持世界之物而享用之, 欲使人知恩認主, 常感而事之也. 二人之身當始造時, 卽如成人, 賦之靈心[441], 以全其性, 包含萬物之美. 蓋有體如天地四行, 能生長如艸木, 能知覺如禽獸, 又能明理如天神. 故人爲形物之最貴靈, 而天主造天地萬物之功俱已備全矣.

或曰: "天主旣欲造成天地, 何不於無窮世之前, 直待此時?" 曰: "天主之意, 不可以人意定之. 要之先生後生摠是一理, 人但識其獨加意人類有如此貴重, 皆望以登天堂事主享福, 是大要領. 若論所生時候, 卽令先生無窮世之前又疑曰'早闢數千萬年', 則安有已時乎? 此非窮理者所宜枉費心思也."】

【「천주가 천지를 창조한 것에 대하여 논함」에서 다음과 같이 논하였다. 천주가 천지를 창조할 때 조금도 질료를 빌리지 않고 질료가

11) 惡: 『만문진원』 원문에 따를 때, '蛟'의 오자로 보인다.

없는 것으로부터 모든 존재를 만들어냈다. 도구를 전혀 빌리지 않고 전능함으로부터 만들었으니, 낳고 싶으면 낳았으며 조금도 시간을 들이지 않고 순식간에 곧장 성립하였다. 생각과 노력을 전혀 들이지 않고도 생각하는 대로 변하였다. 세상을 창조한 뒤에 손상시키고 무너뜨린 적이 없고 영원히 보존하였다. 천주가 천지를 창조한 일을 자세히 알고자 하면 천주의 성경[12]과 여러 성인들이 전한 바에 따라야 한다. 천주가 천지를 창조할 때, 비록 시간을 들이지 않았지만, 만물이 복잡하고 많아서 그 창조하는 가운데 순서와 깊은 뜻이 있었다. 그러므로 먼저 4가지를 창조하였다.

첫째, 천당이 있는 하늘을 창조하였으니 그 하늘 밖에는 아무것도 없다. 이 하늘은 만물의 경계로 안은 둥글고 밖은 방정하여 항상 멈추어 있고 움직이지 않는다. 공을 세워 이 하늘로 올라와서 그 복락을 누리기를 기다린다.

둘째, 천지의 형체[體]를 창조하였으니 형태는 둥글고 덕(德)은 방정하다. 그 안은 4개의 층위로 나뉜다. 지옥은 맨 아래에 있는데 그 가운데는 영원히 괴로운 지옥으로 사탄[邪魔]과 악인을 기다리고 있는데 영원히 용서받지 못한다. 다음 바깥의 한 층위는 연옥[煉罪獄]으로 모든 선인 가운데 잘못을 하였으나 살아있는 동안에 죄업을 다 씻지 못한 이들이 이곳에 이르러 괴로운 벌을 받고 반드시 시련을 거친 뒤에 천당에 오를 수 있다. 또 그 바깥에 있는 한 층위는 영박옥(靈薄獄)으로 어린아이가 무지하여 아직 선행도 악행도 없어 가할만한 상벌도 없을 때 이곳에 머무는데 괴로운 것은 없고 다만 천당에 오르는 날이 안 된 것이다. 또 그 바깥으로 한 층위는 잠후옥(暫候獄)으로 조금도 고통

12) 원문의 '古經'은 구약성서를 가리키는 듯하다.

이 없고 즐거움만 있으니, 예수가 강생하기 이전에 돌아간 이들 가운데 천당으로 가는 길이 아직 열리지 않은 유덕한 이들이 잠시 이곳에 머무른다. 뒤에 예수가 이끌고 함께 천당에 올라갔으며, 지금은 비어 있는 옥이다.

셋째, 땅에서 천당이 있는 하늘에 이르기까지 순일하고 희박한 물을 가지고 만물의 질료로 삼는다.

넷째, 9등급의 천사[13]를 만들었다.

다음으로 지상의 희박한 물을 가지고 공기를 만들었고, 공기 위에 불을 만들었다. 흙, 물과 더불어서 4가지 기본적인 요소[行]가 된다. 흙, 물, 불, 공기가 층층이 양파처럼 에워싸고 있다. 불 위에 여러 층의 하늘을 나누어 이루고 칠정(七政)[14]을 만들었다.

또 한 층위의 하늘에는 뭇별들이 있다. 각 하늘마다 그 기본 별을 가지고 이름을 삼았다. 이제 중국에서 부르는 명칭에 따라 부르면, 첫째 월천(月天), 둘째 수성천(水星天), 셋째 금성천(金星天), 넷째 일륜천(日輪天), 다섯째 화성천(火星天), 여섯째 목성천(木星天), 일곱째 토성천(土星天), 여덟째 열성천(列星天), 아홉째 종동천(宗動天)이다. 그러나 이 천지와 여러 별들은 영혼을 가지고 지각하는 존재가 아니다. 여러 별들은 하늘에 매달려 있는데, 나무옹이가 판에 붙어 있는 것과 같다. 그 형체는 하늘에 비하여 더 단단하고 빛을 낸다. 자세한 내용은 역서(曆書)에 보인다.

다음으로 물 가운데에 명하여 물에 사는 무리들, 곧 교룡(蛟龍) 등

---

13) 9등급의 천사: 가톨릭 신학에 따르면, 상급의 치품천사·지품천사·좌품천사, 중급의 주품천사·능품천사·역품천사, 하급의 권품천사·대천사·천사가 있다.

14) 칠정(七政): 해와 달, 그리고 화, 목, 금, 수, 토의 오성을 가리킨다.

을 낳게 하였고, 다시 공기 중에 사는 날짐승의 무리들을 명하여 낳게 하였다. 다음으로 땅에게 명하여 들짐승과 소와 말 등의 무리들을 낳게 하였다. 이 세 가지 무리들은 지각은 있지만 영혼이 없었다. 천주가 그들에게 본성을 부여하여 각자 낳고 기르며 각자 자기 무리들을 세대를 이어 전하게 하였다.

(피조물의 창조가 갖추어지자) 하나의 남자와 하나의 여자를 창조하였는데, 남자는 아담[亞黨]이라 부르고 여자는 하와[厄襪]라 불렀다. 그들에게 권능을 주어 세상의 피조물들을 주재하고 마음껏 사용하게 하였으니, 은혜를 알고 천주를 알아서 항상 감사하면서 섬기게 하려는 것이었다. 두 사람의 몸은 처음 창조되었을 때 곧 성인(成人)과 같았다. 그들에게 '영명한 마음[靈心]'을 부여하여 그 본성을 온전하게 하고 만물의 아름다움을 간직하게 하였다. 대개 신체가 있는 것은 천지의 네 요소와 같고, 초목처럼 생장할 수 있고, 짐승처럼 지각할 수 있고, 거기에 또 천사처럼 사리를 알 수 있었다. 그러므로 사람은 형체를 가진 피조물 가운데 가장 존귀하고 가장 뛰어났으며 천주가 천지와 만물을 창조한 일이 함께 완비되었다.

어떤 이는 "천주가 이미 천지를 창조하고자 하였다면 어째서 무궁한 시대 이전에 하지 않고, 이때를 기다려서 하였는가?"라고 묻는다. 나는 대답한다. "천주의 뜻은 사람의 생각으로 판단할 수 없다. 요컨대 먼저 산 것과 뒤에 산 것이 결국 하나의 이치이다. 단지, 인류에게만 이와 같이 귀중한 바를 가지게 특별히 배려한 것은 모두 천당에 올라 천주를 섬기며 복을 누리기를 바라기 때문이라는 것을 사람들이 아는 것, 이것이 중요한 핵심이다. 만일 태어난 때로 논한다면, 무궁한 시대 이전에 먼저 산 사람은 다시 '일찍이 개벽한 것이 천만년이 되었는데' 하고 의문을 품을 것이니 어찌 끝이 있겠는가? 이것은 이치를 궁구하는 이가 정신을 소모해야 할 곳이 아니다."】

2.

凡人之言語固有得失長短, 蓋出於見識之深淺·秉理之[442]逆順, 然雖曰短者失者, 必也於當話之內, 歸於一統, 首尾相應, 有所依據, 取辨目前, 然後方可謂之言語. 何爲尊駕之言語, 於其當句之內皆不成說, 於其當節之內皆相反悖也?

尊駕之說曰: "天主造天地." 夫天地初非可造之物, 不但義理之悖亂, 其勢必不成, 前已力卞, 今不必更提. 縱曰"有能造者, 不資物料, 純以無物", 不知所化者是何物? "化之"云者, 卽化得此物變成彼物之謂也. 旣無物矣, 將何所化而成之耶? 此非當節之反悖耶?

旣曰"造成天地", 而又曰"欲生卽生", 欲生者卽天主也, 卽生者卽天地也. 天主意內但欲生而已, 卽生[443]者, 天地自生也. 謂之欲成天地則可也, 安在其造成天地耶? 此非當節之反悖耶?

旣曰"絶不待時刻, 瞬息而天地卽立", 而又曰"但萬有繁多, 其中更有次第." 夫先造次造, 件數至衆, 一層二層, 九重十重, 定其第次, 寓其深意, 則安在其卽立也? 雖欲以"雖不費"三字以接瞬息之意, 以"但"字以下旋轉, 後說其可及轉乎? 此非當節之反悖者耶?

旣曰"絶不費心力", 又曰"隨意而變", 夫意者, 心之所之也. 故古人謂之意馬, 言其心力之所往也. 旣曰"意", 則已是心力, 何爲言不費心力乎? 此非當節之反悖耶?

旣曰"旣造之後, 未嘗損壞", 又曰"永保持之", 夫旣無損壞之慮, 則置之可也, 何爲保持[444]也? 尊駕輩雖舌長三尺, 終不得言開闢之無, 故此章下亦曰: "何不早闢?" 此天地旣有闢, 則前天地必有壞矣, 此非當節之反悖耶?

무릇 사람의 말에는 본래 득실과 장단점이 있다. 대개 식견의 깊고 낮은 정도와 이치를 파악하는 것이 순조로운가 아니면 거스르는가에서 나온다. 그러나 단점이 있고 잘못이 있는 경우라고 해도 반드시 말하는 가운데에서 일관성이 있어서 앞뒤가 서로 들어맞고 의거하는 바가 있어서 눈앞에서 변별한 뒤에 비로소 말이라고 할 수 있다. 그런데 그리스도교 쪽의 말은 어귀 자체가 말이 안 되고 구절 자체가 모두 상반되고 어긋나니 무엇 때문인가?

그리스도교 쪽의 주장에는 "천주가 천지를 창조하였다"라고 한다. 대저 천지는 처음부터 창조할 수 있는 것이 아니다. 이치가 어그러질 뿐만 아니라 그 어세가 전혀 성립하지 못하는 것에 대해서는 앞서 이미 변파하였으니 이제 다시 거론할 필요가 없다. 비록 "창조할 수 있는 자가 있어 질료를 빌리지 않고 순전히 질료가 없이 창조하였다"라고 하더라도, 모르겠지만 창조된 것은 무슨 존재인가? "창조한다"는 것은 곧 이 존재를 변화시켜 저 존재로 되게 하는 것을 말한다. 이미 존재하는 것이 없는데, 무엇을 가지고 창조된 것을 이루겠는가? 이것이 구절 자체가 상반되고 어긋난 것이 아니겠는가?

"천지를 창조하였다"라고 하고, 또 다시 "낳고 싶으면 낳았다"라고 하였는데, 낳고 싶은 자는 천주이고, 생겨난 것은 곧 천지이다. 천주는 마음속으로 단지 낳고 싶을 뿐이었으니 곧 생겨난 것은 천지가 자체로 생겨난 것이다. "천지를 이루고 싶었다"고 하면 그래도 말이 될 수 있겠지만, 그가 천지를 창조하였다는 근거가 어디에 있는가? 이것이 구절 자체가 상반되고 어긋난 것이 아니겠는가?

“조금도 시간을 들이지 않고 순식간에 천지가 성립하였다”라고 하면서도, 다시 또 “다만 만물이 복잡하고 많아서 그 창조하는 가운데 순서가 있었다”라고 하였다. 대저 먼저 창조하고 다음에 창조하여 창조하는 건수가 지극히 많으니, 1층과 2층, 9중천과 10중천 등으로 순서를 정하여 그 심오한 뜻을 두었으니, “곧장 성립하였다”는 말은 그 근거가 어디에 있는가? “(시간을) 들이지 않았지만”이라는 말로 ‘순식간’이라고 말한 뜻과 이어지게 하고, ‘다만’이라는 말 이하로 전환하고 싶어도, 뒷부분의 주장을 바꿀 수 있겠는가? 이것이 구절 자체가 상반되고 어긋난 것이 아니겠는가?

“조금도 마음의 노력을 소모하지 않았나”라고 하고, 다시 또 “생각하는 대로 변하였다”라고 하였다. 대저 “생각”은 마음이 가는 바이다. 그러므로 옛 사람은 “생각은 말(馬)과 같다”고 하였으니 마음으로 힘써 경주(競走)하는 것을 말한다. “생각”이라고 하였으면, 이미 마음의 노력인 것이다. 어찌하여 마음의 노력을 소모하지 않는다고 말하는 것인가? 이것이 구절 자체가 상반되고 어긋나는 것이 아니겠는가?

“창조한 뒤에 손상시키고 무너뜨린 적이 없다”라고 하고, 다시 또 “영원히 보존하였다”라고 하였다. 손상시키고 무너뜨릴 생각이 없다면 그대로 두면 되는데, 무엇 때문에 보존하는가? 그리스도교 쪽은 혀가 3척으로 길어도 천지를 개벽함이 없었다고 끝내 말할 수 없을 것이다. 그러므로 이 장의 아래에서 또 “어찌하여 일찍이 개벽하지 않았겠는가?”라고 말한 것이다. 이 천지가 개벽되었다면 이전의 천지는 반드시 무너짐이 있는 것이다. 이것이 구절 자체가 상반되고 어긋나는 것이 아니겠는가?

3.

天主造成天地之說，未知孰見而孰記也？西士曰："記在古經及聖傳諸書." 余曰："古經聖傳出於何人也?" 西士曰："古經卽耶穌上升時所定者也，聖傳卽西國世世諸聖之所傳垂者也."

余曰："耶穌雖是人而天主，當其定經之時，肉身尙在，猶是人也．諸聖雖是聖人，聖人亦是人也．天堂之高，地獄之深，以人血肉之身，實無可見之道，況天形之外方地德之內方，何以見之耶？然則不但天地之中，竝與天之外[445]地之內，亦能見之耶？人必身在天之外地之內，然後方能見天地內外，未知耶穌出入天地內外之時，尋隟鑽穴決矣．若不能尋隟鑽穴，則耶穌之不能見天外地內決矣．耶穌旣不得見天外地內，則外方內圓之爲謊說決矣．且吾有欲仰叩者，耶穌旣見天形之外方，則未知不動天之外，果是何樣，而此天地安在何處耶？愚有五六歲時已憂此，終無解悟之道．今幸得聞出天之外者之說，而不明言其如何，寧不悶殺人耶?[446] 耶穌旣自爲天主，出天外而造天地，則何不竝與天地外之天地次知之，而只主此小小世界耶？可怪."

천주가 천지를 창조한 설에 대하여 모르겠지만 누가 보고 누가 기록한 것인가? 서양 선비는 "기록이 성경과 성인이 전하는 여러 글에 있다"라고 말한다. 나는 말한다. "성경과 성인이 전하는 것은 어떤 사람에게서 나온 것인가?" 서양 선비는 "성경은 곧 예수가 하늘에 올라갔을 때 확정된 것이다. 성인이 전하는 글은 서양에서 대대로 여러 성인들이 전하여 준 것들이다"라고 말한다.

나는 말한다. "예수는 비록 사람이면서 천주이지만, 성경을 확정할 때 육신이 아직 있었으니 여전히 사람인 것이다. 여러 성인은 비록 성인이라 해도, 성인 역시 사람이다. 천당은 높고 지옥은 깊어 피와

살의 육신을 지닌 사람으로서는 실로 볼 수 있는 도리가 없다. 더구나 하늘의 형태가 밖으로 방정하고, 땅의 덕(德)이 안으로 방정하다는 것을 어떻게 보겠는가? 그렇다면 천지의 가운데뿐 아니라 하늘의 밖과 땅속까지도 또한 함께 볼 수 있겠는가? 사람의 몸이 하늘의 밖에 그리고 땅의 안에 있어야 비로소 천지의 안과 밖을 볼 수 있다. 모르겠지만, 예수가 천지의 안과 밖으로 나오고 들어갈 때 위로 오르고 아래로 구멍을 뚫어서 갔을 것이 분명하다. 만일 위로 오르고 아래로 구멍을 뚫고 내려갈 수 없다면 예수도 천지의 안과 밖을 볼수 없음이 분명하다. 예수가 천지의 안과 밖을 볼 수 없다면, 바깥이 방정하고 안이 둥글다는 것이 허황된 거짓말임이 틀림없다. 게다가 내가 묻고 싶은 것은 예수가 하늘의 형태가 바깥이 방정하다는 것을 보았다면, 모르겠지만 종동천(宗動天)의 밖이 실로 무슨 모양이고 이 천지는 어느 곳에 있는 것일까? 내가 대여섯 살 때 이미 이런 것을 고민하였지만 풀어낼 방법이 없었다. 이제 다행히 하늘 밖으로 나갔던 사람의 주장을 들었으나 그 모습이 어떠한지를 분명히 말하지 않으니 차라리 촌철살인(寸鐵殺人)이 걱정되지 않겠는가? 예수가 자신이 천주인 이상 하늘 밖에서 천지를 창조하였을 것이다. 그렇다면 어째서 천지 밖의 천지까지 함께 포괄하여 알지 않고 그저 이 소소하게 작은 세계를 위주로 할까? 이상스럽다."

4.

地圓之說, 中國『周髀』古經已言之. 蓋天形旣圓, 則包於天之內者, 其勢不得不圓, 常見木石之外形圓者其內之文理亦圓, 外形方者其內之文理亦方, 此其驗也. 至於天形外方之說非也. 非但人無出天之外者, 必不得見其外形之方, 雖以眼前易見之物論之, 凡物之內外殊形者, 惟人之所造死物或有然者, 至於天生自然之物, 則無一物內外殊形者. 天旣是自然之形, 非人之用意而强造之, 則寧有內外殊形之理耶?

尊駕輩欲於天上設天堂之國, 故欲[447]得方平之處, 使便於設國也. 然天本無心, 安知尊駕之設國而强方其外耶? 愚則以爲天地之形, 惟鳥卵相似, 黃卽其地也, 白卽其氣也, 殼則其天也, 卵之殼外圓, 則天殼之外圓信矣.

지구가 둥글다는 설은 중국의 『주비산경』에서 이미 말하였다. 대개 하늘의 형태가 둥근 이상 하늘의 안에 둘러싸여 있는 것도 그 형세상 둥글지 않을 수 없다. 일찍이 나무나 돌의 외형이 둥근 것은 그 속의 무늬결도 역시 둥글고, 외형이 방정한 것은 그 안의 무늬결도 또한 방정한 것을 보게 되니, 이것이 그 증거이다. 하늘의 형태가 밖이 방정하다는 설은 틀린 것이다. 하늘 밖으로 나가본 사람이 없어서 반드시 그 바깥 모양이 방정한 것을 볼 수 없어서 그런 것만이 아니다. 비록 눈 앞에 쉽게 보는 사물을 가지고 논하더라도, 안과 밖이 형태가 다른 것은 사람이 만들어낸 죽은 물건에 혹 있을 수 있어도, 하늘이 낳은 천연의 사물들에서는 안과 밖이 형태가 다른 것은 하나도 존재하지 않는다. 하늘이 천연의 형태로 사람이 의도적으로 억지로 만든 것이 아닌 이상, 어떻게 안과 밖의 형태가 다를 리가 있겠는가?

그리스도교 쪽에서는 하늘에 천당의 나라를 건설하고 싶기 때문에, 방정하고 평평한 곳을 얻어 나라를 건설하기에 편하게 하고 싶은 것이다. 그러나 하늘은 본래 마음이 없으니 어떻게 그리스도교 쪽에서 나라를 건설하면서 그 밖을 억지로 방정하게 할 것이라고 생각하겠는가? 나는 천지의 형태가 새의 알과 서로 비슷하다고 생각한다. 황색의 노른자위는 그 땅이요, 흰 자위는 그 공기요, 껍질은 그 하늘이다. 알의 껍질의 바깥 면이 둥그니, 천구의 바깥면도 둥근 것이 틀림없다.

5.

其所謂不動天, 卽天堂也. 未知居此者所踏者固是不動天也, 但其頭上及前後左右果是何天耶? 不論此五面, 只論所踏一面, 誠可沓沓.

이른바 움직이지 않는 하늘[不動天]이라는 곳은 곧 천당이다. 모르겠지만, 이곳에 머무는 자가 밟고 있는 것은 본래 움직이지 않는 하늘이다. 다만 그 머리 위와 전후좌우는 과연 어떤 하늘인가? 이 다섯 면은 차치하고, 밟고 있는 한 면만 논한다고 하더라도, 진실로 답답하다.

6.

純一希微之水, 以爲萬物之質, 則何其與不藉質料, 以無物化成之說, 相反也? 希微之水旣爲萬物之質, 則萬物皆是希微之水所化也, 安在其不資質料耶?[448]

순일하고 희박한 물은, 그것으로 만물의 질료를 삼는다면, 질료를 빌리지 않고 아무것도 없는 것으로부터 만들어낸다고 하는 설과 어찌하여 상반되는가? 희박한 물이 만물의 질료인 이상 만물은 모두 희박한 물이 변화된 것이다. 질료를 빌리지 않는다는 말은 어디로 간 것인가?

7.

旣曰"從地至天堂, 純一希微之水", 則天地之間只是這水也, 何爲又曰: "地上希微之水化成氣, 氣上化成火"耶? 氣火相間, 則安在其純一耶? 初則曰"至天堂希微之水", 次則曰"水氣火層層包裹", 次則曰"火上分成重重天", 又曰"命地窪下盛水". 初說則純是水, 再說則水居上火居中氣居下, 三說則水居上氣居中火居下, 四說則火居上氣居中水居下, 可謂混淪世界, 何其次序之無指泊耶? 且愚聞氣凝而爲水, 未聞水化而爲氣. 又以水化火, 則尤無其理. 水火乃是夫婦相和不相悖則有之矣, 安有男化而爲婦, 女化而爲男耶? 皆不可知也.[449]

"땅에서 천당에 이르기까지 순일하고 희박한 물이다"라고 하였다. 그렇다면 천지 사이에 단지 이 물이다. 그런데 어찌하여 다시 또 "지상의 희박한 물을 공기로 만들고, 공기를 불로 만들었다"라고 하는가? 공기와 불은 서로 틈이 있다. 그렇다면 그것의 순일함은 어디에 달려 있는가? 처음에 "천당에 이르기까지 희박한 물이다"라고 하고, 그 다음에는 "물과 공기와 불이 층층이 에워싸고 있다"고 하고, 그 다음에는 "불 위에 여러 층의 하늘을 나누어 이루었다"라고 하고, 그 다음에는 "땅에게 명하여 웅덩이에 물을 채우게 하였다"고 하였다. 처음에 순수하게 물이라고 하였다가 두 번째 말할 때는 물이 위에 있고, 불이 가운데에 있고, 공기가 아래에 있다고 하고, 세 번째 말할 때에는 물이 위에 있고, 공기가 중간에 있고, 불이 아래에 있다고 하고, 네 번째 말할 때에는 불이 위에 있고, 공기가 가운데 있고, 물이 아래에 있다고 하니 혼란스런 세계라고 할 만하다. 어쩌면 그리 순서가 일정함이 없는가? 또한 나는 기가 응결하여 물이 된다는 것은 들었어도, 물이 변하여 공기가 된다는 것은 듣지 못하였다. 또한 물을 가지고 불을 만들었다는 것은 더욱 이치가 없다. 물과 불은 곧 부부가 서로 화합하고 서로 어긋나지 않는 경우는 있지만, 어찌 남자가 변하여 여자가 되고 여자가 변하여 남자가 되는 것이 있겠는가? 모두 알 수가 없다.

8.

四元行乃西學中大節拍. 如愚者僻居窮鄉, 書籍罕接, 不知此說首尾備於西學中何書. 而今姑以元行界及傳者之說觀之, 槩曰金木俱是土中之所有, 則不可立爲各行, 自當倂入於土中, 遂拔金木二行, 別添得氣字, 倂水火土爲四元行云. 姑未知詳之何如, 而只此大槩恐或不然.

夫中國五行之說始於大禹, 申於箕子, 發見於河洛諸圖中, 人之守之不變, 已經四千餘年, 順之則事物昌, 違之則倫紀斁. 方技雜術之家且勿論, 雖守正之君子, 不敢捨是而爲道, 不但空言之云然, 驗諸履歷俱有明證, 不可欺誣. 今彼乃拔二添一, 減五爲四, 彼亦應有見有識, 人之見識等[450]級, 不可限量, 安知斯人見識等級不高於禹箕, 決不能覷得到禹箕所不及處耶? 然禹箕與西學長短等級, 固非愚者所可秤量, 而必也其說之合於理中於道, 瞭然易知而無疑, 然後方可服從. 終不可愓於威喝, 讋服聾從冒昧而信之也. 今考其說, 往往不合於理, 不中於道, 皆不能無可疑者. 此雖由於鄙人稟性之迷劣, 而旣有所疑, 故今姑略擧於下.

네 가지 기본 요소는 곧 서학의 큰 절목이다. 나 같은 사람은 궁벽한 변두리에 살면서 서적도 접하는 것이 드물어 이 설의 전말이 서학 가운데 어느 책에 갖추어져 있는 줄을 모른다. 그러나 이제 잠시 기본 요소의 영역과 전하는 사람의 설명으로 보건대, 개괄적으로 말하면, 금(金)과 목(木)이 함께 토(土) 가운데 있다면, 각각 별도의 요소로 세울 수 없고, 토속에 함께 들어가야 한다고 하면서 금(金)과 목(木)의 두 요소를 빼버리고, 대신 기(氣: 공기)를 별도로 첨가하여 물, 불, 흙과 함께 4가지 기본 요소가 된다고 하는 것이다. 자세한 내용이 어떻게 되는 것인지는 일단 알지 못하지만, 이것은 대체로 맞지 않는 듯하다.

대개 중국의 오행(五行)설은 우임금에게서 시작되어 기자에 의해 펼쳐지고 「하도」와 「낙서」 등 여러 도서에서 발견되며, 사람들이 그 설을 지켜 변치 않는 것이 이미 4,000여 년, 그 설에 따르면 사물이 번창하였고, 그 설을 어기면 인륜이 어긋났다. 의학 등 방술과 잡학의 전문가는 물론이고 정학(正學)을 지키는 군자도 함부로 이것을 버리고 도를 행하지 못한다. 빈 말로만 그렇다고 하는 것이 아니다. 역대로 이어온 자취를 증험해 보면 모두 분명한 증거가 있어서 속일 수가 없다. 이제 저들은 두 요소를 빼고 한 요소를 첨가하여 오행을 사행으로 줄여놓았다. 저들도 마땅히 식견이 있을 것이나, 저 사람들의 식견의 등급은 한정할 수 없다. 어찌 그 사람들의 지식수준이 우임금이나 기자보다 높지 못하여 결코 우임금과 기자가 미치지 못한 바를 엿볼 수 없다고 단정하겠는가? 그러나 우임금과 기자와 서학 사이에 낫고 못한 수준은 본래 내가 평가할 수 있는 것이 아니지만, 반드시 그 설이 이치에 부합하고 도리에 맞아서 명료하게 알기 쉬워 의심의 여지가 없어야 비로소 따를 수 있지, 위협에 겁이 질려 소경이 따르고 장님이 따르듯 몽매한 채로 믿을 수는 결코 없다. 이제 그 설을 살펴보면, 여러 곳에서 이치에 부합하지 않고 도리에 맞지 않아 모두 의심을 안 할 수가 없다. 이것이 비록 나같이 하찮은 사람의 혼몽하고 모자란 품성에서 나온 것이기는 하지만, 의심스런 바가 있기 때문에 이제 잠시 아래에 대략 열거하겠다.

9.

彼以爲金木乃土中所包, 不可分爲各行云, 則何爲水火於土分爲各行耶? 金木雖在於土中自是金自金, 木自木, 終非土也. 若只以其在土中而合之, 則天下果有懸空不[451]着土底水火耶? 水火亦依土而能爲各行, 則金木豈可以在土中, 而不得爲各行耶?

且五行之中, 未嘗不各具五行之體. 如以水之一行論之, 水卽其元體也. 其激瀉迅急者, 火之體也. 行有曲直者, 木之體也. 湃滂有聲者, 金之體也. 淵深靜聚者, 土之體也. 推此以往, 他行皆然, 分而合, 合而離, 造化之至妙也. 何獨金木之在於土中而已乎? 彼旣去金木於五行之中, 則何爲天主之分造九重天時, 令五星各主一天也? 若以金木竝歸於土中, 則在地成形者, 在天必成象, 金木二星固當竝入於土星天, 而必不得各主一天, 不相統率矣. 此豈非不可以土包金木之證耶?

저들은 금(金)과 목(木)이 토(土) 속에 포함된 것이어서 나누어서 별도의 요소가 될 수 없다고 말한다. 그렇다면 물과 불은 어째서 토(土)에서 나뉘어 별도의 요소가 되는가? 금과 목이 비록 토 속에 있지만 자연히 금은 금이고 목은 목이어서 결코 토가 아니다. 만약 토 속에 있다는 이유로 합하면, 천하에 과연 허공에 매달려 토에 붙어 있지 않은 물과 불이 있는가? 물과 불 역시 토에 의지해 있지만 각자 요소가 될 수 있다. 그렇다면 금과 목도 토 가운데 있더라도 어찌 별도의 요소가 될 수 없겠는가?

게다가 오행 가운데 각기 오행의 형체를 갖추지 않은 적이 없다. 예컨대 수(水) 한 요소로 논해보면, 수(水)는 원래의 모습이지만, 물이 격렬하게 쏟아져 급격하고 빠른 것은 화(火)의 모습이요, 물의 흐름이 곧고 굽음이 있는 것은 목(木)의 모습이요, 물결이 부딪쳐 소리가 나는 것은 금(金)의 모습이요, 깊고 조용히 모여 있는 것은 토(土)의 모습이다. 이로 미루어 나아가면 다른 요소들도 모두 그러하다. 나뉘어지면서도 합하고, 합하면서도 나뉘어지는 것은 조화(造化)의 지극히 신묘한 측면이다. 어찌 금과 목만 유독 토 속에 있을 뿐이겠는가? 저들이 이미 오행에서 금과 목을 빼버렸으니, 어떻게 천주가 9층의 하늘을 나누어 창조할 때 오성(五星)으로 하여금 각각 한 하늘을 주관하게 하겠는가? 만일 금과 목을 함께 토 속에 돌려보낸다면, 땅에서 형상을 이루는 것은 하늘에서도 반드시 형상을 이루는 것이니, 금성과 목성 두 별은 본래 함께 토성천에 들어가야 마땅하며, 반드시 각자 하나의 하늘을 주관할 수 없고 서로 통솔할 수 없다. 이것이 어찌 토로 금과 목을 포함해서는 안 되는 증거가 아니겠는가?

(이상 이봉규 번역)

10.

[452]五行, 莫非氣之迹也. 其聚散盛衰, 皆由是氣, 故水而無氣則涸. 火而無氣則灰, 土而無氣則圮. 苟無其氣則, 無氣之尸物, 何以爲行耶? 此所以氣與五行, 渾成一體. 有此行, 則必有是氣, 有是氣, 則必有是行, 五行是氣之已凝結者, 氣是五行之未凝結者. 擧一氣則五行在其中矣. 何可指氣爲别物而分立爲各行耶? 今若指某人曰某人, 又指某人之氣曰某竝與某人各立爲耦, 則可乎?

彼之所謂希微之水化成氣之說, 固是倒置, 而今姑就其說中言之, 則旣曰化成氣, 則卽是以水化氣也, 火土亦然. 其所以能化者, 以其本是是物, 故疏散之則爲氣, 凝聚之則爲水. 火土也若[453]是. 初非一體之物, 如牛馬之各畜, 則寧有化之之理耶?

彼又曰四元爲萬物之資云, 則子試思之, 已成之水火土, 決無爲萬物資料之理, 分明指水火土之氣也, 是以彼之言, 亦曰水氣火氣土氣, 終是捨不得氣字, 未嘗單言水火土化生某物云, 則可見已成之水火土, 不能爲物料, 而必待其氣然後方成資料也. 此豈非水火土不可疊數之證耶?

或以三行各有氣爲問, 疑其三行與氣之不可各立, 則彼答曰氣亦有質, 不相入, 引虛室闔闢, 及覆燈以空器, 入水不滅, 以證之. 又曰三行之氣, 非本質元帶氣, 乃四行和合而成, 如水土合而爲泥, 水火合而爲湯. 余曰夫氣亦有質, [454]不相入, 固也. 然氣之所不能入處, 三行已成跡之後也. 若自始成處論之, 則單單只是這氣, 更何論其入不入耶?

且以人之一身論之, 當其胎孕化成時, 純是氣, 而氣有厚薄淸濁焉, 賢愚壽夭, 職是而定. 及其形體已成之後, 則天地間非無他氣, 而終不能於旣成處更入, 而有所增損. 此卽尊駕所謂有質不相入者也. 至於由無質始有質時, 則捨却氣, 將安所資耶? 始苟無氣, 則初無此三行矣. 此豈非水火土, 與氣不可疊數之證歟?

오행은 모두 기(氣)의 자취이다. 오행의 취산과 성쇠는 모두 기로 말미암는다. 그래서 물에 기가 없으면 마르게 되고, 불에 기가 없으면 재가 되고, 흙에 기가 없으면 무너진다. 참으로 해당하는 기가 없으면 그 기가 없는 죽은 사물이니, 어찌 (오)행이 될 수 있겠는가? 이것이 기와 오행이 혼연하게 한 몸을 이루는 이유이다. 하나의 행(行)이 있으면 그에 해당하는 하나의 기가 있고, 이 기가 있으면 반드시 그에 해당하는 행이 있다. 오행은 기가 응결된 것이요 기는 오행이 아직 응결되지 않은 것이다. 하나의 기를 거론하면 오행이 그 가운데 있다. 어떻게 기를 별도의 사물이라고 가리키고 각각의 행을 분리해서 설정할 수 있겠는가? 이제 아무개를 아무개라 말하고, 또 아무개의 기를 가리켜 아무개와 별도로 짝이 된다고 말하면 옳겠는가?

저쪽에서 말한 '희박하고 미세한 물이 기로 변화한다'는 주장은 본래 앞뒤가 바뀐 것이지만, 이제 그 주장에 따라서 말해보자. 기로 변화된다고 하였으니 곧 물이 기가 된다는 것이다. 불과 흙도 마찬가지이다. 변화할 수 있는 까닭은 본래 이러한 사물이기 때문이다. 그러므로 흩어지면 기가 되고, 응결하면 물이 된다. 불과 흙도 마찬가지이다. 처음부터 소와 말이 각각 다른 가축인 것과 같이 한몸의 사물이 아니었다면, 어찌 변화하는 이치가 있겠는가?

저쪽(천주교)은 또 4원소가 만물의 질료라고 말하는데, 그대는 시험 삼아 생각해보라. 이미 물, 불, 흙이 된 것은 결코 만물의 질료가 될 수 있는 이치가 없으니, 분명 물, 불, 흙의 기를 가리킨다. 그래서 그의 말에도 수기, 화기, 토기라고 말하면서 끝내 '기'자를 떼버리지 못하고 물, 불, 흙이 변화하여 어떤 사물을 낳는다고 단독으로 말한 적이 없다. 따라서 이미 이루어진 물, 불, 흙은 사물의 질료가 될 수 없으며, 기를 기다린 뒤에야 비로소 질료가 된다는 것을 알 수 있다. 이야말로 어찌 물, 불, 흙을 중첩해서 헤아릴 수 없는 증거가 아니겠는가?

혹자는 세 원소가 각각 기를 가지고 있다는 것에 관해 물으면서 세 원소와 기는 각각 독립될 수 없다고 의문을 제기한다. 이에 대해 저쪽은 기도 역시 질료를 가지고 있어 서로 섞이지 못한다고 하면서,

빈 방을 닫으면 햇빛이 들어오지 않고 열면 햇빛이 들어오는 것, 그리고 등불을 빈 그릇으로 덮어 물속에 넣으면 불이 꺼지지 않는 것을 사례로 끌어와 증명한다. 저쪽은 또 세 원소의 기는 질료 자체가 원래부터 기를 수반하고 있는 것이 아니라, 물과 흙이 합해 진흙이 되고 물과 불이 합해서 뜨거운 물이 되는 것과 같이 네 원소가 화합하여 이루어진 것이라고 말한다. 나는 말한다. 기도 또한 질료가 있어 서로 섞일 수 없다는 것은 옳다. 그렇지만 기가 섞일 수 없는 것은 세 원소가 이미 형태를 이룬 이후의 일이다. 만약 처음으로 만들어지는 시점에서 논하면, 오직 이 기일 뿐인데, 섞이고 섞이지 않고를 어찌 논하겠는가?

또 사람의 신체로 논해보자. 처음으로 잉태해서 만들어질 때는 오직 기이며, 기는 후박청탁이 있어서 현우요수(賢愚夭壽)가 이로 인해 정해진다. 형체가 만들어진 이후에는 천지간에는 다른 기가 없는 것은 아니지만 결코 이미 만들어진 것에는 들어가 늘이거나 줄일 수 없다. 이것은 곧 그리스도교 쪽에서 말하는 질료는 서로 섞일 수 없다는 것이다. 질료가 없는 상태에서 처음 질료가 생길 때, 기를 버린다면 어디에서 근거를 마련하겠는가? 처음에 기가 없다면 처음부터 이러한 세 원소도 있을 수 없다. 이것은 어찌 물, 불, 흙이 기와 중첩하여 헤아릴 수 없다는 증거가 아니겠는가?

11.

尊駕亦不能以三行全無氣, 故强作說曰, 三行之氣, 非本質元帶氣, 乃四行和合而然. 夫氣者, 乃無形之物也. 泥湯[455]乃有形之物, 何可以有形之泥湯, 臆作無形之氣耶?

是以三行已成之後，則只是生有形，而不能生氣．顧其本初始生之根，則元是氣而已．帶之一字，猶是題外．夫所謂帶者，以其本有此物而兼帶得他物，如人之繞帶也．至於氣，則乃三行之本質也，安所事帶哉．苟非本質之自有，而待四行和合而始有氣，則單水單火時，全無氣耶？然則汪汪而炎炎者，果是何物耶？蓋水自有水之氣，火自有火之氣，靜而無所遇，則隱而不著，及其與他物相遇而觸激之，則始發，非初則無氣而待他和合氣始自外入而然．若如此說，則無乃與子不相入之說差歟？

그리스도교 쪽에서는 세 원소가 전적으로 기가 없을 수 없기 때문에 억지로 말을 꾸며 세 원소의 기는 본래 질료가 기를 수반하고 있는 것이 아니라, 4원소가 화합해서 그런 것이라고 한다. 기라는 것은 무형의 존재이다. 진흙과 뜨거운 물은 유형의 사물이다. 어떻게 형체가 있는 진흙과 뜨거운 사물로 형체가 없는 기를 억측하여 만들겠는가?

그러므로 세 원소가 이미 성립된 뒤에는 단지 유형의 것을 낳을 수 있고 기는 낳을 수 없다. 생각건대, 처음 만물이 생겨나는 뿌리는 본래 이 기일 뿐이다. '수반한다[帶]'는 한 글자도 오히려 주제 밖의 것이다. 이른바 '수반한다'는 것은 본래 이런 존재가 있어 함께 다른 존재를 수반하는 것이니 사람이 허리띠를 두루는 것과 같다. 기에 이르면 기는 곧 세 원소의 질료이다. 어떻게 수반하는 것을 문제삼겠는가? 질료가 자체로 지니고 있는 것이 아니고 4원소가 화합하여 비로소 기를 지니는 것이라면, 단독으로 물일 때, 단독으로 불일 때는 전혀 기가 없는가? 그렇다면 물이 널리 퍼지고, 불이 활활 타오르는 것은 과연 무엇인가? 대개 물은 물대로 기가 있고, 불은 불대로 기가 있어서, 활동하지 않아 만나는 대상이 없으면 숨어서 드러나지 않지만, 다른 사물과 만나서 부딪쳐 격동하면 비로소 기가 발동하는 것이다. 처음에는 기가 없다가 다른 것을 만나 화합한 뒤에 기가 외부로부터 비로소 들어오는 것이 아니다. 이와 같이 말하면, 그대가 말하는 서로 들어갈 수 없다는 설과 차이나는 것은 아닌가?

12.

[456]彼所謂三際之說, 無甚關係, 偶見元行, 略其言似不然, 故並及之, 彼所稱三際者, 乃地面爲下際, 半空爲中際, 最上爲上際. 下際爲溫際, 中際爲冷際, 上際爲熱際. 下際之溫, 以人無疑者爲驗, 中際之冷, 以山巓之極冷爲驗, 上際之熱, 以爲雖不能躬驗, 火必有本處所爲驗. 愚嘗見春時地上冰雪已消, 而高山之上, 積冰皓然. 秋則地上艸木已凋落, 而高山之上靑松未變.

此蓋天地之間, 溫涼之候, 只是以氣升降. 當其升時, 則如人鼻息之呼, 勿論高下, 升氣所及處皆溫. 當其降時, 則如人鼻息之吸, 勿論高下, 降氣所及處皆涼. 是以春則地之煥氣始發, 而未及升於高處, 故[457]下際先溫, 而中際尙有冰也. 秋則地氣已降, 故地上先冷, 而中際距地稍遠者, 氣未及盡降, 尙有餘溫. 此所以高處艸木未及零凋也.

顧其寒溫, 乃氣升降之由, 而非三際定有溫涼熱之本候也. 山巓之極冷, 乃風氣使然, 非其際本然也. 苟有風氣, 雖地面亦冷, 何必高山耶. 嚴冬沍寒之時, 勿論高山地面, 曷嘗有半點溫意耶? 至於最上熱際之說, 彼亦無明證, 以火之本處所爲言, 恐不然. 尊駕亦以火山火井爲土中有火之驗, 然則火雖上升, 其根在下, 若自下亘上, 一直到上極處, 中間過了幾萬里冷際.

尊駕亦曰, 氣入石穴, 山石之冷周逼, 熱性自退. 山石之冷, 其厚無多, 而[458]尙能退氣之熱, 則況重重冷際, 更兼風氣之吹散, 未到百里, 火之熱性已盡退, 何能直上極高處耶? 且火之爲物, 其近初發處, 熱不可禁, 當稍遠則漸減, 漸遠則溫然而已. 極遠處, 並與溫氣也無之矣. 今若曰下熱上溫, 則可也. 安有近本處反溫, 而其極遠處反熱耶? 以彼以此, 決不能到上尙熱也, 且天地卽大人身也, 若使下溫上熱, 而中藏冷氣橫隔之, 則天地必發冷胸痛矣.

그리스도교 쪽이 말하는 삼제(三際)의 설[15]은 특별히 관계가 없지만, 4원소설과 함께 보니 그 말은 대충만 보아도 옳지 않은 듯하다. 따라서 함께 언급해둔다. 저쪽에서 말하는 삼제는 곧 지면이 하제요, 공중은 중제요, 가장 높은 곳은 상제가 된다. 하제는 온난한 곳이요, 중제는 차가운 곳이요, 상제는 뜨거운 곳이다. 하제가 따뜻한 것은 사람들이 의심하지 않는다는 것으로 증거를 삼고, 중제가 차가운 것은 산꼭대기가 매우 차갑다는 것으로 증거를 삼고, 상제가 뜨겁다는 것은 직접 검증할 수는 없지만 불이 반드시 본래 거하는 곳이 있다는 것으로 증거로 삼는다. 내가 일찍이 보건대 봄이 되면 지상에서 얼음과 눈이 녹지만 높은 산 위에는 쌓인 눈이 하얗다. 가을에 지상의 초목은 시들어도 높은 산의 푸른 소나무는 변함이 없다.

이것은 대체로 천지 사이에 따뜻하고 차가운 기후가 기의 승강으로 인한 것이기 때문이다. 기가 올라갈 때는 사람이 숨을 내쉬는 것과 같아서 고하를 막론하고 오르는 기운이 미치는 곳은 모두 따뜻하다. 기가 내려갈 때는 사람이 숨을 들이마시는 것과 같아서 고하를 막론하고 내리는 기운이 미치는 곳은 모두 차갑다. 그래서 봄에는 땅에서 따뜻한 기운이 처음으로 시작하고 높은 곳까지 올라가지 못하므로 하제는 먼저 따뜻해지고 중제는 아직 얼음이 있다. 가을에는 땅

---

15) 삼제(三際)의 설: 양정균의 『대의속편(代疑續篇)』 권하에 "氣域分爲三際, 近地者爲和際, 中爲冷際, 近火者爲熱際, 種種變化, 悉在氣中"이라고 하였다.

기운이 이미 내려가서 지상이 먼저 차갑고 땅에서 거리가 조금 먼 중제는 기운이 아직 다 내려가지 않아 아직 따뜻한 기온이 남아 있다. 그래서 높은 곳의 초목이 시들지 않는 것이다.

돌아보건대, 차고 따뜻한 것은 기의 승강으로 인한 것이지 삼제에 따듯하고 차갑고 뜨거운 것의 기본적인 기후가 정해져 있기 때문이 아니다. 산꼭대기가 매우 차가운 것은 풍기(風氣)로 인한 것이지 그곳이 본래 그런 것은 아니다. 만일 풍기가 있으면 지면 역시 차갑게 되는데 어찌 고산만 그렇겠는가? 엄동설한 때는 고산이나 지면을 막론하고 어찌 일찍이 조금의 따뜻한 기운인들 있겠는가? 가장 높은 곳은 뜨겁다는 열제의 주장은 그도 역시 분명히 증명하지 못한다. 불의 본래 장소라고 말하지만 아마도 옳지 않은 듯하다. 그리스도교 쪽에서는 화산과 화정(火井: 열기가 솟는 구덩이)으로 땅 속에 불이 있다는 증거를 삼고 있다. 그렇다면 불이 비록 위로 올라가지만 그 뿌리는 아래에 있어, 만일 아래로부터 서로 위로 올라가 곧바로 가장 높은 곳까지 도달하자면 중간에 수만리의 차가운 곳을 거쳐야 한다.

그리스도교 쪽에서는 기가 바위 구멍으로 들어가고, 산석의 차가움이 두루 압박하면, 열성은 저절로 쇠퇴한다고 말한다. 산석의 차가움은 그다지 두텁지 않음에도 오히려 기의 열기를 물리칠 수 있다. 그렇다면 겹겹의 차가운 영역에다 풍기가 불어서 분산시키기까지 하니 백리도 못가서 불의 열기는 이미 모두 퇴각한다. 어떻게 곧바로 가장 높은 곳까지 올라가겠는가? 또한 불이라는 것은 가까이 처음 일어난 곳에서는 열기를 막을 수 없지만, 조금 멀어지면 점점 줄어들고, 점차 멀어지면 따뜻한 정도로 된다. 지극히 먼 곳은 온기조차도 없다. 지금 만약 아래가 뜨겁고 위가 따뜻하다고 한다면 옳다. 어떻게 가까운 본래의 곳이 도리어 따뜻하고 지극히 먼 곳이 도리어 뜨겁다고 할 수 있을까? 이쪽이나 저쪽이나 결코 위쪽으로 올라가서도 계속 뜨거울 수가 없다. 또한 천지는 곧 커다란 인체이다. 만약 아래는 따뜻하고 위는 뜨거운데, 중간에 냉기를 내장하고 있어 가로막고 있다면, 천지는 반드시 냉흉통(冷胸痛: 가슴에 냉증이 있는 병)을 일으켰을 것이다.

13.

五行之說, 此乃天地間大頭腦大造化, 固非末學後生所可臆度僭議者也. 然既有瞽見, 則或可妄陳蕘說, 用備識者之採擇否. 大抵天地之本原, 只是理氣二字而已. 理即[459]其故, 而氣即其資也. 然而理則一定而有常故, 萬古不變, 而至於氣, 則統而論之, 不過曰一元氣而已. 但其於一元氣之中, 有流轉往復之異, 是以屈則爲陰, 伸則爲陽, 施則翕, 散則聚, 巨細疾徐, 氤氳停毓, 形形色色, 生出萬物. 當其生也, 勢不得不自微而著, 自弱而壯, 當其返也, 勢不得不自旺而衰, 自出而入, 次次有節數. 古昔神聖之人, 默察深覽於變化之際, 隨其節數而內誌之, 於是乎, 於一元氣中, 截作五片, 於其五片之中, 又取各截所生物中最得本體之象者, 以名各節, 立言曰: 天一生水, 地二生火, 天三生木, 地四生金, 天五生土. 此即所謂五行者也.

譬如著述者, 雖[460]百卷巨秩, 名之以數字, 非謂百卷之義止於此數字, 而槩所以總而誌之也. 然則五行者, 乃聖人因名著義, 以明陰陽生育盛衰之節數也. 非因名纏跡, 便謂五行之妙止於五物也. 苟使因名而纏跡, 則地二生火, 掘地何常得火, 天三生木, 仰天何常見木耶? 名五行者, 非不知掘地不可得火, 仰天不可見木, 而猶復云然者, 要令後人勿纏於名迹, 而以意逆志也. 豈令言金則義止於金, 言木則義止於木, 見寸金尺水之着於土, 則便謂此是土中物耶?

是以凡天下之流動滋潤者皆屬木, 發揚升明者皆屬火, 曲直盛壯者皆屬木, 堅利從革者皆屬金, 博厚重實者皆屬土, 但論[461]其可見之迹, 則五行之義止於五行, 而苟論其不可見之理, 則雖至微之物, 未嘗不並具五行之體, 若有一行之或闕, 則便不成物. 且以尊駕之一身論之, 當其陰陽始交, 精血微凝者, 即天一生水也. 三月之後, 精血熇發, 宣揚轉動, 胎穴中空虛處結珠, 顔色微紅者, 即地二生火也. 四五月之後, 肢體四發, 筋骨長大者, 即天三生木也. 九十月之後, 五官皆定, 形貌完成者, 即地四生金也. 盈月分晩, 身體落下, 厚重土着, 依地爲生者, 即天五生土也. 生之有漸成之有次, 相因相就, 不得不然, 烏可以尊駕之臆說, 强謂之一時俱顯, 任意增損, 欲令天地改絃易轍, 從尊駕之分付耶?

[462]嗚呼, 水者至微之氣也, 火者稍顯之氣也, 木者大蕃之氣也, 金者凝成之氣也, 土者歸藏之氣也. 今若於地二生火稍顯之餘, 而遽作天五生土歸藏之氣, 則是天地萬物, 皆纔顯而遽藏, 如打石得火略可見已, 不見更無盛大凝成底時節也. 如之何其可也? 是故談五行者, 苟知其本, 則渾作一片可也, 分作二片可也, 截作五片可也, 又截作万万片可也. 尊駕既欲截作四片, 則亦無所不可, 獨不見儒家之元亨利貞乎?

但尊駕之說, 初不識一元之爲本體, 而以氣爲行, 則已未免疊數, 不知五行之有節次, 火下即土, 則又未免無漸, 但從眼孔中所得各物論, 而初不知人所不[463]見處, 自有五行之全體, 始知人不知理氣, 則如夜行者之無燭, 雖寸尺, 去不得, 勇力強往, 則顚仆必至矣. 試觀希微之水以下所排鋪, 則或上或下, 倒逆錯亂, 統無眞的定論, 無乃爲此說者, 或近於不知而妄言者歟? 此不過暗窃佛家地水火風之說, 強易地風以土氣以漫漶之, 其實則依舊是床下床屋中屋, 佛氏畔弟子之說, 益信彼所謂地獄神火, 天上有山之說, 此蓋陽斥儒家之五行, 而陰窃地二生火天五生土等說也.

然地獄之火, 天上之山, 皆指已成形之火土, 非指火土之理. 若論已成形者, 則地中埋火, 則必滅矣. 天上有土, 則必墜矣. 何以得有耶?

오행의 학설은 곧 천지간의 대두뇌요 대조화이며 말학과 후생이 억지 주장으로 멋대로 논의할 수 있는 것이 아니다. 그렇지만 소견이 있다면 천박한 주장을 망령되이 펴서 식자의 선택에 맡긴다. 대체로 천지의 본원은 리기 두 글자일 뿐이다. 리는 근거이며 기는 자료이다. 그렇지만 리는 일정하고 항상됨이 있기 때문에 만고불변하다. 기는 총괄적으로 논하면 하나의 원기일 뿐이다. 그렇지만 하나의 원기 안에 유전하고 왕복하는 차이가 있다. 그래서 굽히면 음이 되고 펼치면 양이 되며, 베풀었다가 수렴하고, 흩어졌다가 모이고, 크고 작고 빠르고 느리게 결합하고 양육하여, 형형색색으로 만물을 생성한다. 생겨날 때에는 형세가 미미한 것에서 드러나고 약한 것에서 강하게 될 수밖에 없고, 사라질 때에는 왕성한 것에서 쇠약하고 나가는 쪽에서 들어오는 쪽으로 갈 수밖에 없어 모두 절차가 있다. 옛날에 성인은 변화의 기미를 깊이 관찰해서 그 절수(節數)에 따라 기록했다. 이에 하나의 원기 가운데 잘라서 다섯 가지를 만들고, 그 다섯 가지가 낳은 것 가운데 가장 본체에 해당하는 상(象)을 취하여 각 절마다 명칭을 부여하고, 그 의미를 정립하여 "천(天) 1은 물을 낳고, 지(地) 2는 불을 낳고, 천 3은 나무를 낳고, 지 4는 쇠를 낳고, 천 5는 흙을 낳는다"[16]라고 말했다. 이것이 곧 오행이라는 것이다.

---

16) 천(天) 1은 … 흙을 낳는다: 이 말은 『주역』「계사(繫辭)」"大衍之數五十, 其用四十有九"에 대한 정현(鄭玄)의 주에 나온다. 정현의 설은 이후 수(數)를 오행과 연계하는 기본 논리로 사용되었다.

저술로 비유를 들어보면, 비록 백 권의 거질이라도 숫자로 이름을 붙이는 것은 백 권이라는 의미가 이 숫자에 그침을 말하는 것이 아니다. 대개 (백 권이 못되거나 넘치더라도) 총괄적으로 그것을 표기한 것이다. 그렇다면 오행이라는 것은 곧 성인이 이름으로 인해 뜻을 드러낸 것으로서 음양이 생육하고 성쇠하는 절수(節數)를 밝힌 것이며, 이름으로 인해 흔적에 얽매인 것으로서 곧 오행의 작용이 다섯 사물에 그친다고 하는 것은 아니다. 만일 그 이름이 흔적에 얽매여 있다고 한다면, 지 2가 불을 낳는다고 하지만 땅을 판다고 어찌 불을 얻을 수 있고, 천 3이 나무를 낳는다고 하지만 어찌 하늘을 우러러보아 나무를 볼 수 있겠는가? 오행이라는 이름은 땅을 파서 불을 얻지 못하고 하늘을 쳐다보고 나무를 얻을 수 없다는 것을 모르는 것이 아니다. 그럼에도 그렇게 말하는 것은 후대의 사람들이 사물의 이름과 흔적에 얽매이지 말고 의미로서 뜻을 새기라고 한 것이다. 어찌 쇠를 말한다고 해서 그 뜻이 쇠에 그치고, 나무를 말한다고 해서 나무에 그치겠으며, 땅에서 한 촌의 쇠와 한 자의 물을 보았다고 해서 곧장 이것이 흙 속의 물건이라고 말하겠는가?

따라서 천하에서 유동하고 젖는 것은 모두 수에 속하고, 발전하고 밝게 올라가는 것은 모두 화에 속하고, 곧고 굽으며 성장하는 것은 모두 목에 속하고, 견고하고 날카로워 바꿀 수 있는 것은 모두 금에 속하고, 넓고 두터워 무겁고 실한 것은 모두 토에 속한다. 단지 볼 수 있는 흔적으로 논한다면 오행의 의미는 오행에 그친다. 그러나 볼 수 없는 이치를 논한다면, 지극히 미미한 사물일지라도 오행의 체를 갖추지 않은 것이 없다. 만약 하나의 행(行)이라도 빠진다면 사물이 될 수가 없다. 그리스도교 쪽 당신의 한 몸으로 논하자면, 음양이 처음

교합하여 정혈이 약간 응고된 것은 곧 천 1이 수를 낳는 것이다. 3개월 후 정혈이 힘차게 드러나 활발하게 움직임으로써 태혈 가운데 빈 곳에 둥근 형태가 만들어져서 살짝 붉은 색을 띠는 것은 곧 지 2가 화를 낳는 것이다. 4, 5개월이 지나서 사지가 드러나고 근육과 골격이 성장하는 것은 곧 천 3이 목을 낳는 것이다. 9, 10개월이 지나서 오관이 모두 결정되고 형체가 완성된 것은 곧 지 4가 금을 낳은 것이다. 달이 차서 분만하여 신체가 밖으로 무게를 지니고 흙에 붙어 땅을 의지하며 살아가는 것이 곧 천 5가 토를 낳는 것이다. 생성에 단계가 있고 성장에 순서가 있어 서로 원인이 되고 서로 나아가는 것은 그렇게 하지 않을 수 없기 때문이다. 그리스도교 쪽의 억설에 의거하여 한순간에 모든 것이 나타나 임의로 늘이고 줄인다고 억지 주장을 하면서, 천지의 모든 변화를 그리스도교 쪽의 분부에 따르게 하려는 것이 어찌 가능한 일이겠는가?

아! 수는 지극히 미미한 기이다. 화는 조금 드러난 기이다. 목은 크게 번성하는 기이다. 금은 응고하는 기이다. 토는 돌아가서 저장하는 기이다. 지금 만약 지 2가 불을 낳아 조금 드러난 뒤에 갑자기 천 5가 토를 낳아 돌아가 저장하는 기가 만들어지면, 이야말로 천지 만물이 모두 드러났다가 갑자기 사라지는 것이니 돌을 쳐서 불을 얻는 것에서 볼 수 있듯이, 성대하고 응고하는 시절을 볼 수 없게 된다. 어찌 그럴 수 있을까? 그러므로 오행을 말할 때 근본을 안다면, 합쳐서 한 가지로 해도 되고, 나누어 두 가지로 해도 된다. 잘라서 다섯 가지로 해도 되고, 더 나누어 수만 가지로 해도 된다. 그리스도교 쪽에서는 이미 네 가지(4원소)로 나누고 싶어하는데 또한 안 될 것이 없으니, 유교의 원형이정(元亨利貞)을 보지 못했는가?

그러나 그리스도교 쪽의 설은 처음부터 일원이 본체가 되며 기를 행(行)으로 삼는 것을 모르기 때문에 이미 수 위에 수를 쌓는 잘못을 면하지 못하고, 오행에 절차가 있어 화 다음에 토로 나아감을 모르니, 순서에 따라 점진적으로 나아감이 없는 잘못을 또한 면하지 못한다. 다만 눈으로 보고 얻은 각각의 사물로부터 논하여, 사람이 보지 못하는 곳에 저절로 오행의 전체가 있다는 것을 애시당초 모르고 있다. 사람이 리기(理氣)를 알지 못하면 밤길을 갈 때 등불이 없는 것과 같아서 한 치 앞으로도 나아갈 수 없으니 억지로 힘을 내서 가다가는 반드시 넘어지게 됨을 비로소 알겠다. '희박한 물' 이하의 설명을 보면, 위로 가고 아래로 가서 전도되고 혼란스러워 전체적으로 잠된 정론이 없으니, 이러한 주장은 혹 모르면서 망령된 말을 한 것에 가깝지 않은가? 이는 불교의 지수화풍의 주장을 몰래 훔친 것에 불과하며 토기(土氣)를 억지로 지(地)와 풍(風)으로 바꿔서 주장을 애매하게 하고 있으니, 실제로는 상하상(床下床)이요 옥상옥(屋中屋)으로 불교를 배반한 사도들의 학설이다. 저들이 말하는 지옥의 신령한 불과 천상에 산이 있다는 주장은 대개 겉으로는 유가의 오행을 배척하면서 속으로 '지 2가 화를 낳고, 천 5가 토를 낳는다'는 등의 주장을 훔친 것임을 더욱 확신할 수 있다. 지옥의 불과 천상의 산은 모두 이미 형체가 만들어진 화와 토이며 화와 토의 리(理)를 말하는 것이 아니다. 만일 이미 형성된 것이라고 한다면, 땅 속에 불을 묻어두면 반드시 꺼질 것이요, 천상에 흙을 두면 반드시 떨어질 것이니, 어떻게 존재할 수 있겠는가?

14.

[464]天主之造二人，欲使人知恩認主，常感而事之也，則天主之生人也，果是爲人耶? 爲己耶? 人之養牛馬，將以服乘也. 勞歸於牛馬，而利歸於人，然則天主之道，將以利己而已. 何德乎人而責其價也? 人之敬天，固出於認主而常感，然此乃人之事也，非天之使之也. 着一使字，令天主如許大德，并歸於瓦解，可惜.

천주가 두 사람을 만들어 사람들에게 은혜를 알고 주인으로 인정하고 항상 감사하며 섬기게 했다고 한다면, 천주가 사람을 만든 것이 과연 남을 위한 일인가 아니면 자기를 위한 일인가? 사람이 소와 말을 기른 것은 장차 부리고 타기 위한 것이니, 힘든 일은 소와 말이 하고 이득은 사람에게 있다. 그렇다면 천주의 도리는 장차 자기를 위한 것일 뿐이다. 어찌 사람에게 덕을 베풀면서 그 값(보답)을 요구하는가? 사람이 하늘을 공경하는 것은 본래 주인을 인정하고 항상 감사하는 것에서 나오지만, 그러나 이는 사람의 일이요 하늘이 시켜서 그런 것이 아니다. '시킨다'는 한 글자를 붙여서 천주의 허다한 큰 덕이 모두 와해되게 하니 애처로운 일이로다.

15.

西國之人於星曆度數，則其窺測頗精巧，愚固攻其學而不攻其術也. 然其所謂諸星之麗天，如木節之在板云者，似未爲然. 夫所謂九重天者，此非重重皆有皮殼也. 乃七政所行之道，其高下皆有一帶定路，自下而觀之，雖若一[465]天，而從傍而觀之，則如九層塔，簷輪自別上下異等也. 若曰星之麗天，如木節之在板云，則是星節之所麗處，各有眞箇天板也. 雖曰天與板異, 旣有星宿可麗之形體, 則一重之外更不可洞見, 且如木節之在板, 則節不能自動, 必待全板之皆動, 然後節始隨板而動. 若然, 則非星旋也, 乃天旋也. 若因天旋而星始旋, 則木星天之旋, 木星當一時盡旋; 金星天之旋, 金星當一時盡旋矣. 然而愚聞天文家之言, 則或有一星二星凌躐進退, 失其常度, 而他星不以此皆動云, 然則乃星各自能旋轉, 非由天旋轉也, 未知何故也. 愚旣不闞星學, 而彼則乃專攻者, 實不可以瞽責不[466]瞽者, 而淺見適如是, 故及之耳.

서양 사람은 천문과 책력의 도수에서는 관찰과 측정이 매우 정교하다. 나는 그 천주의 학은 비판하지만 그 기술은 비판하지 않는다. 그러나 여러 별자리가 마치 판에 옹이가 붙어있는 것과 같이 하늘에 붙어있다는 것은 그렇지 않은 것 같다. 구중천이라는 것은 겹겹마다 모두 껍질이 있는 것이 아니다. 7정(태양, 달, 화성, 수성, 목성, 금성, 토성)이 가는 길은 높고 낮거나 모두 하나의 띠와 같이 정해진 길이 있다. 아래에서 보면 하나의 하늘인 것 같지만, 옆에서 보면 9층탑의 첨륜(簷輪)과 같아 아래 위의 차이가 있다. 만일 옹이가 판에 있는 것과 같이 별이 하늘에 붙어있다고 하다면, 별의 조각이 걸려 있는 곳에는 모두 진짜 천판(天板)이 있게 된다. 비롯 하늘과 판이 다르다고 하지만, 이미 별들이 붙을 수 있는 형체라고 한다면, 일중천 외에는 다시 (9중천을) 다 볼 수는 없다. 또한 옹이가 판에 붙어있는 것과 같다면 옹이가 스스로 움직일 수 없고 모든 판이 다 움직여야 옹이가 판에 따라서 움직이게 된다. 그렇다면 별이 도는 것이 아니라 하늘이 도는 것이 된다. 만일 하늘이 돌아야 별이 돌 수 있게 된다면, 목성은 하늘이 목성을 돌게 하는 것인데 이때 일시에 모두 돌게 되며, 금성은 하늘이 금성을 돌게 하는 것인데 이때 일시에 모든 것이 돌게 된다. 그렇지만 내가 천문가의 의견을 들어보니, 한두 별이 혹 순서를 어기고 앞뒤로 움직여 정해진 자리를 벗어날 수는 있지만, 이로 인해 다른 별이 움직이지는 않는다. 그렇다면 별은 각자 스스로 도는 것이지 하늘이 돌아서 도는 것은 아니니, 그 이유는 알지 못한다. 나는 성학(星學)은 잘 모르고, 그는 전공한 자이다. 실로 눈먼 자가 성한 자를 책할 수는 없으니, 천박한 견해가 마침 이와 같기에 언급해 둘 뿐이다.

(이상 양일모 번역)

16.

[467]『大東正路』卷之六, 「眞道自證證疑」(上仝)

『대동정로』 권6, 「진도자증증의」(위와 같음)

【"盖航海九萬里來者, 冒死之人也. 冒死傳虛道, 有是人乎? 卽有一二人, 能得千萬人乎? 卽有千萬人, 能一一皆窮理之士乎? 今西士離故國別父母昆弟, 遠適異域, 險阻備嘗, 九死一生, 卽以此爲道之證也, 可; 以反以此爲不足問, 可乎?"】

【"대개 이역만리 바다를 건너온 자는 죽음을 무릅쓴 사람이다. 죽음을 무릅쓰면서 헛된 도를 전한다면, 그런 사람이 있겠는가? 설사 한두 사람이야 있다 해도, 천만인을 얻을 수 있겠는가? 설령 천만인이 있다고 해도, 그 사람마다 모두 이치를 궁구한 선비일 수 있겠는가? 지금 서양 선비[선교사]가 고국을 떠나 부모형제와 헤어져 멀리 이역

(異域)까지 온갖 죽을 위험을 모두 겪으면서 온 것은 바로 이것을 가지고 도(道)를 행하는 증거로 삼는 것이 옳지, 도리어 이것을 가지고 물어볼 만한 것도 못된다고 여긴다면 옳겠는가?"[17]】

17.

今尊駕證道之眞者, 只在於離國去倫, 航海遠至. 而愚之所以疑道之不眞者, 亦在於是焉, 何也. 人旣有己, 則己處於中, 而左右上下前後, 卽五倫也. 無君父則無上, 無子姓[468]則無下. 無兄弟夫婦朋友則無左右前後矣. 子之道雖千眞萬眞, 必不能以子之道無子之上下左右前後, 則亦安可去子之五倫乎. 五倫之序, 實非人力之所聚合而强名之也. 此乃理之所必有, 勢之所不免, 天之敍而與人者也. 是以世之言倫紀者, 不但曰人倫, 亦必曰天倫. 所以明人倫之卽天敍也. 天旣以是倫而敍於人, 則必當使人守是倫而順其敍, 必不使人悖是倫而去其敍.

今也離國則去君矣. 別父母則去親矣. 別兄弟則去同氣矣. 不娶則去夫婦矣. 無后則去子姓矣. 所不去者只是朋友一倫, 而所厚處乃如彼, 則所薄者尙何論哉? 天主之有無, 吾不得以知[469]之. 苟曰有之, 子之所證, 卽天主之道也. 子若曰天主之道, 本欲去五倫, 則生民以來, 五倫之名, 久矣, 以天主之全智全能, 何不別作他道, 使人人不得有是倫也? 是天主之威令, 反不如子之所謂'世主令行禁止'也, 何足以爲天主耶? 若曰五倫之名, 俱是天主之所敍而與乎人, 則其所敍者, 卽其道也. 奈何以絶其敍者證其道耶?

지금 그리스도교 쪽에서 참된 도라고 증거로 든 것은 고국과 혈육

17) 대개 … 옳겠는가: 이 부분은 『진도자증(眞道自證)』「진도요인(眞道要引)」의 '八 道惟眞是尙'에 나온다.

을 떠나서 바다를 건너 멀리 타국에 이른 것에 있다. 그러나 도가 참되지 못하다고 내가 의심하는 증거 또한 여기에 있다. 무슨 뜻인가? 사람은 자기 몸이 존재하는 한, 곧 자신이 가운데에 처하여 좌우(左右), 상하(上下), 전후(前後)가 바로 오륜(五倫)이다. 임금과 아비가 없으면 윗사람이 없는 것이고, 자식과 백성이 없으면 아랫사람이 없는 것이다. 형제와 부부, 붕우가 없으면 좌우 전후가 없는 것이다. 그대의 도가 비록 천 번 만 번 참되다고 하더라도, 반드시 그대의 도에 그대의 상하, 좌우, 전후가 없을 수 없으니, 또한 어찌 그대의 오륜을 떠날 수 있겠는가? 오륜의 질서는 실로 인위적으로 결합하여 억지로 일컬을 수 있는 것이 아니다. 이것은 곧 이치상 필연적으로 있는 것이고 형세상 피할 수 없는 것으로 하늘이 질서지워 사람에게 부여한 것이다. 그래서 세상에 인륜강기를 말하는 사람은 인륜(人倫)이라고 말할 뿐만 아니라 또한 천륜(天倫)이라고 말한다. 그래서 인륜이 밝히는 것은 바로 하늘의 질서이다. 천이 이미 이런 윤리를 사람에게 내려준 이상, 하늘은 반드시 사람으로 하여금 이런 윤리를 지키고 그 질서에 순응하게 하며, 반드시 사람이 이 윤리를 어기고 그 질서를 떠나지 않도록 할 것이다.

지금 나라를 떠나는 것은 군주를 버리는 것이고, 부모와 이별하는 것은 친족을 버리는 것이며, 형제와 헤어지는 것은 혈육을 떠나는 것이다. 결혼하지 않는 것은 부부관계를 버리는 것이고, 임금이 없으면 자식과 백성을 버리는 것이다. 버리지 않는 것은 오직 '붕우'라는 하나의 인륜뿐이나, 두텁게 하는 것이 저 정도이니, 박하게 하는 것에 대하여 오히려 어찌 말할 것이 있겠는가? 천주(天主)의 존재 유무는 내가 알 수 없다. 실로 '있다'고 말한다면, 그대가 증거로 댄 것은 바로 천주의 도이다. 그대가 만약 천주의 도는 본래 오륜을 버리고자 하는 것이라고 말한다면, 백성이 생긴 이래로 오륜이라는 이름은 오래되었는데, 전지전능한 천주가 어찌 따로 다른 도리를 만들지 않으면서 사람들에게 이 인륜을 가지지 못하게 하는가? 이것은 천주의 고귀한 명령이 도리어 그대가 말하는 '세상 군주가 명령하면 행하고 금지하면 멈춘다'는 것보다도 못하니, 어찌 천주가 될 만하겠는가? 만약 오륜이라는 명칭이 모두 천주가 사람에게 베풀어서 내려준 것이라고 하면 그 베푼 것은 바로 그 도이다. 그런데 어째서 그 베푼 것을 끊는 것으로 그 도를 증명하는가?

18.

凡論道學之眞假者, 但當論其理之有無, 事之是非而已. 安有不問理之有無事之是非, 但以人數之多壓而證之者耶? 苟是理之所無事之不是, 則不特千萬人, 雖億萬人, 何可信之哉? 自堯舜孔孟以後, 不合於子之道者, 其人數[470]果是幾萬萬耶? 子雖自許以窮理之士, 西學之外, 亦豈無窮理之士耶? 旣曰窮理而去五倫, 未知所窮者何理耶?

대개 도학의 참과 거짓을 논하는 자는 오직 그 리의 유무와 일의 시비를 논의해야 한다. 어찌 리의 유무와 일의 시비를 문제삼지 않고 그저 압도적으로 많은 인원수로만 그것을 증명하는가? 만약 이치가 없고 일이 옳지 못하다면, 천만인 아니라 억만 인이라고 해도 어찌 그것을 믿을 수 있겠는가? 요순과 공맹 이후로 그대의 도에 부합하지 않는 사람은 그 숫자가 과연 몇 억 명이겠는가? 그대가 비록 이치를 궁구하는 지식인을 자임한다고 하더라도 서학(西學) 밖에 또 어찌 이치를 궁구하는 지식인이 없겠는가? 이치를 궁구한다고 하면서 오륜을 버린다면, 궁구하는 것이 어떤 이치인지 모르겠다.

19.

【西士曰: "天道之全者, 乃人性之本, 切於行, 盡於善, 成其爲人者也. 夫其旨雖廣, 可約以三端: 一曰人之本原, 生自何來; 二曰人之現在, 在世何如; 三曰人之究竟, 死往何所. 知此三者, 知人當盡之道, 有作善之基矣. 不知此三者, 雖[18]天下之雜學, 究[19]末而失本焉, 虛也. 或曰: '天命良心, 萬善之原也. 循其天理, 盡其現世, 何必他求而遠務哉?' 曰: '俗以此爲至善, 而不知矛盾實甚. 豈有不究本原, 不察萬善之根出於造物主, 而賦命於人之天理耶? 豈[471]有不知己之於造物主何如, 而能盡其現世乎? 且也不知死之向往何所, 誰肯孜孜焉勉其天理, 盡其現世而勉於行乎?'"】

【서양 선비가 말하였다. "천도의 온전함은 바로 인성의 근본으로 절실하게 실천하고 선을 극진하게 행하여 사람됨을 이루는 것이다. 그 취지는 비록 넓지만, 세 가지 단서로 요약할 수 있다. 첫째 사람의 본원은 어디로부터 생기는가 하는 것이다. 둘째 사람의 현재는 세상에서 어떤가 하는 것이다. 셋째 사람의 결말은 죽어서 어디로 가는가 하는 것이다. 이 세 가지를 알면, 사람이 다해야 하는 도를 알아 선을 행하는 기반을 가진다. 이 세 가지를 알지 못하면, 비록 천하의 잡다한 학문을 다 안다고 해도 결국 말단이고 근본을 잃어서 허망하게 될 것이다. 어떤 사람은 '천명(天命)과 양심(良心)은 모든 선의 근원이다.

18) 雖: 『眞道自證』에는 이 뒤에 '知盡'이 더 들어 있다.

19) 究: 『眞道自證』에는 이 뒤에 '得'이 더 들어 있다.

그 천리에 순응하면서 그 현세의 삶을 다하면 되는 것이지, 어찌 꼭 다른 것을 찾고 고원한 데에 힘쓸 필요가 있겠는가'라고 한다. 대답한다. '세속에서는 이것을 지선으로 여기면서 모순이 실로 심각한 것을 모르고 있다. 어찌 본원을 궁구하지 않고, 모든 선의 뿌리가 조물주에서 나온 것임을 살피지 않는데 사람에게 부여된 천리를 갖추겠는가? 어찌하여 자기와 조물주의 관계가 어떤 것인지도 모르면서, 그 현세를 잘 다할 수 있겠는가? 또 죽은 후에 어디로 가는지도 모르는데, 누가 열심히 그 천리에 힘쓰고 현세의 삶을 다하면서 실천에 노력하려 하겠는가?'"[20)]】

20.

中士曰: "承荷不鄙, 遠賜教誘, 誠爲萬幸. 然品性愚迷, 見識不明, 多有所不能了解者, 或可許其各盡己見耶? 凡此所言, 俱是天地間公共底物事, 實非一己之私說, 則兩邊雖或有無避諱多所牴牾, 固當置心於無私之地, 要當得正而已, 似不必以一毫好勝之念雜於其間, 一激再激, 終至於怨尤仇敵之境也. 議論自議論, 情誼自情誼, 寧可越却分數以此及彼耶? 尊駕所教天道之全, 人性之本, 切行盡[472]善, 成其爲人云者, 初頭冒字, 無甚恠謬也. 及其約以三端, 則其曰'人之本原, 生自何來'云者, 豈非謂人之生出皆由於耶穌之造成耶? 其曰'人之現在, 在世何如'云者, 豈非謂現世之人奉耶穌則爲功, 背耶穌則爲罪耶? 其曰'人之竟究, 死往何所'云者, 豈非謂人之死後, 在世而奉耶穌者, 以功而升天堂; 在世而背耶穌者, 以罪而沈地獄耶? 上面立言泛稱天道, 下面分釋, 全在耶穌, 何其上下之不相照攝也?"

西士曰: "天道者, 卽天主也, 天主者, 卽耶穌也. 旣稱天道, 則耶穌在其

---

20) 신도의 … 것이다: 이 말은 『진도자증(眞道自證)』 권4 「진도요인(眞道要引)」에 나온다.

中. 旣指耶穌, 則天道卽其事, 何必分而二之耶?”

中士曰: “不然, 道云者, 卽指形而上者也. 形而上云者, 卽[473] 是是物有形之前, 所以爲形之之故而已也. 不以是物之有而始有焉, 不以是物之無而因無焉. 隨物皆有而亦未嘗與之偕往, 初非有心性願欲, 可以係着指的於一處, 則天主之智能雖全, 謂之順是道而行之, 則容或可也. 直謂之是道, 則不可也. 何可合天道與耶穌, 無所界別耶. 天道耶穌旣不可無界別, 則以此三端爲天道之全者, 或恐成說不得.”

중국 선비가 말하였다. “비루하게 여기지 않고 멀리까지 와서 가르침을 베풀어 주니 정말로 큰 행운이다. 하지만 성품이 우매하고 식견이 밝지 못하여 이해할 수 없는 곳이 많이 있다. 혹 의심스러운 각 부분에 대해 자신의 의견을 다 제시해도 되겠는가? 여기에서 말하는 것은 모두 천지 사이에 보편적인 사항으로 실로 나 한 사람의 개인적인 견해가 아닌 만큼, 양쪽 다 비록 혐의를 꺼리지 않고 말하여 저촉되는 바가 많이 발생하더라도, 실로 마음을 사사로움이 없는 데에 두고 정론(正論)을 얻고자 해야 한다. 조금이라도 이기고자 하는 생각을 그 사이에 두어 격론을 반복하다가 결국 서로 원망하고 적대시하는 지경에 이를 필요는 없을 것 같다. 의론은 의론이고 정의(情誼)는 정의(情誼)이니 어찌 영역을 넘어서 후자로 전자에 영향을 미칠 수 있겠는가? 그리스도교 쪽의 가르침인 ‘천도의 온전함은 바로 인성의 근본으로 절실하게 실천하고 선을 극진하게 행하여 사람됨을 이루는 것이다’라고 한 초두의 말은 잘못되거나 이상할 것이 없다. 세 가지 단서로 요약하는 데 이르러서, ‘사람의 본원은 어디로부터 생겨난 것인가?’라고 한 부분은 어찌 사람이 태어나는 것은 모두 예수가 조성(造成)하는 것에 말미암는다고 말하는 것이 아니겠는가? 그 '사람은 현재 세상에서 어떠한가'라고 하는 것은 어찌 현세의 사람이 예수를 믿으면 공이 되지만, 예수를 배신하면 죄가 된다는 것을 말하는 것이 아니겠는가? '사람의 결말은 죽은 후에 어디로 가는가'라고 하는 것은 어찌 사람이 죽은 후에 살았을 때 예수를 믿은 사람은 그 공으로 천당에 오르고, 살았을 때 예수를 배신한 사람은 죄로 지옥에 떨어질 것이라고 말하는 것이 아니겠는가? 위쪽에서 말한 것은 천도를 일반적으로 일컬은 것이라면, 아래쪽에 분석한 것은 전적으로 예수에 있으니, 어찌 위와 아래가 서로 조응하지 않는가?"

서양 선비는 말한다. "천도(天道)가 바로 천주(天主)이고, 천주는 바로 예수이다. 천도를 일컬었으니, 예수는 그 가운데 있다. 예수를 가리켰으니, 천도는 바로 그 일이다. 어찌 그것을 둘로 나눌 필요가 있겠는가?"

중국 선비가 말하였다. "그렇지 않다. '도(道)'라는 것은 곧 '형이상(形而上)'을 가리키는 것이다. '형이상'이라는 것은 바로 이 사물이 형체를 가지기 이전에 형체가 이루어지는 까닭이 되는 것일 뿐이다. 이 사물이 존재함으로 하여 비로소 존재하는 것도 아니고, 이 사물이 없다고 하여 없어지는 것도 아니다. 사물에 따라 모두 존재하지만 또한 사물과 함께 사라진 적이 없다. 애시당초 가리키는 것을 한곳에 고정시킬 수 있는 심성의 욕구가 있는 것이 아니다. 그러니 천주의 지혜와 권능은 비록 완전해도 이 도에 순응하여 행하는 것이라고 말하면 혹 가능할 수 있지만, 바로 이 도라고 말하면 옳지 않다. 어찌하여 천도와 예수를 합치시키고 구분하지 않는가? 천도와 예수는 이미 구별이 없을 수 없으니, 이 세 가지 단서로서 천도의 온전함으로 삼으려

한다면 아마도 주장이 성립하지 않을 것이다."

21.

鄙世界三代以前, 罕稱理字, 當其說理處, 多以道字言之, 故細察古人天道之云, 則其旨意皆指天之理者也. 及至夫子繫易之辭, 始有'窮理盡性'之'理'字. 性理之著明始於[474]此. 後世儒家以爲道字固知人物之所共由, 則雖與理字之義, 無所同異. 但道是虛位之稱, 天地人物善惡邪正, 皆可用道字. 其指善與正處, 固與理字同. 其指邪與惡處, 卽是背於理者也. 人或未及分析, 易致淆亂, 故於是理字之說盛. 其說道處, 多冠其題目於上, 如所謂'王道''伯道''君子道''小人道'者, 是也. 其說理處, 只稱天理物理而已. 未嘗有善惡題目冠上之文, 何也. 理乃眞眞寶寶, 至正至純, 初無虛假不善之病故也.

貴學竊取儒門性理之說以粧飾耶穌. 當此編始端之處, 欲大開口說出原頭, 以伏一世, 而若曰耶穌之全人性之本, 則自知其說之不成; 若曰天主之[475]全人性之本, 則自知其說之又不成, 何也? 子旣以天主謂有心性願欲. 旣有心性願欲, 則心者貯性之郛郭, 性者郛郭之所儲願欲者 又是這心之所動而爲情者也. 旣有郛郭, 則必有周包可指之形, 旣爲所儲, 則必有條件可數之名. 又能動而爲情, 有願有欲, 則'願欲'云者, 以我之心願彼事欲彼物之謂也. 皆出於情志之所要形氣之所使, 於是人之局成, 天之局遠矣, 不得爲天道之全衆性之本矣.

若曰天理之全人性之本, 則非不知其說之沛然而順, 泯然而合也. 但恐本主當場, 假主更無置身之地, 於是乎無頭無尾, 糢糊漫漶, 泛稱曰天道之全人性之本. 外面混於天[476]理, 使人無怪, 內面藏乎天主, 以接己說. 乃於其下分爲三端, 次次漸引, 屬之耶穌身上, 俾不能容易覷破, 可得巧矣. 然天主已有心性願欲, 則便與天道相違. 人之功罪, 無關於天道, 天之賞罰, 無關於人性. 上下文理, 腰折項斷, 不相照應, 其痕迹有不可掩者.

或曰: "『易』云復見天地之心, 然則天地之心, 亦有周包可指之形乎? 天地旣有無形之心, 則天主之心亦無形矣. 願欲出於心者也. 心旣有無形之心, 則願欲亦豈無無形之願欲耶? 人之功罪, 有功者合於天道者也, 有罪者背於天道者也. 天之賞罰, 得人性之本者賞之, 失人性之本者罰之, 亦豈非人性天道之相關處耶?"

[477]中士曰: "不然, 復卦見心之訓, 非是之謂也. 陽主於生, 陰主於殺. 復之爲卦, 當陰極之時, 一陽初動, 生意顯然, 亦如人心仁愛之端, 根於天性, 雖在牿亾之餘, 其本然之體, 自有滅不得者. 此乃取譬之意, 豈謂復卦之中眞有箇天主有願欲之心耶? 雖然, 這箇玄黃之包載者, 亦是郛郭也. 苟無此玄黃之郛郭, 則復卦之心, 亦何處付着耶? 功固可以合天理, 罪實背天理, 則背天理者, 是亦人性之本有, 而得天道之全者耶? 得人性之本者, 固可賞, 失人之本受地獄之罰者, 亦可謂乃人性之本耶?"

이쪽 세계에서는 삼대 이전에 리(理)자를 쓴 경우가 드물었다. 리(理)를 말해야 할 곳에 도(道)자로 말한 경우가 많았다. 그래서 고대인이 천도라고 일컬은 것을 자세하게 살펴보면, 그 뜻은 모두 천(天)의 리(理)를 가리킨다. 공자의 『역』「계사전(繫辭傳)」에 이르러 비로소 궁리진성(窮理盡性: 이치를 궁구하여 본성을 다 발휘한다) 구절의 '리(理)'자가 등장하였다. 성리(性理)가 밝게 드러난 것은 여기에서 시작되었다. 후대의 유학자들은 도(道)자가 실로 사람과 사물이 함께 말미암는 것임을 안다면 리(理)자의 뜻과 차이가 없는 것이라고 하였다. 다만 도는 정해지지 않은 지리[虛位]를 일컫는 것이어서 천지간 인물의 선악사정(善惡邪正)에 모두 도(道)자를 쓸 수 있다. 그 선(善)과 정(正)을 가리키는 곳은 실로 리(理)자와 같으나 그 사(邪)와 악(惡)을 가리키는 곳은 곧 리(理)에 배치된다. 사람이 간혹 분석하지 못하여, 쉽게 혼란에 이른다. 그래서 이에 리(理)자에 관한 설이 성행하였다. 도를 말한 곳에는 그 제목을 도(道)자 위에 씌운 경우가 많았다. 예컨대, 이른바 '왕도(王道)', '패도(覇道)', '군자도(君子道)', '소인도(小人道)' 같은 것이 그렇다. 그 리를 말한 곳은 다만 '천리(天理)', '물리(物理)'를 말할 따름이다. 선악(善惡)의 제목을 리(理) 위에 붙인 문장이 없는 것은 왜인가? 리는 참되고 참된 보배로 지극히 바르고 지극히 순수하여 애시당초 헛되고 선하지 않은 병통이 없기 때문이다.

서양 천주학은 유학의 성리설을 몰래 취하여 예수를 문식하였다. 이 편의 첫머리에서 큰 목소리로 근원처를 말하여 한 세상을 설복시키고자 하였지만, 예수의 온전함이 인간 본성의 근본이라고 한 것은 그 말이 성립하지 못함을 저절로 알게 되고, 천주의 온전함이 인간 본성의 근본이라고 말한 것도 그 말이 성립하지 못함을 절로 안다. 왜 그런가? 그대는 이미 천주에 대하여 심성의 욕구를 가진다고 말한다. 심성의 욕구를 가진다고 하면, 곧 심(心)은 성(性)을 담는 성채가 되고, 성(性)은 성채에 저장된 욕구이다. 또 이 성은 심이 움직여서 정(情)으로 되는 것이다. 이미 성채가 있으면 반드시 둘러싸고 있어 가리킬 만한 형체가 있게 된다. 이미 저장되어 있다고 하면 반드시 조목으로 헤아릴 수 있는 이름이 있게 된다. 또 움직여서 정(情)이 되어 희구하고 욕구하는 것이 있다면, '욕구[願欲]'라는 것은 내 마음이 저 일을 원하고 저 사물을 바라는 것을 말하는 것이다. 모두가 감정이 요구하고 형기가 부리는 것에서 나오니, 여기에서 사람의 국량이 형성되고, 천(天)의 국량은 요원해지고, 천도(天道)의 온전함과 여러 본성의 근본이 될 수 없다.

천리의 온전함이 인간 본성의 근본이라고 말하면 그 설명이 시원하게 순조롭고, 혼연일치로 합일하는 것을 모르지 않게 될 것이다. 그러나 본래 주인이 자리를 버티고 있어 가짜 주인이 더 이상 몸을 둘 곳이 없을 것을 염려하여, 이에 두서가 없이 모호하고 방만하게 일반적으로 천도의 온전함은 인간 본성의 근본이라고 말하면서, 겉으로는 천리와 뒤섞어 사람들이 이상하게 여기지 않게 하고, 안으로는 천주를 숨기고 자기의 주장을 잇는다. 이어서 그 아래에 세 단서로 나누고 차츰차츰 점차로 끌어와서 그것을 예수의 몸에 소속시켜 쉽게 간파할 수 없게 하니, 교묘하다 할 수 있다. 하지만 천주는 이미 심성의 욕구가 있으므로 천도와 서로 어긋난다. 사람의 공적과 죄과는 천도와 무관하고, 하늘의 상과 벌도 인간의 본성과 무관하다. 위아래의 문리가 완전히 끊어져서 서로 호응하지 않고, 그 덮을 수 없는 흔적이 있다.

어떤 사람은 말한다. "『역』에 '회복됨에서 천지의 마음을 본다'고 하였다. 그렇다면 천지의 마음에도 둘러싸 가리킬 수 있는 형체가 있는가? 천지에 이미 형체 없는 마음이 있다면, 천주의 마음 또한 형체가 없을 것이다. 욕구는 마음에서 나오는 것이니, 마음에 이미 형체 없는 마음이 있다면, 욕구 또한 어찌 형체 없는 욕구가 없겠는가? 사람의 공적과 죄과에서 공이 있는 사람은 천도에 부합하는 자이고, 죄가 있는 사람은 천도를 어긴 자이다. 하늘의 상벌에서 인간 본성의 근본을 얻은 사람은 상을 주고, 인간 본성의 근본을 잃은 사람은 그에게 죄를 주니, 또한 어찌 인간의 본성과 천도가 서로 연관되는 부분이 아니겠는가?"

중국 선비가 말하였다. "그렇지 않다. 「복괘(復卦)」에서 천지의 마음을 본다는 가르침은 이것을 말하는 것이 아니다. 양은 낳는 것을 위주로 하고, 음은 죽이는 것을 위주로 한다. 「복괘」는 음이 극성하는 때에 하나의 양이 처음 움직여서 생명의 의지가 분명히 드러나는 것을 뜻하니, 마치 인심에서 인애(仁愛)의 실마리가 천성에 뿌리를 두고 있어 비록 질곡되어 없어지는 때에도 그 본연의 체(體)는 저절로 소멸하지 않는 것이 있는 것과 같다. 이것은 곧 비유의 뜻을 취한 것이니, 어찌 「복괘(復卦)」 가운데 실제로 욕구하는 마음을 가진 천주가 있음을 말하는 것이겠는가? 비록 그렇지만, 이 포괄하고 싣는 천지 또한 성곽이다. 실로 이런 둘러싸고 싣는 천지가 없다면 「복괘」의 마음 또한 어느 곳에 의부할 수 있겠는가? 공적이야 본래 천리에 합할 수 있지만, 죄는 실로 천리를 등지는 것이니, 천리를 등지는 것 또한 인간 본성에 본래 있는 것이어서 천도의 온전함을 얻은 것인가? 인간 본성의 근본을 얻는 사람은 본래 상을 줄 수 있겠지만, 인간 본성의 근본을 잃어서 지옥의 벌을 받는 사람 또한 곧 인간 본성의 근본이라고 말할 수 있겠는가?"

22.

三端之中, 天主堂獄之說, 其說甚長, 後當有奉叨者, 至於[478]功罪一款, 此乃後來堂獄賞罰之根也. 苟如吾子之說, 則人之爲善者, 非眞善也, 乃以功求賞之意; 人之惡惡者, 非眞惡惡也, 乃是避罰畏罪之計也. 人之好善惡惡, 如好好色, 如惡惡臭, 得於天賦, 出於眞誠, 非由於計較期望而然也. 今若以賞而爲善, 以罰而避惡, 則苟無賞不必爲耶? 苟無罰不必避耶? 天得之眞索, 計度之巧著矣, 子所稱眞道者安在? 若曰好賞惡罰, 乃人情之固然, 此乃所以爲眞也云爾, 則是比干之剖心, 乃升天堂之工夫, 伯夷之若浼, 乃逃地獄之念也.

세 가지 실마리 가운데 천주의 천당지옥설은 그 설이 매우 뛰어나 후에 받들어 탐내는 사람이 있는 것도 당연하다. 공적과 죄과라는 한 가지에 이르면, 이것은 곧 뒤에 천당과 지옥의 상벌이 있는 근거가 된다. 실로 그대가 말한 것과 같다면, 사람이 선을 행하는 것은 참된 선이 아니고, 바로 공적으로 상을 구하려는 의도이다. 사람이 악을 미워하는 것도 참으로 악을 미워하는 것이 아니고, 바로 벌을 피하고 죄를 두려워하는 책략이다. 사람이 선을 좋아하고 악을 미워하는 것은 마치 미색(美色)을 좋아하고, 악취를 싫어하는 것과 같아서 천부적으로 얻고 참된 진실에서 나오는 것이요, 비교하고 기대하는 데서 말미암아 그런 것이 아니다. 지금 만약 상 때문에 선을 행하고 벌 때문에 악을 피한다면, 상이 없으면 행할 필요가 없고, 벌이 없으면 피할 필요가 없는 것인가? 그렇다면 하늘에서 얻은 참된 본성은 막히고, 계산하는 교묘함만 드러날 것인데, 그대가 일컫는 참된 도라는 것은 어디에 있는가? 상을 좋아하고 벌을 싫어하는 것은 곧 인정에 고유한 것으로 이것이 참이 되는 까닭이라고 말한다면, 심장이 쪼개짐을 당한 비간의 간쟁도 천당에 오르는 공부로 한 것이요, 마치 더러워지는 듯이 생각한 백이도 곧 지옥을 피하려는 마음에서 한 것이 된다.

23.

尊駕之以天命良心循天理爲不考本原者, 何也? 夫天理[479]者, 卽天道也. 上文旣曰天道之全乃人性之本, 而下則曰不考本原, 此豈非子之所謂矛盾者耶? 子若曰天主之全乃人性之本, 則此說尙或可也. 旣曰天道之全乃人性之本, 則道者無心性之物件也, 主者有心性之物件也, 實不可合而混之, 其勢不得與主混, 而必與理混矣. 言天道, 則乃人性之本; 言天理, 則曰不究本原, 豈非可異者耶? 子之意似欲以天道字變之爲耶穌, 禁不得與理相通, 但文字各有意義, 此豈子之威力所可强禁者耶?

그리스도교 쪽에서 천명(天命)과 양심(良心)으로 천리를 따르는 것으로 본원을 살필 수 없다고 하는 것은 무슨 뜻인가? 대저 천리(天理)는 바로 천도(天道)이다. 윗 문장에서 이미 "천도의 온전함은 바로 인간 본성의 근본이다"라고 말하고, 아래에는 "본원을 살피지 못한다"고 하였으니, 이것이 어찌 그대가 말하는 '모순'이 아니겠는가? 그대가 천주의 온전함이 바로 인간 본성의 근본이라고 말한다면, 이 설은 그래도 혹 가능하다. 천도의 온전함이 바로 인간 본성의 근본이라고 말한 이상, 도는 심성이 없는 것이요, '천주[主]'는 심성이 있는 것이니, 실로 합하여 섞을 수 없다. 그 형세는 천주와는 섞을 수 없고 반드시 리와 섞이게 된다. 천도라고 하면 곧 인간 본성의 근본이지만, 천리라고 말하면 본원을 궁구할 수 없다고 말하니, 어찌 이상하지 않은가? 그대의 의도는 천도(天道)라는 글자를 바꾸어서 예수로 삼고, 리와 서로 통할 수 없는 것을 금지하려는 것 같다. 그러나 문자에는 각각 의미가 있으니, 이 어찌 그대의 힘으로 억지로 막을 수 있겠는가?

(이상 엄연석 번역)

24.

天命良心, 何以不得爲萬善之原耶. 子之說, 豈非以天爲有形無知之物與有心有性之耶穌有異, 固不足以運用[480]造作, 開萬善之原耶? 此則恐不然.

若只稱天字而已, 則子之說固是也. 旣曰命曰理, 則理之一字, 卽是本原也. 天雖是無知無覺之物, 而理存乎其中. 理者, 固爲萬善之本, 如子說之所稱, 肉身之有靈魂. 人有靈魂, 固得以做萬事, 天旣有理, 何以不得爲萬善之原耶? 是以一理流行, 命於人而爲人之良心. 人以良心順所命而以合乎其理, 此獨非本原之可考處耶. 此獨非萬善之所從來者耶.

하늘이 부여한 양심이 어찌 모든 선의 근원이 되지 않을 수 있겠는가? 그대의 주장은 (유교에서 말하는) 하늘[天]은 형체는 있으나 지각이 없는 것으로 마음과 본성이 있는 그리스도와 달라서 본래부터 만물을 운용하고 창조하여 모든 선을 여는 근원이 되기에 부족하다는 것이 아니겠는가? 그러나 이 말은 옳지 않은 듯하다. 만약 '천(天: 하늘)'만 칭할 뿐이라면 그대의 말이 물론 맞다. 하지만 이미 '명(命: 부여한다)'과 '리(理: 도리)'라고 말하였으니, 리(理)라는 한 글자가 바로 본원이다. 하늘은 비록 지각이 없는 것이지만 리가 그 가운데에 있다. 리는 실로 모든 선의 근본이니, 그대의 학설에서 말한 육신에 영혼이 있다는 것과 같다. 사람은 영혼이 있어서 본래 모든 일을 할 수 있다. 하늘에 이미 리가 있는데 어찌 모든 선의 근원이 될 수 없겠는가? 그러므로 하나인 리(理)가 유행하여 사람에게 부여되어 사람의 양심이 된다. 사람은 양심으로써 부여받은 바에 순응하여 그 리에 부합한다. 이것이 유독 본원에 대하여 살펴볼 수 있는 곳이 아니겠는가? 이것이 유독 모든 선의 근원이 아니겠는가?

25.

又曰: "不察萬善之根出於造物主, 而賦命於人之天理乎?" 愚未知子之眞不悟此說之不成說耶, 抑知之而迫於好勝, 試爲强言之耶? 嗚呼, 性理二字, 究其源流, 則固非二物. [481]然在天而無思慮則爲理, 賦人而有知覺則爲性. 天人之間, 界分旣別, 軆樣亦殊. 旣已賦於人矣, 又安得越性而更爲人之天理乎? 是天字之於人之五臟內, 何處按住得妥耶? 儒家之論性時, 亦多有說天理者, 而考其文勢, 皆是尋本泝源, 明其所得之根, 致其存之之工也. 何常言人之腔子中有箇不賦人之生天理, 能賦人以命而爲萬善之本耶? 凡此病痛, 皆出於攘奪二字, 功化歸之耶穌, 而駈出理字, 使伏於人性之下, 以成後來人尙天主之說也. 或問愚曰: "由天理而有人性, 此愚夫愚婦之所共知, 而西士之膠守此說, 死不肯捨, 必欲拔理後性, 何也?" 余曰: "此乃俗所謂[482]酸處也, 歸理字於本位, 則將置耶穌於何地耶."

또 그리스도교 쪽에서는 "모든 선의 근본이 창조주로부터 나와 사람의 천리에 부여된 것임을 살피지 못하는가?"[21]라고 말하였다. 모르겠지만, 그대가 정말로 그런 설이 말이 안 된다는 것을 깨닫지 못했는가? 아니면 알면서도 호승심 때문에 억지로 그렇게 말해 보는 것인가? 아! '성'과 '리' 두 글자는 그 원류를 궁구해 보면 본래 두 가지가 아니다. 하늘에 있어 사려가 없을 때는 리가 되고, 사람에게 품부되어 지각이 있으면 본성이 된다. 하늘과 사람 사이에는 분한이 나뉘어져 있고 모습도 다르다. 이미 사람에게 부여되어 있는데, 어찌 다시 본성을 건너뛰어 다시 '사람의 천리'가 될 수 있겠는가? 이 '천'이 사람의 오장 가운데 어느 곳에 안주하면 온당할 수 있겠는가? 유학자들이 본성을 논할 때 천리로 설명하는 이가 많은데, 그 글의 형세를 살펴보면 모두들 근본을 찾고 근원으로 거슬러 올라가서 품부받은 본원을 밝히고 그것을 보존

21) 『眞道自證』, 「眞道要義」, "岂有不考本原, 不察万善之根出於造物主, 而赋命於人之天理乎."

하는 수양을 지극히 하는 것이다. 어찌하여 사람의 몸속에 사람에게 부여되지 않았던 생경한 천리가 있어 사람에게 명으로서 부여되어 모든 선의 근본이 된다고 늘 말하는가? 무릇 이런 병통은 모두 양탈(攘奪: 배격하고 빼앗음) 두 글자에서 나오는 것으로, 공로와 교화를 예수에게 귀속시키는 한편 리를 몰아 인성(人性) 아래에 엎드려 있게 해서 후대인들이 천주를 숭상하는 설을 성립시키는 것이다.

어떤 이는 나에게 "천리로 인해 인성이 있다는 것은 보통 사람들도 다 아는 것인데, 서사(西士)가 이 설을 굳게 지키면서 죽어도 포기하지 않고 반드시 리를 뽑아내어 본성 뒤에 놓으려 하는 까닭은 무엇인가?"라고 묻는다.

나는 대답한다. "이것이 바로 세속에서 말하는 가슴을 찡하게 하는 곳이다. '리'자를 원래 자리로 돌려놓으면, 장차 예수를 어느 곳에다 두겠는가?"

26.

且也不知死往何所, 誰肯孜孜焉, 勉於行云, 則吾知西國之人, 苟無天堂一路, 凶逆悖亂, 往而不顧, 更無一人向善者矣. 此說獨非誣一世之人性乎?

또한 죽어서 어디로 갈지도 모른다면, 누가 천리에 따라 행하는 것에 부지런히 힘쓰겠는가라고 하는데, 그렇다면 나는 서국 사람은 천당이라는 한 길이 없었다면 윤상을 어지럽히는 흉악한 짓을 가차없이 행하여 한 사람도 선을 향한 사람이 없었을 것이라고 이해할 것이다. 이런 주장은 이 시대의 인성을 속이는 것이 아니겠는가?

27.

【或曰: “至尊與至卑, 締合於一位, 不已褻乎.” 曰: “合之人性, 得增其尊, 而聖子斷不減其尊也. 譬如國中, 立卑女爲后, 女之卑正, 而君之尊因存焉.”】

【어떤 사람이 말했다. “지극히 존귀한 지위와 지극히 비천한 지위가 한 사람에게 동시에 결합되어 있으니, 그리되면 이미 그를 무례히 대하는 것 아닌가?” 대답하였다. “인성에 결합하면 존귀함을 증가시킬 수 있으며 성자는 결단코 존귀함을 감소시키지 않는다. 비유하자면 한 나라에서 비천한 여자를 왕후로 세우면 여자로서의 비천함이 바르게 되고 임금의 존귀함이 그로 인해 보존되는 것과 같다.”[22)]】

28.

苟可以救世, 何論尊卑? 但以夫婦配合譬兩姓相合, 又是錯也. 夫婦雖合, 乃二身, 而性卽是一身中物也. 子果見卑女爲后, 與天子爲一身, 更無女之本身, 而浸浸然化爲天[483]子者乎? 若然, 則乃女化男, 大是變怪. 且此是母子間事也. 何故每以夫婦爲譬耶? 無識無識.

만약 세상을 구할 수 있다면 어찌 존귀와 비천을 따지겠는가? 다만 부부가 짝을 지어 결합하는 것으로 남성과 여성이 서로 결합하는 것을 비유한 것은 또한 잘못이다. 부부는 비록 결합하더라도 두 몸이지만, 본성은 한 몸 가운데 있는 것이다. 그대가 과연, 비천한 여

22) 『眞道自證』 卷3, 제1절 「前道於理無不合」, 〈六 釋至尊與至卑合一〉, “或曰, 至尊與至卑, 締合於一位, 不已褻乎. 曰, 合之人性, 得增其尊, 而聖子斷不減其尊也. 譬如國中, 立卑女爲后, 其女之卑則亡, 而君之尊仍存焉.”

자가 왕후가 되어 천자와 더불어 한몸이 된 후, 더 이상 여자의 몸은 없게 되고 어느덧 천자로 변화된 일을 본 적이 있는가? 만약 그렇다면 여자가 남자로 변한 것으로 크게 괴이한 이변이다. 게다가 이것은 모자간의 일이다. 어찌하여 매번 부부를 들어 비유하는가? 무식하고 무식하다.

29.

【或曰, 救人而降生, 意雖善, 不似太過耶? 曰, 不觀乎, 爲父母者, 子有疾, 親自屈身鞠勞之極. 不識父母之心者, 以爲過矣.[23] 或曰, 天主之慈, 旣如是, 則人人當均蒙其澤, 猶有不極者, 非天主之愛有歉乎? 曰, 子有疾, 父母救之, 若子畏其苦, 寧死勿飮, 盖子自斃耳.[24]】

【어떤 사람이 말했다. "인류를 구제한다고 이 땅에 태어난 것은 의도는 좋지만 너무 지나친 것 아닌가?" 대답하였다. "보지 못했는가? 부모된 이들은 자식이 병이 있으면 몸을 굽혀 정성스럽게 수고하는 지극한 노력을 직접 한다. 그러나 부모 마음을 헤아리지 못하는 자들은 지나치다고 여긴다." 어떤 사람이 말했다. "천주의 자비가 그러하다면, 사람마다 그 은택을 고르게 입어야 하나 은택을 입지 못하는 자

---

23) 『眞道自證』 卷3, 제1절 「前道於理無不合」, 〈七 釋天主降生苦心〉, "或曰, 人類之美惡, 於天主原无增損耳. 爲救人而降生, 意雖善, 不似太過耶. 曰, 斯言也, 是不知至善者也. 不觀乎爲父母者. 子有疾, 親自屈身, 鞠勞之極. 不識父母之心者, 以爲過矣."

24) 『眞道自證』 卷3, 제1절 「前道於理無不合」, 〈八 釋并非人人得蒙拯救〉, "或曰, 天主之慈, 旣如此已, 則人人均當蒙其救, 何猶有不拯者, 非天主之愛有歉乎. 曰, 拯雖屬主无窮之惠, 然亦宜成於人之自應应也. 譬之人子者, 有疾, 父母舍生而救之, 躬服其役, 親嘗其藥, 悲悬而勸其飮. 若子畏其苦, 寧死勿飮, 徒負親心. 如此, 尙得謂父母之愛有歉乎. 盖子之自斃爾."

가 있으니 천주의 사랑이 부족한 것 아닌가?" 대답하였다. "자식에게 병이 있으면 부모가 병을 치료해준다. 만약 자식이 쓴 것을 두려워하여 차라리 죽을지언정 [약을] 마시지 않는다면 이는 스스로 목숨을 끊는 것이다."】

30.

天主之慈旣如是, 則與爲惡之主張, 以開其病源, 縱誘惑之魔鬼, 以增其沈痼者, 此皆慈愛之所致耶? 子苟有病, 則藥石以治療之, 飮食以扶護之, 焦心極力, 不辭鞠勞, 則固[484]有之矣. 安有見子之病, 而化胎投身於屠肆之中, 身代犧牲, 令屠者刺己, 而自以爲盡慈愛之道乎? 子之寧死不飮者, 果是何藥耶? 若以崇奉贊揚爲良藥, 則何爲子之良藥, 皆無關於病者, 而皆是利於命藥之人者耶? 若曰降生之外, 更無他道, 則屈身降生, 容或可也, 何不去爲惡之主張, 囚妖慝之魔鬼, 默啓其善心, 而安坐而救之耶? 以天主之全能, 苟其所願, 則寧有不能者耶? 遲遲乎萬世之中, 視若不見時, 一怒之威, 殺人二百二十二萬時, 何其慈愛之太不及, 而投身俗胎, 凶禍及身時, 則又何慈愛之太過耶?

천주의 자비가 그런 것이라면, 악을 행하라는 주장으로 그 병의 근원을 열어놓은 것과 더불어 유혹하는 악마를 풀어놓아 그 깊은 병을 가중시키는 것이니, 이것들이 자애로 인한 결과인가? 자식이 만약 병이 있다면, 약으로 치료하고 음식을 먹여 보호하고, 마음을 졸이며 힘을 다해서 정성과 수고를 마다하지 않는 일은 본래 있다. 자식의 병을 보고서 태아로 변하여 푸줏간 속에 몸을 던지고 스스로 대신 희생양이 되어 도살자로 하여금 자신을 찌르도록 하고서 스스로 자애의

도를 다하였다고 생각하는 것이 어디에 있겠는가? 자식이 스스로 차라리 죽을지언정 마시지 않는다면, 과연 그것은 어떤 약인가? 만약 떠받들고 찬양하는 것을 명약으로 여긴다면, 어째서 그대의 명약은 병자와는 전혀 무관하고 약을 처방한 사람에게만 이익이 되는 것인가? 만약 세상에 태어나는 것 말고 다른 길이 없었다고 한다면, 자신을 낮춰서 세상에 내려와 태어나는 것은 그럴 수도 있겠다. 그렇지만 어찌하여 악을 행하라는 주장을 제거하고 사특한 마귀를 잡아 가두어서 말없이 선한 마음을 열어 편히 앉아 구원하지를 않는가? 전능한 천주가 바라기만 한다면 어찌 하지 못함이 있겠는가? 기나긴 세월 동안 질질 끌면서 보아도 보지 못한 척할 때 그리고 한 번 분노하여 그 위세가 222만 명의 사람을 죽일 때[25]에는 어쩌면 그리도 자애하는 마음이 전혀 미치지 않다가, 몸을 던져 세속에 태어나서 흉한 화가 자기 몸에 미쳤을 때는 또 어쩌면 그리도 자애가 지나친 것인가?

31.

【自得耶穌之道, 遠西諸國, 向爲萬慈[26]之藪, 後爲至善之[485]域. 貪財者樂施, 迷色者貞淑, 亢厲者良順, 惰懦者勇毅, 風俗遂變. 上下相安, 恬然無事. 富不驕, 貧不貪, 貴不欺賤不抗. 富者爲貧者之帑藏, 貧者爲富者之股

---

25) 한 번 분노하여 … 죽일 때: 『眞道自證』 권3, 「駁疑引據」: "敵軍果至, 國傷城圍, 慘莫勝述. 姑無論敵害堪嗟, 卽本城之人, 亦自相攻殺. 糗糧絶, 易子而啖, 殭尸一百二十二萬. 敵軍睹此, 莫不揮淚嘆曰, '非我也, 天也.' 戰畢, 耶穌所言石不疊石者, 夫敵兵雖不知之, 而猶隱驗之. 盡毁厥城成白地, 而果無石疊石矣. 國滅民散, 流竄天下. 其事詳載之彼國史書, 至今可覽. 其時考之中歷, 在東漢建初年間." 이것은 예수가 수난을 당하기 전에 예루살렘의 멸망을 예언하였는데, 이후 기원후 70년경 티투스가 이끄는 로마군에 의해 예루살렘이 함락되고 파괴되었던 것을 가리킨다. 「누가복음」 21절, 20~22장.

26) 慈: 『진도자증』에는 '惡'으로 되어 있다. 번역은 『진도자증』에 따랐다.

肱. 抱道者爲衆人之模範, 乘權者爲百姓之父母.[27] 一國之中, 悅[28]如一家, 老有公養, 少有公校, 病有公醫, 旅有公舍, 擄有贖, 囚有慰. 至於窮民而無告者, 皆相周卹, 痌瘝一體.[29] 世主之外, 另有宰道之共君, 無世及, 惟憑盛德而立, 專以治道爲任, 名曰教皇. 教皇之下, 又各國設有主教神司, 分任其職, 勷聖化於各方. 教皇在其中, 代耶穌之位, 奉耶穌之權. 列國之君若民, 宗其道範.[30] 其施化, 不止遠西[486]諸國, 而天下莫不聆聲教焉.[31]】

【예수의 도를 얻고 난 이후 먼 서쪽 여러 나라들은 과거에는 모든 악의 땅이었지만 나중에는 지극히 선한 지역이 되었다. 재물을 탐하는 자는 베풂을 즐기게 되었고, 여색에 빠졌던 자는 정숙하게 되었으며, 사납던 자는 양순하게 되었고, 나태하고 무기력한 자는 용감하고 굳세게 되어 풍속이 마침내 변하였다. 위와 아래가 서로를 편안하게 여기니 조용히 아무 일이 없었다. 부자는 교만하지 않고 빈자는

27) 『眞道自證』 卷3 「駁疑引據」, 제3절 《論道確據》, (三) 〈昇天後據〉, 三. "正教之境, 歷久常新", 1. '化善爲惡' : "自得耶穌之道, 遠西諸國, 向爲萬惡之藪, 後爲至善之域. 貪財者而樂施, 迷色者而貞潔, 亢歷者而良順, 惰懦者而勇毅. 內而人心, 化惡爲善, 外而風俗, 遂變丑爲美. 上下相安, 恬然無事. 富不驕而貧不貪, 貴不欺而賤不抗. 富者, 爲貧人之帑藏; 貧者, 爲富人之股肱. 抱道者, 爲衆人之模範; 乘權者, 爲百姓之父母."

28) 悅: 『眞道自證』에는 '恍'으로 되어 있다.

29) 上同, 2. '相國相恤' : "一國之中, 恍如一家焉. 且老有公養, 少有公校, 病有公醫, 旅有公舍, 擄有贖, 囚有慰. 至於窮民而無告者, 皆相周相恤. 同儕之下, 恫瘝一體. 迄今千數百年來, 其俗常新, 蓋其道不變易."

30) 上同, 3. '教皇司教' : "世主之外, 另有宰道之共君, 無世及, 惟憑盛德而立, 專以治道爲任, 名曰, '教皇.' 而教皇之下, 又各國設有主教 · 神司, 分任其職, 襄聖化於各方焉. 夫教皇在其中, 代耶穌之位, 奉耶穌之權, 內膺其默牖, 外以聖傳 《聖經》, 而保其道之眞, 定其俗之正. 其列國之君若民, 宗其道範, 不啻奉耶穌之命."

31) 上同, 4. '施化万方' : "然且其施化也, 不止遠西諸國, 而天下莫不得聆聲教焉. 觀此可徵耶穌非僅爲人, 誠爲人而天主也. 若更合覽先時與當時等據, 又鑿鑿可証焉."

탐욕스럽지 않으며, 신분 높은 자는 속이지 않고 신분 낮은 자는 대항하지 않았다. 부자는 가난한 자의 재물 창고가 되었고, 빈자는 부자의 팔다리가 되었다. 도를 품은 자는 뭇 사람의 모범이 되었고, 권세를 쓰는 자는 백성의 부모가 되었다. 한 나라가 마치 한 가족 같아서, 노인은 공적 봉양을 받고 어린이에게는 공공 학교가 있으며 병자에게는 공공 의료가 있고 여행자에게는 공공 숙소가 있으며 포로는 대가를 지불하고서 풀려났고 흉한 일을 당한 사람은 위로를 받았다. 처지를 호소할 데 없는 곤궁한 백성들은 서로 친하게 지내고 구휼해 주었다. 고통받고 병든 사람들은 한 몸으로 여겨졌다. 세속의 군주 이외에 따로 도를 관장하는 공통의 임금이 있으니 세습되는 것이 아니라 성대한 덕에 의지하여 왕위에 올라서 오로지 치도(治道)를 임무로 삼으니 그를 교황이라고 한다. 교황 아래에는 각 나라마다 주교와 신부[神司]가 있어서 직분을 나누어 맡고 각 지역에서 성인의 교화가 미치도록 돕는다. 교황은 그 가운데에서 예수의 자리를 대신하고 예수의 권한을 받는다. 여러 나라 임금들은 마치 백성처럼 그 지도를 종지로 삼았다. 교화의 시행은 먼 서쪽 나라들에 그치지 않아 천하에 그 말씀과 가르침을 경청하지 않는 이가 없다.】

32.

此乃西教治世之大排布也, 禮樂刑政之大綱紀, 皆不及, 只取可以誘人之細節言之, 未免爲緦小功之察矣. 人各有子弟, 老者, 何必盡待公養也? 病者, 何必盡待公醫也? 行旅之宿於店, 主客俱相須以便, 又何必公舍也? 惟四窮之無告者, 方可待公養公醫也. 此特文王仁政中一事, 何可以此了當治世規模也? 聞西國自天主敎後, 更無爭戰簒弑之事云, 何以有擄也? 擄者, 卽爲敵所擒之稱, 贖者, 被擄之國送金錢, 以贖來所擄之人也. 旣無爭戰之事, 則擄與贖, 似當俱無矣. 此乃節目事, 姑置之, 但其原頭有大錯處, [487]何也? 以其從頭至尾, 無一字語及倫常也. 倫常者, 人之大本也. 人無倫常, 與禽獸何異? 雖財色, 貧富之際, 擧措施設之間, 各得其宜. 譬如無根之木, 植立不得, 何以爲治哉? 恐其有妨於天主之權, 寧噤而不言? 雖噤而不言, 其絶乎? 彼雖噤不言, 終不敢顯言去之, 此乃不可絶之證據.

이것은 서교가 세상을 다스리기 위한 큰 계획이지만, 예악형정의 중요 원칙은 아무것도 언급되지 않고, 오로지 사람들을 유인하는 세부 절목만 취하여 말하였으니, 근본을 방치하고 시마(緦麻)나 소공(小功) 같은 지엽적인 문제를 더 중시하는 꼴을 면치 못하였다. 사람에게는 각각 자제가 있는데, 노인이 어찌 모두 공공의 봉양에만 반드시 의존해야 하며, 병자가 어찌 모두 공공 의료에만 반드시 의존해야 하는가? 여행자가 여관에 묵을 때는 주인과 손님이 서로 필요하여 편하게 하는데, 어찌 반드시 공공의 숙소여야 하겠는가? 다만 의지할 데 없는 홀아비, 과부, 고아, 자식 없는 노인 등 네 부류 곤궁한 사람들이라면, 공적 봉양과 공적 치료에 의존해야 한다. 이것은 다만 문왕의 인정(仁政) 중 한 가지 일에 불과한데, 어찌하여 이것을 가지고 치세의 범위를 다 포괄할 수 있겠는가? 듣자하니 서쪽 나라는 천주교가 들어온 이후 다시는 전쟁과 찬탈의 사건이 없었다고 하는데, 어째서 포로가 있는가? 포로란 적에 의해 사로잡힌 자들을 가리킨다. '대가를 지불하여 풀려난다(贖)'는 것은 포로의 나라가 돈을 보내서 포로로 잡힌 사람을 속전(贖錢)으로 데리고 오는 것이다. 이미 전쟁이 없어졌다면 포로와 속전은 당연히 없어야 할 듯하다. 이것은 세부적인 일들이니 잠시 놔두자. 그러나 그 근본에서도 큰 잘못이 있다. 왜 그런가? 첫머리부터 끝에 이르기까지 인륜을 한 마디도 언급하지 않았기 때문이다. 인륜이란 사람의 큰 근본이다. 사람에게 인륜이 없다면 금수와 무엇이 다른가? (인륜이란) 비록 재물이 많은 사람, 여색을 좋아하는 사람, 빈자, 부자라 하더라도 처신하고 행동하는 사이에 각각 합당함을 가지는 것이다. 비유하자면 뿌리가 없는 나무는 심을 수 없는 것과 같다. 그러니 무엇으로 다스림을 삼겠는가? 인륜이 천주의 권한에 방해가 될까 두려워서 차라리 입을 다물고 말하지 않은 것이다. 설사 입을 다물고 말하지 않더라도 윤상이 끊어지겠는가? 그들이 비록 입 다물고 말하지 않지만, 끝내 감히 윤상을 없애야 한다고 내놓고 말하지 못하니, 이것이 바로 끊어버릴 수 없는 증거이다.

33.

父母之名, 何可乘權而妄稱哉? 生我者, 爲父母, 天地之間生我者, 惟此二人而已. 乃天之屬而生之本也. 初不可以無權而絶之, 有權而稱之也. 奈何以乘權而爲百姓之父母哉? 耶穌欲竊天主之權而父母於百姓, 故每於乘權處, 則便以父母許之, 以見權爲重而父母非難稱之號也. 信[488]斯言也, 富者有金帛之權, 貴者有位勢之權, 雖至卑至微之流, 當場用權則有之矣. 若以權之所在, 隨處而父母之, 則假子之先嘗黃龍湯, 乃耶穌之孝子也.

或曰: "世之稱君曰君父, 稱師曰師父, 皆非父母而謂之父母者, 何哉?" 余曰: "天下之可尊可愛者, 莫過於父母, 而君師與之比尊, 故欲明其比尊之義, 則引父母而證之, 此所以稱君而係父, 稱師而係父, 以明君師之如父也. 君師, 乃其本位, 而父母卽引重而映譬者也. 以此映彼, 則彼此之分甚明, 君師自君師, 父母自父母. 若去君師之本稱, 而直稱以父母, 則父母之有一無二,衆所共知, 只有一而君師已據之, 則父母無[489]位可居, 歸於絶而已矣. 且子之性癖, 誠不可解. 如欲尊子之師而驅一世以歸之, 則但當宣揚其德, 發明其道, 稱善稱神, 無所不可. 人當知其聖神, 而尊之愛之, 不下於父母矣. 何必奪君父之稱, 冒沒有之耶? 父母之稱, 終非子筆舌所可乘權與奪, 而徒見嫉妒偸竊之短處耳."

'부모'라는 명칭을 어찌하여 권세를 이용해서 망령되이 칭할 수 있겠는가? 나를 낳은 분은 아버지와 어머니이다. 하늘과 땅 사이에서 나를 낳은 자는 이 두 사람뿐이다. 곧 하늘로 맺어진 친속이자 생명의 근본이다. 그러니 애초부터 권력이 없다고 끊고, 권력이 있다고 부를 수가 없다. 그런데 어찌하여 권세를 이용해서 백성의 부모가 되는가? 예수는 천주의 권세를 훔쳐서 백성의 부모가 되려 하였기 때문에, 매번 권세를 올라탄 곳에서는 곧바로 부모를 자임하여 권세는 중요하되 부모는 부르기 어려운 호칭이 아님을 보여주었다. 정말 이 말대로, '부자'는 금은보화의 권세를 가지고, 신분이 높은 자는 지위세력의 권세를 가져서, 그들이 지극히 비천하고 미미한 부류라 할지라도 당장 권세를 쓰는 경우가 있다. 만약 권세가 있는 쪽을 택하여 그때그때 부모로 삼는다면, 가짜 자식이 [권세를 추종하여] 황룡탕[32]을 먼저 맛보아도, 곧 예수에게는 효성스런 진짜 자식이 될 것이다.

어떤 이가 말했다. "세상에서 군(君)을 지칭하면서 '군부(君父)'라 하고 사(師)를 지칭하면서 '사부(師父)'라고 한다. 다 부모가 아니면서도 부모라고 말하는 것이다. 왜 그런가?"

나는 대답한다. "천하에서 존경해야 하고 사랑해야 할 사람 중 부

32) 분뇨로 만든 약탕.

모보다 더한 사람은 없다. 그런데 군주와 스승은 부모와 나란히 존귀하기 때문에, '나란히 존귀하다는' 의리를 밝히기 위해서 '부모'를 끌어다가 증거한 것이니, 이것은 군주를 칭하면서 부모에 연계시키고 스승을 칭하면서 부모에 연계시켜서 군주와 스승이 부모와 같다는 것을 밝히려는 것이다. 군주와 스승은 곧 본래의 지위이고, 부모는 그 지위가 중요하다고 해서 사용한 비유이다. 이것으로써 저것을 비추니, 이것과 저것이 구분됨이 매우 분명하여 군주와 스승은 그 자체로 군주와 스승이고 부모는 그 자체로 부모이다. 만약 군주와 스승이라는 본래의 호칭을 버리고 곧바로 부모라고 칭한다면, 부모가 유일무이하다는 것을 사람들이 다 아는 바인데, 오직 하나인 부모를 군주와 스승이 이미 차지하게 되니, 부모는 있을 자리가 없어져서 결국 끊어지게 된다.

또한 그대의 버릇은 참으로 이해할 수 없다. 만약 그대의 스승을 존경하여 한 세대 사람들을 몰아 그에게로 귀의시키고자 한다면, 오직 그의 덕을 널리 드러내고 도를 밝혀야 한다. '선하다'거나 '신묘하다'고 칭하는 것은 안 될 것이 없다. 사람들은 응당 그 성스럽고 신묘함을 알아서 존경하고 사랑하기를 부모에 대한 것보다 덜 하지 않을 것이다. 그러니 어째서 '군부(君父)'란 칭호를 빼앗아 무모하게 쓸 필요가 있겠는가? 부모라는 칭호는 그대의 필설이 의탁하는 권세로 허여하거나 빼앗을 수 있는 것이 결코 아니니, 질투하고 도둑질하는 단점만 보일 뿐이다."

34.

敎皇之說, 不可道也, 所可道也, 言之怕也. 皇者, 君也. 君者, 非有德之稱也, 乃有位之稱也. 君自有君之位, 臣自有臣之位. 君不可以無德而去其位, 臣不可以有德而冒其位. 何可自以爲有德而肆然處於君位哉. 以中國言之, 三代以前, 聖人在位, 當此之時, 謂之教皇, 容或可也.

三代以後[490], 則聖人在下不得其位, 故只稱以子. 子者, 五等之臣位, 莫有僭稱以皇者. 今若謂己之有德, 而偃然當共君之尊, 處教皇之位, 目人主爲世主, 慢不之數焉, 則天主今始化爲人主矣, 蚕蔗稍食, 漸入佳境, 操一國之柄欛, 高下在心, 則未知畢境之至於何境耶?

且人君所主者何事也? 教化二字, 旣爲他人之所主, 則所謂世主者, 不過百執事之行首, 日本國之皇帝也, 將安用彼君哉? 君道絶而臣道亂, 如是而尙可治世哉? 苟使是人有聖人之德, 可以興教化, 則固當竭忠盡智, 輔佐其君, 以成其教化, 使施教之勞屬之己位, 而行教之權歸於人主. 不然則退處於下, 淑諸身而爲[491]師於一世, 育英材而傳道於他時, 以望將來之有效, 可也. 何爲乎廣布徒黨, 潛施機棖, 誑惑無知?

不擇賢愚男女, 只以人衆爲主, 始也巽微而涓涓, 終則悍戾而滔天, 別於一君之外, 刱出教皇之名, 治世也. 主之教化也, 主之雖無干戈禪代之變, 而人民世界, 盡入壑舟之夜徙, 眞諺所謂矜憐而窺廚, 油手而拔腸者, 其爲術也, 信乎慘且毒矣. 然而惑於其說者, 方且撫掌贊嘆, 以爲迥拔, 千古不知其爲大禍之所伏, 盲人騎瞎馬, 半夜臨深池. 噫嘻, 痛矣. 致命於是處, 固所不辭, 致命於不是處, 何哉?

'교황'설은 말하면 안 된다. 말해도 되는 것이어도 말하기에는 두렵다. '황(皇)'은 임금이다. 임금은 덕이 있다고 붙이는 칭호가 아니라 지위가 있어서 붙이는 칭호이다. 임금에게는 본래 임금의 지위가 있고 신하에게는 본래 신하의 지위가 있다. 임금은 덕이 없다고 해서 그 자리를 떠날 수 없고, 신하는 덕이 있다고 해서 그 자리를 탐낼 수 없다. 어찌 스스로 덕이 있다 여기고 마음대로 임금 자리에 처할 수 있겠는가? 중국의 경우로 말하자면, 삼대 이전에 성인이 임금 자리에 있었는데, 그들을 교황으로 부르는 것은 혹 가능할 수도 있다.

삼대 이후, 성인은 아래에 있어 합당한 지위를 얻지 못했기 때문에 자(子)라고만 칭하였다. '자'는 다섯 등급으로 이루어진 신하의 직위 중 하나로 자의 지위에 있던 이 가운데 '황'으로 참칭한 이가 없다. 지금 만약 자신에게 덕이 있다고 말하며 교만하게 '공군(共君)'의 존귀함을 감당하여 교황의 지위에 처하는 한편, '인주(人主)'를 세속의 군주라고 지목하여 업신여기고 끼워주지 않는다면, 천주도 이제 육화하여 인주로 되었으니 누에가 나뭇잎을 조금씩 먹어가듯 점점 그 맛에 깊이 빠져 들어 한 나라를 다스리는 권세를 쥐고 자기 생각대로 할 것이다. 그렇다면 잘 모르겠지만 결국 어떤 지경에 이르겠는가?

또한 임금이 주관하는 것은 어떤 일인가? '교화' 두 글자가 이미 남에 의해 주관된다면 이른바 세속의 군주는 모든 집사들의 행수(行首: 우두머리)나 일본국의 황제에 불과하게 된다. 장차 저 군주라는 것을 어디에 쓸 것인가? 임금의 도가 끊어지고 신하의 도가 어지러워지는데, 그러고도 여전히 세상을 다스릴 수 있겠는가? 만약 어떤 사람이 성인의 덕을 지녀서 교화를 일으킬 수 있다면, 물론 충성을 다하고 지혜를 다하여 그 군주를 도와서 그 교화를 이루며, 교화를 시행하는 노고는 자신이 감당하고 교화를 행하는 권한은 임금에게 돌려야 한다. 그렇게 하지 못하면 물러나서 아랫자리에 처하여, 몸을 정숙하게 하여 당대의 스승이 되고 영재를 길러 후대에 도를 전하면서, 장차 공효가 있기를 바라면 된다. 무엇을 위해 도당을 널리 퍼뜨리고 참람하게 여러 기관을 설치하며 무지한 자들을 속이거나 유혹하는가?

현자나 우둔한 자, 남자나 여자를 막론하고 오로지 사람 많이 모으는 것을 위주로 하여, 처음에는 공손하고 은미하여 미미하다가 끝에는 사납고 맹렬하여 기세가 하늘에 닿아, 일개 군주와 달리 교황이라는 명칭을 만들어 내어 세상을 다스린다. 교황의 교화에는 비록 무력으로 자리를 교체하는 변란은 없지만 인민과 세계가 다 골짜기에 숨겨 놓은 배 즉, 자신의 생명을 밤에 도둑맞는 지경에 이르니(『莊子』「大宗師」), 그들은 정말 속담에서 말하는 대로 불쌍한 척하면서 주방을 엿보고 손에 기름을 발라 장을 꺼내는 자들로 그 술수가 참으로 참혹하고 지독하다. 그런데도 그 설에 미혹된 자들은 박수를 치고 찬양하며 매우 특출하다고 여기고, 거대한 재앙이 숨어 있음을 영원히 알지 못하니, 맹인이 눈 먼 말을 타고 한밤중에 깊은 연못으로 나아가는 셈이다. 아! 애통하구나. 바른 곳에서 목숨을 바치는 것이야 본래 사양하지 않는 바이지만, 옳지 않은 곳에서 목숨을 바치는 것은 어째서인가?

(이상 이원석 번역)

찾아보기

(ㄹ)

(ㅁ)

(ㅂ)

(ㅅ)

(ㅇ)

(ㅈ)

(ㅊ)